21世纪经济管理类教材

项目管理学
Project Management

（第二版）

主　编　张阿芬
副主编　傅庆阳
　　　　吴开微

厦门大学出版社　国家一级出版社
XIAMEN UNIVERSITY PRESS　全国百佳图书出版单位

作者简介

张阿芬：集美大学财经学院教授、福建省商业会计学会副会长、中国商业会计学会常务理事、厦门大学项目管理工程硕士生导师（校外）、国际项目管理专家（IPMP）、中国注册咨询工程师（RCE）、中国注册资产评估师（CPV）。主要从事投资项目评估、项目管理、财务管理与税收筹划教学、科研和咨询工作。主持完成《科技成果转化项目评估与全息科技服务平台建设研究》等省、市级研究课题22项；主持完成投资项目可行性研究78项；主编出版《会计学》等教材3部，出版《个人投资理财》、《投资项目评估》等专、编著4部；在《税务研究》、《统计与决策》、《商业时代》等公开刊物发表学术论文82篇。

傅庆阳：厦门天和项目管理投资咨询有限公司总经理、IPMP国际项目管理专业资质认证厦门培训考试授权中心主任；高级工程师、厦门大学物流与项目管理中心客座教授、集美大学工程技术学院客座教授、厦门大学项目管理硕士生导师（校外）；国际项目管理专家（IPMP）、中国注册咨询工程师（RCE）、中国注册执业监理工程师、中国注册执业造价工程师、中国注册执业房地产估价师。曾在各级刊物中发表项目管理类文章十几篇，具有深厚的项目管理理论知识；从事过数十个大中型项目的项目论证、策划与评估，项目投资与造价控制管理，项目招标与合同管理，项目实施过程管理与工程监理，项目管理的教育与培训等专业服务，具有丰富全面的全过程项目管理的实务经验。

吴开微：集美大学副教授、中国注册咨询工程师（RCE）、中国注册造价工程师。主要从事工程管理教学和科研工作，主持完成了市、厅级研究课题和企业投资项目可行性研究多项；参编出版《工程预算》、《工程概论》等教材3部；在《数量经济与技术经济》等公开刊物发表学术论文10多篇。

序

呈献在大家面前的是一本由集美大学财经学院张阿芬教授和厦门天和项目管理投资咨询有限公司傅庆阳总经理等合编的《项目管理学》教材。现代项目管理作为一门学科,在我国的发展时间不长,但发展速度却很快,以教育为例,短短的几年内已有100余所院校设置了项目管理工程硕士学位。这一方面与国际项目管理发展有关,另一方面与我国经济建设大环境有关,我国经济建设确实太需要项目管理专业人才了!

专业设置需要有专业教材与之相适应。在我国虽然近几年也出版了不少项目管理专业书籍,但可作为教材的还为数不多。特别是理论与实践结合较好的教材为数甚少。由张阿芬教授和傅庆阳总经理等合编的《项目管理学》是一本好教材,其特点是:

一、体系完整、内容新颖。该书以《国际项目管理专业资质认证标准》(C—NCB)和《中国项目管理知识体系》(C—PMBOK)的核心内容为主题,全面系统地介绍了项目全生命周期管理的基本理论、原则、方法和技术。重点阐述项目从启动、开发、实施至结束整个过程所涉及的项目管理知识,并对计划、组织、指导和控制四大项目管理职能做了全面的论述。该书内容新颖、翔实,适应面宽,既有助于高校学生系统学习,又方便社会人士执业认证。

二、理论联系实践。该书在具体的内容阐述上,既重视从理论高度对项目管理知识进行系统的概括和探讨,又特别注意对项目管理工具和方法的介绍,并引入了大量典型的实例,同时在各章之后附有小结、复习题、练习题和案例思考题,是一本既注重理论联系实践,又注意启发读者思考的项目管理特色教材。

三、通俗易懂,详简有度。该书使用通俗易懂的语言,对项目管理的基本理论和方法有比较详细的阐述,对与企业管理相通的内容采取略写的手法。语言清晰,重点突出,可读性强。

总之,该书内容丰富、体系完整、语言简练、通俗易懂,是一本适合在校学生、项目管理专业人员学习、阅读的好书。我衷心地希望本书编者能够在此基础上,不断进取,刻苦钻研,争取在该学科领域有更多更好的成果问世,为完善和丰富我国的项目管理理论与实践做出更大的贡献。

2008.2.18

第二版前言

《项目管理学》自出版发行以来,得到项目管理界专家、学者的热情支持和鼓励,被诸多高校选为指定教材或主要参考书,被一些培训机构选为培训用书,被一些单位选为业务指导书,受到了广大读者的欢迎,一些热心的读者还反馈了本书的使用效果并提出了修订建议。借本书修订再版的机会,对广大读者和各界朋友表示衷心的感谢。

随着经济全球化、区域一体化的快速推进及我国经济体制改革的进一步深化,项目管理的运用领域越来越广泛。现在,政府机构和企业事业单位中的工程建设及所有的创新和改革都是通过项目来运作的,项目管理的重要性被越来越多的组织所认可,社会经济的发展也对项目管理提出了更高的要求,为此,在出版社和广大读者的大力支持下,我们对本书进行了修订。

本书的修订本基本保持了原版本的理论框架和写作特点,并在修订过程中总结吸收了国内外项目管理的成熟理论和最新成果及作者多年的教学、科研、技术服务经验,与第一版相比,本书主要有两个变化:

1.在内容上,注重传播项目管理新趋势。将2012年12月发布的PMBOK®指南英文第5版(中文版2013年6月发布)与第4版相比变化的主要内容,如项目干系人管理、项目管理办公室、规划管理过程等新法则融入修订版,并对相关的内容做相应的修改完善,对新增的内容做相应的阐述,使修订版内容既能反映项目管理最近几年的新发展,又能为项目管理专业人士带来新的启示,还能起到引领未来项目管理发展的作用。

2.在组织形式上,突出管理知识的内化。与第一版相比,组织形式也做了一些优化,在各章之前增加"导入案例"和"问题思考"模块,在各章之后,附有"知识转化训练"模块,目的是让学习者带着问题学习,在学习中思考、理解各章的关键知识点,学习之后通过动脑思考、分析,动手操作、演练,将管理知识内化为管理能力。

修订版在原版十一章的基础上,增加一章"项目干系人管理",共十二章,由福建省高校教学名师、国际项目经理、中国注册咨询工程师、中国注册资产评估师张阿芬教授提出修订框架和思路,并担任总纂定稿。新增加的"项目干系人管理"及各章之前的"导入案例"和"问题思考"模块,各章之后的"案例分析"、"知识转化训练"模块由张阿芬编写,其余内容的修订分工如下:

张阿芬:第一、三章,第五章第一、二、三节,第七章,第十二章;

杨春艳:第二章,第八章;

傅庆阳:第四章,第十一章;

吴开微:第五章第四、五、六节,第九章;

董　巍:第六章;

柯燕燕:第十章。

在编写和修订过程中,得到了厦门大学出版社和厦门天和项目管理投资咨询有限公司的大力支持,在此表示衷心的感谢。

限于水平,书中疏漏之处在所难免,恳请读者和同行专家提出宝贵的意见。

编者

2014年5月

前 言

本书以《国际项目管理专业资质认证标准》(C-NCB)和《中国项目管理知识体系》(C-PMBOK)的核心内容为主题,以项目生命周期结合项目管理职能为主线,全面系统地介绍现代项目管理的基本理论、原则、方法和技术,重点阐述项目从启动、开发、实施至结束整个过程所涉及的项目论证与评估、项目组织与项目团队、项目范围管理、项目进度管理、项目费用管理、项目采购管理、项目质量管理、项目风险管理、项目沟通管理、项目冲突管理及项目的收尾与后评价等主要内容。各章之前附有本章教学目的要求,各章之后附有本章小结、复习题、练习题和案例思考题。本书注重理论联系实际,体系完整,结构合理,内容精练,案例典范,针对性强,通俗易懂,可以作为高等院校项目管理及相关本科专业和项目管理工程硕士(MPM)和工商管理硕士(MBA)的教材或参考书,也可以作为各类管理人员的业务指导书。

本书由张阿芬教授提出写作大纲,明确编写的指导思想和具体要求,并担任主编和总纂定稿,傅庆阳、吴开微担任副主编。全书共十一章,具体编写分工如下:

张阿芬:第一、三章,第七章第一节、第八章第一节;

杨春艳:第二章、第七章第三、四、五节,第八章第二、三、四节;

傅庆阳:第四、十一章,第七章第二节;

吴开微:第五、九章;

董　巍:第六章;

柯燕燕:第十章。

本书在写作过程中,得到被称为中国项目管理学科方向的引领者、国际项目管理协会(IPMA)副主席、中国(双法)项目管理研究委员会(PMRC)常务副主任、IPMP中国认证委员会主席、首席认证师钱福培教授的热情关怀和悉心指导,并为本书作序,在此,我们表示衷心的感谢和崇高的敬意!

在本书的写作过程中,我们也参考了国内外许多项目管理方面的著作和资料,并从中吸取了许多有价值的资料和观点,在此特做说明并向有关的作者致谢!

由于作者水平有限,书中不完善之处在所难免,敬请读者和专家批评指正。

编者

2008 年 2 月

目 录

- 第一章 概 论 ··· 1
  - 第一节 项目 ·· 2
  - 第二节 项目管理 ·· 8
  - 第三节 项目管理的发展 ··· 15
  - 第四节 项目管理知识体系 ·· 24
- 第二章 项目组织与项目团队 ··· 38
  - 第一节 项目组织 ·· 40
  - 第二节 项目人力资源管理 ·· 51
  - 第三节 项目团队 ·· 60
  - 第四节 项目经理 ·· 66
- 第三章 项目可行性研究与项目评估 ··· 81
  - 第一节 项目可行性研究 ··· 82
  - 第二节 项目评估 ·· 86
  - 第三节 项目经济评价 ·· 97
  - 第四节 项目论证与评估报告编写规范 ······························· 118
- 第四章 项目的范围管理 ·· 131
  - 第一节 项目范围管理概述 ·· 132
  - 第二节 项目启动 ··· 134
  - 第三节 项目范围规划 ·· 137
  - 第四节 项目范围定义 ·· 140
  - 第五节 项目范围确认 ·· 149
  - 第六节 项目范围控制 ·· 152
- 第五章 项目进度管理 ··· 159
  - 第一节 项目进度管理概述 ·· 160
  - 第二节 项目活动定义与排序 ··· 164

第三节　项目活动资源估算与持续时间估算 …………………………… 166
第四节　项目进度计划 ……………………………………………………… 171
第五节　网络计划技术 ……………………………………………………… 177
第六节　项目进度控制 ……………………………………………………… 194

第六章　项目费用管理 …………………………………………………… 206
第一节　规划项目费用管理 ………………………………………………… 207
第二节　项目资源计划 ……………………………………………………… 210
第三节　项目费用估计 ……………………………………………………… 216
第四节　项目费用预算 ……………………………………………………… 220
第五节　项目费用控制 ……………………………………………………… 228

第七章　项目质量管理 …………………………………………………… 248
第一节　项目质量管理概述 ………………………………………………… 249
第二节　规划项目质量管理 ………………………………………………… 252
第三节　项目质量计划 ……………………………………………………… 257
第四节　项目质量保证 ……………………………………………………… 261
第五节　项目质量控制 ……………………………………………………… 263
第六节　项目质量管理体系 ………………………………………………… 277

第八章　项目采购管理 …………………………………………………… 287
第一节　项目采购管理概述 ………………………………………………… 288
第二节　采购规划 …………………………………………………………… 293
第三节　招投标 ……………………………………………………………… 300
第四节　合同管理 …………………………………………………………… 305

第九章　项目风险与变更管理 …………………………………………… 318
第一节　项目风险管理概述 ………………………………………………… 319
第二节　项目风险评价与控制 ……………………………………………… 336
第三节　项目变更管理 ……………………………………………………… 347

第十章　项目的沟通管理与冲突管理 …………………………………… 359
第一节　项目沟通管理 ……………………………………………………… 360
第二节　项目冲突管理 ……………………………………………………… 370
第三节　项目集成管理 ……………………………………………………… 381

第十一章　项目收尾管理 ………………………………………………… 397
第一节　项目收尾管理概述 ………………………………………………… 398

第二节	项目验收	400
第三节	项目审计	406
第四节	项目后评价	411
第十二章	**项目干系人管理**	**421**
第一节	项目干系人管理概述	422
第二节	识别项目干系人	425
第三节	规划干系人管理	428
第四节	管理干系人参与	431
第五节	控制干系人参与	434

参考文献 ……………………………………………… 440

第一章 概 论

 学习目的

本章介绍项目管理最基本的理论知识。通过本章学习,能够了解项目管理的产生和发展,项目的类型及项目的生命周期;理解项目、项目管理的含义及项目管理知识体系框架;掌握项目的特点和项目管理的职能。

 导入案例一

项目与运作

材料:

1. 某市属经济开发区工作职责如下:

(1)综合协调管理:主要包括工作督办管理、综合协调管理等。

(2)政务档案管理:主要包括收文和发文管理;印鉴使用审批管理;综合档案管理;单位领导会务安排和会议室管理;大事记管理;办公自动化管理;接收电话和传真;办公用品分配与领用管理;报刊订阅与分发;影像、文档资料管理等。

(3)综合材料管理:主要包括撰写单位各阶段工作计划与总结、领导讲话、外部汇报与请示材料,综合调研管理等。

(4)人事纪检党务管理:主要包括人力资源编制与调配管理;人事档案管理;考核和考勤管理;人事任免、职务晋升和岗位聘任、职称评定申报与管理;岗位设置与组织流程管理;党务和工会管理;内部规章制度设计;行政监察工作;工资福利工作等。

(5)行政后勤管理:主要包括固定资产管理;单位财务预算、决算、账目报账管理;物品采购工作;基建项目管理;会议服务工作;车辆管理;工勤及临时人员

管理；卫生管理；食堂管理；安全管理等。

(6)市领导交办的临时任务。

2.该经济开发区2012年工作计划要点如下：

(1)做好工作督办和综合协调管理工作。

(2)完善政务档案管理。

(3)制订每月工作计划，撰写每月工作总结，准备领导参加各种会议的讲话稿。

(4)筹备并组织召开经济开发区首次经验交流会。

(5)继续做好人事纪检党务和行政后勤管理工作。

(6)开发论证并组织实施经济开发区OA工作系统。

(7)做好办公楼改造方案的设计论证、招投标和改造工作。

问题与思考：

1.在该经济开发区2012年工作计划要点中，哪些属于项目？哪些属于运作？

2.项目有什么特征？它与运作有什么区别？

第一节 项目

一、项目的含义

项目是人类实践活动中运用最广泛的一个概念。如各类工程建设项目、科研项目、规划项目、环保项目、国防项目、活动项目等等。人类社会的进步、国家的兴旺、地区的繁荣、企业的发展都离不开项目。什么是项目？许多机构都对项目下过定义。主要有：

1.联合国工业发展组织《工业项目评估手册》对项目的定义是：一个项目是对一项投资的一个提案，用来创建、扩建或发展某些工厂企业，以便在一定的周期时间内增加货物的生产或社会的服务。①

2.世界银行认为：所谓项目，一般系指同一性质的投资，或同一部门内一系列有关或相关的投资，或不同部门内的一系列投资。②

---

① 邱菀华等著：《项目管理学——工程管理理论、方法与实践》，科学出版社2001年版，第11页。

② 同①。

3. 美国项目管理协会(Project Management Institute,简称 PMI)认为:项目是一种旨在创造某种独特产品或服务的临时性努力。①

4. ISO 10006 国际项目管理质量标准对项目的定义是:由一系列具有开始和结束日期、相互协调和控制的活动组成,通过实施而达到满足时间、费用和资源等约束条件目标的独特的过程。②

综合以上机构对项目的定义,我们将项目定义为:项目是在一定的组织机构内,在限定的资源条件和规定的时间内将被完成的、能够满足特定要求的一次性的专门任务。该定义包含三层意思:

1. 项目是一项将被完成的、有特定的环境和要求的一次性任务。如建造一栋大楼、一个工厂,提出一个技术方案,举办一次活动,召开一次会议等等。

2. 在一定的组织机构内,利用有限的资源(人力、物力、财力等),在规定的时间内完成任务。

3. 任务要满足一定的性能、质量、数量、技术等指标的要求。

我们对项目的定义与中国项目管理研究委员会(PMRC)对项目的定义基本一致。PMRC 对项目的定义是:项目是一个特殊的、将被完成的有限任务。它是在一定的时间内,满足一系列特定目标的多项相关工作的总称。③

二、项目与运作

随着社会的发展,人类有组织的活动逐步分化为两种类型:一类是连续不断、周而复始的活动,人们称之为"运作或作业"(Operation),如企业日常生产产品的活动;另一类是临时性、一次性的活动,人们称之为"项目"(Project)④,如企业举办技术改造活动,举办一次贸易洽谈会,建设一项水利工程等。

(一)项目的特征

相对于运作,项目具有以下特征:

1. 唯一性

唯一性是使人类有组织的活动分化为运作和项目两种类型的根源所在,是项目成为一次性任务的基础。唯一性是指每个项目都是独一无二的,无法复制

---

① 杜嘉伟、郑煜、梁兴国:《哈佛模式——项目管理》,人民日报出版社 2001 年版,第 70 页。
② 孙裕君、尤勤、刘玉国编著:《现代项目管理学》,科学出版社 2005 年版,第 1 页。
③ 中国项目管理研究委员会:《中国项目管理知识体系与国际项目管理专业资质认证标准》,机械工业出版社 2001 年版,第 11 页。
④ 同①。

的。每个项目都有其独特的内涵，人们无法找到两个完全相同的项目。工程建设项目也许会比其他的项目更程序化些，但是，即使是同样建设内容的建设项目，如都是建设一座教学楼，也会因为业主、建设地点、建设时间、承包单位、施工技术等因素的不同，而存在诸多的差异。

2. 一次性

唯一性是项目的本质特征，一次性则是唯一性的外在表现。由于项目的唯一性，就决定了每个项目都是一项具有明确结束点的一次性任务。该项任务一旦被完成，就不会有完成相同的任务重复出现。项目的一次性特征是就项目的整体而言的，并不是指项目中不存在重复性的工作。如技术研发项目都有大量的重复性的实验任务，工程建设项目有更多的重复性工作。

项目的一次性还体现在以下几方面：

(1) 项目是一次性的成本中心。

(2) 项目经理是一次性的授权管理者。

(3) 项目经理部是一次性的临时组织机构。

(4) 作业层是一次性的项目劳务构成。

3. 多目标性

多目标性是指项目的目标是多方面的，包括成果性的目标和约束性的目标。

人们通常用一系列技术指标来定义项目的成果性目标，如研制一辆在价格、性能等方面能够使用户认可的"新款电动自行车"样车，其性能包括一次充电持续时间 1 周或行驶里程 40 公里，单车成本控制在 1 800 元内。成果目标同时还有多种条件约束，即有多重的约束性目标，如该电动自行车样车的研制工期为半年，时间从 2007 年 1 月 1 日—6 月 30 日，研制费用为 300 万元人民币。性能、时间和费用通常被称为项目的三重约束，项目的总目标实际上就是由项目的各种约束条件构成的多维空间集合而成的一个点，如图 1-1 所示。

4. 生命周期性

项目是一次性的任务，因而有起点和终点。任何项目都会经历启动、开发、实施、结束这样的一个过程，这一过程通常被称为"生命周期"。不同类型项目的生命周期阶段划分不尽相同，但从总体看，可以分为概念（启动）阶段（Conceive）、开发阶段（Develop）、实施阶段（Execute）和结束阶段（Finish）四个阶段（简称 CDEF 阶段）。

5. 相互依赖性

项目常与组织中同时进展的其他工作或项目互相作用，但是，项目总是与项目组织标准和日常的工作相抵触的。组织中的各项事业部门（财务、生产、营销等）间的相互作用是有规律的，而项目与事业部门之间的冲突则是变化无常的。

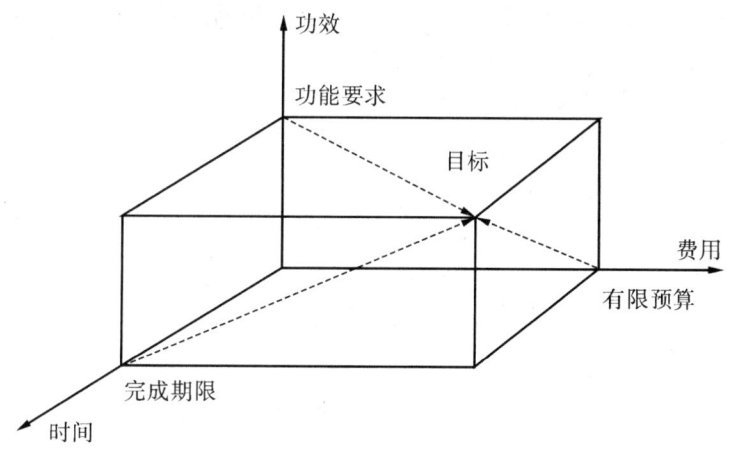

图 1-1　项目的多重目标属性示意图

项目主管应清楚这些冲突,并与所有部门保持适当的联系。

6. 冲突属性

项目经理与其他经理相比,生活在一个更具有冲突特征的世界中,项目之间有为资源而与其他项目进行的竞争,有为人员而与其他职能部门进行的竞争。项目组的成员在解决项目问题时,几乎一直是处在资源和领导问题的冲突中。

(二)项目与运作比较

唯一性和一次性是项目与运作的最大不同点。如,饮料生产是一种运作,开发一种新的饮料是项目。表 1-1 描述了项目与运作(作业)的不同。

1. 项目是独一无二的,运作则是重复进行的。
2. 项目存在于一个有限的期间内,运作则活动于一个长期的稳定的环境中。
3. 项目所导致的是对事物产生一些根本性的变革、改观,而运作所带来的则是改良性的、渐进的改变。
4. 由于革命性(根本性)的变革,使项目必须处于不平衡(非均衡)的状态,而运作总是强调处于均衡状态。
5. 由于不平衡性的产生,项目经理所考虑的是化解和分散问题的关键,而运作经理的目标是通过平衡矛盾的指标而保持平衡。
6. 项目聘用的是短期(临时)人员,而运作则是建立稳定的队伍。
7. 项目的环境是柔性易变的,运作的环境则是稳定的。
8. 项目对资源的需求因项目而易,是多变的,运作对资源的需求则是稳定的。
9. 项目的管理无先例可循,项目经理必须把注意力放在如何有效地达到基本目标上,而运作则是重复性的活动,其效率能够不断提高。项目经理以完成目标、目的为宗旨,时刻注意目标实施的可能性,必须面向目标,对于工作规程可以酌情而行,运作则以完成任务、指标为宗旨,在运作中人们根据以往的经验通过执行工作规程而达到基本的目标。

10.项目具有风险性。因为没有经验,所以必须考虑风险。项目经理对于能否达到目标应有风险意识,而运作任务完成的过程,鉴于有以往的经验,应有更大的把握来确定达到预期的目标。项目是风险型的管理,而运作则基本上是稳定型的管理。

表1-1 项目与运作(作业)的比较

项 目	运作(作 业)
独一无二的	重复的
有限时间	无限时间(相对)
革命性的改变	渐进性的改变
不均衡	均衡
目标之间不均衡	均衡
多变的资源需求	稳定的资源需求
柔性的组织	稳定的组织
效果型	效率型
以完成目标、目的为宗旨	以完成任务、指标为宗旨
风险和确定型	经验型

三、项目的分类

按照不同的分类原则,项目可以有多种分类。

(一)按照层次分类

从层次上分,项目可以分为宏观项目、中观项目和微观项目。宏观项目是指其实施将对整个社会或国家产生影响的项目,如全球性的区域合作项目、一个国家的国民经济规划。中观项目是指其实施将对整个地区、行业产生影响的项目,如行业规划、地区国民经济规划。微观项目是指其实施将只对本企业单位产生影响的项目,如某个企业的一项新产品研制。

(二)按照行业领域分类

国家统计局为了正确反映国民经济各行业的结构和发展状况,在现行的统计制度中,统一将我国国民经济划分为16大类。

1.农、林、牧、渔业;

2.采掘业;

3. 制造业；

4. 电力、煤气及水的生产和供应业；

5. 建筑业；

6. 地质勘察业、水利管理业；

7. 交通运输、仓储及邮电通信业；

8. 批发和零售贸易、餐饮业；

9. 金融、保险业；

10. 房地产业；

11. 社会服务业；

12. 卫生、体育和社会福利业；

13. 教育、文化艺术和广播电影电视业；

14. 科学研究和综合技术服务业；

15. 国家机关、政党机关和社会团体；

16. 其他行业。

因此，按照行业领域分，项目也可以相应地划分为以上16大类。

(三)按照工作性质分类

从工作性质看，项目可以分为工程类项目和非工程类项目。工程类项目又可以根据其管理类型分为基本建设项目和更新改造项目。按照用途分为生产性工程项目和非生产性工程项目；按照投资性质分为新建项目、改建项目、扩建项目和恢复项目等。非工程类项目主要有技术研究项目、新产品研制项目、组织活动项目等。

(四)按照项目所属的组织分类

按照项目的所有者和实施者是否属于同一个组织，可以将项目分为业务项目和自我开发项目。

业务项目是指由专业性项目公司为特定的业主/客户所完成的一次性工作，这是一种商业性服务或开发、生产项目。自我开发项目是项目团队为自己企业或组织所完成的各种开发项目，是一种企业内部的研究与开发性项目。例如，由房地产开发商出资、由建筑设计部门和施工承包商完成的住宅建设项目，由管理顾问公司为某个企业所做的战略管理或组织再造咨询项目等都属于业务项目；而由加工制造企业自己的产品设计或研究开发部门完成的新产品开发项目、由企业内部人员组成项目团队完成的技术改造项目等都属于自我开发项目。

(五)按照项目投资者的社会属性分类

按照项目投资者的社会属性分类，项目可以分为企业项目、政府项目和非盈利机构的项目。

企业项目是由企业提供投资或资源,并作为项目业主/客户,为实现企业的特定目标所开展的各种项目。政府性项目是由国家或地方政府提供投资或资源,并作为业主/客户,为实现政府的特定目标所开展的各种项目。非盈利机构的项目是指像学校、社团、社区等非盈利性组织提供投资或资源,为满足这些组织的需要而开展的各种项目。

(六)按照项目之间的统属关系分类

按照项目之间的层次、规模和统属关系分类,项目可以分为项目组合、项目集(或称项目群)和项目。项目组合是由一系列有机关联的项目集和项目构成的项目集合,项目集则是由一系列有机关联的项目或子项目组成的项目集合,项目集包含在项目组合中,其自身又包含需协调管理的若干项目或子项目集。这里所说的项目指独立的单个项目,单个项目无论其是否属于项目集,都是项目组合的组成部分。

第二节 项目管理

《世界百科全书》对管理的定义是:"管理就是对工商企业、政府机关、人民团体以及其他各种组织的一切活动的指导。它的目的是要使每一行为或决策有助于实现既定的目标。"可见,管理涉及的领域十分广泛,政府机关、企事业单位、科研机构、学校、军队等,凡是有人群共同活动的单位,都需要管理,以指导人们完成和达到共同的目的。项目作为一项整体性的任务,需要一群人去完成,因此,也离不开管理。

一、项目管理的含义

"项目管理"给人的一个直观概念就是"对项目进行的管理",这是项目管理最原始的概念,它包含两个方面的内涵,即项目管理属于管理的大范畴,项目管理的对象是项目。然而,伴随着社会的进步和项目的复杂化,项目管理的内涵和实践得到了较大的充实和发展,当今项目管理已是一种新的管理方式,一门新的管理学科的代名词。

"项目管理"一词有两种不同的含义,其一是指一种管理活动,即一种有意识地按照项目的特点和规律,对项目进行组织管理的活动;其二是指一种管理学科,即以项目管理活动为研究对象的一门学科,它是探求项目活动科学组织管理的理论与方法。前者是一种客观实践活动,后者是前者的理论总结;前者以后者为指导，后者以前者为基础。就其本质而言，两者是统一的。基于以上观点，我们给项目管理定义如下：

项目管理就是以项目为对象的系统管理方法，它通过一个临时性的专门的柔性组织，对项目进行高效率的计划、组织、指导和控制，以实现项目全过程的动态管理和项目目标的综合协调与优化。

所谓实现项目全过程的动态管理是指在项目的生命周期内，不断进行资源的配置和协调，不断做出科学决策，从而使项目执行的全过程处于最佳的运行状态，产生最佳的效果。所谓项目目标的综合协调与优化是指项目管理应综合协调好时间、费用及功能等约束性目标，在相对较短的时期内成功地达到一个特定的成果性目标。项目管理的日常活动通常是围绕项目计划、项目组织、质量管理、费用控制、进度控制等五项基本任务来展开的。项目管理贯穿于项目的整个寿命周期，它运用既有规律又比较经济的方法，对项目进行高效控制和质量考核，并注重将当前的执行情况与前期进行比较。在典型的项目环境中，尽管一般的管理办法也适用，但管理结构须以任务（活动）定义为基础来建立，以便进行时间、费用和人力的预算控制，并对技术、风险进行管理。在项目管理过程中，项目管理者并不对资源的调配负责，而是通过各个职能部门调配并使用资源，但最后决定什么样的资源可以调拨，取决于业务领导。

一般来说，列作项目管理的一般是指技术上比较复杂、工作量比较繁重、不确定性因素很多的任务或活动。第二次世界大战期间美国对原子弹，以及后来的阿波罗计划等重大科学实验项目就是最早采用项目管理的典型例子。项目管理的组织形式在 20 世纪 50—60 年代开始被广泛应用，尤其在电子、核工业、国防和航空航天等工业领域中应用更多。目前，项目管理已经应用在几乎所有的工业领域中。项目管理是以项目经理（Project Manager）负责制为基础的目标管理。

一般来讲，项目管理是按任务（垂直结构）而不是按职能（平行结构）组织起来的。项目管理的主要任务一般包括项目计划、项目组织、质量管理、费用控制、进度控制五项。日常的项目管理活动通常是围绕这五项基本任务展开的。项目管理自诞生以来发展很快，当前已发展为三维管理：

（1）时间维。把整个项目的生命周期划分为若干个阶段，从而进行阶段管理。

（2）知识维。针对项目生命周期的各不同阶段，采用和研究不同的管理技术方法。

（3）保障维。对项目人、财、物、技术、信息等的后勤保障管理。

二、项目管理的特点

项目管理与传统的部门管理相比,最大的特点是项目管理注重综合性管理,而且项目管理工作有严格的时间限制。项目管理必须通过不完全确定的过程,在确定的期限内生产出不完全确定的产品,日常安排和进度控制常对项目管理产生很大的压力。具体地讲,项目管理有以下特点:

(一)项目管理的对象是项目或被当作项目来处理的运作

项目管理是针对项目的特点而形成的一种管理方式,因而,其适用对象是项目,特别是大型的、复杂的项目。鉴于项目管理的科学性和高效性,有时人们会将重复性的运作中某些过程分离出来,加上其起点和终点当作项目处理,以便在其中运用项目管理的方法。

(二)项目管理的思想是系统管理的系统方法论

项目管理把项目看成一个完整的系统,依据系统论"系统——分解——综合"的原理,将系统分解为许多责任单元,由责任者分别按要求实现目标,然后汇总、综合成最终的成果;同时,项目管理把项目看成一个完整的生命周期的过程,强调部分对整体的重要性,促使管理者不要忽视其中的任何阶段,以免造成总体效果的不佳甚至失败。

(三)项目管理的组织通常是临时性、柔性、扁平化的组织

项目组织具有特殊性,其特殊性表现在以下几方面:

1. 有了"项目组织"的概念。项目管理的突出特点是项目本身作为一个组织单元,围绕项目来组织资源。

2. 项目管理的组织是临时性的。由于项目是一次性的,而项目的组织是为项目的实施服务的,因而一旦项目终结,其组织的使命也就完成了。

3. 项目管理的组织是柔性的。所谓柔性就是可变的。项目的组织打破了传统的固定建制的组织形式,根据项目生命周期各个阶段的具体需要适时地调整组织的配置,以保证组织的高效、经济运行。

4. 项目管理的组织强调其协调控制职能。项目管理是一个综合管理过程,其组织结构的设计必须充分考虑到利于组织各部分的协调与控制,以保证项目总体目标的实现。因此,目前项目管理的组织结构多为矩阵结构,而非直线职能结构。

(四)项目管理的体制是一种基于团队管理的个人负责制

由于项目系统管理的要求,需要集中权力以控制工作的正常进行,因而项目经理是一个关键的角色。

（五）项目管理的方式是目标管理

项目管理是一种多层次的目标管理方式。由于项目涉及的专业领域往往十分宽广，而任何项目管理者都无法成为每一个专业领域的专家，对某些专业领域可能有所了解但不可能像专门研究者那样深刻。因此，像泰罗那个时代，管理者们具体指导工人的操作，甚至详细到手指怎样动作这样的细枝末节，这种指导对大多数项目而言已经没有可能。现代项目管理者只能以综合协调者的身份，向被授权的专家讲明应承担工作责任的意义，协调确定目标以及时间、经费、工作标准的限定条件，具体工作则由被授权者独立处理。同时，经常反馈信息、检查督促并在遇到困难需要协调时及时给予各方面相关的支持。可见，项目管理只要求在约束条件下实现项目的目标，其实现的方法具有灵活性。

（六）项目管理的要点是创造和保持一种使项目顺利进行的环境

有人认为，"项目管理就是创造和保持一种环境，使置身于其中的人们能够在集体中一道工作以完成预定的使命和目标"。可见，项目管理是一个管理过程，而不是技术过程，处理各种冲突和意外事件是项目管理者的主要工作。

（七）项目管理的方法、工具和手段具有先进性和开放性

项目管理采用科学先进的管理理论和方法。如采用网络图编制项目进度计划；采用目标管理、全面质量管理、价值工程、技术经济分析方法等理论和方法控制项目总目标；采用电子计算机等管理手段和方法进行项目信息处理等。

三、项目管理的职能

项目管理的基本职能包括计划、组织、协调、评价与控制。

（一）计划职能

项目计划，就是根据项目预期目标的要求，统筹安排项目范围内的各项工作。它系统地确定项目的任务、进度和完成任务所需要的资源等，使项目在合理的工期内，以尽可能低的成本和尽可能高的质量来完成。任何项目管理都从指定项目计划开始，项目计划是确定项目协调、评价、控制方法和程序的基础和依据，项目成败首先取决于项目计划的质量。

项目计划是项目实施的指导性文件，是项目经理和工作人员的工作依据和行动指南。项目各项工作的开展都是以计划为依据，项目计划使项目实施各阶段、各环节都做到有法可依、有据可查、有章可循，以此来协调项目的各项活动。

项目计划是实现项目目标的一种必要手段。项目计划使人力、材料、机械、设备和建设资金等各种资源都能得到合理的、充分有效的运用，并在实施过程中可以及时地对各阶段各环节的活动进行协调，以达到质量优良、工期和造价合理

的理想目标。

项目计划是对项目进行评价和控制的标准。项目计划作为规定和评价各级执行人员的责权利的依据,对于任何范围的变化都是一个参照点,从而成为对项目评价和控制的标准。

项目计划按其作用和服务的对象可以分为四个层次,即决策型计划、管理型计划、执行型计划和作业型计划。

项目计划按其活动内容可以分为:项目主体计划、进度计划、费用计划、资源计划等。最常用于进行项目计划的工具主要有:工作分解结构(Work Breakdown Structure,简称 WBS)、线性责任图(Linear Responsibility Chart,简称 LRC)、横道图(Bar Chart)、关键路线法(Critical Path Method,简称 CPM)等。

(二)协调职能

协调就是使项目的不同阶段、不同环节,与有关的不同部门、不同层次之间和谐地配合,以便项目能够顺利实施,达到预期的目标。虽然计划明确了项目不同阶段、不同环节、不同部门、项目经理及所有的工作人员各自的管理内容和管理办法,但是项目管理是一项综合的管理,需要有效的沟通和协调,包括不同阶段、不同层次之间、组织内部不同部门之间、不同人员之间的沟通和协调以及与外部的沟通和协调。沟通与协调涉及资源、时间、人员等方面的内容,其中人与人之间的协调最为重要。协调职能使不同阶段、不同环节、不同部门、不同层次之间通过统一指挥形成目标明确、步调一致的局面,同时通过协调,使一些看似矛盾的工期、质量和造价之间的关系,时间、空间和资源利用之间的关系也得到了充分的统一,所有这些对于复杂的项目管理来说无疑是非常重要的工作。

(三)组织职能

项目组织是指在熟悉项目形成过程及发展规律的基础上,通过部门分工、职责划分,明确职权,建立行之有效的规章制度,使项目的各阶段、各环节、各层次都有管理者分工负责,形成一个具有高效率的组织保证体系,以确保项目的各项目标的顺利实现的各项组织活动。组织特别强调的是可以充分调动起每个管理者的工作热情和积极性,充分发挥每个管理者的工作能力和长处,以每个管理者的完美的工作质量换取项目的各项目标的全面实现。项目管理的组织职能包括五方面内容:组织设计、组织联系、组织运行、组织行为与组织调整。项目组织是实现项目计划、完成项目目标的基础条件,组织好坏对项目的成败有直接的影响,组织合理是其他管理职能得以发挥的前提。项目组织方式根据其规模、类型、范围、合同等因素的不同而有所不同,典型的项目组织方式有树型组织、矩阵组织和网络型组织等。

(四)评价与控制职能

项目计划是根据预测对未来做出的安排。由于在编制计划时难以预见的问题很多，在编制计划时做出合理预测的问题在实际执行中也还会发生变化，因此，在项目的组织实施过程中往往会产生偏差。如何识别偏差、消除偏差或调整计划，保证项目目标的实现，就是项目评价和控制所要解决的问题。这里的项目评价不是传统意义上的"项目评价"，它贯穿于项目的全过程和项目管理的各个方面，包括事前的评价、事中的评价和事后的评价，项目评价是项目计划、组织、协调、控制的基础和依据，项目计划、协调、组织、控制则是项目评价的目的和归宿。项目控制从内容看，包括工作控制、费用控制、质量控制和进度控制；从控制方法看，包括前馈控制、过程控制和反馈控制。

四、项目的生命周期

项目的生命周期是指项目从开始到结束所经历的各个阶段。典型的项目生命周期可以划分为"概念阶段、规划阶段、实施阶段和结束阶段"四个阶段，如图1-2所示。也有人按"识别需求、提出解决方案、执行项目和结束项目"四个阶段划分项目的生命周期，如图1-3。实际工作中根据不同领域或不同方法还可以再进行具体的划分。如建设项目的生命周期可以分为可行性研究、计划编制、设计、施工、竣工验收、交付使用和运行等阶段；软件开发项目的生命周期可以划分为需求分析、系统设计、系统开发、系统测试、运行维护等阶段；活动项目的生命周期可以划分为筹备、实施和结束等阶段。下面介绍典型项目生命周期的四个阶段。

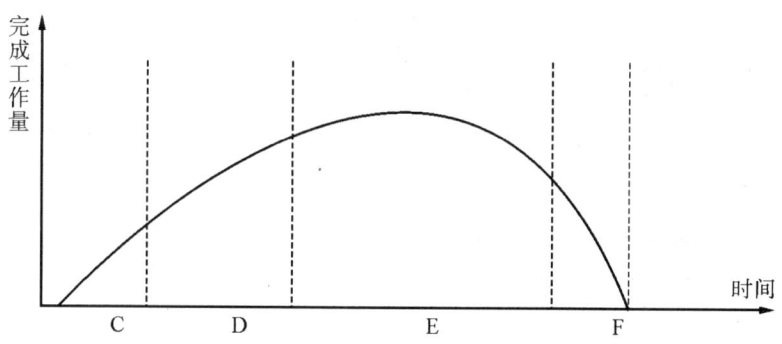

图1-2 典型的项目寿命周期示意图(1)

（一）概念阶段（Conceive）

概念阶段的主要工作包括：

1. 明确需求、策划项目；
2. 调查研究、收集数据；
3. 确立目标；

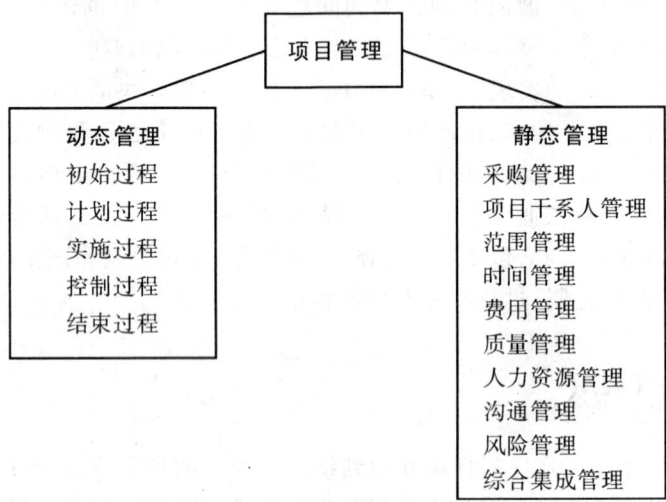

图 1-3 典型的项目寿命周期示意图(2)

4. 进行可行性研究;
5. 明确合作关系;
6. 风险分析;
7. 拟订战略方案;
8. 进行资源测算;
9. 提出组建项目组方案;
10. 提出项目建议书;
11. 获准进入下一阶段。

(二)规划阶段(Develop)

规划阶段的主要工作包括:

1. 确定项目组主要成员;
2. 项目最终产品的范围确定;
3. 实施方案研究;
4. 项目质量标准的确定;
5. 项目的资源保证;
6. 项目的环境保证;
7. 主计划的制订;
8. 项目经费及现金流量的预算;
9. 项目的工作结构分解(WBS);
10. 项目政策与程序的制订;

11. 风险评估；
12. 确认项目有效性；
13. 提出项目概要报告。

(三) 实施阶段(Execute)

实施阶段的主要工作包括：

1. 建立项目组织；
2. 建立与完善项目联络渠道；
3. 实施项目激励机制；
4. 建立项目信息控制系统；
5. 建立项目工作包,细化各项技术需求；
6. 执行 WBS 的各项工作；
7. 获得订购物品及服务；
8. 指导/监督/预测/控制：范围、质量、进度、成本；
9. 解决实施中的问题。

(四) 结束阶段(Finish)

结束阶段的主要工作包括：

1. 最终产品的完成；
2. 评估与验收；
3. 清算最后账务；
4. 项目评估；
5. 文档总结；
6. 资源清理；
7. 转换产品责任者；
8. 解散项目组。

第三节　项目管理的发展

一、国际上项目管理的发展历程

项目和项目管理的产生和发展是工程和工程管理实践的结果,首先是传统的项目与项目管理的概念,主要起源于建筑行业,这是由于传统的实践中建筑项目相对于其他项目来说,组织实施过程更为复杂。随着社会进步和现代科技的发展,项目管理也不断得到完善,应用领域也不断拓宽。现代项目与项目管理的真正发展可以说是大型的国防工业发展所带来的必然结果,它与传统的项目管理具有很大的不同。在当今信息社会和知识经济之中,人们创造社会财富和福利的途径与方式已经由过去重复进行的生产活动为主,逐步转向了以项目开发和项目实施活动为主的模式。项目开发与实施成为物质财富和精神财富生产的主要手段,现代项目管理也逐步发展成为现代社会中主要的管理模式,并成为企业重要的管理手段。

项目管理的发展基本上可以划分为两个阶段:20世纪80年代之前称为传统的项目管理阶段,80年代之后称为现代项目管理阶段。

(一)传统项目管理发展阶段

从20世纪40年代中期到60年代,项目管理主要应用于发达国家的国防工程建设和工业/民用工程建设方面。此时采用的传统项目管理方法主要是致力于项目的预算、规划和为达到项目目标而借用的一些一般运营管理的方法,在相对较小的范围内所开展的一种管理活动。当时的项目经理仅仅被看做是一个具体执行者,他们只是被动地接受一项给定的任务或工作,然后不断接受上级的指令,并根据指令去完成自己负责的项目。从20世纪60年代起,人们对于项目管理产生了浓厚的兴趣。随后建立的两大国际性项目管理协会,即:以欧洲国家为主的国际项目管理协会(International Project Management Association,简称IPMA)和以美洲国家为首的美国项目管理协会(Project Management Institute,简称PMI),以及各国相继成立的项目管理协会,为推动项目管理的发展发挥了积极的作用,做出了卓越的贡献。但是在这一传统项目管理阶段中,发达国家的国防部门对于项目管理的研究与开发占据了主导地位,它们创造的许多项目管理方法和工具一直沿用至今。例如,由美国空军最早开发的项目计划评审方法(Project Evaluation and Review Technique,简称PERT)、由美国国防部提出并推广的项目工期与造价管理规范(Cost / Schedule Control Systems Criteria,简称C/SCSC)等一大批项目管理的方法和工具现在仍然在广泛地使用。

(二)现代项目管理阶段

20世纪80年代之后,项目管理进入现代项目管理阶段,由于全球性竞争的日益加剧,项目活动的日益扩大和更为复杂,项目数量的急剧增加,项目团队规模的不断扩大,项目相关利益者冲突的不断增加,降低项目成本的压力的不断上升等一系列情况的出现,迫使作为项目业主/客户的一些政府部门与企业以及作为项目实施者的政府机构和企业先后投入了大量的人力和物力去研究和认识项目管理的基本原理,以及开发和使用项目管理的具体方法。特别是进入90年代以后,由于信息系统工程、网络工程、软件工程、大型建设工程以及高科技项目的研究与开发项目管理新领域的出现,促使项目管理在理论和方法等方面不断发展和现代化,使得现代项目管理在这一时期获得了快速的发展和长足的进步。同时,项目管理的应用领域在这一时期也迅速扩展到了社会生产与生活的各个领域和各行各业,而且项目管理在企业的战略发展和例外管理(这些都属于企业高层管理者所做的管理工作)中的作用越来越重要。例如,欧洲的 ABB 公司作为一个处于领先地位的全球性工程公司,其绝大部分工作都要求开展项目管理;IBM 公司是世界上最大的计算机制造商之一,它公开承认项目管理是对其未来发展起关键作用的因素;摩托罗拉公司是世界上最成功的通讯设备和服务供应商之一,它在 20 世纪 90 年代中期启动了一个旨在改善其项目管理能力的计划,这一计划使公司获得了很大的发展。今天,项目已经成为我们社会创造精神财富、物质财富和社会福利的主要生产方式(以前主要是运营和生产),所以现代项目管理也就成了发展最快的管理领域之一。

现代项目管理在这一阶段的高速发展主要表现在两个方面:其一是项目管理的职业化发展,其二是项目管理的学术性发展。在职业化发展方面,这一阶段的项目管理逐步分工细化,形成了一系列项目管理的专门职业。例如,专业项目经理、造价工程师、监理工程师、营造师等等。同时,在这一阶段还诞生了一系列项目管理职业资格认证体系。例如,美国项目管理协会(PMI)和国际项目管理协会(IPMA)主办的项目管理专业人员职业资格认证,美国造价工程师协会(Association of American Cost Engineers,简称 AACE)主办的造价工程师资格认证,英国皇家特许测量师协会(Royal Institute of Chartered Surveyor,简称 RICS)主持的工料测量师、营造师资格认证等等。这些工作极大地推动了项目管理职业的细分和职业化的发展。例如,国际项目管理协会(IPMA)开展的项目管理专业人员资格认证就分为 A、B、C、D 四个级别,其中 A 级为工程主任级证书,B 级为项目经理级证书,C 级为项目管理高级工程师级证书,D 级为项目管理技术员级证书,对不同资格证书的要求也各异,获得证书者分别可负责大项目或国际项目、一般项目、一般项目的主要工作和一般项目工作的管理。虽然这些项目管理人员资格认证的侧重点有所不同,方法有所不同,但是都为推进项目管理的职业化发展做出了很大的贡献。现在,项目经理已经不再被认为是项目的执行者,他们拥有了正式的头衔和更大的权利与责任。他们不仅要实施项目,而且要参与项目决策,要与项目业主/客户一起高效率地工作,全面开展项目管理,并且要对项目的财务结果负责。现在的项目经理已经成为真正的项目负责人和企业中的主角,项目管理已成为一项非常热门的职业,在美国已成为优选职业之一。根据统计数据,在美国从事项目管理工作的初级工作人员的年薪为 4.5 万~5.5 万美金,中级人员为 6.5 万~8.5 万美金,高级人员为 11 万~30 万美金,比其他领域的技术人员和管理人员都要高。

现代项目管理阶段在项目管理的学术发展方面主要体现在项目管理专业教育体系的建立和项目管理理论与方法的研究方面。在现代项目管理阶段，国际上有许多大学相继建立和完善了项目管理专业的本科生和研究生教育体系，美国的大学不但设立有项目管理的硕士学位和博士学位，而且项目管理的硕士学位大有取代工商管理硕士（MBA）专业学位的趋势。在这一阶段有许多项目管理的研究机构先后建立了起来，这些研究机构、大学、国际和各国的项目管理专业协会以及一些大型企业共同开展了大量的项目管理理论与方法的研究，并取得了丰硕的成果。像美国项目管理协会（PMI）、美国造价管理协会（AACE）等组织提出的项目管理知识体系（Project Management Body of Knowledge，简称PMBOK）、项目全面造价管理（Total Cost Management）、项目风险造价管理、已获价值管理（Earned Value Management）、项目合作伙伴式管理（Partnering Management）等等都是在这一阶段创立和发展起来的。通过这一阶段的学术发展，今天的现代项目管理在项目的范围管理、时间管理、成本管理、质量管理、人力资源管理、沟通管理、采购管理、风险管理和集成管理等方面已经形成了专门的理论和方法体系。另外，在这一阶段，国际标准化组织还以美国项目管理协会（PMI）的《项目管理知识体系指南》（Guide to Project Management Body of Knowledge）等文件为框架，制订了关于现代项目管理的标准（ISO 10006）。所有这些现代项目管理在职业化和学术性方面的发展，使得项目管理的理论和方法取得了长足的进步。

二、我国项目管理的发展历程

我国对项目管理的理论研究和管理实践起步较晚，尤其是在现代项目管理方面，不管从现代项目管理的职业化发展，还是从现代项目管理的学术性发展，以及现代项目管理的实践方面，我们都与国际发达国家存在着一定的差距。

（一）我国在传统项目管理方面的发展历程

虽然我国在传统项目管理方面的研究和实践起步早，但是后续的发展却十分缓慢。我国早在2000多年前就已经开始了项目管理的实践，并且创造了许多很好的传统项目管理方法。例如，我国战国时期的都江堰工程从工程项目设计和项目施工等各个方面都使用了系统思想，创造出了举世公认的都江堰分洪与灌溉工程项目。在工程项目管理方面，对宫廷建设项目实施管理，很早就有了自己的"工料定额"和"工时"、"造价"管理方法，并且许多朝代的"工部"都有相应的"国家标准"。但是，我国自宋朝以后在科技和管理方面走下坡路，未能跟上世界科技与管理的快速发展，所以我国在项目管理的理论和方法方面开始落后于世界发达国家。尤其是从清朝以后到解放以前，我们与世界发达国家在科技和管理方面逐步拉开了距离,从而使我们在传统项目管理方面一直处于落后的地位。

(二)我国在现代项目管理方面的发展历程

我国在现代项目管理方面的实践比较晚,从 20 世纪 80 年代后期我国才在建筑业和国内工程建设项目的管理体制和管理方法上做了一些重大的改革,才开始借鉴和采用一些国际上先进的现代项目管理方法。最先开展现代项目管理实践的项目是我国的鲁布革水电站项目,它是利用世行贷款项目,在 1984 年首先采用国际招标和项目工期、质量、造价等办法开展现代项目管理的实践,结果大大缩短了项目的工期,降低了项目造价,取得了明显的经济效益。此后,我国的建设部、电力部、化工部、煤炭部等政府部门在许多政府性项目上先后采用了承包商项目经理管理体制,我国财政部、农林部等政府部门也结合世行贷款开展了一些项目管理的培训。1991 年 6 月中国项目管理研究委员会(Project Research Committee,China,简称 PMRC)正式成立,挂靠在西北工业大学。我国财政部于 1994 年向世界银行申请了一笔世界银行机构发展基金(International Development Fund,简称 IDF)赠款,专门用于项目管理的人才培养,建立了由清华大学等五所高校组成的项目管理培训网,有稳定的师资队伍,并结合中国国情,翻译、编写了培训教材,通过举办国内外培训班培训来自全国各地的各种层次的项目管理人员。2004 年国务院学位办同意举办项目管理工程硕士教育,目前全国已有 90 多家举办工程管理硕士教育的学校和单位。

PMRC 是我国唯一的跨行业、跨地区、非营利性的项目管理学术组织,并作为中国项目管理专业组织的代表加入了国际项目管理协会(IPMA),成为 IPMA 的成员组织。PMRC 的宗旨是致力于推进我国项目管理学科建设和项目管理专业化发展,推进我国项目管理与国际项目管理专业领域的交流与合作,使我国项目管理水平尽早与国际接轨。其上级组织是由我国著名数学家华罗庚教授组建的中国优选法统筹法与经济数学研究会。

中国项目管理研究委员会自成立以来,立足于我国项目管理学科的基础建设,建立了与国际接轨的"中国项目管理知识体系(C—PMBOK)",引进并推行"国际项目管理专业资质认证(IPMP)",基于国际项目管理协会推出的认证标准 ICB(IPMA Competence Baseline)建立了既能适合我国国情又能得到国际认可的中国项目管理能力基准(C-NCB)。PMRC 在国内首次打破了行业界限,出版内部发行的《项目管理》刊物(2007 年起有 CN 号);不断召开全国性项目管理专业学术会议以及项目管理国际会议,组织人员参加国际学术会议以及讲学活动,广泛进行国际交流和合作;积极促进联合国教科文组织的产学研结合计划在中国的推进;开展培训教育工作,为企事业管理人员举办各类项目管理培训班,推动在大学为本科生开设与国际接轨的项目管理课程,为研究生培养设立了专业方向并开设课程。

PMRC自成立以来所做的大量开创性的工作大大推进了我国项目管理事业的发展，促进了我国项目管理与国际项目管理专业领域的沟通与交流。在推进我国项目管理专业化发展方面，PMRC正起着越来越重要的作用。

在项目管理的职业化方面，我国现在已经有了自己的造价工程师、监理工程师、注册咨询工程师，以及项目管理师的职业资格认证和注册制度和办法，但是这些是由国家人事部和建设部以及相关协会共同推出的，主要是针对工程建设项目管理的职业资格认证和注册制度与方法，而不是面向一般项目管理的职业项目经理的认证制度和方法。

三、现代项目管理的最新发展[①]

(一)项目管理正在逐步发展成为社会管理的一种主要方式

随着社会的进步和经济的发展，项目管理也得到快速的发展。21世纪是知识经济时代，在知识经济时代，创新成为人类社会活动的主导活动。由于创新活动具有独特性和一次性的特性，因此，它们都属于项目的范畴，都需要使用项目管理的方法，从而使项目管理逐步发展成为社会管理的一种主要方式。

(二)出现基于项目的管理和企业级的项目管理

1. 基于项目的管理(Management by Project)

这是一种现代项目管理的指导思想和方法，它要求人们在一个组织中使用"基于项目管理"的主导管理模式管理组织的各种"例外"事务。自从20世纪80年代以后，越来越多的人愿意接受这种全新的管理模式。这种管理模式要求人们首先根据组织使命分解组织的战略目标，然后，根据战略目标拟定实现这些战略目标的项目、项目群和项目组合，再使用现代项目管理的方法使项目获得成功。如果组织愿意使用这种管理模式，则其运营也可以分解成一系列的项目，并用项目管理的方法管理组织的这些活动。总之，这种管理方法要求人们使用现代项目管理方法管理组织的各项事务，最终实现组织生存、获利和发展的目标。

2. 企业级项目管理(Enterprise Project Management)

这也是现代项目管理的一个重要发展，它要求人们从企业高度去看待和开展现代项目管理。按照这种方法的要求，企业要有自己的项目管理程序、标准和体系，要建立自己的项目管理办公室(Project Management Office)或战略项目管理办公室(Strategic Project Management Office)，从而使组织的高层更加了

---

① 本部分内容参考戚安邦等编著的《项目管理学》，科学出版社2007年7月出版。

解项目,更能参与和影响项目的管理。组织还要建立和使用自己的项目管理信息系统,要有基于网络的内部项目管理团队和虚拟项目团队及其报告系统,甚至要建立"企业级项目管理办公室"汇集企业的项目管理理论专家,培训企业的项目管理人员,做好企业级的项目管理服务等。现在已经有很多的美国公司在按照这种管理模式管理自己的企业,如惠普公司、通用电气公司、IBM公司都已经很好地开展了"企业级项目管理"。它们的实践表明,这是一种非常有效的管理模式。

(三)有了项目群管理和项目组合管理的理论和方法

1. 项目集(或项目群)管理(Program Management)

项目集管理有时也译成"项目群管理",或"工程管理"及"计划管理"。例如,我国的三峡工程被翻译成"Three Gorges Program",而美国的 Apolo Program 则被翻译成"阿波罗计划"。其实所谓的项目群就是一种多项目的组合,只是项目群中多个项目之间有两大基本特性,其一是项目群中每个项目之间存在着直接和紧密相互关联,每个单独的项目都不能离开项目群而独立存在;其二是项目群中每个项目之间有一定的相似性,所以后续开展的项目可以根据前面的经验进行改进和提高。这两大特性使得这种项目群管理在很多方面不同于一般的项目管理,因此也就有独立的项目群管理理论和方法。例如,"阿波罗计划"实际上是由上万个具体的项目构成的一个项目群,这些项目谁也离不开谁,且汇集成整体才构成"阿波罗计划"。

项目集管理就是在项目集中运用知识、技能、工具和技术来满足项目集的要求,以获得分别管理各项目所无法实现的效益和控制。

项目集中项目通过产生共同的结果和整体能力而相互联系。如果项目间的联系仅限于共享雇主、供应商、技术或资源,那么这些项目应作为一个项目组合而非项目集管理。

项目集管理重点关注项目间的依赖关系,致力于找到管理这些依赖关系的最佳方法。具体管理措施包括:

(1)解决项目集内多个项目的资源制约和(或)冲突。

(2)调整对项目和项目集的目的和目标有影响的组织战略方向。

(3)处理同一个治理结构内的相关问题和变更管理。

建立一个新的通信卫星系统就是项目集的实例,其所辖项目包括卫星与地面站的设计、卫星与地面站的建造、系统整合,以及卫星发射。

2. 项目组合管理(Project Portfolios Management)

项目组合管理是指对由项目和项目群有机组合的整体所开展的管理。这种管理既不同于一般的项目管理,也不同于项目群管理。实际上项目组合又可以分成组织内部的项目组合和虚拟组织的项目组合。前者是一个组织自己在一定的时期内各种项目和项目群的组合,后者是为多个组织的战略发展服务的,所以也被称为战略项目组合。根据项目组合管理理论,任何组织的战略实际上应该是一种"项目组合",因为任何组织的战略目标都必须通过开展项目实现,甚至包括运营性的项目(Operational Program)。所以项目组合管理要求企业或组织成立专门的战略项目管理办公室,并且将项目、项目群和项目组合管理作为组织实现目标的战略措施和方法。这种理论认为项目管理有三个组成部分,其一是独立项目(Stand-along Project)的管理,其二是相似组合(Portfolios of Like Project)的管理,其三是战略项目和项目群(Strategy Projects and Program)的组合管理。项目组合管理要求组织的整个管理始于组织使命、愿望、战略和项目组合的计划安排,然后是项目的有序实施和项目组合关系管理以及全面的项目组合管理。

项目组合管理重点关注通过审查项目和项目集,来确定资源分配的优先顺序,并确保对项目组合的管理与组织战略目标协调一致。

(四)出现了项目管理办公室

项目管理办公室是企业设立的一个职能机构名称,也称作项目管理部、项目办公室或项目管理中心等,英文为:Project Management Office,缩写简称:PMO。美国项目管理协会(PMI)对PMO的定义为:PMO就是为创造和监督整个管理系统而负责的组织元素,这个管理系统是为项目管理行为的有效实施和最大程度地达到组织目标而存在的。

PMO最早出现于20世纪90年代初期。当时PMO仅提供了很少的服务和支持工作,而更多被企业用来"管制"项目经理,而不是为他们提供项目管理的方向和指导。在90年代后期,对于企业领导来说,将项目放到整个企业的运作中统一管理的需求变得越来越迫切,PMO随之大量地出现。不论是对项目经理还是对企业主管人员来说,PMO都被证明是理想的选择。因为公司需要建立一个可以执行商业策略的理想环境,PMO实现了这一点,它可以对每一个项目根据商业策略进行评估和排序,然后对它们进行恰当的资源分配。

伴随着项目管理理念的深入和项目管理价值的日益凸显,管理层逐渐认识到,项目管理对提高企业经济效益和利润将产生非常巨大的有利影响,越来越多的企业以项目为单元进行战略分解与任务执行。随着专业分工的细化,越来越多的跨职能项目出现在企业里面,如何在跨职能的项目之间进行资源优化组合,管理好各项目的风险、进度等就变得越来越重要。为了更好地解决资源冲突,复制已有项目的成功经验,规范企业的项目管理标准,项目管理办公室(PMO)应运而生。

PMO是在组织内部将实践、过程、运作形式化和标准化的部门,是提高组织管理成熟度的核心部门,它根据业界最佳实践和公认的项目管理知识体系,并结合企业自身的业务和行业特点,为组织量身定制项目管理流程、培养项目经理团队、建立项目管理信息系统、对项目提供顾问式指导、开展多项目管理等,以提高项目成功率,确保组织战略的有效贯彻执行。

PMO 在企业中担负着建立规范项目管理标准、总结最佳实践、解决资源冲突、培养项目经理团队、项目评审以及建设组织级项目管理体系等责任。

PMO 通常具有如下的责任与功能:

1. 为项目经理和项目团队提供行政支援,如各种项目报表的产生;

2. 最大限度地集中项目管理专家,提供项目管理的咨询与顾问服务;

3. 将企业的项目管理实践和专家知识整理成适合本企业的一套方法论,供企业内部传播和重用;

4. 在企业内提供项目管理相关技能的培训;

5. PMO 可以配置部分项目经理,有需要时,可以直接参与具体项目,对重点项目给予重点支持。

PMO 可以是临时机构,也可以是永久机构。临时机构往往用来管理一些特定项目,如企业购并项目。永久机构适用于管理具有固定时间周期的一组项目,或者支持组织项目的不断进行。

根据不同组织文化、组织结构、项目管理成熟度,可将 PMO 分为三种类型:保证型、控制型、战略型。

1. 保证型 PMO——初始级

保证型是 PMO 建立的初始阶段,主要为项目经理提供管理支持(Project Management)、行政支持、培训、咨询顾问、技术服务、知识管理等支持服务,这种角色以低调和辅助者的身份出现,容易得到项目经理的认可,不容易引起太多的反对和权力之争,在 PMO 的刚刚起步阶段,这种方式容易得以实施和执行,主要向主管副总和项目经理汇报。

2. 控制型 PMO——已管理级

控制型 PMO 在强矩阵组织结构中容易实现。在这种情形下,PMO 拥有很大的权力,相当于代表公司的管理层,对项目进行整体的管理和控制(Program Management),保证项目的顺利执行,以实现项目目标和组织目标。这时 PMO 的工作可以包括:项目经理任命、资源的协调、立项结项的审批、项目的检查和数据分析、项目经理培训等,可独立向总经理汇报。

3. 战略型 PMO——优化级

战略型 PMO 是 PMO 发展的高级阶段。在这种情形下,PMO 承担着企业项目筛选、战略目标确定与分解等任务,肩负着承上(战略理解)和启下(启动项目)的双重任务。这时进行项目群管理(Project Portfolio Management),确保所有项目能够围绕着组织的目标展开,并且能够为公司带来相应的利益,可直接向最高管理者汇报。

第四节 项目管理知识体系

一、美国项目管理知识体系

项目管理知识体系首先由美国提出,美国项目管理协会于1987年公布第一个项目管理知识体系,公布初期根据变化情况不定期进行修订,后来基本上每五年修订一次,2012年12月第五版正式公布。

美国的项目管理知识体系是一个动静结合的整体,包括静态的项目管理九大知识领域和动态的项目进程管理五个过程,如图1-4所示。该知识体系包括的九大知识领域是:范围管理、时间管理、费用管理、质量管理、人力资源管理、沟通管理、风险管理、采购管理和集成管理,如图1-5所示。动态的项目进程管理包括初始过程、计划过程、实施过程、控制过程和结束过程五个过程。该知识体系分别从不同的管理领域和过程,描述了现代项目管理所需要的知识、方法、工具和技能。这一知识体系的推出,促进了世界项目管理行业的发展,推动和鼓励了项目管理知识的推广和传播。

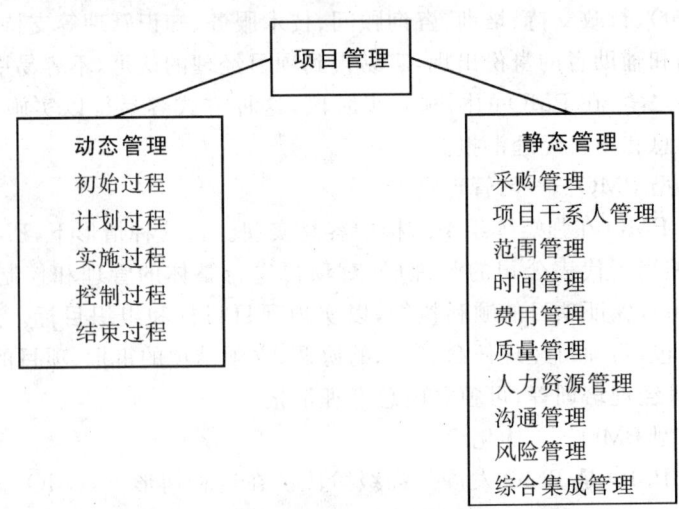

图1-4 美国项目管理知识体系(PMBOK)

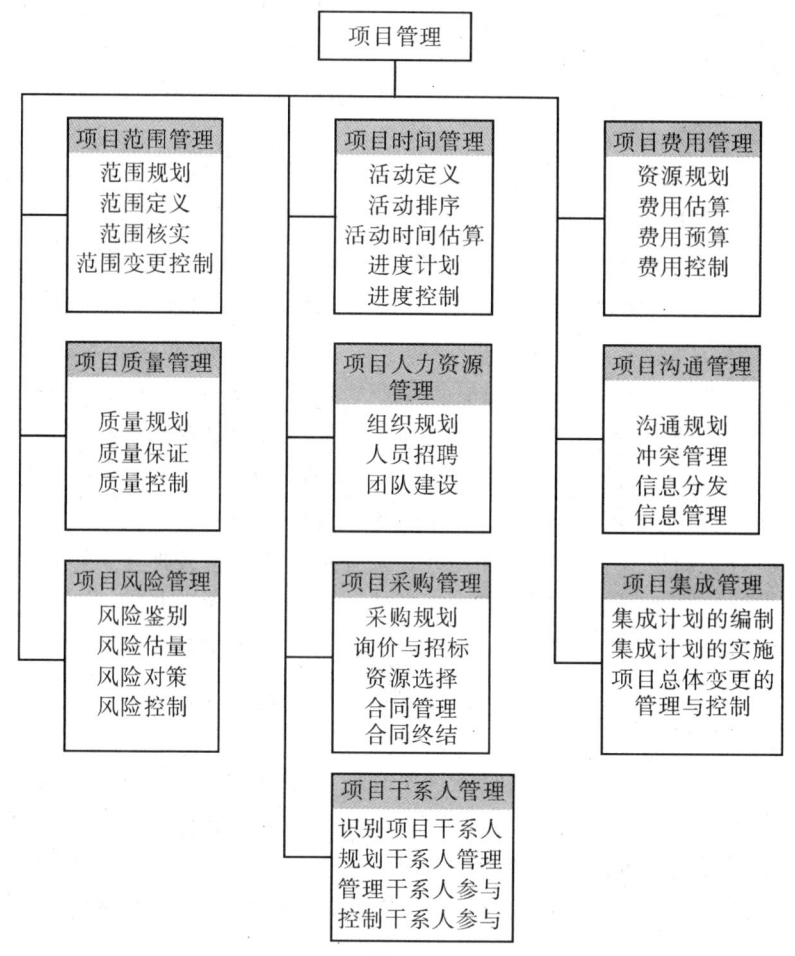

图 1-5 PMBOK 九大知识领域

国际标准化组织以 PMBOK 为框架,制订了 ISO 10006 标准(项目管理国际标准)。

(一)十大知识领域

1.项目范围管理。项目范围管理是在项目管理过程中所开展的计划和界定一个项目或项目阶段所需和必须要完成的工作,以及不断维护和更新项目范围的管理工作。开展项目范围管理的根本目的是要通过成功地界定和控制项目的工作范围与内容,确保项目的成功。这项管理的主要内容包括:项目范围规划、项目范围定义、项目范围核实、项目范围变更控制。

2.项目时间管理。项目时间管理是在项目管理过程中为确保项目按既定时间完成而开展的项目管理工作。开展项目时间管理的根本目的是要通过做好项目的工期计划和项目工期的控制等管理工作,确保项目的成功。这项管理的主要内容包括:项目活动定义、项目活动排序、项目活动时间估算、项目进度计划与进度控制。

3. 项目费用管理。项目费用管理是在项目管理过程中为确保项目在不超出预算的情况下完成全部项目工作而开展的项目管理。开展项目成本管理的根本目的是全面管理和控制项目的成本(造价),确保项目的成功。这项管理的主要内容包括:项目资源规划、项目费用估算、项目费用预算和项目费用控制。

4. 项目质量管理。项目质量管理是在项目管理过程中为确保项目的质量所开展的项目管理工作。开展项目质量管理的根本目的是要对项目的工作和项目的产出物进行严格的控制和有效的管理,以确保项目的成功。这一部分的主要内容包括:项目质量规划、项目质量保证和项目质量控制。

5. 项目人力资源管理。项目人力资源管理是在项目管理过程中为确保更有效地利用项目所涉及的人力资源而开展的项目管理工作。开展项目人力资源管理的根本目的是要对项目组织和项目所需人力资源进行科学的确定和有效的管理,以确保项目的成功。这项管理的主要内容包括:项目组织规划、项目人员招聘、项目团队建设。

6. 项目沟通管理。项目信息管理是在项目管理过程中为确保有效并及时地生成、收集、储存、处理和使用项目信息,以及合理地进行项目信息沟通而开展的管理工作。开展项目沟通管理的根本目的是要对项目所需的信息和项目相关利益者之间的沟通进行有效的管理,以确保项目的成功。这一部分的主要内容包括:项目沟通规划、冲突管理、信息分发和信息管理。

7. 项目风险管理。项目风险管理是在项目管理过程中为确保成功地识别项目风险、分析项目风险和应对项目风险所开展的项目管理工作。开展项目风险管理的根本目的是要对项目所面临的风险进行有效识别、控制和管理,是针对项目的不确定性而开展的降低项目损失的管理。这一部分的主要内容包括:项目风险鉴别、项目风险估算、项目风险对策和项目风险控制。

8. 项目采购管理。项目采购管理是在项目管理过程中为确保能够从项目组织外部寻求和获得项目所需各种商品与劳务的项目管理工作。开展项目采购管理的根本目的是要对项目所需的物质资源和劳务的获得与使用进行有效的管理,以确保项目的成功。这一部分的主要内容包括:项目采购规划、项目询价与招标、资源选择、合同管理和合同终结。

9.项目干系人管理。项目干系人管理是指对项目干系人需要、希望和期望的识别,并通过沟通上的管理来满足其需要,解决其问题的过程。对项目干系人进行积极管理,可促使项目沿预期轨道行进,而不会因未解决的项目干系人问题而脱轨。同时进行项目干系人管理可提高团队成员协同工作的能力,并限制对项目产生的任何干扰。通常,由项目经理负责项目干系人管理。

10.项目集成管理。项目集成管理是在项目管理过程中为确保各种项目工作能够很好地协调与配合而开展的一种整体性、综合性的项目管理工作。开展项目集成管理的目的是要通过综合与协调去管理好项目各方面的工作,以确保整个项目的成功,而不是某个项目阶段或某个项目单项目标的实现。这项管理的主要内容包括:项目集成计划的编制、项目集成计划的实施和项目总体变更的管理与控制。

(二)五个管理过程

1.项目的初始过程。初步确定项目组成员,确定项目界限,初步确定项目计划,对项目初始阶段总结评审。

2.项目的计划过程。建立 WBS 计划,确认项目流程,确认项目详细计划,评审计划,批准项目计划,确定项目计划基线等。

3.项目的实施过程。组织和协调人力资源和其他资源,组织和协调各项任务与工作,激励项目团队完成既定的工作计划,生成项目产出物。

4.项目的控制过程。制订标准,监督和测量项目工作的实际情况,分析差异和问题,采取纠偏措施等管理工作和活动。

5.项目的结束过程。完成项目移交准备工作,完成项目结束和移交工作计划,结束项目和完成项目文档等。

需要指出的是,项目管理的五大工作过程之间首先是一种前后衔接的关系。管理工作过程的输入和输出是它们相互之间的关联要素。一个具体过程的结果或输出,就是另一个具体过程的输入,所以各个项目管理工作过程之间有文件和信息的传递。这种输入与输出的关系在有的时候并不是单向的,而是双向的。

另外,项目管理的各个工作过程在时间上也并不完全是一个完成以后,另一个才能够开始,在项目管理中一个工作过程组的各个具体过程会有不同程度的交叉和重叠。图1-6、1-7描绘了五个过程关系。

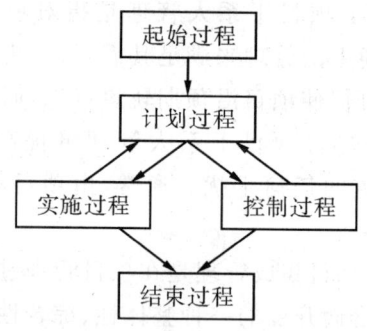

图 1-6　PMBOK 五大过程关系图(1)

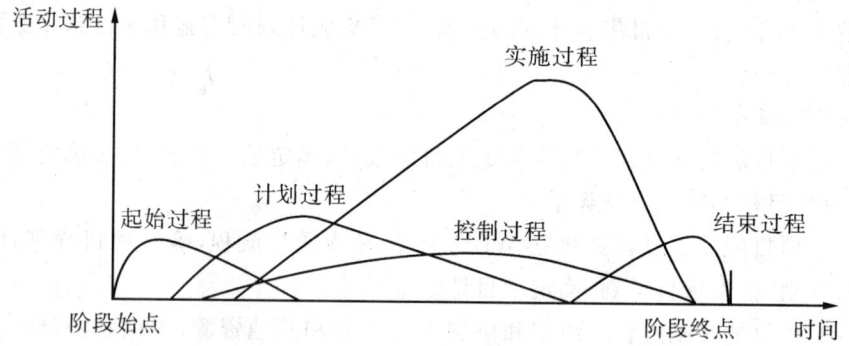

图 1-7　PMBOK 五大过程关系图(2)

经 PMI 认证的项目管理专业人士称为 PMP(Project Management Professional)。PMP 资格认证,始于 1984 年,目前已经有 20 000 多人通过认证,成为 PMP。PMP 认证考试是严格评估项目管理人员知识技能是否具有高品质的资格认证考试,其目的是为了给项目管理人员提供统一的行业标准。这是 PMI 顺应"随着经济全球化的发展,项目管理人员必将扮演重要的角色"这种趋势,率先设立的项目管理标准。1999 年,PMP 考试在所有认证考试中第一个获得 ISO 9001 国际质量认证。

二、欧洲项目管理知识体系

国际项目管理协会 IPMA(International Project Management Association)是一个在瑞士注册的、非营利性的专业性国际学术组织,其职能是促进国际项目管理的专业化发展。最初的成员多为欧洲国家,现已扩展到世界各大洲。IPMA 创建于 1965 年,早期称为 INTERNET。该协会于 1967 年在维也纳主持召开了第一届国际会议。从那时起一般每两年就召开一次国际会议，极大地推进了国际项目管理的专业化发展。IPMA 的成员主要是各个国家的项目管理学术组织，到目前为止，共有英国、法国、德国、俄罗斯、中国等 30 多个国家的项目管理专业组织成为其成员组织(NA)。这些国家的项目管理学术组织用本国语言和英语开发本国项目管理的专业需求，IPMA 则以国际上广泛接受的英语作为工作语言来提供有关的国际层次的服务。

IPMA 委员会在 1998 年 7 月 14 日的 Ljubljana 会议上，确认了 IPMA 项目管理人员专业资质认证全球通用体系(ICB)的概念。它决定在所有的会员国逐步实施 IPMA 审定的四级认证计划。

以下对 ICB 体系中的重要内容——知识和经验部分的 28 个核心要素、14 个附加要素和 8 个个人素质特征进行简要介绍。

(一) 28 个核心要素

1. 项目和项目管理
2. 项目管理的实施
3. 按项目进行管理
4. 系统方法与综合
5. 项目背景
6. 项目阶段与生命周期
7. 项目开发与评估
8. 项目目标与策略
9. 项目成功与失败的标准
10. 项目启动
11. 项目收尾
12. 项目结构
13. 范围与内容
14. 时间进度
15. 资源
16. 项目费用与融资
17. 技术状态与变化
18. 项目风险
19. 效果量度
20. 项目控制
21. 信息、文档与报告
22. 项目组织
23. 团队工作
24. 领导
25. 沟通
26. 冲突与危机
27. 采购与合同
28. 项目质量管理

(二) 14 个附加要素

1. 项目信息管理
2. 标准和规则
3. 问题解决
4. 谈判、会议
5. 长期组织
6. 业务流程
7. 人力资源开发
8. 组织的学习
9. 变化管理
10. 行销、产品管理
11. 系统管理
12. 安全、健康与环境
13. 法律方面
14. 财务与会计

（三）8个个人素质特征

ICB除了强调项目管理的知识要素外,还将项目管理人员的个人素质特征加以扩展,指出了8个方面的个人素质特征:沟通能力;首创精神、务实、活力、激励能力;联系的能力、开放性;敏感、自我控制、价值欣赏能力、勇于负责、个人综合能力;冲突解决、辩论文化、公正;发现解决方案的能力、全面思考;忠诚、团结一致、乐于助人;领导能力。这些个人素质特征更加明确地指出了项目管理人员的发展方向,更加体现出项目管理是注重人员能动作用的一种管理方式。

个人素质特征的说明如下:

1. 沟通能力。包括:允许别人发表意见,能够仔细聆听他人的意见;正确传递各种信息;能说服别人并能获得理解;为他人谈话留出时间;恰当且及时沟通;能被整个队伍和环境接受;待人方式友好恰当,平易近人;欣赏他人的有效劳动。

2. 首创精神、务实、活力、激励能力。包括:以(队伍)绩效激励他人;支持自主性;激励处于困难环境中的项目成员;提供解决问题的方案;关注新闻,富有创造性,且喜欢接受新的建议,采纳首创精神;有协商的态度,有坚持到底的能力、精力和毅力;创造激情,鼓励他人的积极热情;坚持有效的合作,寻求不同意见间的协调。

3. 联系的能力、开放性。包括:态度开放积极,现实、乐观向上;创造自信,激发良好愿望;积极主动接近他人;与涉及的团体经常保持联系;为队伍中积极的工作环境作出贡献;接受全体成员且具忍耐力,容纳和刺激队伍中的其他观点且促进接受的观点;接受和尊重少数派;使他人成功。

4. 敏感、自我控制、价值欣赏能力、勇于负责、个人综合能力。包括:感到自己对项目成功、顾客、项目队伍、使用者和其他受影响的人员负有责任,承担责任;认真对待他人感情、期望和需要;行动考虑他人,注意关系和后果;控制其他建议;控制情绪,具有很高的挫折承受限度;表现出信任的积极个性,不将队伍中的任何人看作保护伞;可信赖的、可靠的和无关联的;明白和理解风险,并挑选恰当规避风险的方法。

5. 冲突解决、辩论文化、公正。包括:公正,接受他人建议,无条件接受反馈;机智地讨论他人的失误,建设性地进行批评;主动帮助纠正失误;可接受别人的批评,行动积极,对个人攻击反应冷淡,谅解;能在团队中讨论,调解争议;支持在队伍中创造辩论式文化,一直与他人寻找一致方案;目标为双方受益的方案。

6. 善于思考,具有控掘解决方案的能力。包括:设计和实施简单、恰当和低风险的解决方案;公开宣布目标和观点;觉察到可实践的问题且能将其与个人兴趣分开，客观评价结果的绩效；充分理解问题的范围(全面思考)；创造性地思考，务实且公平地处理和工作，能根据具体情况行动；提供机会形成自己的观点；为实现队伍的共同目标，能综合不同利益；平衡多种选择，选择最佳解决方案。

7. 忠诚、团结一致、乐于助人。包括：接受团队合作原则，支持团队决策；保护队伍不受外界伤害，如必要，对团队成员忠诚；能促进团队进步；有能力影响团队过程；发现别人的问题，在紧急情况下帮助他们，识别他人弱点，如有必要则帮助他们；很高兴庆祝他人的成功，共同享用整个成果，不附加他/她自己的观点；提供确定性。

8. 领导能力。包括：可以授权任务、信任他人；负全部责任，并系统分解下属应承担的责任；留给下属寻找和实现自己方式的充分行动自由；以有意识和建设性的方式控制其成员的行为，沟通有原则和时间；让队伍成员参与决策或有采取决策的理由；针对具体的团队和工作情况采用合适的管理风格，对反馈开放；以身作则，领导地位得到承认；直接接受反馈。

经 IPMA 认证的项目管理专业人士称为 IPMP(International Project Management Professional)。国际项目管理专业资质认证 IPMP 是 IPMA 在全球推行的四级(A、B、C、D 级)项目管理专业资质认证体系的总称。IPMP 认证是一种对项目管理人员知识、经验和能力水平的综合评估证明，根据 IPMP 认证等级划分获得 IPMP 各级项目管理认证的人员，将分别具有负责大型国际项目、大型复杂项目、一般复杂项目或具有从事项目管理专业工作的资格。

三、我国项目管理知识体系

当今世界只有美国 PMI 和欧洲 IPMA 两大项目管理知识体系，PMI 比较坚持自己的体系为正宗，不允许别人修改，只同意别国按它的体系认证。IPMA 却比较开放，允许别的国家按自己的国情进行修改。因此，中国项目管理研究委员会(PMRC)于 2001 年推出了根据 ICB 修订，推广 IPMP 认证的中国项目管理知识体系(Chinese-Project Management Body of Knowledge，简称 C-PMBOK)。

C-PMBOK 的编写围绕两条主线展开，一是以项目的生命周期为基本线索，按照项目开发的四个阶段：概念阶段、规划阶段、实施阶段和结束阶段，分别阐述每一个阶段的主要工作及其运用的知识内容；二是以项目管理职能为基本线索，分别阐述九大项目管理领域的主要工作及其运用的知识内容。此外，两种编写方法都从项目及项目管理概念入手，同时考虑到项目管理过程中所需的共性知识及其所涉及的方法工具。C-PMBOK 项目管理的知识体系如表 1-2、表 1-3 所示。

表 1-2 中国项目管理知识体系——基于项目生命周期的框架

2 项目与项目管理

2.1 项目　　　　　　　　2.2 项目管理

3 概念阶段	4 规划阶段	7 共性知识	8 项目干系人管理
3.1 一般机会研究	4.1 项目背景描述	7.1 项目管理组织形式	8.1 识别项目干系人
3.2 特定项目机会研究	4.2 目标确定	7.2 项目办公室	8.2 项目干系人管理
3.3 方案策划	4.3 范围规划	7.3 项目经理	8.3 项目干系人参与
3.4 初步可行性研究	4.4 范围定义	7.4 多项目管理	8.4 项目干系人控制
3.5 详细可行性研究	4.5 工作分解	7.5 目标管理与业务过程	
3.6 项目评估	4.6 工作排序	7.6 绩效评价与人员激励	**9 工具与方法**
3.7 项目商业计划书的编写	4.7 工作延续时间估计	7.7 企业项目管理	9.1 要素分层法
	4.8 进度安排	7.8 企业项目管理组织设计	9.2 方案比较法
	4.9 资源计划	7.9 组织规划	9.3 资金的时间价值
	4.10 费用估计	7.10 团队建设	9.4 评价指标体系
	4.11 费用预算	7.11 冲突管理	9.5 项目财务评价
	4.12 质量计划	7.12 沟通规划	9.6 国民经济评价方法
	4.13 质量保证	7.13 信息分发	9.7 不确定性分析
		7.14 风险管理规划	9.8 环境影响评价
5 实施阶段	**6 结束阶段**	7.15 风险识别	9.9 项目融资
5.1 采购规划	6.1 范围确认	7.16 风险评估	9.10 模拟技术
5.2 招标采购的实施	6.2 质量验收	7.17 风险量化	9.11 里程碑计划
5.3 合同管理基础	6.3 费用决算与审计	7.18 风险应对计划	9.12 工作分解结构
5.4 合同履行和收尾	6.4 项目资料与验收	7.19 风险监控	9.13 责任矩阵
5.5 实施计划	6.5 项目交接与清算	7.20 信息管理	9.14 网络计划技术
5.6 安全计划	6.6 项目审计	7.21 项目监理	9.15 甘特图
5.7 项目进展报告	6.7 项目后评价	7.22 行政监督	9.16 资源费用曲线
5.8 进度控制		7.23 新经济项目管理	9.17 质量技术文件
5.9 费用控制		7.24 法律法规	9.18 并行工程
5.10 质量控制			9.19 质量控制的数理统计方法
5.11 安全控制			9.20 挣值法
5.12 范围变更控制			9.21 有无比较法
5.13 生产要素管理			
5.14 现场管理与环境保护			

表 1-3　中国项目管理知识体系——基于项目管理职能领域的框架

项目与项目管理			
2.1 项目	2.2 项目管理		
论证与评估		**企业项目管理**	
3.1 一般机会研究	3.4 初步可行性研究	7.1 项目管理组织形式	7.2 项目办公室
3.2 特定项目机会研究	3.5 详细可行性研究	7.4 多项目管理	7.5 目标管理与业务过程
3.3 方案策划	3.6 项目评估	7.6 绩效评价与人员激励	7.7 企业项目管理
3.7 项目商业计划书的编写	6.7 项目后评价	7.8 企业项目管理组织设计	
范围管理	**时间管理**	**费用管理**	**项目干系人管理**
4.1 项目背景描述	4.7 工作延续时间估计	4.9 资源计划	8.1 识别项目干系人
4.2 目标确定	4.8 进度安排	4.10 费用估计	8.2 项目干系人管理
4.3 范围规划	5.5 实施计划	4.11 费用预算	8.3 项目干系人参与
4.4 范围定义	5.7 项目进展报告	5.9 费用控制	8.4 项目干系人控制
4.5 工作分解	5.8 进度控制	6.3 费用决算与审计	
4.6 工作排序		6.6 项目审计	**工具与方法**
5.12 范围变更控制			9.1 要素分层法
6.1 范围确认			9.2 方案比较法
6.4 项目资料与验收			9.3 资金的时间价值
6.5 项目交接与清算			9.4 评价指标体系
			9.5 项目财务评价
质量管理	**沟通管理**	**风险管理**	9.6 国民经济评价方法
4.12 质量计划	7.11 冲突管理	7.14 风险管理规划	9.7 不确定性分析
4.13 质量保证	7.12 沟通规划	7.15 风险识别	9.8 环境影响评价
5.10 质量控制	7.13 信息分发	7.16 风险评估	9.9 项目融资
6.2 质量验收	7.20 信息管理	7.17 风险量化	9.10 模拟技术
		7.18 风险应对计划	9.11 里程碑计划
		7.19 风险监控	9.12 工作分解结构
			9.13 责任矩阵
			9.14 网络计划技术
人力资源管理	**采购管理**	**综合管理**	9.15 甘特图
7.9 组织规划	5.1 采购规划	5.6 安全计划	9.16 资源费用曲线
7.10 团队建设	5.2 招标采购的实施	5.11 安全控制	9.17 质量技术文件
	5.3 合同管理基础	5.13 生产要素管理	9.18 并行工程
	5.4 合同履行和收尾	5.14 现场管理与环境保护	9.19 质量控制的数理统计方法
		7.3 项目经理	
		7.21 项目监理	9.20 挣值法
		7.22 行政监督	9.21 有无比较法
		7.23 新经济项目管理	
		7.24 法律法规	

> 导入案例一分析

1. 运作与项目分别是：
(1)做好工作督办和综合协调管理工作（运作）。
(2)完善政务档案管理（运作）。
(3)制订每月工作计划，撰写每月工作总结，准备领导参加各种会议的讲话稿（运作）。
(4)筹备并组织召开经济开发区首次经验交流会（项目）。
(5)继续做好人事纪检党务和行政后勤管理工作（运作）。
(6)开发论证并组织实施经济开发区OA工作系统（项目）。
(7)做好办公楼改造方案的设计论证、招投标和改造工作（项目）。
2. 项目的特征及其与运作的区别，请查阅书中相关知识点。

本章小结

随着社会的发展，人类有组织的活动逐步分化为两种类型：一类是连续不断、周而复始的活动，称为"运作或作业"；另一类是临时性、一次性的活动，称为"项目"。

项目是在一定的组织机构内，在限定的资源条件和规定的时间内将被完成的能够满足特定要求的一次性的专门任务。

相对于运作，项目具有唯一性、一次性、多目标性、生命周期性、相互依赖性和冲突属性等特征。

项目按照层次可以分为宏观项目、中观项目和微观项目；按照工作性质可以分为工程类项目和非工程类项目；按照所有者和实施者是否属于同一个组织，可以分为业务项目和自我开发项目；按照项目投资者的社会属性可以分为企业项目、政府项目和非营利机构项目。

项目管理就是以项目为对象的系统管理方法，通过一个临时性的专门的柔性组织，对项目进行高效率的计划、组织、指导和控制，以实现项目全过程的动态管理和项目目标的综合协调与优化。

项目管理自诞生以来发展很快，当前已发展为三维管理，即：时间维、知识维和保障维（人、财、物、技术、信息等后勤保障）管理。

项目管理有以下特点：(1)管理的对象是项目；(2)管理的思想是系统管理的系统方法论；(3)管理的组织通常是临时性、柔性、扁平化的组织；(4)管理的体制是一种基于团队管理的个人负责制；(5)管理的方式是目标管理；(6)管理的要点是创造和保持一种使项目顺利进行的环境;(7)管理的方法、工具和手段具有先进性和开放性。

项目管理的基本职能包括计划、组织、协调、评价与控制。

项目的生命周期是指项目从开始到结束所经历的各个阶段。典型的项目生命周期可以划分为"概念阶段、规划阶段、实施阶段和结束阶段"四个阶段。

传统的项目与项目管理的概念,主要起源于建筑行业;现代项目与项目管理的真正发展则是大型的国防工业发展所带来的必然结果。

项目管理的发展基本上可以划分为两个阶段:20世纪80年代之前是传统的项目管理阶段,80年代之后是现代项目管理阶段。

现在,项目管理正在逐步发展成为社会管理的一种主要方式。随着社会的进步和经济的发展,人类社会已经出现了基于项目的管理和企业级的项目管理,并有了专门用于项目群管理和项目组合管理的理论和方法。当今世界只有美国PMI和欧洲IPMA两大项目管理知识体系。

美国的项目管理知识体系是一个动静结合的整体,包括静态的项目管理九大知识领域和动态的项目进程管理五个过程。静态的九大知识领域是:范围管理、时间管理、费用管理、质量管理、人力资源管理、沟通管理、风险管理、采购管理和集成管理;动态的项目进程管理包括初始过程管理、计划过程管理、实施过程管理、控制过程管理和结束过程管理五个过程。国际项目管理资质标准,是由国际项目管理协会建立的知识体系。该体系中的重要内容包括:知识和经验部分的28个核心要素、14个附加要素和8个个人素质特征。中国项目管理研究委员会为了推广IPMP认证,也提出了中国项目管理知识体系。该体系的编写围绕两条主线展开,一是以项目的生命周期为基本线索,按照项目开发的四个阶段:概念阶段、规划阶段、实施阶段和结束阶段,分别阐述了每一个阶段的主要工作及其运用的知识内容。二是以项目管理职能为基本线索,分别阐述九大项目管理职能的主要工作及其运用的知识内容;并从项目及项目管理概念入手,同时考虑到项目管理过程中所需的共性知识及其所涉及的方法工具。

思考题

1. 什么是项目?什么是项目管理?
2. 项目管理与一般运作管理相比有哪些不同?为什么会有这些不同?
3. 现代项目管理与传统项目管理有什么不同?现代项目管理是如何发展起来的?
4. 项目管理的一般职能是什么?
5. 典型的项目生命周期可以划分为哪几个阶段?各阶段的主要工作是什么?

6. C-PMBOK 包括哪些主要内容？

7. 随着知识经济和网络化社会的发展，你认为项目管理会有哪些大的变化？

8. 你认为项目管理会成为 21 世纪社会管理的主要方式吗？

案例思考

资料：

随着科学技术的发展和全球商务数字化趋势的加快，商业用户开始要求实现移动办公，希望能随时随地进行数据通信，如收发 E-mail、上 Internet 和访问公司的 Intranet 等等。因此，手机用户对手机功能的要求不断提高。

多媒体手机处于手机市场的高端，是新一代的高科技产品，它综合了电子、计算机软硬件、有线与无线通信等多种技术，成为世界各国争夺移动通信终端市场的焦点。目前，国际上的移动通信大国如美国、英国、法国、韩国等已有多媒体手机产品上市，国内厂家则基本没有具有自主知识产权的多媒体手机产品。华夏电子集团作为国内电子产品的领导者，经董事会研究决定"设计、开发并大批量生产拥有完全自主知识产权的多媒体手机"。为此，公司成立了一个技术研发小组，拨付 300 万元的研究经费，要求技术研发小组在半年内完成设计、开发工作，并取得专利权。同时计划投资 1 200 万元由发展部组织扩建一个多媒体手机生产车间。要求研发小组要加强与发展部的沟通，完成研发方案向专利局申请专利时，及时告知发展部组织扩建多媒体手机生产车间。发展部要在半年之内完成车间的扩建工作，确保多媒体手机技术专利获得批准时，能及时投入生产运营，抢先占领市场。

问题：

1. 华夏电子集团"设计、开发并大批量生产拥有完全自主知识产权的多媒体手机"是项目还是企业的运作？为什么？

2. 对华夏电子集团"设计、开发并大批量生产拥有完全自主知识产权的多媒体手机"活动应实施项目管理还是运作管理？为什么？

3. 如果对华夏电子集团"设计、开发并大批量生产拥有完全自主知识产权的多媒体手机"活动按照项目进行管理，可以分为几个项目？各个项目的目标是什么？它们属于企业级的项目管理或项目群管理？应如何管理？

知识转化训练

走访企业（或学校）

训练目标：

通过走访企业（或学校）了解企业（或学校）的基本情况及其本年度的工作计

划,加深对项目、项目管理、项目生命周期及项目管理知识体系的理解。

训练内容：

1. 设计：根据"训练目标"的要求,设计一份企业(或学校)调查表。

2. 调查：深入一家企业(或学校)开展调查。

3. 判断：所调查企业(或学校)今年的工作安排中哪些属于项目？你是怎么判断的？

4. 思考：以所调查企业(或学校)今年工作计划中的一个项目为对象,思考一个项目经历的生命周期、项目管理的职能及项目管理的基本内容。

训练方法：

个人或团队形式均可。

能力评估：

通过训练,要求每位同学以书面(或现场作答)的形式回答以下问题,由老师或团队成员按照"训练目标"的要求评估每位同学的训练成绩。

1. 展示你的调查表,并说明其完善过程。

2. 介绍你所调查企业(或学校)的情况及你对其今年项目计划安排的看法。

3. 以你调查企业(或学校)的一个项目为对象,谈谈该项目从开始到结束需要经历哪些阶段？在各阶段应做哪些工作？如何确保该项目实现其预期目标？

4. 说说通过本项目训练后,你对"项目管理"有哪些新的认识。

第二章
项目组织与项目团队

学习目的

本章介绍与项目组织相关的理论知识。通过本章学习,能够了解组织的含义、特征,组织设计的一般原则;项目管理办公室的职责与建设,项目经理的含义与角色特点;项目人力资源的定义及其特点,项目人力资源管理的内容,项目人力资源的招聘与选择。能够理解三种项目组织形式各自的优点、缺点及适用范围;项目团队的特点及其发展的五个阶段;人员激励的原则与方式。能够掌握项目组织结构选择应考虑的关键因素;项目经理的权利、职责及其应具备的素质和能力及绩效评价的程序和方法。

导入案例二

项目组织结构的选择

材料:

新锐计算机公司计划开发便携式个人电脑并实现产业化。该项目目标是设计、生产并销售一种多任务的便携式个人电脑,配置为:32位处理器、32兆以上内存、2G以上硬盘、200兆以上处理速度、重量不超过1.5千克、点阵式彩色显示器、电池正常操作下可用6小时以上、零售价不超过1万元。

根据项目的目标,相关负责人列出了项目的关键任务以及相应的组织单元,详见项目的关键任务及组织单元一览表:

项目的关键任务及组织单元一览表

编号	项目的关键任务	相关的组织单元
A	描述产品的要求	市场部、研发部
B	设计硬件,作初步测试	研发部
C	筹备硬件生产	生产部
D	建造生产线	生产部
E	进行小批量生产及质量和可靠性测试	生产部、质保部
F	编写(或采用自己的)操作系统	软件开发部
G	测试操作系统	质保部
H	编写(或采用自己的)应用系统	软件开发部
I	测试应用软件	质保部
J	编写所有文档,包括用户手册	生产部、软件开发部
K	建立服务体系,包括备件、手册等	市场部
L	制订营销计划	市场部
M	准备促销演示	市场部

根据上述内容,项目的关键任务主要有四个方面:①设计、生产、测试硬件;②设计、编制、测试软件;③构建服务和维修体系;④营销策划,包括演示、宣传等。

此外,项目还需要下面一些支持子系统:①设计软件的小组和设计硬件的小组;②测试软件的小组和测试硬件的小组;③组织硬件生产的小组;④营销策划小组;⑤文档编写小组;⑥管理以上各小组的行政小组。这些子系统涉及公司的五个部门,其中软件设计小组和硬件设计小组的工作关系非常密切,而测试小组的工作则相对独立,但测试的结果对软件和硬件设计的改善很有帮助。

该计算机公司在人力上完全有能力完成这个任务,在硬件和操作系统设计上也能达到当前的先进水平,A项目预计持续12～18个月。

问题与思考:

针对此项目,该公司的高层管理者应采用什么类型的项目组织结构?

第一节 项目组织

一、组织

组织是一切管理活动取得成功的基础。项目管理作为一种新型的管理方式,其组织结构与传统的组织观念有相同之处,但是由于项目本身的特性,决定了项目实施过程中其组织管理又有特殊之处。项目管理与传统组织管理的最大区别之处在于项目管理更强调项目负责人的作用,强调团队的协作精神,其组织形式具有更大的灵活性和柔性。

(一)组织的含义

"组织"一词有不同的含义。作为名词的"组织",是指有意识形成的职务或职位的结构。例如一个企业一般会从上到下、从左到右确定若干纵向、横向的职务或职位,而这些职务或职位之间并不是孤立的,围绕组织目标的实现,它们之间存在相互联系,从而形成了组织结构,这种组织可以用组织结构图予以表示。图 2-1 就是一个企业的组织结构图。作为动词的"组织",是一个工作过程,是指为了达成某种目的,设计并保持有效完成此目的的组织结构,并随环境变化而不断对之进行完善的过程。例如某企业要生产由两个主要部件组成的产品,组织设计者将企业的所有资源按部件 1、部件 2 及组装划分为三个车间,每个车间再细化为不同的班组,从而形成类似图 2-1 的组织结构。

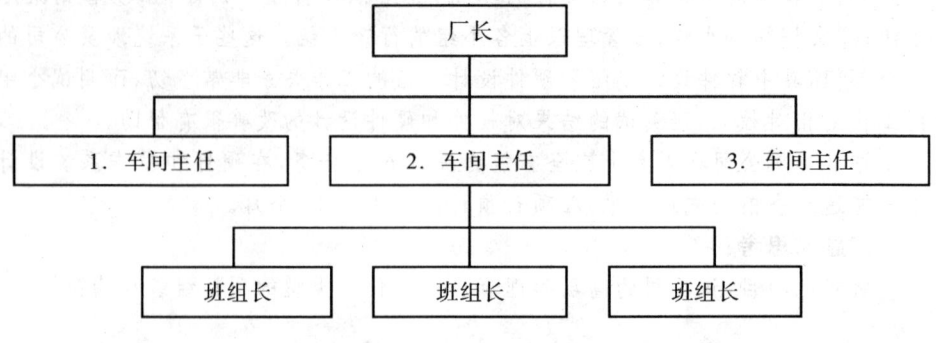

图 2-1 一个企业的组织结构

组织结构的形成过程如图 2-2 所示。其一般过程首先是进行工作划分,即将组织要承担的任务按目标一致及高效的原则进行分解;然后进行工作分类,就是将分解得到的诸多工作分为不同的类别,这也是以后组织中职务和职位设计的基础;最后是确定不同类别的工作之间的关系,也就是形成组织结构。

图2-2 组织结构的形成过程

工作划分是在总目标、总任务确定的前提下,按照目标一致及效率优化的原则,对完成组织目标的总任务进行具体分解的过程。

工作归类是将分解后的若干个子任务、子目标按照有关的或者类似的工作进行归类,归类的方法主要有职能部门化、产品(或项目)部门化和地区部门化。

基于工作的归类,结合组织结构的人员、岗位职务需求、职责与权力及信息管理的需要,进行组织结构的设计。组织设计的成果表现为组织图、职位说明书和组织手册。

组织图是用图形的方式表示出组织内的职权关系和主要职能,因为一般组织图呈树状,因此有时也称组织树。

职位说明书包括工作的名称、主要的职能、职责职权以及此职位与组织中其他职位的关系以及与外界环境的关系。

组织手册通常是职位说明书与组织图以及其他组织管理制度的集合。

(二)组织的特征

现代社会中有难以计数的组织,家庭是一种组织,学校是一种组织,企业是一种组织,国家也是一种组织,WTO及联合国等等也都是组织。尽管它们形态各异,然而它们都有以下共同的特征:

1.目的性。任何组织都有其目的,目的既是组织产生的缘由,也是组织形成后使命的体现。例如为了开发某种产品而形成的开发项目组,开发需要的产品就是它的目的。同时组织的目的性还表现在组织成员目的的共享性,即组织成员共同认可同样的组织目的。

2.专业化分工。组织是在分工的基础上形成的,组织中不同的职务或职位承担不同的组织任务,专业化分工符合处理工作的复杂性及人的生理、心理等有限性特征的矛盾,便于积累经验及提高效率。例如按职能专业化划分,企业有计划、财务、生产、销售、人事等部门。

3.依赖性。组织内部的不同职务或职位之间并非孤立而是相互联系的,具体表现为组织的组织结构。这种依赖性一方面可以从结构图中看出,另一方面可以在具体岗位的说明书中看到,结构图和岗位说明书描述了不同职务或职位之间具体的工作关系。例如生产部门依据计划部门的计划组织生产,计划部门通过销售部门及财务部门的反馈信息调整计划等等。

4. 等级制度。任何组织都会存在一个上下级关系,下属有责任执行上级的指示,这一般是绝对的,而上级不可以推卸掉组织下属活动的责任。人们一般将组织划分为高层、中层和基层,高层有指挥中层的职权,而中层有指挥基层的职权。

5. 开放性。所有组织都与外界环境存在着资源及信息的交流,如组织要招聘、解聘组织的人员,组织要从环境获取其他资源;企业要从环境中获取原材料,经过企业内部的加工制造生成满足顾客需要的产品,并输送给环境中需要此产品的顾客。同时,组织的多种决策要依赖从环境中取得的信息。

6. 环境适应性。组织本身是一个系统,然而它又存在于环境这样的大系统之中,它必须具有环境适应性才能生存发展。如果某企业处于顾客需求相对稳定的环境之中,那么职能制的组织机构可能是较好的选择;但是,如果企业处于顾客需求多样化及变化迅速的环境中,矩阵制组织形式又可能是这个企业满意的选择。而国家的一些宏观政策对于组织的影响则不言自明。

（三）组织设计的一般原则

组织是人们为了达到某个目的而形成的,然而现实中有的组织能够高效率低成本实现组织目的,而有些组织则不仅不能促进组织目标的实现,还可能阻碍组织目的的实现。自古以来人们在实践或学术领域都在实践和研究合理组织设计的理论与方法,普遍接受的组织设计的一般原则有:

1. 目标一致化原则。组织是为了组织目标而组建的,然而组织又是一个可以细分的系统,由上而下,从左到右相互联系的各部门及人员都会有自己部门或个人的目标,只有使各部门或个人目标的整合与组织目标一致时,组织的目标才能有效实现。因此组织的设计应有利于实现组织的总目标,真正建立起上下层层保证、左右协调的目标体系。

2. 有效的管理层次和管理幅度原则。管理幅度是一个上级管理者直接领导下级人数的多少。管理层次是一个组织中从最高层到最低层所经历的层次数。管理幅度与管理层次成反比,增加管理幅度则会减少管理层次;相反,减少管理幅度会加长管理层次。

由于任何一个领导者其能力、精力、知识及经验都有一定的限度,为了有效进行领导,管理幅度不可能过多。许多学者对有效的管理幅度进行了研究,并没有达成一致的意见。普遍的观点是高层管理幅度宜小,为 4～8 人;基层的管理幅度可多,可以达到 4～30 人。

而管理层次的多少也会影响组织的效率及效果，层次过少，则引起幅度过大；而层次过多，从信息传递的角度看，会有信息传递延迟、信息传递失真等现象，此外助长了官僚主义。因此对于一个组织而言，要结合具体情况制订出合理的管理层次和管理幅度。

3. 责任与权利对等原则。组织设计要明确各层次不同岗位的管理职责及相应的管理权限，特别注意的是管理职责要与管理权限对等。若有权无责，或责任小于权利，则会助长瞎指挥、乱拍板，滥用职权。有责无权或权利太小，一方面不利于职责的完成，另一方面会束缚管理者的工作积极性和创造性。

4. 合理分工与密切协作原则。组织是在任务分解的基础上建立起来的，合理的分工便于积累经验和实施业务的专业化。当然这里讲的分工既指横向的分工，也指上下级的工作分工，合理的分工有利于明确职责。然而在强调合理分工的前提下还要强调密切协作，只有密切协作才能将各部门各岗位的工作努力合成实现组织整体目标的力量。

5. 集权与分权相结合的原则。管理就是要借他人之手完成预定的目标和任务。各级管理组织机构之间就有集权和分权的关系，集权有利于组织活动的统一，便于控制；分权则有利于组织的灵活性，但使得控制变得困难。因此集权与分权要适度，适合组织的任务与环境。一般凡是关系到组织全局的问题要实行集权，然后通过授权，使中层或基层都有一定的管理职责与权限，这也是分工原则的体现。

6. 环境适应性原则。组织是一个与环境有着资源、信息等交换的开放系统，并受环境发展变化的制约，因此组织的设计要考虑到环境的变化对组织的影响，一方面要建立适应环境特点的组织系统，另一方面要考虑在环境发生变化时组织所应该具有的灵活性及可以变革性。例如职能制组织形式就不如矩阵制组织形式适合于项目型企业（企业的所有活动可以划分为项目）运作。

7. 因事设职与因人设职相结合的原则

组织中的每个部门、每个职务都必须由一定的人员来完成规定的工作任务。组织设计必须确保实现组织目标活动的每项内容都能落实到具体的职位和部门，做到"事事有人做"，而不是"人人有事做"。这样，组织设计中自然就要求从工作特点和需要出发，因事设职，因职用人。同时组织设计必须在保证有能力的人有机会做他们真正胜任的工作的同时，使工作人员的能力在组织中获得不断提高和发展。

二、项目的组织形式

项目管理组织是指为了完成某个特定的项目任务而由不同部门、不同专业的人员所组成的一个特别工作组织，它不受现存的职能组织构造的束缚，但也不能代替各种职能组织的职能活动。由于项目的一次性与独特性特点，在决定一个项目以后就需根据这一项目的具体情况，建立项目的管理班子，负责项目的实施，进行项目的费用控制、时间控制和质量控制，按项目的目标去实施项目。项目结束之后，项目的管理组织完成了自己的任务后，也就不复存在了。

按照组织形式的基本原理和模式，项目的组织形式也可以分为职能式、项目式和矩阵式等若干种。项目管理的组织形式实质上决定了项目管理班子实施项目获取资源的可能方法与相应的权力，不同的项目组织形式对项目的实施会产生不同的影响。

（一）项目的组织形式

1. 职能式项目组织形式

职能式项目组织形式是指企业按职能以及职能的相似性来划分部门，如企业要生产市场需要的产品，一般应具有计划、采购、生产、营销、财务、人事等职能。企业在设置组织部门时，按照职能的相似性，将所有计划工作及相应人员划归计划部门，从事营销的人员划归营销部门等等，于是企业便有了计划、采购、生产、营销、财务、人事等部门。

采用职能式项目组织形式的企业在进行项目工作时，各职能部门根据项目的需要承担本职能范围内的工作。也就是说，企业主管根据项目任务需要，从各职能部门抽调人员及其他资源组成项目实施组织。如要开发新产品，就可能从营销、设计及生产部门各抽调一定数量的人员形成开发小组。然而，这样的项目实施组织界限并不十分明确，小组成员完成项目中需本职能完成的任务，同时他们并没有脱离原来的职能部门，而项目实施的工作多属于兼职工作性质。这样的项目实施组织的另一特点是，没有明确的项目主管或项目经理，项目中各种职能的协调只能由处于职能部门顶部的部门主管或经理来协调。例如上述开发新产品项目，若营销人员与设计人员发生矛盾，只能由营销部门经理与设计部门经理来协调处理。同样，各部门调拨给项目实施组织的人员及资源也只能由各部门主管决定。职能式项目组织形式如图 2-3 所示。

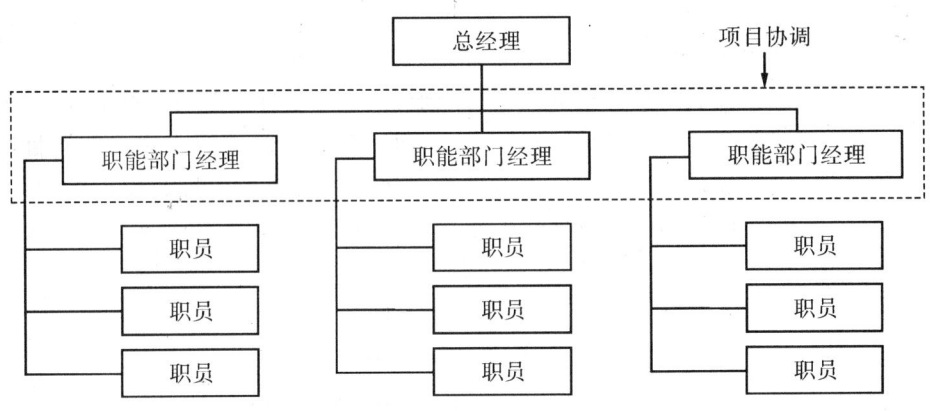

图 2-3　职能式组织结构示意图

职能式项目组织的优点如下:

(1)有利于企业技术水平的提升。由于职能式组织是以职能的相似性来划分部门的,同一部门人员可以交流经验及共同研究,有利于专业人才专心致志钻研本专业领域理论知识,有利于积累经验与提高业务水平。同时,这种结构为项目实施提供了强大的技术支持,当项目遇到困难时,问题所属职能部门可以联合攻关。

(2)资源利用的灵活性与低成本。职能组织形式项目实施组织中的人员或其他资源仍归职能部门领导,因此职能部门可以根据需要分配所需资源。而当某人从某项目退出或闲置时,部门主管可以安排他到另一个项目去工作,以降低人员及资源的闲置成本。

(3)有利于从整体协调企业活动。由于每个部门或部门主管只能承担项目中本职能范围的责任,并不承担最终成果的责任,而每个部门主管都直接向企业主管负责,因此要求企业主管要从企业全局出发进行协调与控制。因此有学者说,这种组织形式"提供了在上层加强控制的手段"。

职能式项目组织的缺点如下:

(1)协调的难度大。由于项目实施组织没有明确的项目经理,而每个职能部门由于职能的差异性及本部门的局部利益,因此容易从本部门的角度去考虑问题,发生部门间的冲突时,部门经理之间很难进行协调。这会影响企业整体目标的实现。

(2)项目组成员责任淡化。由于项目实施组织时人员只是临时从职能部门抽调而来,有时工作的重心还在职能部门,因此很难树立积极承担项目责任的意识。尽管说在职能范围内应承担相应责任,然而项目是由各部门组成的有机系统,必须要有人对项目总体承担责任,所以这种职能式组织形式不能保证项目责任的完全落实。

2. 项目式组织形式

项目式组织形式又称项目的线性组织形式,是按项目来划归所有资源,即每个项目有完成项目任务所必需的所有资源,每个项目实施组织有明确的项目经理,也就是每个项目的负责人,对上直接接受企业主管或大项目经理领导,对下负责本项目资源的运用以完成项目任务。每个项目组之间相对独立。项目式组织形式如图 2-4 所示:

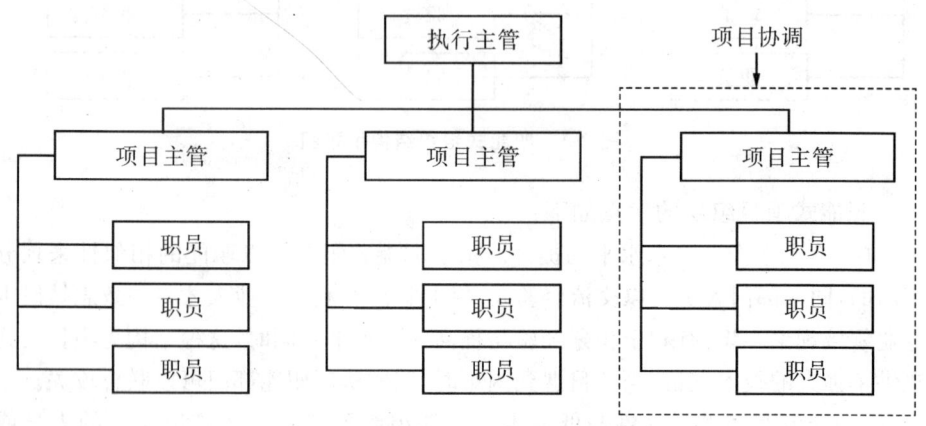

图 2-4　项目式组织结构示意图

如某企业有 A、B、C 三个项目,企业主管则按项目 A、B、C 的需要获取并分配人员及其他资源,形成三个独立的项目组 A、项目组 B、项目组 C,项目结束以后项目组织随之解散。这种组织形式适用于规模大、项目多的公司。

项目式组织形式的优点如下:

(1)目标明确及统一指挥。项目式组织是基于某项目而组建的,圆满完成项目任务是项目组织的首要目标,而每个项目成员的责任及目标也是通过对项目总目标的分解而获得的。同时项目成员只受项目经理领导,不会出现多头领导的现象。

(2)有利于项目控制。由于项目式组织按项目划分资源,项目经理在项目范围内具有绝对的控制权,因此从项目角度讲,利于项目进度、成本、质量等方面的控制与协调,而不像职能式组织形式或后面将要介绍的矩阵式组织形式那样,项目经理要通过职能经理的协调才能达到对项目的控制。

(3)有利于全面型人才的成长。项目实施涉及计划、组织、用人、指挥与控制等多种职能,因此,项目式组织形式提供了全面型管理人才的成长之路。此外,一个项目中拥有不同才能的人员,人员之间的相互交流学习也为员工的能力开发提供了良好的场所。

项目式组织形式的缺点如下：

(1)机构重复及资源闲置。项目式组织按项目所需来设置机构及获取相应的资源,这样一来就会使每个项目有自己的一套机构,这一方面是完成项目任务所必需的,另一方面是企业从整体上进行项目管理有这个必要,这样就造成了机构重复设置。而在包括人在内的资源使用方面,不论每种资源的使用频率怎样,都要配置,这样当这些资源闲置时,其他项目也很难利用这些资源,造成闲置成本很大。

(2)不利于企业专业技术水平的提高。项目式组织并没有给专业技术人员提供同行交流与互相学习的机会,而往往注重于项目中所需的技术水平,因此不利于形成专业人员钻研本专业业务的氛围。

(3)不稳定性。项目的一次性特点使得项目式组织形式随项目的产生而建立,也随项目的结束而解体,因此从企业整体角度看,其资源及结构会不停地发生变化。而在项目组织内部,新成员刚刚组建时组织会发生相互碰撞而不稳定,随着项目的进展而进入相对的稳定期,但在项目快结束时,所有成员因预见到项目的结束,都会为自己的未来做出相应的考虑,"人心惶惶",从而又进入不稳定期。

3. 矩阵式组织形式

矩阵式组织形式是取职能式组织形式和项目式组织形式的优点,将按照职能划分的纵向部门与按照项目划分的横向部门结合起来,以构成类似矩阵的管理系统。矩阵式组织形式首先在美国军事工业中实行,它适应于多品种、结构工艺复杂、品种变换频繁的场合,图2-5是一种典型的矩阵组织形式。

在矩阵组织中,项目经理在项目活动的"什么"和"何时"方面,即内容和时间方面对职能部门行使权力,而各职能部门负责人决定"如何"支持。每个项目经理要直接向最高管理层负责,并由最高管理层授权。而职能部门则从另一方面来控制,对各种资源作出合理的分配和有效的控制调度。职能部门负责人既要对他们的直线上司负责,也要对项目经理负责。

(1)矩阵组织的几种形式

根据项目组织中项目经理和职能经理权限的大小,可以将矩阵式组织结构分为弱矩阵式、中矩阵式和强矩阵式三种形式。弱矩阵式组织结构接近于职能式组织结构,保持了职能式组织结构的许多特征;强矩阵式组织结构接近于项目式组织结构,具备了项目式组织结构的许多特征。中矩阵式组织结构处于弱矩阵式组织结构和强矩阵式组织结构之间,此时项目经理与职能经理的权限相等。

图2-5是一种典型的强矩阵式组织形式。这种组织形式中资源均归职能部门所有和控制。每个项目经理根据项目需要向职能部门借用资源。各项目组织

是一个临时性组织,一旦项目任务完成后就解散,各专业人员又回到各职能部门再执行别的任务。项目经理向项目管理部门经理或总经理负责,他领导本项目内的一切人员,通过项目管理职能,协调各职能部门派来的人员以完成项目任务。

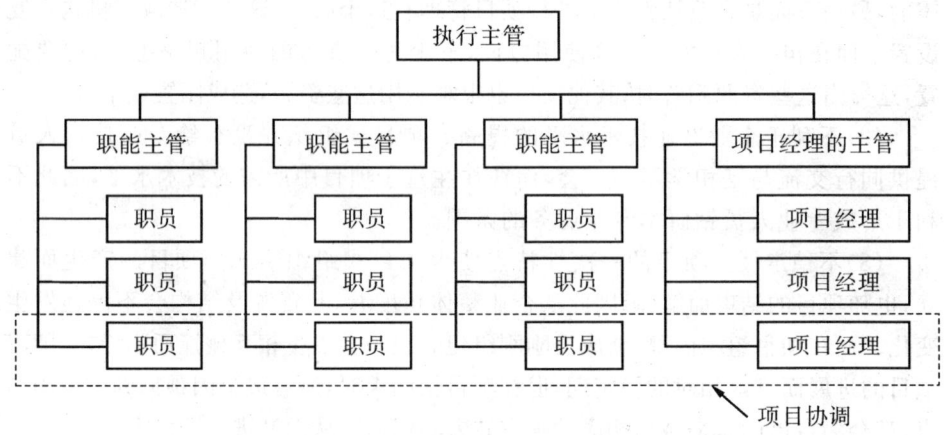

图 2-5 强矩阵组织结构示意图

弱矩阵组织结构(如图 2-6)基本上保留了职能式组织形式的主要特征,但是为了更好地实施项目,建立了相对明确的项目实施班子。这样的项目实施班子由各职能部门下的职能人员所组成,但并未明确对项目目标负责的项目经理,即使有项目负责人,他的角色也只不过是一个项目协调者或项目监督者,而不是真正意义上的项目管理者。

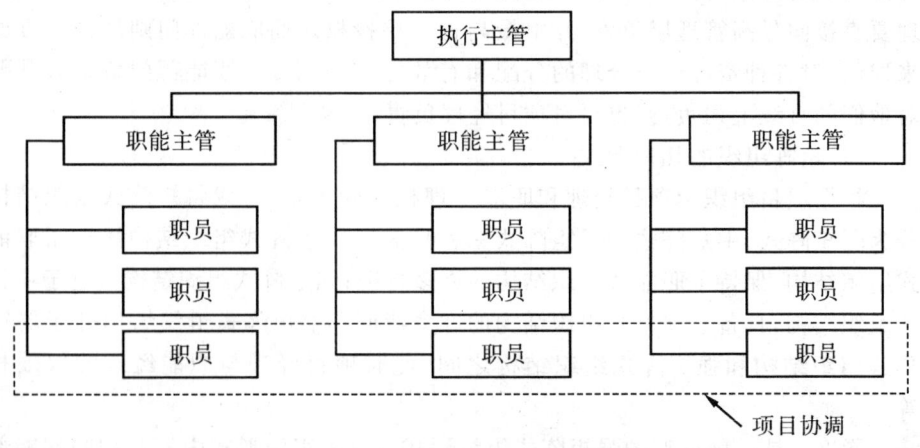

图 2-6 弱矩阵组织结构示意图

中矩阵组织形式或称平衡矩阵组织形式是为了加强对项目的管理而对弱矩阵组织形式所做的改进，与弱矩阵组织形式的区别是在项目实施班子中任命一名对项目负责的管理者，即项目经理，为此项目经理被赋予完成项目任务所应有的职权和责任。其组织结构示意图与弱矩阵组织结构相同。

(2)矩阵组织的优劣分析

矩阵组织有许多优点：

①强调了项目组织是所有有关项目运动的焦点。

②项目经理拥有对拨给的人力、资金等资源的最大控制权，每个项目都可以独立地制订自己的策略和方法。

③职能组织中专家的储备提供了人力利用的灵活性，对所有计划可按需要的相对重要性使用专门人才。

④由于交流渠道的建设及决策点的集中，对环境的变化以及项目的需要能迅速地做出反应。

⑤当指定的项目不再需要时，项目人员有其职能归宿，大都返回原来的职能部门。他们对于项目完成后的奖励与鉴定有较高的敏感性，这为个人指出了职业的努力方向。

⑥由于关键技术人员能够为各个项目所共用，充分利用了人才资源，使项目费用降低，又有利于项目人员的成长和提高。

⑦矛盾最少，并能通过组织体系容易地解决。

⑧通过内部的检查和平衡，以及项目组织与职能组织间经常性的协商，可以在时间、费用以及运行方面进行较好的平衡。

但是矩阵组织也有一些缺点：

①职能组织与项目组织间的平衡器要持续地进行监督，以防止双方互相削弱对方。

②在开始制订政策和方法时，需要花费较多的时间和劳动量。

③每个项目是独立进行的，容易产生重复性劳动。

④对时间、费用以及运行参数的平衡必须加以监控，以保证不因时间和费用的增加而忽视技术运行。

项目的组织结构对于项目的管理实施具有一定的影响，然而任何一种组织形式都有它的优点和缺点，没有一种形式是能适用于一切场合的，甚至是在同一个项目的寿命周期内。所以，项目管理组织在项目寿命周期内为适应不同发展阶段的不同突出要求而加以改变也是很自然的。项目应环绕工作来组织，工作变了，项目组织的范围也应跟着改变。一般来讲，职能式结构有利于提高效率，项目单列式结构有利于取得效果。矩阵式结构兼具两者优点，但也有某些不利因素。例如,各个项目可能在同一个职能部门中争夺资源,一个成员有两个顶头上司,既难处也难管。

(二)项目组织形式的选择

不同的项目组织结构对项目实施的影响不相同,表 2-1 列出了主要的项目组织结构形式及其对项目的影响。

表 2-1　各种项目组织结构形式及其对项目的影响

组织结构 特征	职能式	矩阵式			项目式
		弱矩阵	中矩阵	强矩阵	
项目经理的权限	很少或没有	有限	小到中等	中等到大	很高,甚至全权
全职工作人员的比例	几乎没有	0%～25%	15%～60%	50%～95%	85%～100%
项目经理投入的时间	半职	半职	全职	全职	全职
项目经理的常用头衔	项目协调员	项目协调员	项目经理	项目经理	项目经理
项目管理行政人员	兼职	兼职	半职	全职	全职

在具体的项目实践中,究竟选择何种项目的组织形式没有一个可循的公式,一般在充分考虑各种组织结构特点、企业特点、项目特点和项目所处的环境等因素的条件下,才能做出较为适当的选择。因此,在项目组织形式的选择中,需要了解哪些因素制约着项目组织的实际选择。表 2-2 列出了一些可能的因素与组织形式之间的关系。

表 2-2　影响组织选择的关键因素

组织结构 影响因素	职能式	矩阵式	项目式
不确定性	低	高	高
所用技术	标准	复杂	新
复杂程度	低	中等	高
持续时间	短	中等	长
规模	小	中等	大
重要性	低	中等	高
客户类型	各种各样	中等	单一
对内部依赖性	弱	中等	强
对外部依赖性	强	中等	弱
时间限制性	弱	中等	强

一般来说,职能式组织结构比较适用于规模较小、偏重于技术的项目,而不

适用于环境变化较大的项目。因为环境的变化需要各职能部门间的紧密合作，而职能部门本身的存在以及权责的界定成为部门间密切配合不可逾越的障碍。当一个公司中包括许多项目或项目的规模较大、技术较复杂时，则应选择项目式的组织结构。同职能式组织相比，在对付不稳定的环境时，项目式组织显示出了自己潜在的长处，这来自项目团队的整体性和各类人才的紧密合作。同前两种组织结构相比，矩阵式组织形式无疑在充分利用企业资源上显示出了巨大的优越性，由于其融合了两种结构的优点，这种组织形式在进行技术复杂、规模巨大的项目管理时呈现出了明显的优势。

第二节　项目人力资源管理

一、项目人力资源的含义与特征

一个项目的实施需要多种资源，其中人力资源是最基本、最重要、最具创造性的资源。项目人力资源可以说是项目的第一战略资源，项目人力资源是影响项目成败的决定性因素。

（一）人力资源的含义与特征

关于人力资源的定义，学术界存在不同的说法。伊凡·伯格认为，人力资源是人类可用于生产产品或提供各种服务的活力、技能和知识。雷西斯·列科认为，人力资源是企业人力结构的生产力和顾客商誉的价值。内贝尔·埃利斯认为，人力资源是企业内部成员及外部的人，即总经理、雇员及顾客等可提供潜在服务及有利于企业预期经营活动的总和。也有人认为，人力资源是指具有脑力劳动或体力劳动能力的人们的总称。

与其他资源相比，人力资源具有如下特征：

1.人力资源具有再生性。人口的再生产和劳动力再生产，通过人口总体和劳动力总体内各个个体的不断替换、更新和恢复的过程得以实现。

2.人力资源在经济活动中是居于主导地位的能动性资源。人类的这种自我调控功能使其在从事经济活动时，总是处在发起、操纵、控制其他资源的位置上。人力资源与其他被动性生产要素相比，是最积极、最活跃的生产要素，居于主导地位。

3.人力资源是具有时效性的资源。人力资源的形成、开发、使用都具有时间方面的制约性。

(二)项目人力资源管理的含义

项目人力资源是一个涵盖甚广、较为抽象的概念范畴,涉及项目管理层、策划与实施层、合作者以及项目客户等诸多层面的不同人员,如项目经理、项目团队所属人员、进度计划人员、费用控制人员、质量管理人员、项目资金投入者以及项目建成投产后的使用者等。

所谓项目人力资源的管理,就是要在对项目目标、规划、任务、进展情况以及各种内外因变量进行合理、有序的分析、规划和统筹的基础上,采用科学的方法,对项目过程中的所有人员,包括项目经理、项目班子其他成员、项目发起方、投资方、项目业主以及项目客户等予以有效的协调、控制和管理,使他们能够同项目管理班子紧密配合,在思想、心理、行为等方面尽可能地符合项目的发展需求,激励并保持项目人员对项目的忠诚与献身精神,最大限度地挖掘项目队伍的人才潜能,充分发挥项目人员的主观能动性,最终实现项目的战略目标。

(三)项目人力资源管理的特征

项目人力资源管理是组织人力资源管理的具体运用,但由于组织的存在相对于项目来说是长期的、稳定的,而项目是临时性、突发性、独特性和短期性的,因此,与组织人力资源管理相比,项目人力资源管理具有如下特点:

1. 管理的短期性。项目人力资源管理针对项目对人力资源的需求,具有一定的生命周期,表现为满足项目需要。

2. 工作强度的多样性。由于项目进展生命周期中工作负荷不断发生变化,人力资源工作的强度呈现出多样性的特点。

3. 选聘与解聘的非常规性。组织中的人力资源选聘与解聘往往严格依据既定的程序进行,而由于项目自身的不确定性特点,项目人力资源选聘与解聘往往具有一定的权变与随意性。

4. 绩效评价的效果性。项目的绩效评价具有明确的成果性,强调短期考核。

5. 激励的重物质性。对于一般的项目人力资源,因往往是临时雇用,其受雇人员缺乏应有的忠诚度,采用物质激励的效果更为直接有效。

6. 培训的具体性与针对性强。对于项目人力资源的培训具体需要,进行特定的工作方法与管理制度规范的培训。

二、项目人力资源管理的内容

项目人力资源管理可以理解为对人力资源的获取、培训、保留和使用等所进行的计划、组织、指挥和控制活动。主要内容有项目组织的规划、项目组织的建立和项目组织的建设等。

1. 项目组织规划

项目组织规划是根据项目的目标,确定项目管理所需的工作,进行工作分析,确定岗位,明确岗位责任,确定各岗位角色之间的从属关系,进行项目人力资源预测。

2. 人员选聘,建立项目组织

根据项目实际需要,为实际和潜在的职位空缺找到合适的候选人,按组织规划形成的文件将各个角色的责任和权力分派给项目成员,明确协作、汇报与隶属关系。

3. 项目组织建设

项目组织建成以后,最迫切的任务就是形成管理能力,需要培养、改进和提高项目组织成员个人以及项目组织的整体工作能力,使项目组织成为一个有机协作的整体。项目组织建设包括职责、流程、计量、考核、文化等多个方面。

4. 项目人力资源激励

项目人力资源激励是指激发项目人力资源的积极性,勉励项目人员向项目所期望的方向努力的一种对精神力量或状态加以调节的手段,它是项目人力资源管理的重要内容。

5. 项目人力资源的使用

所谓项目人力资源的使用,是指项目人力资源管理部门按照项目的任务要求,把招聘来的人员分派到项目的具体岗位上,或对原有项目人员进行重新调配,并给予具体的职责和权力,使他们进入工作角色,为实现项目目标发挥作用。

6. 报酬管理

报酬管理是通过建立公平合理的薪水系统和福利制度以起到吸引、保持和激励员工很好地完成其工作的作用。

7. 项目人力资源绩效评价

绩效评价是对工作行为的测量过程,即用过去制订的标准来比较工作绩效的记录以及将绩效评价的结果反馈给员工的过程。

8. 项目人力资源的培训与开发

人力资源的培训与开发是指为提高员工的技能和知识,增进员工的工作能力,从而促进员工现在和未来的工作业绩所做的努力。其中,培训集中于现在的工作,而开发则是雇员们对未来工作的准备。

所谓项目人员培训,就是使项目人员通过多种学习形式,提高他们的专业知识和自身价值,充分发挥潜能,进一步加强他们对团队的归属感和责任感,从而促进项目目标的成功实现。项目人员培训从工作和学习的时间安排上看,可以分为在职培训、脱产培训;从培训方式和培训内容上看,又可分为专题研修、案例教学或实验性练习。

三、项目人力资源招聘与选择

(一)项目人力资源的招聘

1. 招聘规划

有效的招聘要求做大量仔细的规划。招聘规划一般来说包括下面两项内容:

(1)确定项目对人员的需求。工作分析结构图(Work Breakdown Structure,简称 WBS)把整个项目分解到相对独立、内容单一、易于成本核算与检查的工作单元,而工作分析又具体说明了为成功地完成该工作,员工必须具备的资格。因此,依据这两方面的信息就可以制订出项目所需要人员的确切数量和具体的招聘条件。

(2)确定如何来满足这些需求。需要制订一份招聘计划,包括招聘政策、招聘负责人确定、招聘渠道选择、招聘方法和招聘预算等。

2. 内部招聘和外部招聘

(1)内部招聘。内部招聘是指在项目组织内部或项目所在公司的人力资源中,通过提升、工作调配和内部人员的重新聘用等方式挑选出项目组织所需人员的一种方法。从内部招聘的人员对项目比较了解,因此这种方法可以节约大量的人员培训费用。此外,还能为项目组织的内部人员提供职业发展机会,从而提高他们工作的积极性和创造性。但是内部招聘会受到项目组织现有人力资源的限制,可供选择的范围有限。

内部招聘主要有以下几种方式:

①布告法,即在公司的内部刊物上刊登项目招聘的信息以便使公司人员参加应聘。

②推荐法,即由项目组织内部人员推荐其所熟悉的、合适的人员以供项目组织选择和聘用。

③档案法,即项目组织通过分析研究团队成员的档案资料,从中选择出合适的人选,然后进行面试,在双方同意的基础上,获取项目所需的人力资源。

(2)外部招聘。外部招聘是从项目所在公司的范围之外获取项目所需人力资源的一种方法。与内部招聘相比,外部招聘的选择范围较为广泛,而且从外部招聘的人员能为项目组织带来创新思想。但是,外部招聘要花费很多的时间和费用,还要对新进人员进行适当的培训。

外部招聘主要包括以下几种方式:

①雇员举荐。许多组织发现这种方法很有效,所以它被广泛应用。据调查,雇员举荐的求职者一般比通过其他渠道招聘到的人员表现更好,而且在组织中

工作的时间更长。因为雇员对于空缺的职位和候选人都很了解,可以准确地判断出两者是否合适。

②广告应征。即通过各种媒介向社会人员传递招聘信息,从而获得所需人员。它的优点是范围广、速度快、可针对待定群体。它的缺点是可能会有许多不合格的应聘者。

③中介机构。即通过人才交流中心、职业介绍所等中介机构获取所需资源的方式。它的优点是费用较少。缺点是会有许多不熟练或受训很少的人参加应聘。

④毕业生招聘。即从高校的毕业生中进行招聘。它的优点是费用少,应聘者的潜力大。它的缺点是由于毕业生缺乏经验,招聘范围仅限于初级职位。

⑤网络招聘。即通过互联网和计算机通信而形成的一种新型的招聘方式。它的优点是范围广、速度快、不受地域限制。缺点是会有很多不合格的应聘者。

(二)项目人力资源的选择

项目人力资源的选择是指项目管理者根据人力资源计划选出一些需要招聘的职位,然后对应聘者进行选择的过程。这个程序中的每一步都力图扩充组织对求职者背景、能力和动机的了解,并增加决策者据以做出预测和最终选择的信息。选择的程序包括:

1. 资格审查。资格审查是对应聘者是否符合项目要求所进行的一种初选。在资格审查中,要对应聘者提交的材料进行核实,还要对他们进行体检。

2. 笔试。笔试也是常用的一种方式,通常包括智商、情商等方面的测试。通过笔试,可以了解应聘者的潜力和能力,使项目管理人员能做出正确的录用决策。

3. 绩效模拟测试。绩效模拟测试有两种方法,即工作抽样法和测评中心法。工作抽样法是给应聘者一份所应聘职务的缩小规模的活动,让其完成其中的一些任务,然后根据他所完成的情况得出测评结果。这种方法对于一般性的职务是有效的,但费用较高。测评中心法是由备选职位的直接上层管理者、监督者、心理学家组成测评中心,模拟出实际工作中可能出现的问题,应聘者经过几天的测试练习,根据表现得出其是否称职的结论。这种方法较为复杂,适用于选择管理者职位。它的费用比工作抽样法更高。

4. 面试。资格审查和笔试都不能提供有关应聘者的全面信息,因此还需要面试,从而对应聘者有进一步的了解。应聘者与招聘者面对面的接触,如果问题准备充分、设计得当,这应该是一种可信度较高的方式。但在很多情况下并不是这样,如由于面试官提出的问题具有一定的随机性,不能对应聘者进行全面、公平的评价,另外对应聘者的第一印象也可能会左右面试官的判断等。

5. 综合选择。项目管理人员要对合格的应聘者,根据笔试、绩效测评、面试的成绩进行综合的评价,然后进行横向比较,从而选出合适的人员。

四、项目人力资源绩效评价与人员激励

(一)项目人力资源绩效评价

1. 绩效评价的含义

对于绩效有多种理解。有人认为绩效应当着眼于工作结果,是个体或群体劳动的最终成绩或贡献。也有人认为,绩效既应当考虑员工的工作业绩,又应当考虑员工的工作过程和行为方式,认为绩效是员工与客观环境之间有效互动的结果。较为普遍的观点是,绩效是个体或群体工作表现、直接成绩、最终效益的统一体。

绩效评价就是工作行为的测量过程,即用过去制订的标准来比较工作绩效的记录及将绩效评价结果反馈给职工的过程。它是以工作目标为导向,以工作标准为依据,对员工行为及其结果的综合管理,目的是确认员工的工作成就,改进员工的工作方式,奖优罚劣,提高工作效率和经营效益。

绩效评价一般分为三个层次进行:组织整体的、项目团队或项目小组的、员工个体的绩效评价。其中,员工个体的绩效评价是项目人力资源管理的基本内容,也是本节讨论的对象。

2. 绩效评价的作用

现代人力资源管理系统有以下几个方面,即人力资源的获得、挑选与招聘、培训与提高、激励与报酬等。绩效评价则特别重要,因为绩效评价给人力资源管理的各个方面提供反馈信息,它是整个系统必不可少的部分,并与各个部分紧密联系在一起,它一直被人们称为组织内人力资源管理最强有力的方法之一。没有绩效评价就无法做出最佳管理决策。绩效评价可以使管理者及其下属制订计划以纠正任何可识别的工作失误。绩效评价提供的资料可以作为提升职务、工资晋级以及进一步培训提高的依据,这是绩效评价最常见的作用。绩效评价使管理者及其下属有机会坐下来,考察一下该下属的工作行为。实际上,大多数人都需要并希望了解其他人对自己工作情况的评价,特别是当这种评价对自己有益处时更是如此,而绩效评也正提供了这种反馈。

具体地说,绩效评价的作用主要表现在以下几个方面:

(1)确定员工的薪资报酬。现代组织管理要求薪酬分配遵守公平与效率两大原则。因而,必然要对每一个员工的劳动成果进行评定和计量,按劳付酬。

(2)决定员工的升降调配。通过绩效评价,可以提供有关员工的工作信息,如工作成就、工作态度、知识和技能的运用程度等。根据这些信息,可以进行人员的晋升、降职、轮换、调动等人力资源管理工作。

(3)进行员工的培训开发。培训开发必须有的放矢,才能收到事半功倍的效果。在这方面,绩效评价可以检查出员工在知识、技能、素质等方面的不足,使培训开发工作有针对性地进行。

(4)加强组织与员工共同愿景的建立。绩效评价要求上下级之间对评价标准、评价方式以及评价结果进行充分沟通。因此,绩效评价有助于项目成员之间信息的传递和感情的融合。

3. 绩效评价的程序

绩效评价是按照一定的标准,采用科学、合理的方法对团队成员履行其职责的程度进行审查和评定,从而确定其工作业绩的过程。绩效评价通常包括以下几个过程:

(1)制订绩效评价计划。绩效评价计划确定了评价的对象、内容和时间等。

(2)确定绩效评价的标准。进行评价之前,先要确定评价的标准,并以此作为衡量绩效的尺度。评价的标准包括:绝对标准和相对标准。绝对标准是以数据为基础的,比较客观,如项目产品的废品率、人员的出勤率等。相对标准是根据每个成员的实际情况确定的评价标准,对不同级别的员工,标准是不一样的。

(3)选择绩效评价的方法。在进行绩效评价时,要选用科学、合理、可行的评价方法。

(4)收集数据资料。进行业绩评价时,要通过综合使用工作记录、定期抽查、考勤记录和工作评定等方法实时跟踪并随时收集有关团队成员绩效的信息。

(5)分析评价。根据绩效评价的标准,采用适当的方法对收集的信息和数据资料进行分析、整理并进行综合评价。

(6)结果运用。绩效评价的结果应该运用到项目的各项管理活动中,如根据评价的结果对团队成员进行培训、奖励或惩罚,评价的结果还能帮助团队成员找出工作中存在的问题,有利于团队成员改进工作、提高绩效。

4. 绩效评价的方法

绩效评价的方法包括:

(1)书面鉴定法。书面鉴定法就是由绩效评价者根据团队成员的实际工作情况编写一份简单的评价材料,来描述团队成员在工作中的功过得失,并提出改进建议。这是一种比较模糊的评价方法,受评价者主观判断的影响较大。

(2)关键事件法。关键事件法就是把团队成员在工作过程中表现出来的关键行为记录下来,如工作态度、投诉率、违纪行为、次品率、缺勤率、加班率等,并与绩效评价的相应指标进行对比,从而对团队成员的绩效进行评价。这种方法可以让评价者将注意力放在能够区分工作绩效的关键行为上。

(3)评分表法。评分表法是指针对一些常规的绩效评价指标进行打分,然后根据总分做出对团队成员绩效的粗略评价。这种方法成本较小,但受评价者的主观判断对其影响比较大。

(4)排序法。排序法根据某项绩效评价指标对团队成员在项目团队中的表现进行排序,然后根据多个排序进行综合排序。这种方法只是将团队成员的绩效与总体水平进行对比,得出相对绩效,并不能显示团队成员的绝对绩效情况。

(5)目标管理法。目标管理法是根据团队成员对具体目标的完成情况来进行绩效评价,具体目标制订得越精确、科学,该方法也就越有效。

(二)项目人力资源的激励

人是具有能动性的,人的潜力只有得到激励,才能充分发挥出来。据有关研究表明,当人们没有受到激励的时候,人的实际能力只能发挥 20%～30%,而当人们受到激励时,实际能力可以发挥到 80%～90%。

因此,项目管理者的首要任务就是挖掘项目团队成员的潜力,促使人们在项目实现的过程中做出他们的贡献,以实现项目目标。而怎样才能挖掘项目团队成员的潜力,把人们的活动引向所要求的方向,就需要项目管理者尽量了解什么东西导致人们工作,什么东西会激励他们工作。

1. 激励的概念

激励,通俗地讲就是调动人的工作积极性,把其潜在的能力充分地发挥出来。在管理学上对它的定义是:激励是指管理人员促进、诱导下级形成动机,并引导行为指向目标的活动过程。

这里的需求是指人们对某种目标的渴望,如人们渴望拥有自己的轿车,这就是人们的一种需求。动机是指驱动人产生某种行为的内在力量。人的动机是建立在需要的基础之上的,有意识地或是下意识地感觉到这种需要。根据马斯洛的需要层次理论,人的需要可分为生理、安全、社交、尊重、自我实现五个层次。有些基本的需要,如水、空气、食物、睡眠和住所等是属于生理需要。而另外一些需要如自尊心、地位、归属、感情、礼尚往来、成就和自信等属于心理上的需求。这些需要的强烈程度因时因人而异。

心理学家发现,人所以会产生某种特定的行为是由动机决定的,一个人愿不愿意从事某种工作,工作积极性是高还是底,干劲是大还是小,完全取决于他是否具有进行这项工作的动机及动机的强弱。

激励实质上就是根据员工未被满足的需要,为他们设置目标,通过目标导向,使他们形成和强化有利于组织的动机,并按组织所需要的方式行动。

2. 激励的复杂性

由上所述,可以看出,激励是一系列的连锁反应——从感觉的需要出发,由此引起要求或要追求的目标,这时出现一种紧张感,称动机,动机引起了为实现目标的行动,最后满足了要求。而这一连锁反应的过程是复杂的。首先,人的需要不是独立的,会受环境的影响。比如许多生理需要是受环境因素的刺激而引起的。闻到食物的香味可以使人们感到饥饿,看到温度表上很高的度数,可使人们突然觉得发热,或者看到一杯清凉饮料,可能引起口渴难忍。环境对心理上的需求也有着重要的影响。一位同事的提升可以激发起员工要取得成就的愿望,一个融洽的社会集体可能增强人们去参加的愿望。其次,需要会引导行为,但需要也可能是由行为引起的结果。满足了一种需要,可能会引起满足更多需要的愿望。例如,一个人对成就的需要,可能从实现所追求的目标中得到满足后变得更加强烈了,或者可能因得不到满足而减弱下来。

3. 激励的原则

为了充分发挥激励的作用,在对项目团队成员进行激励时,必须遵循一定的原则:

(1)对于不同员工应采用不同的激励手段。对于低工资人群,奖金的作用十分重要;对收入水平较高的人群,特别是对知识分子和管理干部,则晋升其职务、授予其职称、尊重其人格、鼓励其创新、放手让其工作会收到更好的激励效果。对于从事笨重、危险、环境恶劣的体力劳动的员工,搞好劳动保护,改善其劳动条件,增加岗位津贴,都是有效的激励手段。

(2)适当拉开实际效价的档次,控制奖励的效价差。效价差过小,搞成平均主义,会失去激励作用;但效价差过大,超过了贡献的差距,会走向反面,使员工感到不公平。应该尽量使效价差与贡献相匹配,使员工感到公平、公正,才会真正使先进者有动力,后进者有压力。

(3)注意期望心理的疏导。每次评奖阶段是员工期望心理高涨的时刻,希望评上一等奖的员工,一般总是大大多于实际评上一等奖的人数,一旦获奖名单公布,其中一些人就会出现挫折感和失落感。解决这个问题的办法是及时对员工的期望心理进行疏导。疏导的主要方法是目标转移到"下一次"或"下一个年度",树立新的目标,淡化过去,着眼未来。特别要及时消除"末班车"心理,以预防争名次、争荣誉、争奖金的行为发生。

(4)注意公平心理的疏导。根据亚当斯的公平理论,每位员工都是用主观的判断来看待是否公平的,他们不仅关注奖励的绝对值,也关注奖励的相对值。尽管客观上奖励很公平,但通过和别人比较也仍有人主观上觉得不公平。因此,必须注意对员工公平心理的疏导,引导大家树立正确的公平观。正确的公平观包括三个内容:①要认识到绝对的公平是不存在的。②不要盲目地攀比。③不应"按酬付劳",造成恶性循环。

(5)恰当地树立奖励目标。在树立奖励目标时,要坚持"跳起来摘桃子"的原则，既不可过高，又不可过低，过高则使期望概率过低，过低则使目标效价下降。对于一个长期的奋斗目标，可用目标分解的办法，将其分解为一系列阶段目标，一旦达到阶段目标，就及时给予奖励，即把大目标与小步子相结合。这样可以使员工的期望概率较高，从而维持较高的士气，收到满意的激励效果。

（6）注意掌握奖励时机和奖励频率，注重综合效价。奖励时机直接影响激励效果，犹如烧菜，在不同时机加入佐料，菜的味道就很不一样。奖励时机又与奖励频率密切相关，对于目标任务不明确、需长期方可见效的工作，奖励频率宜低；对于目标任务明确、短期可见成果的工作，奖励频率宜高；对于只注意眼前利益、目光短浅的人，奖励频率宜高；对于需要层次较高、事业心很强的人，奖励频率宜低；在劳动条件和人事环境较差、工作满意度不高的单位，奖励频率宜高；在劳动条件和人事环境较好、工作满意度较高的单位，奖励频率宜低。当然，奖励频率与奖励强度应恰当配合，一般而言，两者呈反向相关关系。

4. 激励方式

在对项目团队成员进行激励时，还要注意选择适当的激励方式：

（1）物质激励。物质激励是最基本的激励方式，也是项目团队采用最多的一种方式。物质激励一般包括工资和奖金等，它适合一些基层的项目团队成员。

（2）荣誉激励。通过荣誉激励可以满足项目团队成员获得尊重和荣誉的需求，它适合于知识丰富和层次较高的成员。

（3）参与激励。参与激励是指让项目团队成员了解项目团队的运作情况，使他们以不同的方式参与到项目的管理中来，从而激发他们的主人翁责任感。

（4）挫折激励。当项目团队成员遇到挫折时，项目团队要对他们施加足够的影响，使他们勇于面对挫折，走出困境。

（5）榜样激励。榜样激励就是使项目团队成员成为整个团队学习的榜样，使他们有很大的满足感，从而达到激励的目的。

（6）环境激励。环境激励就是为项目团队成员创造一个良好的工作和生活环境，从而使团队成员更加投入工作。

第三节 项目团队

一、项目团队的含义

现代项目管理十分强调项目团队的组织与建设，注重按照团队的方式开展项目工作,建立高效的团队是项目人力资源管理的核心内容。项目团队是为实现一个具体项目的目标而组建的协同工作队伍。项目团队的根本使命是实现具体项目目标、满足客户需求和完成具体项目所确定的各项工作任务。项目团队是为确保项目的有效实施而建立的团队,其具体职责、组织结构、人员构成和人数配备等方面因项目性质、复杂程度、规模大小和持续时间长短而异。项目团队的一般职责是项目计划、组织、指挥、协调和控制。

二、项目团队的特征

项目团队的特征主要体现在五个方面:

(一)目的性

项目团队的任务是完成项目的任务,实现项目的目标,它在组建的同时,就被赋予了明确的目标,那就是完成某个项目和实现项目的既定目标,这种组织具有很强的目的性,它只承担与既定的项目有关的使命和任务,不承担与既定的项目无关的使命和任务。

(二)临时性

项目团队是一种临时性的组织,通常由组织不同层级中提供同一服务或服务于同一顾客的不同部门、不同工序的人员组合形成跨部门的工作小组,一旦项目完成或者终止,项目团队的使命即告完成或者终止,项目团队即告解散。

(三)合作性

团队要合理分工与协作。每个成员都应该明确自己的角色、权力、任务和职责,在目标明确之后,必须明确各个成员之间的相互关系。团队成员都需要了解为实现项目目标而必须做的工作及其相互间的关系。

(四)开放性

项目团队成员可以是专职的也可以是兼职的,他们在项目实施期间能进能出,工作时间可长可短,成员的数量和人选通常会随着项目的发展与变化不断调整,具有一定的灵活性。

(五)双重性

项目团队是一个临时的组织,人员由各部门抽调组成,多数情况下,团队成员既受原职能部门领导,又受项目经理领导,而且常常要兼顾两边的工作,这往往会使项目团队成员的工作和发展受限,甚至会出现因双重领导者的意见不同而使项目组成员无所适从的情况。

三、项目团队建设

（一）项目团队的发展阶段

项目团队从开始到结束是一个不断成长和变化的过程，这个过程包括五个阶段，即组建阶段、磨合阶段、正规阶段、成效阶段和解散阶段。

1. 组建阶段

在组建阶段，团队成员从原来不同的组织调集在一起，大家开始互相认识，这一时期的特征是队员们既兴奋又忧虑，而且还有一种主人翁感，他们必须在承担风险前相互熟悉。一方面，团队成员收集有关项目的信息，试图弄清项目是干什么的和自己应该做些什么。另一方面，团队成员谨慎地研究和学习适宜的举止行为。他们从项目经理处寻找或相互了解，以期找到属于自己的角色。

在这一阶段，项目经理需要进行团队的构建工作。项目经理应向项目组成员宣传项目目标，并为他们描绘美好前景及项目成功所能带来的效益，同时公布项目的工作范围、质量要求、预算和进度计划的标准与限制条件，使每个成员对项目目标都有全面深入的了解，从而建立起共同的愿景。此外，还应明确每个项目团队成员的角色、主要任务和要求，帮助他们更好地理解各自所承担的任务，与项目团队成员共同讨论项目团队的组成、工作方式、管理方式、工作要求，以便取得一致意见，保证今后工作得以顺利开展。

2. 磨合阶段

团队发展的第二阶段是磨合阶段。团队形成之后，队员们已经明确了项目的工作以及各自的职责，于是开始执行分配到的任务。在实际工作中，各方面的问题逐渐显露出来，这预示着磨合阶段的来临。现实可能与当初的期望发生较大的偏离，于是，队员们可能会消极地对待项目工作和项目经理。在此阶段，工作气氛趋于紧张，问题逐渐暴露，团队士气较组建阶段明显下沉。

在这一阶段，项目经理应创造一个理解和支持的环境，允许成员表达不满或他们所关注的问题，接受及容忍成员的任何不满，进一步明确项目团队成员相互之间的关系和行为规范，使每个成员都清楚地了解自己的责任以及和别人的关系，依靠团队成员共同决策，努力解决问题、化解矛盾。

3. 正规阶段

经受了磨合期的考验，团队成员之间、团队与项目经理之间的关系已确立好了。绝大部分个人矛盾已得到解决，队员的不满情绪也就减少了。项目团队接受了这个工作环境，项目规程得以改进和规范化。控制的决策权从项目经理移交给了项目团队,凝聚力开始形成。

这一阶段,项目团队成员之间开始建立相互信任、相互帮助的关系,开始互相交流信息、观点和感情,合作意识增强。团队经过这个社会化的过程后,建立了忠诚和友谊,也有可能建立超出工作范围的友谊。

在这一阶段,项目经理应尽量减少指导性工作,给予团队成员更多的支持和帮助;在确立团队规范的同时,要鼓励成员的个性发挥;培育团队文化,注重培养成员对团队的认同感、归属感,努力营造出相互协作、互相帮助、互相关爱、努力奉献的精神氛围。

4. 成效阶段

这一阶段的工作绩效通常很高,整个团队充满集体感和荣誉感,信心十足。团队成员一方面积极工作,为实现项目目标而努力,另一方面彼此之间能够开放、坦诚及时地进行沟通,互相帮助,共同解决工作中遇到的困难和问题,团队精神和集体的合力在这一阶段得到了充分的体现。在这一阶段,项目经理工作的重点应是:授予团队成员更大的权力,尽量发挥成员的潜力,督促团队成员执行项目计划,掌握有关预算、进度、工作范围、质量的具体完成情况,以保证项目目标得以实现。

5. 解散阶段

在此阶段,项目团队完成任务,准备解散。这个阶段,团队成员的反应差异很大,有的很乐观,沉浸于团队的成就中,有的则很悲观,惋惜在共同的工作团队中建立起的友谊关系,不能再像以前那样继续下去,会感到失落。在这一阶段,项目经理要采取措施,稳定团队成员的情绪,明确责任,把项目的扫尾工作做好;应确保团队有时间庆祝项目的成功,并总结实践经验;应对团队成员的工作绩效作出客观评价,并采取适当的方式给予激励。

(二)有效组建项目团队

组建项目团队是项目人力资源管理的一项重要内容,通常按以下步骤完成。

1. 进行项目工作分析

该项工作可以通过工作分解结构(WBS)及其工作说明得到。

2. 定义完成各项工作需要的各类人员

在工作分析的基础上,了解和定义完成项目各项工作需要哪些人员,这些人员需要具备哪些技能、何时进入团队。

3. 预选项目团队成员

从人力资源信息系统中了解组织中有哪些人的教育背景、工作经历、性格特点、专业技能等能胜任本项目工作,并分析是否有合适的时间能够进入项目团队,初步确定项目组成员,特别要注意团队成员的互补性。

4. 分析预备人选

对预选出的成员进行性格、团队角色和谐性分析。团队成员之间性格和角色分配上的和谐性能够弥补许多激励方面的不足。如果有人明显与其角色分工不和谐或在性格等方面与其他团队成员有可能产生冲突,则需要重新选择。

5. 确定项目团队成员,并进行角色分工

项目团队组建之后,应进行必要的角色分工。此外,还必须有一套完善的沟通机制和合适的激励手段,才能有效地开展工作。

四、项目管理办公室

随着专业分工的细化,越来越多的跨职能的项目出现在组织里面,如何在跨职能的项目之间进行资源优化组合,管理好各项目的风险、进度等就变得越来越重要。为了更好地解决资源冲突,复制已有项目的成功经验,规范组织的项目管理标准,就需要为项目管理团队提供一个支持机构——项目管理办公室。

(一)项目管理办公室的定义

项目管理办公室,也叫做项目办公室,项目控制办公室,或项目支持办公室,它是创造和监督组织的全部项目的管理系统,这个管理系统是为项目管理行为的有效实施和最大程度地达到组织目标而存在的。一个项目办公室由一套功能组成,包括培养项目经理和支持项目经理管理的所有项目的执行。

(二)项目管理办公室的职责

项目管理办公室的职责取决于企业的具体需求,而且会随着这些需求的变化不断调整。通常,项目管理办公室被定位为企业项目管理的业务支持机构或内部咨询机构,其主要职责包括:

1. 开发和维护项目管理标准、方法和程序。
2. 为企业提供项目管理的咨询和指导。
3. 为企业提供合格的项目经理。
4. 为企业提供项目管理培训。
5. 为企业提供有关项目管理的其他支持。

项目管理办公室的职责可近一步细化。项目管理办公室还可能包括其他的职能。确定某项职能是否应包括在项目管理办公室职能范围内的标准是项目经理能否更有效地行使某一职能。若项目经理能更有效地行使某一职能,则该职能不应包括在项目管理办公室的职能范围内。

项目管理办公室内部又可视情况需要设立一些专业小组,如风险评估小组等。同时可对各专业小组的职责进行具体的定义。

(三) 项目管理办公室的建立与运行

从开始建立项目管理办公室到使其具备成熟的管理能力,通常需要经过如下几个阶段:

1. 确定项目管理办公室提供的服务内容。其服务内容必须得到高级管理层和项目经理的认可。项目管理办公室的职能可能会逐步演化,但就其工作范围与各方面达成一致意见是非常重要的。

2. 确定项目管理办公室人员的职责和技能要求。因为所指派人员的职责与技能水平决定了他们所能提供服务的多少。

3. 建立项目管理办公室并宣布其开始运行;项目管理办公室成立之初,应制订一个能成功地支持总经理和项目经理的工作计划,并通过宣传所取得的成功扩大项目管理办公室的影响。

4. 工作中要与总经理和项目经理密切联系,以便了解他们的需求并满足这些需求。由于项目经理从日常事务中被解脱出来,这些日常工作就交由项目管理办公室去做。这时又可能会产生其他的要求。

5. 在为项目经理提供服务时,通过不断满足业务需求,扩展项目管理办公室的服务。

6. 在项目管理办公室客户的经常参与下,不断地改进其技能和完善其职责。

7. 为客户提供最佳的服务。项目管理办公室的客户是指接受项目管理办公室的产品和服务的个人,主要包括:公司总经理、项目经理或主管、项目团队成员、职能部门经理、其他利益相关者(如项目产品的接收者等)。

(四) 全球性项目管理办公室的产生

科技正在改变着项目管理的前景,如今,各个企业在全球范围内寻找合作伙伴、运作项目,顾客们希望更加迅速地得到高质量而又便宜的商品,竞争无疑是激烈的。在此情况下,全球项目管理办公室应运而生。全球管理意味着将资源在一国国内或在国家之间进行配置。

虚拟团队进行的是全球性的项目,其成员分布在不同地区。很多公司的项目管理办公室都为虚拟团队提供了可使其有效运营的环境与工具,从而在为虚拟团队提供原动力方面起到很大的作用。

技术的巨大进步使全球项目办公室成为可能。运用计算机和远程通信技术,与远在一千公里以外的人共事和与过道里某间办公室里的人共事,并无多大区别。全球项目办公室正常运作的关键技术一般包括:电话、电视会议、国际互联网、企业内部互联网、特快专递等。

总之,项目管理办公室提供项目相关的专业化服务以满足企业的业务需求,并可将项目经理从日常的琐碎事务中解放出来。项目管理办公室为项目相关部门收集信息并将其格式化,以便于对项目的进展情况统一认识。项目管理办公室将项目管理的多项职能加以整合,可以提高工作效率,并更好地支援项目。需要强调的是,项目管理办公室通常不是一个项目的决策机构和项目的管理机构,而是一个项目决策的支持机构和项目管理的服务机构。

第四节 项目经理

一、项目经理概述

(一)项目经理的含义

项目经理就是项目的负责人,有时人们也称为项目管理者或项目领导者,他或她负责项目的组织、计划及实施的全过程,以保证项目目标的成功实现。成功的项目无一不反映了项目管理者的卓越管理才能,而失败的项目同样也说明了项目管理者的重要性。项目管理者在项目及项目管理过程中起着关键的作用。有人称项目经理是项目班子的"灵魂"。

(二)项目经理的角色特点

项目经理对项目的计划、组织、实施负全权责任,对项目目标的实现负终极责任。项目经理作为项目管理的基石,他的管理、组织、协调能力,他的知识素质、经验水平和领导艺术,甚至个人性情都对项目管理的成败有着决定性的影响。在一个项目立项之后,进行各项工作以前,首先要任命项目经理,他要对项目的实施和完成负责,并开展将要进行的各项工作。

项目经理是项目的管理者,那么管理者的角色特点他也应该具备。加拿大管理学者亨利·明茨伯格提出的经理角色理论充分说明了管理者在实际工作中的角色特点,它比以往的管理职能说明更加具体、生动,有利于人们对于管理者工作的理解。按照明茨伯格的研究,企业领导者的职责涉及人际关系、信息交流和决策过程三个方面的10种职责。在人际关系方面起到如下作用:

1. 头面人物的作用。完成若干礼仪性的职责。
2. 领导人的作用。即用人的职责。
3. 联络人的作用。和同行或者有关单位保持个人或组织的横向联系。
4. 监督人的作用。在信息交流方面起到掌握企业内部和外部环境所发生的变化。
5. 传播人的作用。综合分析各种信息传达给内部各部门。

6. 发言人的作用。代表企业向上级汇报和向有关部门通报情况。

7. 企业家的作用。作为企业各种重大变革的创始者和设计者做出决策，以适应不断变化的环境。

8. 应急人员的作用。及时处理各种危机事件。

9. 资源分配者的作用。涉及对资金、时间、材料、人力分配以及质量和信誉保证体系的决策。

10. 谈判人的作用。为企业的巩固和发展寻求资源或资源交换。

尽管项目经理也是一个管理者，但他与其他管理者有很大的不同。首先，项目经理与部门经理的职责不同，在矩阵组织形式中可以明显看到项目经理与部门经理的差异。部门经理只能对项目涉及本部门的部门工作施加影响，如技术部门经理对项目技术方案的选择、设备部门经理对设备的选择等等具有影响作用。因此，项目经理对项目的管理比部门经理更加系统全面，要求他必须具有系统思维的观点。其次，项目经理与项目经理的经理或公司总经理职责不同，项目经理是项目的直接管理者，是一线的管理者；而项目经理的经理或公司的总经理是通过项目经理的选拔、使用、考核等来间接管理一个项目的。在一个实施项目管理的公司内，往往项目经理的经理或总经理也是从项目经理做起来的。

为了选择合适的项目经理，应明确项目经理在项目管理中的主要职责，规定项目经理的基本素质和能力要求，同时还应培养项目经理，提高项目经理的水平。

(三) 项目经理负责制

项目经理负责制是目前国际项目管理的主要形式之一。承约商通过竞争获得项目的承建权和管理权以后，便在内部组成项目团队专门负责，并以契约的形式委托项目经理全权负责和管理该项目。许多西方国家从20世纪60年代起便开始实行项目经理负责制。由于项目经理负责制在实践中效果较好，逐渐发展成为国际上主流的项目管理制度。目前我国已经开始大力推广这种先进的管理经验。

1. 项目经理负责制在我国的发展

我国的项目经理负责制首先是从建筑施工单位开始的，由于这种管理组织形式在管理的实践中取得了较好的效果，因此在其他行业中逐渐开始推广。改革开放以来，我国的建筑施工业在探索科学的组织管理形式，广大的建筑工作者在汲取国外管理经验的基础上，逐步提出并试行了项目经理负责制。

国家计委(现国家发展改革委员会，下同)早在1983年就提出要设立项目前期工作经理，并对其权力和职责做出明确的规定。但实际上直到1986年，在学习并推广鲁布革水电站项目建设经验时，才正式提出项目经理负责制。鲁布革水电站的项目经理有两位：一位是代表建设单位的项目经理，即相当于我们所说的客户(或委托人)所委任的负责此项目的经理;一位是代表施工单位的项目经理,即承约商(被委托人)一方的项目经理。一方面,承约商方的项目经理负责制推行的难度和潜在效益都要大于客户方的项目经理负责制;另一方面,承约商方的项目经理负责制是施工单位内部的一种组织形式。鉴于以上两点原因,推行项目经理负责制,主要是推广施工单位的项目经理负责制,这里所讨论的项目经理也主要是从承约商方(即施工单位)方面来讨论的。

1987年,国家计委、国家体改委、劳动人事部、国家工商行政管理局等部门联合发文决定推广鲁布革水电工程项目管理经验,即正式开始推行项目经理负责制,首批确定了18个施工单位为试点单位。实践证明,推行项目经理负责制,不仅可以降低成本,加快项目实施的进度,还可以提高企业的经济效益,尤为重要的是,由于这种先进管理经验的推行,能有效地控制项目的外部环境和内部环境,极大地提高了企业的适应能力。正因为如此,项目管理负责制开始逐渐被其他一些行业所采纳,其中不少行业还总结出一些适合本行业的经验。所有这些表明,推行项目经理负责制,对于加快我国企业改革,逐渐参与国际竞争,起着有力的推动作用。

2. 实施项目经理负责制的条件

实施项目经理负责制,必须具备如下一些基本条件:

(1)管理方式的转变。在企业内部(即项目的实施单位),项目经理和主管单位之间不再是行政指令的性质,而是以一种契约形式规定项目经理的职责、权力和利益,项目经理对项目的管理有最高的法律权力,主管单位不得随意干预正常的管理工作;在外部关系上,项目经理同客户、供应商等各方面的项目当事人和项目关系人一般也是以契约的形式加以规定;在项目团队内部,项目经理和团队成员之间也并非采取行政命令式的管理方法,更多采用的是用经济手段来激励和管理团队成员。

(2)组织形式的转变。传统的组织形式一般是直线职能制,这种组织形式在项目管理中存在多头领导、职责与责任不易分清的问题。目前大多采用以项目为中心的矩阵式组织形式或项目效益中心制。以项目为中心的组织结构比较灵活,利于有效地进行资源配置,便于充分发挥项目团队的整体力量和个人的创造性。

(3)工作重心的转变。传统的管理属于技术型的管理,主要关注项目实施中的技术问题,而实行项目经理负责制以后,工作重心已转向管理,主要关注于对项目的实施或对分包商的组织管理和监督。为此,就要精简项目团队中的一般队员,相应增加项目团队中的管理人才和科技人才的比重。

(4)项目团队的建设。项目经理负责制的推行能否取得应有的成效,不仅取决于项目经理个人,还取决于是否有一个强有力的项目团队。项目经理固然是项目团队中的核心人物,但他的工作还需要整个项目团队的紧密配合。国际上目前较为普遍的做法是:项目经理确定后,一般由项目经理亲自选拔和配置项目团队的队员,这样才能保证项目团队内部的沟通和协调,使项目团队向高效率发展。

二、项目经理的责任和权利

(一)项目经理的责任

项目经理作为项目的负责人,有相应的责任,他的责任就是通过一系列的领导及管理活动,使项目的目标成功实现并使项目利益相关者都获得满意。这里的项目利益相关者包括一切参加或可能影响项目工作的所有个人或组织,主要有:顾客——项目产品的接受者;消费者——项目产品的使用者;业主——发起该项目的人;合伙人——项目的合作者;提供资金者——金融机构;承包商——为项目组织提供产品的组织;社会——司法、执法机构、社会大众;内部人员——项目组织成员。

项目经理的责任可以粗略分为对于所属上级组织的责任和对于所领导项目小组的责任。

1.项目经理对于所属上级组织的责任

对所属上级组织的责任包括:资源的合理利用,及时、准确的通信联系,认真负责的管理工作。必须强调的是,让所属上级组织的高级主管了解项目的地位、费用、时间表和进程是非常有用的,必须让高级主管了解未来可能发生的情况。项目经理应注意到项目推迟和出现赤字的可能,并了解减少此类事情发生的方法。向上级的报告必须准确、及时,这样才能得到上级的信任,使公司不冒大的风险,及时得到高级主管的帮助。其责任主要表现在以下几个方面:

(1)保证项目目标符合上级组织的目标。

(2)充分利用和保管上级分配给项目的资源。

(3)及时与上级就项目进展进行沟通。

2.项目经理对所管项目及项目组的责任

项目经理对具体的项目承担责任,通过对项目实施计划、监督与控制,确保所执行的项目按照计划的时间,在给定的项目预算内达到项目预期的目标。项目经理必须明确项目的目标,明确项目的资源和预算,明确项目相关的组织和领导关系。项目经理必须保证项目的整体性和一致性,在项目的实施过程中始终以实现项目目标为中心,面对项目过程中的冲突和矛盾,权衡利害,化解矛盾。

项目经理必须组织和管理好项目团队,才能有效地进行项目管理工作。项目经理作为项目的负责人和协调人,必须促使项目团队成员形成一个集体,团队成员认同项目的目标,成员之间相互配合。其责任主要表现在如下几个方面:

(1)明确项目目标及约束。

(2)制订项目的各种活动计划。

(3)确定适合于项目的组织机构。

(4)招募项目组成员、建设项目团队。

(5)获取项目所需资源。

(6)领导项目团队执行项目计划。

(7)跟踪项目进展,及时对项目进行控制。

(8)处理与项目相关者的各种关系。

(9)项目考评与项目报告等。

(10)在项目结束前考虑成员的未来。

(二)项目经理的权利

权责对等是管理的一条原则,权大于责可以导致乱拍板,无人承担相应的后果,而责大于权又会使管理者趋于保守,没有创新精神。在项目的实施中,凡是需要项目经理负责管理的方面,首先就应授予其相应的权限,问题的关键在于授权的程度大小。项目经理的工作范围涉及和贯穿于项目实施的全过程和所有方面,所以,对其授权也应贯穿到项目实施的全过程,涉及项目实施的所有方面。

1. 授权的原则

项目经理的授权需要根据下列原则:

(1)根据项目目标的要求授权。一般来说,项目目标要求越高,则授予项目经理的权力也应越大。

(2)根据项目风险程度授权。项目风险越大,对项目经理赋予的权力也应越大。风险程度的高低实际上就意味着项目经理承担责任的大小,项目经理拥有充分的权限,才能在变化多端的项目环境中果断地做出决策。

(3)按合同的性质授权。从客户与承约商签订的合同来看,如果合同要求的工程项目技术较复杂,质量要求较高,规定了既定的成本约束,则对项目经理应授予较多的权力、较为灵活的权限,以便使其能有充分的自主权,做出正确的决策,使得项目的实施不超出成本预算。

(4)按项目的性质授权。从项目的复杂程度来看,对大型复杂的工程项目,则应授予项目经理较大的权限。

(5)根据项目经理授权。不同的项目经理,有不同的领导水平和管理经验,对于那些组织管理能力较强、经验颇为丰富的项目经理,则应授予其足够的权限,以便其能充分发挥自己的创造性。

(6)根据项目班子和项目团队授权。如果项目经理班子成员较多,配备精良或者队员较多,则应授予项目经理较大的权限。

2.授权的范围

一般地讲,应授予项目经理以下基本权限:

(1)项目团队的组建权。从项目周期的全过程和项目实施的阶段性来看,人的因素始终是智能的因素,所以实行项目经理负责制最重要的就是授予项目经理充分的人事权,使之能建立起一支高效率的项目团队。项目团队的组建权包括两个方面:一是项目经理班子或管理班子的组建权,二是项目团队队员的选拔权。

项目经理需要组建一个制订决策、执行决策的机构,这一机构我们称之为项目的经理班子或管理班子,负责项目各阶段的工作。项目经理班子是项目经理的左膀右臂,因此,授予项目经理组建班子的权力至关重要,这包括:项目经理班子人员的选择、考核和聘用;对高级技术人才、管理人才的选拔和调入;对项目经理班子成员的任命、考核、升迁、处分、奖励、监督指挥甚至辞退等。

建立起一支高效协同的项目团队是保证项目成功的另一关键因素。这包括:专业技术人员的选拔、培训和调入,管理人员的配备,后勤人员的配备,团队队员的考核、激励、处分乃至辞退等。

(2)财务决策权。实践告诉我们,拥有财权并使其个人的得失和项目的盈亏联系在一起的人,能够较周全地、负责地顾及自己的行为后果,因此,项目经理必须拥有与项目经理负责制相符合的财务决策权,否则项目就难以顺利展开。一般来讲,这一权力包括分配权、费用控制权、资金的融通、调配权几个方面。

(3)项目实施控制权。由于资源的配置如物资的供应,人力、财力的配备在项目的实际实施中,可能与项目计划书有所出入,有时项目实施的外部环境会发生一定的变化,迫使项目实施的进度无法与预期同步,所以要求项目经理根据项目总目标,将项目的进度和阶段性目标与资源和外部环境平衡起来,做出相应的决策,以便对整个项目进行有效的控制。

项目经理在获得权力以后,还需进行放权。放权就是为了实现项目目标而给项目团队赋予权力,即给项目团队的成员权力,以使他们在自己的职责范围内完成预期的工作任务。放权的含义,既包括给项目团队的成员分配任务,也包括给予团队成员完成工作目标的责任及相应的决策权。

放权对一个项目经理来说是非常必要的,项目经理个人的能力和精力毕竟是有限的,所以他必须向下授权,以发挥团体的战斗力。放权并不是推卸责任,项目经理是项目的最高合法当事人,对项目目标的实现具有最终的责任。所以,每位项目经理都要把集权和放权有效地结合起来,为项目团队的工作创造必要的前提条件。

3. 领导者权力

以上谈到了项目经理的权力主要来自职务的权力，但这并不是实际上权力的真正含义。关于权力有"授予说"和"接受说"之分，前者认为权力是职位特有的，后者认为只有被领导者承认接受的权力才是真正的权力。这两种说法都只说明了权力的一方面，我们应该综合起来理解并在实际中运用。

我们知道，领导作用的实现程度取决于领导者运用自身的素质和能力对组织所赋予的权力的正确利用，领导者权力的大小并不完全取决于职位的高低。美国学者弗兰奇和雷文认为，领导权力有五种不同的类型：

(1) 强制权。这是建立在惧怕基础之上的权力。下属意识到不服从上司的意愿会导致处罚，比如分配不称心的工作、训斥等。强制权是建立在这样一种认识的基础之上的，即：违背上司指示的后果是惩罚。

(2) 奖励权。这是强制权的对立面。下属意识到服从上司的意愿会带来积极的奖励。这些奖励可以是金钱(提高报酬)或非金钱(工作做得好而受表扬)方面的。

(3) 法定权。这种权力来自一位上司在组织机构里的地位。例如，公司总经理比副总经理有更多的法定权力，部门经理比第一线的主任有更多的法定权力。

(4) 专长权。来自知识的权力。具有这种权力的人是具有某些专门知识或特殊技能的人。具有比别人更多的这种能力就会赢得同事和下属的尊敬和服从。

(5) 个人影响权。这是由个人资历、榜样或感情所产生的力量，能使领导取得下属的认可。有的领导者由于个人的品行优秀、德高望重而受到下属的钦佩；也有的领导者由于个人的各种社会关系而使下属能接受其影响。

强制权、奖励权、法定权是由个人在组织机构中的职位所决定的，都来源于行政的力量；专长权和影响权则取决于个人的知识和品德。有效的领导不仅要依靠行政的权力，还必须具有专长权和影响权，这样才会使被领导者心悦诚服，对于项目经理而言，这一点非常重要。

4. 项目经理的利益

项目经理的最终利益是项目经理行使权力和承担责任的结果，也是市场经济条件下责、权、利相互统一的具体表现。利益可分为两大类：一是物质兑现，二是精神奖励。

项目经理除按规定标准享受企业制订的工资和奖金外，如果其负责项目的各项指标和整个项目都达到既定的要求，应该在项目终审盈余时按利润比例提成予以奖励。同时从项目利润中提取一定比例作为奖励基金，由项目经理按规定分配。如果项目经理所负责的项目未按合同要求完成，可根据项目具体的情况,扣发全部或部分项目的奖金。如属个人责任,致使项目工期拖延、成本亏损或造成重大事故的,除扣发全部项目奖金外,可处以一次性罚款并下浮工资,性质严重者要按有关规定追究责任。

值得着重指出的是,从行为科学的理论观点来看,对项目经理的利益兑现应在分析的基础上区别对待,满足其最迫切的需要,以真正通过激励调动其积极性,不能盲目地只讲物质激励。从一定意义上说,精神激励的作用会更显著。

综上所述,项目经理是对项目管理全面负责的管理者,也是项目的管理中心,明确项目经理的责、权、利,并在项目管理中落到实处,是企业挖掘内部潜力、获取最大利润的根本途径,是项目能否成功及项目管理目标、成本目标能否实现的关键。

三、项目经理的素质和能力要求

项目管理的实践证明,并不是任何人都能成为合格的项目经理。项目及项目管理的特点要求项目经理具备相应的素质与能力,才能圆满地完成项目任务。通常,一个合格的项目经理应该具备良好的道德素质、健康的身体素质、全面的理论知识素质、系统的思维能力、娴熟的管理能力、积极的创新能力以及丰富的项目管理经验。

(一) 良好的道德素质

人的道德观,决定着人行为处事的准则。项目经理必须具备良好的道德品质。这种道德品质大致可以分为两个方面:一方面是对社会的道德品质,另一方面是个人行为的道德品质。

1. 社会的道德品质

项目经理应有良好的社会道德品质,必须对社会的安全、文明、进步和经济发展负有道德责任。有些投资项目虽然自身的预期经济效益较为可观,但却有可能是建立在牺牲社会利益基础之上的。有高度社会责任的项目经理,可以通过项目规划和建议,将此类项目的社会负效应降低到最低程度,最终保证社会利益、客户利益和自身利益的统一。

2. 个人的道德品质

个人行为的道德品质决定着个人行为的方式和原则。好的项目经理必须要保证自己的项目经理班子以及项目团队成员严格遵纪守法,坚持抵制和杜绝贪污、挪用公款、逃税、漏税、瞒报等各种不法行为,决不能因小失大,既害自己,又害社会。好的项目经理还应遵循各种法律、规章和准则,以身作则,树起良好的模范榜样。

（二）健康的身体素质

项目管理是在一定的约束下要达到项目的目标，它的工作负荷要求项目经理要有相应的身体素质。健康的身体素质不仅指生理素质，也指心理素质。项目经理应该性格开朗，能与各种人交往，不要过于内向；应该胸襟豁达，易于同各方人士相处；应该有坚毅的意志，能经受挫折和暂时的失败；应该既有主见，不优柔寡断，能果断行事，又遇事沉着、冷静、不冲动、不盲从；应该要既有灵活性和应变能力，又不失原则，不要固执，不要钻牛角尖等等。自然，金无足赤，人无完人，尤其对人的性格不能过于苛求。

（三）全面的理论知识素质

在当今时代，要对项目进行有效的管理，就必须懂得项目及项目管理相关的理论知识。

1. 项目经理是项目管理者，他要具备系统的项目管理理论知识。一个合格的项目经理不仅要掌握项目管理理论、项目决策技术，还要了解组织行为学、管理心理学等相关的管理知识。

2. 项目经理是相关行业（或项目类型）的专家。一些大型复杂的工程项目，其工艺、技术、设备的专业性要求越强，对项目经理的要求也就越高。不难想象，作为项目实施最高决策人的项目经理，如果不懂技术就无法决策，就无法按照工程项目的工艺流程、施工的阶段性来组织实施，更难以鉴别项目计划、工具设备及技术方案的优劣，从而对项目实施中的重大技术决策问题就没有自己的见解，就没有发言权。不懂专业技术往往是导致项目经理失败的主要原因之一。项目经理如果自己缺少基本的专业知识，要对大量错综复杂的专业性任务进行计划、组织和协调都将十分困难。在沟通交流中，项目的有关当事人经常用到一些专业知识和术语，如果项目经理不具备一定的专业知识，沟通也是困难的，更不用说做出正确的决策了。当然，由于项目经理要对项目负全面的责任，一般并不需要亲自去做一些较为具体的工作，在知识深度方面并不刻意要求越深越好，但是知识的全面性及广度是必须的。

（四）系统的思维能力

系统的思维能力是指项目经理要具备良好的逻辑思维能力、形象思维能力及将两种思维能力辩证统一于项目管理活动中的能力。系统的思维能力要求项目经理具有分析能力和综合能力，具有从整体上把握问题的系统思维能力。在运用系统的概念与观点分析处理问题时：

1. 把研究的对象作为一个整体来分析。既要注意整体中各部分的相互联系和相互制约关系，又要注意各要素间的协调配合，服从整体优化的要求。

2. 综合考察系统的运动和变化，以保证科学地分析和解决问题。

3.研究系统所处的外界环境的变化规律及其对系统的影响,使系统适应环境变化。

(五)娴熟的管理能力

所谓管理能力就是把知识和经验有机地结合起来运用于项目管理的本领,对于项目经理,知识和经验固然重要,但是归根到底还是要靠能力。作为项目经理,应该具有娴熟的管理能力,主要包括:

1.决策能力。项目从开始到结束会出现各种各样的问题,如项目的确定、方案的选择等,问题的解决就是一个决策过程,包括与问题解决相关的情报活动、设计解决问题方案、评价与抉择方案并利用选择的方案去实施问题解决的过程。而且在项目中会有各种各样的决策问题要求用不同的决策方法去解决,因此项目经理必须有很强的决策能力。

2.计划能力。计划工作对于任何工作的重要性已经人所共知了。项目与项目管理也一样,要在一定的约束下达到项目的目标,必须有细致周密的计划,对项目从开始到结束的全过程做一个系统的安排,而计划的制订是在项目经理的领导与参与下进行的。项目经理应了解并运用计划制订的方法和步骤。同时,项目经理还必须懂得如何运用计划去指导项目工作。也就是不仅会计划,还会控制。

3.组织能力。项目经理的组织能力是指设计团队的组织结构,配备团队成员以及确定团队工作规范的能力。显然,拥有较高组织能力的项目经理一方面能建立起科学的、分工合理的、高效精干的组织结构,另一方面能了解团队成员的心理需要,善于做人的工作,使参加项目的成员为实现项目目标而积极主动地工作,并建立一整套保证团队正常运行的有效规范。

4.协调能力。项目经理的协调能力是指能正确处理项目内外各方面关系、解决各方面矛盾的能力。一方面,项目经理要有较强的能力协调团队中各部门、各成员的关系,全面实施目标;另一方面,项目经理能够协调项目与社会各方面的关系,尽可能地为项目的运行创造有利的外部环境,减少或避免各种不利因素对项目的影响,争取使项目得到最大范围的支持。在协调活动中,项目经理最为重要的是沟通能力。

5.激励能力。项目经理的激励能力就是调动团队成员积极性的能力。项目团队成员有其自身的需求,项目经理要进行需求分析,制订并实施系统的激励与约束制度,对员工的需求进行管理,调动团队成员的工作积极性,从而有效地完成团队任务。

6.人际交往能力。项目经理的人际交往能力就是与团队内外、上下左右人员打交道的能力。项目经理在工作中要与各种各样的人打交道,只有正确处理与这些人的关系,才能使项目进行顺利。人际交往能力对于项目经理特别重要,人际交往能力强、待人技巧高的项目经理,就会赢得团队成员的欢迎,形成融洽的关系,从而有利于项目的进行,为团队在外界树立起良好的形象,为项目赢得更多有利的条件。

(六)积极的创新能力

由于项目的一次性特点,使项目不可能有完全相同的以往经验可以参照,加上激烈的市场竞争,项目经理必须具备一定的创新能力。创新能力一方面要求项目经理在思维能力上创新。曾任美国心理学会主席的吉尔福特指出,创新思维包括以下五个方面:对问题的敏感性,思维的流畅性,思维的灵活性,发挥创见的能力,对问题的重新认识能力。

创新能力另一方面要求项目经理要敢于突破传统的束缚。传统的束缚主要表现在社会障碍和思想方法障碍方面。所谓社会障碍是指一些人会自觉不自觉地向社会上占统治地位的观点看齐,这些观点和风尚已经进入管理者的经验之中。如果完全被已有框框束缚住,真正的创新是不可能的。所谓思想方法的障碍是指思想上的片面性和局限性。

(七)丰富的项目管理经验

项目管理是实践性很强的学科,项目管理的理论方法是科学,但是如何把理论方法应用于实践是一门艺术,通过不断的项目管理实践,项目经理会增加他对项目及项目管理的悟性,而这种悟性是通过运用理论知识与项目的实践反省而得来的。要丰富项目管理经验,不能只局限在相同或相似的项目领域中,而要不断变换从事的项目类型,这样才能成为卓越的项目管理专家。

导入案例二分析

该项目涉及部门较多,很难将其归于某个职能部门之下进行管理,因此,不适合采用职能型组织结构,宜采用项目型组织结构或矩阵型组织结构。如果要做选择的话,只要人员费用增加不是太大,项目型组织更好,因为项目型组织的管理更简单。但是,如果项目不需要资深研究人员的全职参与,那么选择矩阵型组织结构可能更好。

本章小结

组织是一切管理活动取得成功的基础。组织具有目的性、专业化分工、依赖性、等级制度、开放性环境、适应性等特征。组织是人们为了达到某个目的而形成的。组织设计应遵循组织设计的原则。项目组织结构有三种形式：职能式组织结构、项目式组织结构和矩阵式型组织结构。这三种组织结构都有各自的优缺点。根据项目组织结构中项目经理和职能部门经理权力的大小，矩阵型组织结构又可分为弱矩阵式、平衡矩阵式和强矩阵式三种类型。现实中在选择项目组织结构时应该考虑很多因素。

项目团队有它自己的特点，其发展主要经历五个阶段，每个阶段项目团队成员都有不同的情绪表现。成功的项目必然有强有力的团队建设和有成效的团队成员。项目管理办公室对项目管理提供了更多的支持。

项目经理就是项目的负责人，他在项目及项目管理过程中起着关键的作用。项目经理有其特殊的角色特点。项目经理有其权力和职责，应该具备一定的素质和能力。

人力资源具有再生性、能动性、时效性的特点，项目人力资源管理是组织人力资源管理的具体应用。项目人力资源管理的内容包括项目组织的规划、项目组织的建立、项目组织的建设等。人力资源招聘分为内部招聘和外部招聘。项目人力资源的选择应执行严格的程序以获取合适的人员。绩效评价是以工作目标为导向，以工作标准为依据，对员工行为及其结果的综合管理。人的潜力只有得到激励，才能充分发挥出来。为了充分发挥激励的作用，在对项目团队成员进行激励时，必须遵循一定的原则，还要注意选择适当的激励方式。

思考题

1. 试述组织的定义与特征。
2. 试述组织设计的一般原则。
3. 试述项目组织基本结构形式及其优缺点。
4. 项目组织的发展有哪几个阶段？
5. 如何理解项目团队？项目团队的特点有哪些？
6. 结合项目团队建设的原则，讨论如何建设高效的项目团队。
7. 项目管理办公室的作用有哪些？
8. 如何理解项目经理的作用和地位？
9. 你认为一名合格的项目经理应具备哪些素质和能力？
10. 项目人力资源有哪些特点？
11. 项目人力资源管理的内容有哪些？
12. 说明内部招聘和外部招聘的各种方式。
13. 如何对应聘者进行甄选？
14. 怎样对项目团队成员的绩效进行考核？

15. 举例说明激励的原则。

16. 你认为应如何进行有效的激励？并以实例加以说明。

案例思考

资料：

Quantum 银行有限公司是一个地区性的银行，其分支机构遍布东南部。1999 年初，银行设置了一个网站，让客户可以检查账户收支，获得银行各种服务信息、联系信息和用电子邮件提出问题，链接到各项其他有用的信息源。考虑到网站巨大的成功，来自传统和非传统组织的竞争以及进一步向其目前地区以外的地区扩展的愿望，Quantum 想要扩展其网站，扩展范围包括在线付账服务，允许客户在线申请信用卡和贷款，在线开户及在线管理他们的投资项目。

信息系统的副总裁史太斯·托马斯被分派监管此项目。她的首要任务之一便是选择项目经理。因为项目在策略上的重要性，她特别想在内部组织项目团队，而反对从专业运作这类项目的许多现有顾问公司购买其服务。在对 10 个项目经理的候选人进行甄别后，她最终选出两名候选人，描述如下：

比尔·芬斯

比尔于 1995 年加入 Quantum，他毕业于一家备受尊重的私立学校，获得了计算机理科学位。他的第一份工作是银行的服务台成员，这使得他接触到银行的各个方面。他很快因能够熟练解决技术难题而出名。此外，银行各类计算机系统的用户经常赞扬比尔的服务以及他使用非技术性术语解释概念的能力。

因为比尔具有硬件和程序两方面的技术知识，1998 年他被选中开发银行网站。比尔一个人在此项目上工作，经常与负责此项目的银行信息系统的一个部长开会。起初，部长做了大部分的设计工作，比尔做计算机编程。比尔经常提出将关键功能结合到网站的不同方案，部长会在比尔提出的不同方案中选择。在项目开发后期，比尔开始更积极地建议将一些功能结合到网站中。

考虑到项目进展中项目范围的变化，此开发项目基本上按期并按预算完成了。有些进一步扩展网站功能的建议被记录下来，在网站正式启动后再予以考虑。

比尔目前的职位是网站站长，负责银行网站的维护工作。虽然现在比尔的下属包括一个程序员和一个硬件专业人员，他仍然事必躬亲，涉及网站所有技术方面的工作。比尔与他的两个直接下属的关系很好。他们效仿比尔的风格，包括长时间工作，甚至比赛看谁桌上积下的饮料罐、糖果纸和计算机打印纸最多。

安迪·多弗

安迪·多弗也是于 1995 年在一所大型公立大学完成 MBA 学业后加入此银行的。安迪是修完土木工程学士学位后立即进入同一所大学的研究生院学习的。

第一年，安迪轮流在银行各部门接受银行管理培训。培训结束后，安迪要求长期分配到操作组，他的第一项工作是监管支票编码操作。在经过几次工艺改进后，安迪最终被提升为高级操作分析员，并在几个大型的工艺改进项目中工作过。

对安迪的绩效评估表明，他的最大优点是，能够跳出一个问题去了解各类因素的相互关系。对他的评价还表明他是一个"具有很好的组织技能、能够很好地进行自我激励的人"。他的组织技能也有助于他有效地报告信息。他经常被要求向高级管理层就特定项目的状态进行简短的报告。

从各方面来看，安迪是很胜任的，能够在很少有或没有直接指导的情况下及时完成所分配到的任务。同时，安迪总是重视与其他项目成员的常规沟通，使他们了解他的情况，他对自己的想法通常充满激情，总能使得其他成员接受他的想法。

你总能看到安迪拿着他的笔记本。作为一个热衷于股票投资的人，他重视了解技术的发展趋势。他对于因特网的工作原理有一个基本的了解，知道所有重要的时髦词语。尽管他曾胡乱创建过几个网页，但对于复杂的编程语言如Java知之甚少，对于计算机硬件，除了它的基本用途外知道得很少。

问题：

1. 你会向史太斯·托马斯推荐谁作为项目经理？为什么？
2. 你建议此项目如何组织？职能式、项目式或矩阵式？为什么？
3. 你是否同意托马斯女士在内部组织人员的决定？使用Quantum人员组成项目团队的主要好处是什么？使用外部顾问公司的服务有好处吗？

知识转化训练

选拔项目经理

训练目标：

通过分析案例，了解人员选拔与培训的要求及项目经理应具备的素质和能力。

训练内容：

1. 阅读以下资料：

天和公司中标开发一个大型信息集成项目，由于时间紧、项目复杂，公司研究决定由具有IPMP（C）资质的蔡欣担任项目高级经理，全面负责项目管理工作。该项目涉及多任务，为确保项目按期交付，蔡欣将项目分解为若干子项目。由于人手比较紧，蔡欣选择小王担任软件子项目经理，同时要求他兼任模块的编程工作，小王是编程高手，人品好、业务精、工作积极。小王愉快地接受了任务，并一如既往全身心投入模块编程工作，遗憾的是，软件子项目未能如期完成，从而影响了整体项目的进程。

2.分析：

导致软件子项目未能如期完成的原因是什么？

3.思考：

你认为蔡欣应该怎么辅导小王，让其成为合格的项目经理，并按期完成软件子项目的开发任务？

训练方法：

个人思考或团队研讨均可。

能力评估：

通过训练，要求每位同学以书面（或现场作答）的形式回答以下问题，由老师或团队成员按照"训练目标"的要求评估每位同学的训练成绩。

1.导致软件子项目未能如期完成的原因是什么？谁应承担主要责任？

2.合格项目经理应具备的素质和能力有哪些？小王是合格的项目经理吗？为什么？

3.如果是你担任该项目高级项目经理，你会怎么做？

提示：应用人力资源管理知识、项目经理应具备的素质和能力及项目管理知识回答以上问题。

第三章
项目可行性研究与项目评估

本章介绍项目前期管理相关知识。通过本章学习,能够了解项目机会研究、项目可行性研究和项目评估的基本内容;了解项目可行性研究与项目评估的区别和联系;熟悉项目建议书、项目可行性研究报告和项目评估报告的编写框架;掌握项目财务评价方法。

校园一卡通系统

材料:

随着信息产业的日益革新以及网络的迅猛发展,智能卡技术已被社会的各行各业所接受并应用,大学校园内各单位也逐步建立起自己的卡应用系统。一方面,智能卡给学生带来了方便,学生不需要带现金,凭卡就可以在校园内购物、上网、就餐、洗澡、签到等等;另一方面,由于学校各部门管理各自为政、管理不统一也造成目前学生身上持有多张卡。伴随着智能技术的高速发展和计算机应用的普遍推广,校园卡的应用也正由单方面应用(如食堂收费、上网收费等)向实现数据共享、资源共享的"校园一卡通"延伸和发展,将来实现"一卡在手,畅行校园"(甚至可以延伸到坐公交车和在商店、网络购物等)。

问题与思考:

某高校领导层也想建设校园一卡通系统,于是决定任命具有咨询工程师资质的李明担任项目经理,组建一个团队对校园一卡通系统进行论证,假设你就是这个项目的经理(李明),你将从几方面论证这个项目?

现代项目管理特别强调项目的阶段划分和管理。人们通常把一个项目的活动全过程分解成一系列的项目阶段，然后根据各个阶段的工作内容和特性开展项目的管理。项目活动的全过程按照其工作内容可以分解成项目前期工作、项目过程工作和项目后期工作三个阶段，项目管理也相应地划分为项目前期管理、项目过程管理和项目后期管理三个相互联系并构成一个整体的组成部分。这三个阶段基本对应于项目生命周期的项目概念阶段，项目规划、实施阶段及项目结束阶段。项目前期管理工作主要包括项目可行性研究与项目评估，它是项目选定与决策的重要依据，也是现代项目管理的核心内容。项目过程管理是对已经做出实施决策的项目进行计划、组织、实施与控制，是项目前期管理的继续和深入，是项目目标得以实现的重要保证；项目后期管理主要对项目的实施结果进行验收和后评价，是对项目前期管理和过程管理质量的检验和总结。本章介绍项目可行性研究与项目评估，项目过程管理与项目后期管理在后面的各章中介绍。

第一节 项目可行性研究

一、可行性研究的产生和发展

可行性研究是在 20 世纪前叶随着社会生产技术和经济管理科学的发展而产生的。20 世纪 30 年代，美国开发田纳西流域时开始将可行性研究作为流域开发规划的重要阶段纳入开发程序，使工程建设得以顺利进行，取得了很好的经济效益。在第二次世界大战后，特别是步入 50 年代以来，由于世界科学技术和经济管理科学的迅猛发展，可行性研究不断得到充实、完善和发展，逐步形成为一整套系统的科学研究方法，而且是综合运用多种现代科学技术成果，保证工程建设获得最佳经济效果和社会效果的一门综合性应用科学。同时，可行性研究工作也随着社会生产力的发展和科学技术的进步而日臻完善，应用范围从一开始只用于研究论证工程项目，逐渐扩大和渗透到各个领域、各种类型的项目。当前，无论是经济发达国还是发展中国家，都在项目管理中广泛应用可行性研究方法，把可行性研究作为项目投资决策的主要手段。

自 1979 年开始，可行性研究的概念、内容和方法被逐步介绍到我国，并运用于工业工程项目建设前期的技术经济分析。1981 年国家计委正式下文，明确规定"把可行性研究作为建设前期工作中的一个重要技术经济论证阶段，纳入基本建设程序"，之后又多次重申可行性研究是建设前期工作的重要内容，是基本建设程序中的组成部分,明确规定可行性研究的编制程序、内容和评审办法,把可行性研究作为编制和审批项目设计任务书的基础和依据,并于1987年、1992年和2006年分别颁布了《项目经济评价方法与参数》第一、第二、第三版,为项目可行性研究工作提供了依据和范本。

二、可行性研究的含义

项目的可行性研究,是根据市场需求和国民经济长期发展规划、地区发展规划和行业发展规划的要求,对拟建项目的市场、社会、经济、技术等各方面情况进行深入细致的调查研究,对各种可能拟定的技术方案进行认真的技术分析和比较论证,对项目建成后的经济效益和社会效益进行科学的预测和评价。在此基础上,对拟建项目的技术先进性和适用性、经济合理性和有效性,以及建设的可能性和可行性,进行全面分析、系统论证、多方案比较和综合评价,由此确定该项目是否可靠的科学依据,为开展下一步工作打下基础。简言之,可行性研究就是在项目的投资前期,对拟建项目进行全面、系统的技术经济分析和论证,从而为项目投资决策提供可靠依据的一种科学方法和工作阶段。

一项好的可行性研究,应向投资者推荐技术经济的最优方案,即在各种可行的投资方案中选择最佳方案。其研究结论,可使投资者明确,从企业角度看该项目具有多大的财务获利能力,投资风险有多大,是否值得投资建设;从国家和社会角度看项目是否值得投资;可使银行和其他资金提供者明确,从贷款者角度看该项目是否能够按期或提前偿还资金。这种在投资前期进行全面、系统的分析研究,是保证弄清拟建项目在技术、经济、工程上的可行性,避免和减少项目的决策失误,加强投资决策的科学性,提高项目的综合投资效益的根本措施。

三、可行性研究的阶段划分

一般情况下,一个完整的可行性研究应包括投资机会研究、初步可行性研究、详细可行性研究三个阶段。各阶段研究的内容由浅入深,项目投资和成本估算的精度要求由粗到细,研究工作量由小到大,研究的目标和作用逐步提高,因而研究工作的时间和费用也逐渐增加。这种循序渐进的工作程序,既符合项目调查研究的客观规律,又能节省人力、时间和费用,从而取得良好的经济效果。因为在任何一个阶段,只要得出"不可行"的结论,就可立即刹车,不再继续进行下一步研究;如果认为可行,则就转入下一阶段的工作,并可根据项目的规模、性质、要求和复杂程度的不同,进行适当的调整和精简。如对规模小和工艺技术成熟或不太复杂的工程项目,可直接进行可行性研究;对有的项目,经过初步可行性研究,认为有把握就可据以做出投资决策。

(一)投资机会研究

投资机会研究,又称投资机会确定,其任务是提出项目投资方向的建议。即在一个确定的地区和部门内,根据自然条件、市场需求、国家产业政策和国际贸易情况,通过调查、预测和分析研究,选择项目,寻找投资的有利机会。

投资机会研究一般比较粗略,它主要是从投资的效益和盈利的角度来研究投资的可能性,进行投资机会鉴别,提出备选项目,以引起投资者的投资兴趣和愿望。投资机会研究可分为一般机会研究和项目机会研究。一般机会研究就是对某个指定的地区、行业或部门的各种投资机会进行鉴别;或是识别和利用以某种自然资源或工农业产品为基础的投资机会。在对一般投资机会做出最初鉴别之后,再进行项目的机会研究,即将项目的设想转变为概略的项目投资建议,以引起投资者的注意,使其做出投资响应,并从几个有投资机会的项目中经济地做出抉择,然后,编制项目建议书,为初步选择投资项目提供依据。经批准或核准后,列入项目建设前期工作计划,作为投资者对投资项目的初步决策。

(二)初步可行性研究

初步可行性研究,是正式的详细可行性研究前的预备研究阶段。经过投资机会研究认为可行的项目(即项目建议书批准或核准后),表明该项目值得继续研究,但又不能肯定是否值得进行详细可行性研究时,就要先做初步可行性研究,以进一步判断这个项目是否具有较高的经济效益。经过初步可行性研究,认为项目具有一定的可行性,便可转入详细可行性研究阶段,否则,就终止该项目的前期研究工作。

初步可行性研究阶段的主要目标是:

1. 分析投资机会研究的结论,并在占有详细资料的基础上做出初步投资估价。在初步可行性研究阶段需要深入弄清项目的规模、原材料资源、工艺技术、厂址、组织机构和建设进度等情况,进行经济效果评价,以判定是否有可能和必要进行下一步的详细可行性研究。

2. 确定对某些关键性问题需要进行专题辅助研究。在初步可行性研究阶段,对有些关键性问题需要做专题的研究,例如:市场需求预测和竞争力研究,原料、辅助材料和燃料动力等供应和价格预测研究,工厂中间试验、厂址选择、合理经济规模研究,以及主要设备选型等研究。在对方案进行分析比较论证后,对各类技术方案进行筛选,选择最佳经济效益方案,排除一些不利方案,缩小下一阶段的工作范围和工作量,以利于节省时间和费用。

3. 鉴定项目的选择依据和标准,确定项目的初步可行性。将初步可行研究结果编制成初步可行性研究报告。判定是否有必要继续进行研究,如通过所获资料的研究确定该项目设想不可行,即立即停止工作。本阶段是项目初选阶段,研究结果应做出是否投资的初步决定。

(三)详细可行性研究

详细可行性研究又称最终可行性研究,是人们通常所说的可行性研究。它是工程前期研究的关键环节,是项目投资决策的基础。它为项目决策提供技术、经济、商业方面的评价依据,为项目的具体实施建设和生产提供科学依据,因此,该阶段是进行详细深入的技术经济分析论证阶段。其目标是:

1. 进行深入的技术经济分析和比选工作,并推荐一个以上可行的投资建设方案。深入研究有关产品方案、生产纲领、资源供应、厂址选择、工艺技术、设备选型、工程实施进度计划、投资筹措计划,以及组织管理机构和定员等各种可能选择的技术、经济方案。

2. 推荐最佳建设方案。着重对投资总体建设方案进行企业财务效益、国民经济效益、社会效益及环境保护效益的分析和评价,对投资进行多方案比选,确定一个既能使项目投资费用和生产成本降到最低限度,又取得显著经济效益和社会效果,风险较小的最佳建设方案,推荐给决策部门作为决策的依据。

3. 确定项目投资的最终可行性和选择依据标准。对拟建投资项目提出结论性意见。可行性研究的结论,可以是推荐一个认为最好的建设方案,也可以提出一个以上可供选择的方案,说明各自的利弊和需要采取的措施,当然也可以提出"不可行"的结论。如果最终评价结果的数据表明项目是不可行的,则应该调整各种参数和生产纲领,调整原材料投入或工艺技术,以便提出可行方案。若方案调整后经过经济技术评价仍属不可行,则拟建项目不能进行投资。按照可行性研究结论编制出最终可行性研究报告,作为项目投资决策的基础和重要依据。

四、可行性研究的作用

(一)可作为拟建项目投资的依据

可行性研究对项目的规模、产品方案、生产方法、原材料来源、场区选择与布置、建设工期和经济效益、资金筹措等问题都做了详细的计算和安排,有明确的评价意见。因此,可为项目投资决策提供可靠的依据。

(二)可作为向银行申请贷款的依据

目前,世界银行等国际金融组织、中国建设银行、中国投资银行等国内商业银行,都要根据可行性研究报告,对申请贷款的项目进行全面、细致的分析与评估,确认项目经济效益好、具有偿还能力、不会承担很大风险时,才会给予贷款。

（三）可作为与项目有关部门商谈合同和协议的依据

一个项目，它在原材料、协作件、燃料、供电、供水、运输、通讯等很多方面都需要和有关部门协作，在签订合同或协议时，都应以可行性研究为依据。对于技术引进和进口设备项目，国家规定必须在可行性研究报告批准或核准后才能同外商正式签约。

（四）可作为项目编制初步设计的基础

可行性研究重在研究，对产品方案、建设规模、场区位置、生产工艺、主要设备选型等都做了比选和论证，确定了原则，推荐了最佳建设方案。可行性研究批准后，进入项目投资实施时期，初步设计中必须以此为依据，一般不另做重大方案的比选和论证。批准或核准的可行性研究提出的建设规模、投资额等指标，初步设计时不应突破。

（五）可作为安排项目计划和实施方案，进行项目所需设备、材料订货等的依据

可行性研究报告经批准或核准后，就可安排项目的计划，作为具体的实施方案，进行项目所需的设备和材料等订货，并按计划使用建设资金，确定各方面工作的实施进度。

（六）可作为环保部门审查项目对环境影响的依据

我国基本建设环境保护法规定，编制可行性研究报告时，必须对环境影响做出预评价。审批可行性研究报告时，同时审批环境保护方案。

（七）可作为向当地政府或城市规划部门申请执照的依据

可行性研究报告经批准或核准后，可向项目所在地的政府或城市规划部门申请建设执照，没有建设执照的项目是不能实施的。

（八）可作为国家各级计划部门编制固定资产投资计划的依据

可行性研究报告经批准或核准后，便可将项目列入国家固定资产投资计划，并取得各级计划部门的支持，保证按计划使用建设资金，原材料、燃料、供电、供水、运输、通讯等问题即可得以解决。

第二节　项目评估

一、项目评估的含义

项目评估作为抉择投资项目的一种专门方法与科学，是20世纪70年代末伴随着可行性研究引进到我国来的。其原始含义就是对项目进行评审和估价。

在国外,项目评估一般属于银行审查贷款项目的专用名词,有的叫项目审查,也有的叫项目评价。在我国,项目评估已超越了银行专有的狭义范围,成为投资项目决策的必经程序,即在项目决策阶段,从全局角度出发,用系统的观点,根据国民经济发展规划,对拟建项目进行全面审查,以鉴别项目优劣,决定取舍。因此,我国的项目评估,是指在拟建项目投资决策前,对其建设的必要性、技术的可行性、经济的合理性进行全面系统的技术分析与论证的一项综合性的工作。

二、项目评估的作用

项目评估在项目管理中的重要地位,是由其本身的科学性所决定的。项目不论大小,都是一个复杂的系统,凭借个人直觉和经验进行决策,很难避免失误。而在项目投资活动中,采用项目评估这一方式,对于加强项目管理、实行项目科学投资决策、促进提高投资效果等都有着重要作用。

(一)项目评估是正确进行投资决策的保证

投资决策是对全社会或某一具体项目投资活动做出的判断和决定。投资决策包括宏观投资决策和微观投资决策两方面的内容。宏观投资决策从国民经济和社会角度出发,对一定时期内投资的规模、方向、结构和布局进行抉择和决定。微观投资决策(亦称项目投资决策)是对拟建项目的重大技术经济问题,如项目建设的必要性、建设条件、经济效益和社会效益等根本性问题做出判断和决定。

宏观投资决策与微观投资决策有着密切关系。宏观投资决策关系到整个国民经济和宏观效益,影响国民经济和社会发展的全局,是一种战略性决策,其决策正确与否,将直接影响经济发展速度、持续稳定性和投资效果。微观投资决策直接关系到项目微观经济效益,属于战术、战役性决策,它对拟建项目的成败和效益的好坏起着决定性的作用,一旦决策失误,就会造成投资的巨大浪费和损失。可见,宏观投资决策是微观投资决策的前提和条件,对微观投资决策具有指导作用;微观投资决策是宏观投资决策在具体项目上的落实,宏观投资的方针、政策,要通过项目来贯彻。因此,微观投资决策的不仅仅在于一个项目的得失,对国民经济全局也将产生很大的影响,它是搞好宏观投资决策的基础。

然而,在项目管理的全过程中,评估是最终的决策环节。任何决策虽然都是产生于做出决定的一刹那间,但这一瞬间决定如果是正确的话,都是来源于长时间大量的调查研究。没有周密的调查研究,则瞬间决定往往会产生差错,投资决策更是如此。开展项目评估工作,要进行一系列的调查,掌握可靠的数据,比如要收集拟建项目所在地区的自然环境和社会经济情况的有关资料,要从项目主管部门和各级国家机关收集有关项目发展的方针、政策和规划等方面的要求,以及从类似企业与科研设计机构收集项目建设、生产方面的技术经济资料等等。并且还要进一步把这些资料进行整理，运用科学的方法进行系统、周密的测算与分析，预测市场供求变化趋势，合理确定项目的建设规模与产品方案，从而确定项目建设的必要性；评审项目所采用技术的先进与适用程度，落实其生产建设条件，搞清项目的协作配套要求，推断项目的技术可行性；同时，还要分析测定项目的效益及其经济合理性。不仅如此，在项目评估中还要把项目的成本与收益置于条件不确定的境遇下进行推断与估算，以测定项目可能遇到的风险和项目抗御风险的能力。很明显，项目评估过程运用的这种成套的现代化科学分析方法，对于传统的项目论证评价方法来说，无疑是一种质的飞跃。而这一套理论与方法的运用将大大推进项目决策的科学化，从而确保国家的投资政策顺利贯彻执行，减少或避免决策的失误。

（二）项目评估是取得资金来源的依据

项目评估是投资决策的前奏，不经评估的项目是不能列入投资计划的，更重要的是没有资金来源。按规定，未经评估的项目，银行不能贷款。凡是需要贷款的项目，银行都要进行详细评估。

在社会主义市场经济条件下，银行是经营货币资金的经济组织，它所从事的信贷等业务活动，必然受到价值规律的影响与制约。发放投资贷款，就要掌握这种贷款只能在投资项目有了收益后才能回收的特点，充分考虑贷放资金使用的效益，确保贷款能够按期收回。因此，与项目投资决策程序相适应，银行对项目的投资是否提供贷款也采取两阶段决策办法。即当项目业主在编制拟建项目的项目建议书时，就可向银行提出要求获得贷款的意向，由银行根据国民经济发展规划要求和择优扶持的原则，对申贷项目的必要性与合理性进行初步审查，筛选出备选项目，达成贷款的意向性协议，作为准备进行项目评估的对象。等到项目建议书批准后，测定项目的财务经济效益，估算项目的积累能力和偿债能力。银行只对确实具备按期还贷款能力的项目发放投资贷款。所以，项目评估对银行来说，可为其贷款决策提供依据；对借款项目来说，则是它获得资金来源的必要条件。

（三）项目评估是实施项目管理、促进提高投资效果的基础

通过项目评估，投资部门或供应投资贷款的银行可以掌握项目建设内容与规划进度、投资数额和资金筹措方式，以及项目的经济效益、回收效益的能力和偿还借款的能力等全盘情况。这些情况是国家分配投资资金和银行选择贷款项目、确定信贷资金投放所必须掌握的，也是对投资实施阶段和项目竣工投产后进行投资管理和监督检查的依据。在项目实施过程中，管理人员把实际发生的情况和数据与评估所掌握的资料进行对比分析，及时发现设计、施工、项目进度、资金使用、物资供应等方面的问题，采取措施，纠正偏向，促进项目顺利完成，使投

资发挥预期效果。在项目建成投产后,管理人员还可以将评估时的预测和实际发生情况进行对比分析,找出生产方面或评估方面存在的问题和差距,从中总结经验,提高项目管理水平。

此外,项目评估还是抓好重点项目的保证。重点项目是国民经济建设的中枢,抓好重点规划项目决策前的评估工作,是重点项目成功的关键,同时也是投资银行做好重点项目投资管理工作的必要前提。贷款银行应主动参与重点项目的前期工作,对每个项目进行全面深入细致的评估分析,为重点项目的投资决策和经营管理提供科学可靠的数据,从而保证重点项目经济效益的实现。

(四)项目评估是使宏观效益和微观效益统一起来的手段

在投资领域里,投资结构不合理,是目前较为突出的问题。结构不合理也是微观效益与宏观效益发生矛盾的根源。评估工作要求,即要评价企业财务效益,又要评价国民经济效益,只有两者都达到好的程度,才是合乎要求的项目。改革开放以来,我国在总结投资建设正反两方面经验的同时,借鉴国外的成功做法,逐步形成和规范了项目评价方法及其指标体系,统一了项目评估和决策应用的重要经济技术指标。这样,不仅使每个项目经过需要——可能——可行——最佳的逐步深入的分析、比选,使决策优化,而且通过运用影子价格、影子汇率、社会折现率等经济参数,分析计算项目需要国家为之付出的代价及其对国家的贡献,全面综合地考察项目的社会效益与宏观可行性,从而使项目的微观效益同宏观效益统一起来。

三、项目评估的基本原则

(一)评估的客观公正性原则

客观公正性就是在项目评估中要尊重客观规律,不带主观随意性,讲求科学性。

坚持评估的客观公正性原则,首先要求项目评估人员避免各种先入为主的观念,克服主观随意性和片面性。项目评估中的随意性和片面性,既可来自项目评估人员自身,也可来自项目评估人员外部影响,如投资承办单位不实事求是的愿望、上级决策者不实事求是的意图等。对于来自外部的愿望和意图,项目评估人员应根据实事求是的精神加以鉴别,不受其主观性和片面性的干扰,不违心地对拟建项目进行评审和估价。避免先入为主的观念,克服主观性和片面性,是坚持客观性原则的基本前提,也是项目评估公正性的必要保证。其次要求项目评估人员深入调查研究,全面系统地掌握可靠的信息资料。深入调查研究是尊重客观事实、尊重客观规律的具体体现。不进行深入的调查研究或在调查研究过程中不下真工夫,就难以认识客观事物及其客观规律,也会落入主观性和片面性的窠臼。深入调查研究,全面系统地掌握信息资料,是坚持客观性原则的基本要点,也是项目评估科学性的基本保证。

总之,只有坚持项目评估工作的客观性原则,才有可能保证项目评估的公正性和科学性。这条原则对项目评估人员的思想作风、工作作风和职业道德作风提出了最基本的要求。

(二)分析的系统性原则

系统性原则,就是在评估中考虑任何问题,都要有系统观念,也就是将拟建投资项目当作一个开放的系统看待。

任何一个投资项目,不论大小,都是一个系统,都是由相互关联、互相制约的内部要素构成的有机体,并且是与外界环境条件有着广泛联系的技术经济实体。投资项目的内部因素,包括产品种类及生产规模、生产工艺、设备及技术、厂址及平面布置等。投资项目的外部条件,包括产品的社会需求,生产建设条件,项目所处的自然及生态环境,与项目投入产出相联系的协作配套关系,与项目的财务经济效益相关的价格、税收、信贷、利率等财政金融政策。

用系统观念对拟建项目进行评审和估价,就是要求从投资项目内部要素的内在联系,从其内部要素与外部条件的广泛联系入手,进行全面的动态的分析论证,来判断项目的生命力。因此,系统性原则要求项目评估人员克服孤立地、静止地分析问题的僵化思想,在全面、系统、动态的分析论证过程中,创造性地对拟建项目进行评审和估价。

(三)评估的效益性原则

效益性原则,就是在项目评估中要以投资效益的好坏作为鉴别项目优劣和取舍的标准。

项目评估涉及项目技术、经济的各个方面,要通过评估,判断项目在技术上是否可行,在经济上是否合理。一个项目,由于规模和产品不同,设备和工艺不同,原材料供应和运输方式不同等,客观上存在着许多方案。而采用不同方案,其效益是有别的,这就要进行多方案比较,找到效益最好的方案。再说,对于一个好的项目,技术上可行是它的前提条件,经济上合理才是它的最终标志。有些项目技术上可行,甚至比较先进,但经济上并不合理,对这类项目,不能因技术上先进而加以接受,否则就违背了评估的效益性原则。

在贯彻效益性原则时,要处理好投资项目的财务效益和国民经济效益的关系。不同的主体有不同的利益。一般来说,投资企业和贷款银行比较重视项目的财务效益,而国家则应重视项目的国民经济效益。因此,在决策时应对以下几种情况做出不同的决断:一是项目的财务效益和国民经济效益都不好的项目,属于经济上完全不合理的项目,应予以否定;二是项目的财务效益好,而国民经济效益不好的项目,本质上也是经济上不合理的项目,也应该予以否定;三是项目的财务效益和国民经济效益都很好的项目,属于经济上完全合理的项目,应予以接受;四是项目的财务效益差,而国民经济效益好的项目,也属于经济上合理的项目,也应予以接受。但对这类项目,若简单地接受,将会对投资企业和贷款银行造成不利的影响,投资企业和贷款银行不易接受。因此,有必要向这类项目提供可行的优惠政策和措施,改善其财务状况,提高项目的财务效益。

(四)评估方法的规范化原则

方法规范化原则,就是评估工作中所采用的定性和定量分析方法,必须符合客观实际,体现事物的内在联系。项目评估是一种科学的项目决策方法,同时也是一种规范的科学决策方法。项目评估能够得到广泛应用,除了它所具有的科学性以外,使用规范化的方法,也是项目评估得以广泛应用的重要条件。

项目评估的规范化方法论体系,构成了项目评估学科的稳定结构和基本内容,如项目的财务经济效益的指标体系,每个指标的内涵、考核范围和计算方法,评价参数的使用,不确定性分析的方法和指标计算,方案比选的方法及指标的计算等。如果项目评估人员在这些规范方法之外,使用自认为可行的方法,就脱离了公认的标准,也就无法判断其结论的正确性。因此,规范化原则要求项目评估人员首先要学习和掌握好项目评估的规范化方法,其次要处理好使用规范化方法与创造性评估的关系。一般来说,使用规范化方法并不影响项目评估人员的创造性劳动,而是项目评估人员创造性劳动容易得到承认的必要条件。

(五)评估指标的统一性原则

指标统一性原则,是指在项目评估中所使用的国家参数、效益指标的标准化,也就是衡量项目经济效益统一的标准和尺度。同一个项目,用不同的指标进行评价,其结果大不一样。指标的统一性不但在项目的最终评价中起标准尺度作用,而且也是方案比选的依据,标准不一,方案就没有可比性。实行统一指标标准,就等于把不同的项目置于相同的起跑线上,这样才能把诸多复杂因素化为单一因素,从而减轻评价的难度。

在项目评估中,要实现指标统一性这一原则,首先国家权力机关应制订统一的评价参数,如基准收益率、折现率、投资回收期等;其次在评估过程中运用参数和各种收益指标时,要特别注重针对性,不同行业和工业门类,应使用相应的评价参数和评价指标。

(六)评估价值尺度的合理性原则

价值尺度的合理性原则,就是在评估投资效益时,使用合乎项目评估目标的价值尺度,计量项目的成本和效益。价值尺度是计算项目成本和效益时使用的计量价格。使用不同的计量价格,将会给项目的成本和效益带来不同的价值判断。

价格是项目评估中经济效益的核心问题,贯彻合理使用价值尺度的原则,要求进行项目的财务评估、经济评估和社会评估时,分别使用与之相适应的计量价格。

项目的财务评估,主要是用于判断项目在现行财税制度下的财务盈利能力和财务清偿能力。因此,项目财务评估的合理尺度应该是财税制度所要求的现行价格,即现实经济生活中通行的价格。

项目的经济评估,主要是用于分析项目是否做到资源的合理配置和有效利用,是否在一定的经济增长目标下花费最小的代价或在一定的代价下取得最大的经济增长。因此,项目的经济评估应该使用反映资源合理配置和有效利用的影子价格,它能反映项目使用资源和创造资源的真正社会经济价值。

项目的社会评估,其核心内容是在项目经济评估的基础上进一步考虑新增国民收入的合理分配问题,从而将增长目标和公平目标统一起来,追求国民福利的最大化。项目新增国民收入在不同时间和不同空间的分配,对社会目标的贡献是不相同的,它们具有不同社会价值。因此,需要使用社会价格来评价项目在一定量新增国民收入的前提下对实现公平分配目标所作的贡献。

(七)评估资金的时间价值原则

货币时间价值的主要内容是:等额货币在不同的时间具有不等的价值,其差别为货币的时间价值,其表现形式就是利息。也就是说,利息是一种货币的时间价值,它是一定数额的货币经过一段时间后所增加的价值。

在项目评估中,贯彻讲求资金时间价值的原则,首先是为有关评价指标规定最低的取舍标准,即评价基准。它在项目寿命期内将具有"资金的时间价值"特征。其次是采用动态分析方法,即贯彻"资金时间价值"原理的现值法,利用预测的现金流量表,对项目的成本和效益进行贴现,通过贴现后的成本与效益相比较,计算有关动态分析指标,这样就将资金的时间价值观念直接包含在项目评价指标和评价方法之中了。

四、项目评估的要求

(一)动态与静态分析相结合

动态分析与静态分析相结合,要以动态分析为主。动态分析中,对某一现象在时间序列上变化情况的分析评估必须强调时间因素,利用复利计算方法,将不同时间内效益费用的流入和流出折算成同一时点的价值,为不同方案和不同项目的经济比较提供相同的基础,才能反映出未来时期的发展变化情况。静态分析是对某一现象在时点上的分析。强调动态分析并不排斥静态分析。静态指标一般比较简单、直观,使用起来比较方便,在项目评估过程中可以根据工作阶段和和深度要求的不同,计算静态指标,进行辅助分析。

总之,在项目评估中,既要着眼于近期效益,也要着眼于长远效益;既要分析它们在某一时点上的状况,也要分析它们的发展趋势。只有这样,评估的结果才能更可靠、更合理。

(二)定量分析与定性分析相结合

定量分析与定性分析相结合,要以定量分析为主。项目经济评价的本质要求是通过对项目过程中的效益和费用的计算分析,对项目建设生产过程中的诸多经济因素给出明确的数量概念,从而得出结论和建议。这就要求在项目评价中,凡能定量化的经济要素都应进行定量分析和计算,将有关工艺技术方案、工程方案、环境方案等经济价值用定量指标表现出来。但是,投资项目是一个复杂的系统,总会有一些经济因素不能量化,不能进行直接的数量分析,对此则应进行实事求是的、准确的定性描述,结合定量分析得出评价结论。

(三)宏观效益分析与微观效益分析相结合

宏观效益分析与微观效益分析相结合,要以宏观效益分析为主。对项目进行经济评价,不仅要看项目本身获利多少,有无财务生存能力,还要考察和分析项目的建设和经营对国家有多大贡献以及需要国家付出多大的代价,这样才能实现项目评价的宏观效益和微观效益分析相结合。现行项目评价分为财务评估和国民经济评估两个层次。财务评估是对企业或项目本身的财务进行分析,主要包括盈利能力和偿还能力分析,借以判断拟建项目的财务可行性。国民经济评估是从国民经济宏观角度出发,在市场、技术、资源和财务评估的基础上,通过对费用、效益的鉴别和度量,评价项目对增加国民收入和其他经济目标的贡献,以最终确定项目的可行性。

(四)全过程效益分析与阶段效益分析相结合

全过程效益分析与阶段效益分析相结合,要以全过程效益分析为主。项目评估的最终要求,是要考察项目整个计算期(包括建设期和生产经营期)全过程中经济效益的大小。过去往往只重视项目投资多少、工期长短、造价多不多,没有重视项目投产的经济效益。目前采用的方法,强调把项目评估的出发点和归宿点放在全过程的经济分析上,运用了净现值、内部收益率等能够反映项目整个计算期和经济效益的指标,并用这些指标作为项目取舍的判别标准。

(五)价值量分析与实物量分析相结合

价值量分析与实物量分析相结合,要以价值量分析为主。价值量分析是把物资、劳动、时间等放在设定的影子价格、影子工资等经济参数条件下,量化为资金价值,进而进行计算分析。实物量分析是直接测算项目所需物资及其平衡等。不论是财务评估还是国民经济评估,都要设立若干实物指标和价值指标,并强调把物资因素、劳动因素、时间因素等量化为资金价值因素,对任何项目或方案都采用可能的同一价值量进行分析,并据以判别项目或方案的可行性。

(六)预测分析与统计分析相结合

预测分析与统计分析相结合,要以预测分析这主。项目的建设和投产都是未来的事,未来市场需求、未来国民经济发展状况如何,直接影响着项目的经济效益。因此,进行项目经济评价,既要以现有状况水平为基础,又要进行有根据的预测。在财务评估和国民经济评估中,在对现金流入和流出的时间、数额进行常规预测的同时,还要对某些不确定的因素和风险性进行盈亏平衡分析、概率分析和敏感性分析。在项目评估过程中,有时还用到一些统计分析方法。

五、项目评估的程序

(一)组建评估小组

要根据项目自身的特点进行项目评估。简单的项目,可指定专人负责。重点项目和大中型项目,因其内容复杂、涉及面广、技术性强,因此应组织专门的评估小组。成立评估小组或评估委员会时,要注意组织结构的完整性,既要有财务经济分析人员,又要有熟悉工程建筑的人员等。评估小组内部要明确分工、落实责任、互相配合,并制订好评估工作计划,有步骤、有目的地开展工作。

(二)制订评估计划

项目评估工作计划是项目评估各项工作的事前规划,是项目评估工作有条不紊进行的指导性文件。其内容一般应包括:

1. 明确评估目的

根据项目的性质、特点,明确项目评估的原因、背景,需要解决的问题和达到的目标。

2. 明确评估内容

根据不同项目不同决策者的要求,结合本项目的目的、性质、特点,确定进行分析评估的具体内容。

3. 确定评估方法

为了达到评估的目的,应确定采用什么方法、采用什么资料等。

4. 确定评估进度

根据调查,评估和审查分析的内容、范围,以及时间要求是否紧迫,制订出项目评估的时间进度。

(三）收集评估资料

项目评估所需的资料,包括有关该项目产品市场、厂址选择、生产技术、建设条件、工程造价、生产成本、产品价格、税收等方面的资料。通常可通过两个途径取得资料:一是从可行性研究报告取得,二是通过调查搜集。一般来说,评估需要的基本数据、资料大部分可从项目的可行性研究中取得,但必须进行核实,弄清数据的来源、计算依据、计算方法以及数据间的关联之后,作为评估论证用。此外,还应根据评估的内容与分析要求,进行企业调查和项目调查,进一步搜集必要的数据和资料。所谓企业调查,是指通过索取书面资料和现场实地考察访问,对主办改扩建项目的企业的调查。要求透彻地了解和掌握企业的历史沿革、现有生产规模、近年生产经营状况、经济效益和存在问题。而项目调查,则是以同评估对象有密切关联的单位、部门甚至咨询机构为调查对象,搜集有关项目产品的国内外市场、工艺技术、设备选型、原材料供应、产品价格和成本等方面的资料。对于调查中收集到的资料,要查证核实,加工整理,汇总归类,使之真实、准确、系统、完整,以便同可行性研究报告比较分析,作为编制评估报表及文字资料之用。

（四）审查分析

在开展调查研究和收集资料数据的基础上,对项目进行全面的审查、分析、评价。其具体步骤是:

1. 评价分析项目的基本情况

主要对项目单位的基本情况进行审查分析,如项目的地理位置、自然条件、机构组成、人员素质,以及主要产品的品种、结构、销路、价格、基础设施、能源、交通运输等情况,据此可对项目做出初步的判断。

2. 分析评价项目的技术可行性

主要分析技术是否先进适用,工艺设计方案是否合理可靠等。

3. 评价项目的规模和市场预测

根据项目发展的预定规模和市场的发展趋势,预测分析项目原材料、能源、交通运输、预防污染的保证程度,以及产品市场上的销售情况。

4. 项目基础数据的预测和分析

根据有关书面资料和实际调查研究的资料,评价审查项目建设的总投资和分年投资,预测投产后各年的生产成本、经营收入、利润及归还贷款的情况等,为项目经济评价做好准备。

5. 进行财务评价和国民经济评价

根据预测分析的基础数据计算财务评价和国民经济评价的有关指标,并结合定性分析评价项目的社会效益以及对环境和生态平衡的影响等。

6. 进行风险评估

进行项目评估的基础是根据现状预测分析得出的，由于预测数据的时间差异和地区差异，使这些数据都带有近似性。同时由于项目的投资要在未来产生效果，项目评价是对未来发展的预测和估计，所有的项目都具有内在的不确定性和风险性，因此进行项目的风险评估是必要的步骤。

（五）编写项目评估报告

项目评估报告是向有关领导和决策部门报告项目情况和评估结论的书面文件，是项目评估工作成果的集中表现。因此，项目评估报告质量是检验项目评估工作好坏或成败的重要标志。评估报告是以审查分析过程大量的数据测算、指标计算与论证推断为基础来编写的，它提出对项目评估的意见和结论并报送有关部门。一般而言，重大项目和技术改造项目的评估报告，先由各有权单位评审定稿后报送上级机关，上级机关签署意见后再分送领导机关和项目主管部门，领导机关批准后便可实施该项目。一般项目评估报告可直接由所在地的有权单位组织审查，签署意见后再报送领导机关和项目主管部门，领导机关批准后即可进行项目的实施。

六、可行性研究与项目评估的关系

项目评估与可行性研究是项目投资的两项重要前期工作，两者各有共性，也各有特点，彼此有着密切联系，但又不无界线与区别。

（一）项目评估与可行性研究的共同点

1. 两者同处于项目投资的前期

可行性研究要对投资项目在市场需求、技术、工程、外部协作和经济上的合理和可行进行全面分析与论证；项目评估是在决策前对项目的可行性研究报告及其所选方案进行系统的评审、估价和提出决策性建议。两者都是投资前期的重要准备工作。

2. 两者的出发点是一致的

项目评估与可行性研究都要从市场需要出发，把资源条件同产业政策与行业规划结合起来进行抉择。

3. 两者研究和评估的内容与方法是相通的

项目评估与可行性研究应当运用同一尺度，即运用规范化的评价方法和统一颁布的技术标准、经济参数及定额资料，经过测算、验证、衡量和比较，形成抉择性建议。同时，两者考察的基本内容都要：（1）根据国情，从实际出发，进行产品的市场研究，判断项目是否必要；（2）评价项目的工艺技术方案，核实项目的生产条件是否具备,技术上是否可行;(3)进行财务、经济效益分析,预测项目的效益,判断项目是否合理。

4. 两者的目的要求是相同的

项目评估同可行性研究一样,目的是要提高项目投资前的技术经济分析水平,为实现项目决策科学化、规范化服务,促使项目提高投资效果。既然如此,理所当然地,从事这两项工作,均应组织精干的队伍,认真对待,调查研究应力求广泛、深入地进行预测分析,实事求是地采取科学方法,自始至终遵守国家有关的法规与制度,保证资料可靠,数据准确,得出的结论客观而公证。

(二) 项目评估与可行性研究的区别

1. 工作的主体不同

项目的可行性研究由项目业主主持。项目业主可以把这项工作委托给专业的设计单位或咨询机构去执行,但受托的这些单位与机构只对项目业主负责。而项目评估由投资决策机构或项目贷款金融机构负责,也可把这项工作委托给专门的咨询机构去做。评估的主体是投资决策机构。

2. 进行项目评价的视角和着重点有所不同

可行性研究主要从企业角度去估量项目的盈利能力,决定项目之弃取,因此比较侧重于讲求投资项目的微观经济效益;而决策机构所做的项目评估,则必须对项目的微观和宏观效益都进行考察。因此,在可行性研究的基础上开展项目评估,必须将微观问题再拿到宏观中去进行权衡。

3. 项目评估与可行性研究在项目决策过程中所处的时序和地位有差别

从时序上看,可行性研究在前,项目评估在后,项目评估在可行性研究的基础上进行。从服务对象和地位方面考察,可行性研究为业主服务,是项目业主投资决策的依据。项目评估为决策机构服务,它实际上是可行性研究的再研究,其目的在于决策,通常比可行性研究更具有权威性。因此,项目业主的最终决策会受到项目评估结果的影响,特别是业主的资本金不够充裕需向银行贷款时。

总之,在投资决策过程中,可行性研究和项目评估是两大基本步骤。它们一前一后,相辅相成。两者在决策程序中的关系是:前者为后者提供工作基础;后者承前者进行进一步的论证,是前者的自然延伸和再研究。

第三节　项目经济评价

项目前期管理阶段的主要任务就是论证和评估项目的"三性",即项目建设投资上的必要性、项目技术上的可行性和项目经济上的合理性。其中,建设必要性是项目实施的前提,技术可行性是项目实施的手段,经济合理性是项目实施的目标。实际工作中,通常先论证和评估项目建设投资上的必要性,判断项目有实施的必要后,再进一步论证和评估项目技术上是否可行,在确定项目技术上可行的基础上,最后论证和评估项目经济上的合理性。如果项目的"三性"都满足要求,就判断该项目为可行的项目,可以组织实施。可见,项目经济合理性评价是项目论证与评估最后环节的工作,也是抉择项目的主要依据。如果项目建设投资上的必要性和技术上的可行性都获得通过,但是经济合理性评价未达到预期目标的要求,该项目也不能实施。

项目的经济合理性评价包括微观层次的经济评价和宏观层次的经济评价。微观层次的评价称为财务效益评价,也叫微观效益分析或财务评价,它是根据国家现行的财税、金融、外汇制度和价格体系,分析计算项目直接发生的财务效益和费用,编制财务报表,考察项目的盈利能力、清偿能力及外汇效果等财务状况,据以判别项目财务上可行性的一种经济评价方法。项目财务效益的好坏,关系到项目建成后企业本身的生存和发展,因此,财务效益评价在项目论证和评估中占有十分重要的地位,其评价结论是决定项目取舍的基本依据。

宏观层次的经济评价称为国民经济效益评价,它是按照资源合理配置的原则,从国民经济整体的角度考察项目的效益和费用,用货物影子价格、影子工资、影子汇率和社会折现率等经济参数分析、计算项目对国民经济的净贡献,评价项目的经济合理性的一种经济评价方法。

财务效益评价和国民经济效益评价是项目经济评价的两个层次。通常,所有投资项目均需进行财务效益评价。对费用效益计算比较简单、建设期和生产期比较短、不涉及进出口、影响面不大的项目,当财务效益评价的结论能满足最终决策需要时,可以只进行财务效益评价,不进行国民经济效益评价。只有影响国计民生、具有垄断特征的项目、具有公共产品特征的项目、外部效果显著的项目、资源开发项目和受过度行政干预的项目需要进行国民经济评价。因此,我们在本节只介绍财务效益评价。

一、财务效益评价的基本目标

(一)考察拟建项目的盈利能力

在市场经济条件下,企业是一个独立的经济实体,在经济上实行自主经营、自负盈亏、自我发展、自我改造。因此,评价一个项目是否值得兴建,首先要考察它建成投产后是否有盈利,盈利有多大。这关系到企业能否真正做到自负盈亏、自我改造,自我发展;也关系到企业能否在市场竞争中取得发展。

(二)评估拟建项目的投资清偿能力

在分析评价项目盈利能力的基础上,必须根据投入产出原理,对项目的清偿能力进行分析。项目的清偿能力包括两个方面的内容:一是整个项目的投资回收能力,即项目建成投产后,需要多长时间才能回收全部投资,这是投资者关心的主要问题之一;二是项目的贷款清偿能力。分析项目是否具有偿还贷款的能力,可为贷款提供决策依据。在市场经济条件下,银行和企业都要面向市场,因此,他们都十分关注项目的贷款清偿能力。企业只有按期如数归还全部贷款本息,才能尽早卸掉利息包袱,增强竞争力。银行只有如数收回贷款本息,才能实现经营资金的良性循环。

如果是涉及外汇收支的项目,还要对其外汇效果进行分析,即考察各年外汇余缺程度,对外汇不能平衡的项目,应提出具体的解决办法。

二、财务效益评价的原则

(一)坚持效益与费用计算口径一致原则

财务效益评价要正确识别项目的财务效益和费用,计算口径对应一致。只计算项目的内部效果,即项目本身的内部效益(直接效益)和内部费用(直接费用),不考虑因项目存在而产生的外部效益(间接效益)和外部费用(间接费用),避免因人为的扩大效益和费用的计算范围,使得效益和费用缺乏可比的基础,造成财务效益评价失误。

(二)坚持动态分析为主、静态分析为辅的原则

静态分析是一种不考虑资金时间价值和项目寿命期,只根据某一年或某几年的财务数据判断项目的盈利能力和清偿能力的一种方法。它具有计算简便、指标直观、容易理解掌握等优点。但也存在计算不够准确、不能正确全面地反映拟建项目财务可行性等缺点。而动态分析方法则可以弥补静态分析方法的不足。它强调考虑资金时间价值因素对投资效果的影响,根据项目整个寿命期各年的现金流入和现金流出情况判断项目的财务效益。尽管动态分析的计算过程复杂,但计算出的指标能够较为准确地反映拟建项目的财务效益。因此,在财务效益评价中,应坚持以动态分析为主、静态分析为辅的原则。

(三)坚持采用预测价格的原则

由于项目计算期一般较长,受市场供求变化等因素的影响,投入物与产出物的价格在项目计算期内肯定会发生某些变化,若仅以现行价格为衡量项目投入物和产出物的价值尺度,显然是不科学的,因此,在财务效益评价中,应采用现行价格为基础,预测生产期初的价格,计算项目的效益和费用,据以对拟建项目的

财务可行性做出客观的评价。

（四）坚持定量分析为主、定性分析为辅的原则

投资项目经济评价的本质要求是对项目建设和生产经营过程中的诸多经济因素，通过效益和费用计算，给出明确的数量概念。即对项目进行财务效益评价要以数据说话，做到评之有据，因此要求采用定量分析的方法对项目的财务效益进行评估。但是，一个复杂的项目，总会有一些很难、甚至不能数量化的经济因素，因而无法直接进行定量分析，对此，则应进行实事求是的、准确的定性分析，并与定量分析结合在一起进行评价。

三、财务效益评价的方法

评估项目的财务效益有多种方法，按其是否考虑资金的时间价值，分为静态分析方法和动态分析方法。

（一）静态分析方法

静态分析方法，也叫简单分析方法。它没有考虑资金的时间价值，利用项目正常生产年份的财务数据对项目财务效益进行分析，不考虑项目的经济寿命期，计算简便、指标直观、容易理解，但结论不够准确、全面。在财务效益评价中，运用静态分析法计算的主要指标有投资利润率、投资利税率、资本金利用率、投资回收期、贷款偿还期、资产负债率、流动比率、速动比率等。

（二）动态分析方法

动态分析方法又称现值法，它考虑资金时间价值和利息因素的影响，计算整个项目寿命期的财务数据，分析项目寿命期内各年的财务经济效益，并对各年的财务经济数据进行贴现，计算比较复杂，也比较精确。在财务效益评价中，运用动态分析方法计算的主要指标有财务净现值、财务内部收益率等。

进行财务效益评价时，两种方法同时采用，互相取长补短。可以先用静态分析方法进行初步评价，再用动态分析方法进行精确评价，综合评估项目的效益。

四、财务效益评价的要求

1. 财务效益评价所用的数据，都要以预测数据为依据。
2. 财务效益评价要考虑项目整个经济寿命期。
3. 财务效益评价要用一套完整的指标体系。财务效益评价指标包括静态评估指标和动态评估指标。计算这些指标时，应尽量用数学、数理统计和计算机等现代方法和工具。

4.财务效益评价要进行不确定性分析。项目寿命期内的不确定性因素很多,加之分析数据本身的随机性很大,所以以预测数据为基础计算出的经济效益指标可能会与实际情况相差甚远。为此,需要进行不确定性分析,以增强项目评估结论的可靠性。

5.财务效益评价要进行综合分析。财务效益评价是决定项目取舍的关键,因而要从多侧面、多角度,应用多个指标,对项目的盈利能力和清偿能力进行综合分析和评价,以提供决策参考。

五、财务效益评价的基础数据

财务效益评价的基础数据是指与项目寿命期内全部经济活动有关的数据,主要包括以下内容:

（一）项目寿命期

项目寿命期是指投资项目从开始建设至项目经济寿命期终止所经历的时期,即建设项目的建设期和生产期,也称为项目计算期。它是预测其他财务基础数据的前提。

（二）投资成本

投资成本是为建设项目所耗费的总投资,包括固定资产投资、无形资产投资、开办费、建设期利息和建成投产后需要垫付的流动资金。投资成本评估所提供的数据可作为固定资产折旧、贷款偿还期预测的依据。

（三）产品成本

产品成本是指项目建成投产后,为生产各类产品,在一定时期所消耗的生产费用。项目评估中的产品成本需从不同的角度进行衡量,主要有产品总成本、经营成本以及固定成本、变动成本和单位产品成本。产品成本评估所提供的数据是利润、收益评估的依据,也是项目决策的重要数据。

（四）固定资产折旧

固定资产折旧是项目建成投产后,按规定提取的固定资产折旧额。折旧可作为产品成本、利润、贷款偿还期评估的依据。

（五）销售收入和销售税金

销售收入与销售税金是指项目出售产品所获得的收入和向国家缴纳的流转税。销售收入和销售税金评估提供的数据是利润和收益评估的重要依据。

（六）利润

利润是项目取得的财务成果,包括营业利润、投资净收益和营业外收支净额。利润评估提供的数据是进行贷款偿还期评估的直接依据。

(七)贷款偿还期

贷款偿还期是项目投产后,按国家规定的可用以归还贷款的资金归还贷款本金和利息所需要的时间。贷款偿还期评估主要是为项目偿还能力分析提供有关资料,以利于项目决策。

六、财务效益评价的现金流量与现金流量表

(一)现金流量

现金流量是指项目在整个经济寿命期内逐年现金投入与产出的情况。为项目所投入的一切现金称为现金流出,包括项目建设期间的总投资、投产以后的生产经营成本和销售税金。项目建成投产后所取得的收入为现金流入。现金流量是现金流入和现金流出的总称。

项目论证与评估中所指的现金,是项目收入和支出的实际支付,其计算方法与常规会计不同。它只计算现金收支,不计算非现金收支(如折旧、摊销费、应收应付款等);同时,还要如实记录现金收支实际发生的时间,即什么时间发生,就在什么时候记载。由于折旧和摊销费只是在账面上进行记录,是项目系统内部的现金转移,而非实际发生的现金支付,其投资已在发生时作为一次性现金支出记入现金流量,因而不应将分摊的折旧费和摊销费再列入现金流出中,否则会重复计算。

现金流入与现金流出的差额称为净现金流量。净现金流量的计算往往以年为时间单位,即比较项目在一年内现金流入与现金流出的差额。如果将各年的净现金流量依次累计,则可以计算出累计净现金流量。现金流量可以用现金流量表加以反映。

(二)现金流量表

项目建设和生产期间的现金流量是通过编制现金流量表的方式体现出来的。现金流量表可以使人们一目了然地看出项目寿命期内各年的现金收入和现金支出情况,以及项目寿命期内总的现金盈余情况,它是进行财务经济效益分析的重要工具,也是投资决策部门审查项目经济效益的重要依据。它是以建设项目作为一个独立的系统,用以反映项目在建设和生产经营年限内现金流入与现金流出情况的基本计算报表。该表通过数字对项目经济活动情况进行全面的刻画和描述。现金流量表可分为项目现金流量表、资本金现金流量表和投资各方现金流量表。

1.项目现金流量表

项目现金流量表不分投资资金来源,以全部投资作为计算基础,将全部投

资(包括建设投资和流动资金)视为自有资金,因而在表的栏目内不考虑贷款本金和利息的支付。利用该表计算的评价指标,可为各个投资方案(不论其资金来源及利息多少)的比较建立共同的基础。项目现金流量表基本格式见表3-1。

表 3-1 项目财务现金流量表

单位:

序号	项目	建设期			经营期			
	生产负荷(%)	1	2	…	5	6	…	n
1	现金流入							
1.1	营业收入							
1.2	回收固定资产余值							
1.3	回收流动资金							
2	现金流出							
2.1	建设投资							
2.2	流动资金							
2.3	经营成本							
2.4	经营税金及附加							
2.5	所得税							
3	净现金流量							
4	累计净现金流量							

2.资本金现金流量表

资本金现金流量表从投资者的角度出发,以投资者的出资额为计算基础,把借款本金偿还和利息支付作为现金流出。利用该表计算的各项评价指标,可用于考察项目资本金的盈利能力及向外部借款对企业是否有利。资本金现金流量表基本格式见表3-2。

表 3-2　资本金财务现金流量表

单位：

序号	项目	建设期			经营期		
	生产负荷(%)	1	2	…	5	6	…	n
1	现金流入						
1.1	营业收入						
1.2	回收固定资产余值						
1.3	回收流动资金						
2	现金流出						
2.1	自有资金						
2.2	借款本金偿还						
2.3	借款利息支付						
2.4	经营成本						
2.5	经营税金及附加						
2.6	所得税						
3	净现金流量						
4	累计净现金流量						

3.投资各方现金流量表

投资各方现金流量表，站在投资各方的角度，计算投资各方现金流入和现金流出。投资各方现金流入指出资方因该项目的实施将实际获得的收入，主要包括：实分利润，资产处置收益分配，租赁费收入，技术转让或使用收入，其中资产处置收益分配是指对有明确的合营期限或合资期限的项目，在期满时对资产余值按股比或约定比例的分配。投资各方现金流出是指因项目实施将实际投入的各种支出，主要包括：实缴股本，租赁资产支出，其他现金流出。利用该表计算的各项评价指标，可用于考察项目投资各方的盈利能力。投资各方现金流量表基本格式见表 3-3。

表 3-3　投资各方财务现金流量表

单位：

序号	项目	建设期			经营期			
	生产负荷(%)	1	2	⋯	5	6	⋯	n
1	现金流入							
1.1	实分利润							
1.2	资产处置收益分配							
1.3	租赁费收入							
1.4	技术转让或使用收入							
2	现金流出							
2.1	实缴资本							
2.2	租赁资产支出							
2.3	其他现金流出							
3	净现金流量							
4	累计净现金流量							

七、静态财务效益评价

根据 2006 年《建设项目经济评价方法与参数》第三版的要求，静态财务效益评价主要计算以下几个指标：

(一) 总投资收益率(ROI)

总投资收益率是指项目达到生产能力后的一个正常生产年份的年息税前利润总额与项目总投资的比率。

对生产期内各年利润总额变化幅度较大的项目，应计算运营期内年平均息税前利润总额与总投资的比率。其计算公式为：

$$ROI = \frac{EBIT}{TI} \times 100\%$$

式中：$EBIT$ 为项目正常生产年份的年息税前利润总额或运营期内年平均息税前利润总额，TI 为项目总投资。

总投资收益率表示总投资的收益水平，总投资收益率高于同行业收益率的参考值[从《建设项目经济评价方法与参数》中查得(下同)],表明用总投资收益率表示的盈利能力能满足要求。

(二)资本金净利润率(ROE)

资本金净利润率是指项目达到设计生产能力后的一个正常生产年份的年净利润总额或项目运营期内的年平均净利润总额与资本金的比率。它反映拟建项目的资本金盈利能力。其计算公式为：

$$ROE = \frac{NP}{EC} \times 100\%$$

式中：NP 为项目正常生产年份的年净利润总额或项目运营期内的年平均净利润总额，EC 为项目资本金。

项目资本金利润率高于同行业的净利润参考值，表明用项目资本金利润率表示的盈利能力能满足要求。

(三)投资回收期

投资回收期是指项目净收益抵偿全部投资所需要的时间。其表达式为：

$$\sum_{t=1}^{P_t}(CI-CO)t = 0$$

式中：P_t 为投资回收期，以年表示；$(CI-CO)t$ 为第 t 年项目净现金流量；t 为项目计算期，以年表示。

投资回收期的计算可采用公式法或列表法。当拟建项目投产后各年的盈利水平相差不大，即各年的收益增减变动不大时，可取其平均收益额进行估算。其公式为：

$$P_t = TI \div (R+D)$$

式中：P_t 为投资回收期，R 为正常年份利润总额或年平均利润总额，D 为年新增折旧额和摊销费，TI 为项目总投资。

当拟建项目的盈利水平相差较大时，可采用列表法计算投资回收期。采用列表法计算投资回收期时，可利用财务现金流量表累计净现金流量计算求得。其计算公式为：

$$P_t = \left(\frac{\text{累计净现金流量}}{\text{开始出现正值年份}} - 1\right) + \frac{\text{上年累计净现金流量绝对值}}{\text{当年净现金流量}}$$

式中：P_t 为投资回收期。

项目财务效益评价计算求出的投资回收期 P_t 与部门或行业的基准投资回

收期 P_c 比较,当 $P_t \leqslant P_c$ 时,应认为项目在财务上是可行的。投资回收期越短,项目的财务效益越好。投资回收期的计算起点,可以从项目开始建设年份算起,也可以从项目投产时算起,分析比较应注意口径的一致。

(四) 资产负债率(LOAR)

资产负债率是项目各年负债合计与资产合计的比率。它反映项目各年所面临的财务风险程度和偿债能力。其计算公式为:

$$LOAR = \frac{TL}{TA} \times 100\%$$

式中:TC 为项目各年负债合计,TA 为资产合计。

负债合计＝流动负债总额＋建设投资借款

流动负债总额＝应付账款＋流动资金借款＋其他流动负债

资产合计＝流动资产总额＋在建工程＋固定资产净值＋无形资产及其他资产净值

流动资产总额＝应收账款＋存货＋现金＋累计盈余资金

将财务效益评价计算求出的资产负债率与行业的资产负债率进行比较,当项目的资产负债率低于或等于行业的平均水平时,说明项目财务上是可以接受的。资产负债率越低,项目的抗风险能力越强。对该指标的分析,应结合国家宏观经济状况、行业发展趋势、企业所处竞争环境等具体条件判定。项目财务分析中,在长期债务还清后,可不再计算资产负债率。

(五) 借款偿还期(P_d)

固定资产国内借款偿还期是指在国家财政规定及项目具体财务条件下,以项目投产后可用于还款的资金偿还固定资产投资国内借款本金和建设期利息(不包括已用自有资金支付的建设期利息)所需要的时间。其表达式为:

$$I_d = \sum_{t=1}^{P_d} R_t$$

式中:I_d 为固定资产投资国内借款本金和建设期利息之和;P_d 为固定资产投资国内借款偿还期(从借款开始年份算起,当从投产年算起时,应予注明);R_t 为第 t 年可用以还款的资金,包括可供分配的利润、折旧、摊销费及其他还款资金。

借款偿还期可从资金来源与运用表及国内借款还款付息计算表直接推算,以年表示。其表达式为:

$$\text{借款偿还期} = \left(\begin{matrix} \text{借款偿还后资金} \\ \text{开始出现盈余年份} \end{matrix} - \begin{matrix} \text{开始借款} \\ \text{年 份} \end{matrix} \right) + \frac{\text{当年偿还借款余额}}{\text{当年可用以还款资金来源}}$$

计算的借款偿还期能满足贷款机构的期限要求时,则认为项目是有偿还能力的。

涉及外资的项目,其国外借款部分的还本付息,应按已明确的或预计可能的借款偿还条件计算。其偿还本息的方式主要有两种:

1. 等额偿还本金和利息总额

$$A = P(A/P, i, n) = P \times \frac{i(1+i)^n}{(1+i)^n - 1}$$

式中:A 为每年的还本付息额,P 为建设期末(或宽限期终了)固定资产借款本金和利息之和,i 为利率,n 为年份。

在还本付息额中,偿还的本金和利息各年不等,偿还的本金部分将逐年增多,支付的利息部分将逐年减少。计算公式为:

每年支付利息＝年初借款本金累计×年利率

每年偿还本金＝A－每年应计利息

2. 等额还本,利息照付

等额还本,利息照付,各年度之间偿还的本金和利息之和是不等的,偿还期内每年偿还的本金额是相等的,利息将随本金逐年偿还而减少。其计算公式为:

每年支付利息＝年初本金累计×年利率

每年偿还本金＝$\dfrac{P}{n}$

国外借款除支付银行利息外,还要另计管理费和承诺费等费用。为简化计算,可采用适当提高利率的方法进行处理。

(六)备付率

备付率是评价项目偿债能力的另一个主要指标,实践中可以根据具体情况在备付率(包括利息备付率和偿债备付率)和借款偿还期指标中两者选其一。偿债备付率和利息备付率指标适用于预先设定借款偿还期,按等额还本付息或等额还本利息照付方式计算借款还本付息的项目;而对那些要求按最大偿还能力计算借款偿还期的项目,再计算备付率指标就失去了意义。

1. 利息备付率(ICR)

利息备付率是指项目在借款偿还期内可用于支付利息的息税前利润与当期应付利息的比值,它从付息资金来源的充裕性角度反映项目偿还债务利息的能力。其计算公式为:

$$ICR = \frac{EBIT}{PI}$$

式中:$EBIT$ 为息税前利润,PI 为计入总成本费用的应付利息。

利息备付率的含义与计算公式均与财政部对企业效绩评价的"已获利息倍数"指标相同。用于支付利息的息税前利润等于利润总额和当期应付利息之和，当期应付利息是指计入总成本费用的全部利息。

利息备付率最好分年计算，计算在借款偿还期内各年的利息备付率；也可以按项目的借款偿还期内的总和计算，计算借款偿还期内平均的利息备付率。分年利息备付率更能反映偿债能力。利息备付率表示使用项目盈利偿付利息的保证倍率，对于正常经营的企业，利息备付率至少应当大于2。利息备付率高，说明利息偿付的保证度大，偿债风险小；利息备付率低于1，表示没有足够资金支付利息，偿债风险很大。

2. 偿债备付率（DSCR）

偿债备付率是指项目在借款偿还期内，可用于还本付息的资金与当期应还本付息金额的比值。可用于还本付息的资金包括折旧、摊销、总成本费用中列支的全部利息和税后利润；当期应还本付息金额包括还本金额及计入总成本费用的全部利息。

偿债备付率计算公式为：

$$DSCR = \frac{(EBITDA - T_{AX})}{PD}$$

式中：$EBITDA$ 为息税前利润加折旧和摊销费；T_{AX} 为企业所得税；PD 为应还本付息额，包括本金额和计入总成本费用的全部利息。融资租赁费用可视同借款偿还。运营期内的短期借款本息也应纳入计算。

如果项目在运营期内有维持运营的投资，可用于还本付息的资金应扣除维持运营的投资。

偿债备付率最好在借款偿还期内分年计算，也可以按项目借款偿还期内的总和数据计算。分年计算的偿债备付率更能反映偿债能力。

偿债备付率表示可用于还本付息的资金偿还借款本息的保证倍率，正常情况应当大于1，且越高越好。偿债备付率低，说明还本付息的资金不足，偿债风险大。当这一指标小于1时，表示可用于还本付息的资金不足以偿还当期债务。

（七）流动比率（FR）

流动比率是指项目各年流动资产总额与流动负债总额的比率。它是反映项目偿付短期债务的能力的指标。其表达式为：

$$FR = \frac{TFA}{TFL} \times 100\%$$

式中：TFA 为流动资产总额，包括现金、有价证券、应收账款、存货等项目；

TFL 为流动负债总额,包括应付账款、短期应付票据、一年内到期的其他债务、应付未付的工资及应付未付的税收等项目。

一般情况下,流动比率越高,项目偿还流动负债的能力越强。通常认为,保持 2∶1 的流动比率较为合适,但是各类项目的情况不尽相同,应具体分析运用。

(八)速动比率(FFR)

速动比率是用以补充说明流动比率的指标。因为在计算流动比率时,流动资产包括存货部分。而实际上,当企业需要立即偿还流动负债时,存货很难立即变为现金,因而用流动比率反映项目的短期偿债能力具有一定的局限性。因此,在计算流动资产时,把存货部分扣除,用可变现资产,或称速动资产除以流动负债,计算速动比率,更能表明企业的短期偿债能力。一般认为,速动比率略大于 1 较为合适。速动比率的计算公式为:

$$FFR = \frac{TFFA}{TFL} \times 100\%$$

式中:$TFFA$ 为速动资产,TEL 为流动资产。

其中,速动资产为流动资产总额扣除存货的余额。

八、动态财务效益评价

动态财务效益评价指标主要有:

(一)财务净现值(FNPV)

财务净现值是反映项目在计算期内获利能力的动态指标。它是按行业基准收益率(可通过查《建设项目经济评价方法与参数》取得)或设定的折现率(当行业未制订基础收益率时),将项目计算期内各年净现金流量折现到建设期初的现值之和。其表达式为:

$$FNPV = \sum_{i=1}^{n} (CI-CO)_t (1+i_c)^{-t}$$

式中:$FNPV$ 为财务净现值;$(CI-CO)_t$ 为第 t 年现金流入与现金流出的差额,即净现金流量;$(1+i_c)^{-t}$ 为 i_c 下的折现系数。

根据选择项目的"现值法则":

1.采用任何净现值为正数的方案(包括净现值为零的方案),放弃任何净现值为负数的方案。

2.如果每个项目(或几个项目组合)是互不相容的,则采纳有最大现值的那个项目。

3. 当净现值等于零时,说明项目的内部收益率恰好就是规定的基准收益率,即项目能获得行业的平均收益水平;如果净现值大于零,则说明项目除获得行业平均收益水平之外,还有一定的超额收益,也就是说上此项目能够使项目所在行业的平均收益水平得到提高。因此,只有净现值为正数(包括零)的项目或备选方案才是可取的,否则应当舍弃。在投资总额相等的情况下,净现值越大的项目或方案,其经济效益越显著。

财务净现值可以根据财务现金流量表计算求得。根据项目财务现金流量表可计算求得项目所得税前财务净现值和项目所得税后财务净现值。根据资本金财务现金流量表可计算求得资本金税后财务净现值。

净现值是项目寿命期内各年净现金流量的现值,在投资总额相等的情况下,可以按净现值的大小对项目或备选方案排序,但如果投资额不等,仅仅根据净现值的大小进行决策就可能导致失误。因此,净现值也不能反映项目或备选方案确切的收益水平。

(二)财务净现值率($FNPV_R$)

为了克服净现值在投资不等的情况下不能编序的缺点,应计算净现值率,财务效益评估应计算财务净现值率。财务净现值率是财务净现值与全部投资现值之比,即单位投资现值的净现值,它是反映项目单位投资效益的评价指标。其计算公式为:

$$FNPV_R = \frac{FNPV}{I_P}$$

式中:I_P 为总投资现值。

用净现值率衡量项目或方案的优劣,应选择净现值率大于或等于零的项目或方案,净现值率越大,单位投资创造的效益越大,项目或方案的效益越好。

(三)财务内部收益率(FIRR)

财务内部收益率是项目计算期内各年净现金流量现值累计等于零时的折现率。财务内部收益率是评价项目盈利性、进行动态分析时比较普遍采用的一个数据。它反映项目对占用资金的一种补偿、报酬和恢复能力。由于它不受外生变量的影响,不是可任意选择的一个利率,而是决定于项目本身的经济活动,即项目本身的现金流出与流入的对比关系,完全根据项目自身的参数,试图在项目之内找到一个事先并不知道的利率,即找到使现金流出现值和流入现值恰好相等的那个利率,所以称为内部收益率。其表达式为:

$$\sum_{i=1}^{n}(CI-CO)_t(1+FIRR)^{-t}=0$$

式中：$FIRR$ 为财务内部收益率。

实际运用时，财务内部收益率可根据财务现金流量表中净现金流量现值用试差法（或叫插入法）计算求得。试差法的公式为：

$$FIRR = i_1 + \frac{(i_2 - i_1) \times FNPV_1}{|FNPV_1| + |FNPV_2|} \times 100\%$$

式中：i_1 为偏低的折现率，i_2 为偏高的折现率，$FNPV_1$ 为偏低折现率下的财务净现值，$FNPV_2$ 为偏高折现率下的财务净现值。

一般情况下，偏低折现率计算出的净现值为正值，偏高折现率计算出的净现值为负值，两者之间的一个折现率计算出的净现值为零，这个折现率就是内部收益率。用试差法计算财务内部收益率时，试算用两个相邻的偏高、偏低的折现率之间的差额，一般不超过 2%，最高不超过 5%。

例如：某项目当折现率为 13% 时，财务净现值为 -620 万元；当折现率为 12% 时，财务净现值为 3 733 万元。采用试差法计算的财务内部收益率为：

$$\begin{aligned}FIRR &= i_1 + \frac{(i_2 - i_1) \times FNPV_1}{|FNPV_1| + |FNPV_2|} \times 100\% \\ &= 12\% + \frac{(13\% - 12\%) \times 3\,733}{|3\,733| + |-620|} \times 100\% \\ &= 12.86\%\end{aligned}$$

财务内部收益率与各行业、各部门的基准收益率比较，当财务内部收益率大于或等于行业基准收益率时，应认为项目在财务上是可以接受的，反之应予以否定。

财务效益评估时，财务内部收益率可以通过财务现金流量表计算求得。根据项目财务现金流量表可计算求得项目所得税前财务内部收益率和项目所得税后财务内部收益率。根据资本金财务现金流量表可计算求得资本金财务内部收益率。

九、财务效益评价案例

（一）财务效益评价基础数据

1. 表 3-4、表 3-5 分别为某项目财务现金流量表和资本金财务现金流量表。

表 3-4 某项目财务现金流量表

单位:万元

序号	项目	筹建	建设期 1	建设期 2	建设期 3	试产期 4	试产期 5	达产期 6	达产期 7	达产期 8	达产期 9	达产期 10	达产期 11	达产期 12	达产期 13	达产期 14	达产期 15	达产期 16	达产期 17	达产期 18	合计
						70%			100%							100%					
1	现金收入	0.00	0.00	0.00	0.00	9 986.89	14 266.99	14 266.99	14 266.99	14 266.99	14 266.99	14 266.99	14 266.99	14 266.99	14 266.99	14 266.99	14 266.99	14 266.99	14 266.99	16 137.00	211 594.76
1.1	营业收入					9 986.89	14 266.99	14 266.99	14 266.99	14 266.99	14 266.99	14 266.99	14 266.99	14 266.99	14 266.99	14 266.99	14 266.99	14 266.99	14 266.99	14 266.99	209 724.75
1.2	回收固定资产余值																			1 170.01	1 170.01
1.3	回收流动资金																			700.00	700.00
1.4	其他收入																				0.00
2	现金流出	3 200.00	6 776.00	7 972.00	8 250.25	7 192.44	9 230.81	8 832.11	8 619.61	8 534.61	8 534.61	8 534.61	8 534.61	8 534.61	8 534.61	8 534.61	8 534.61	8 534.61	8 534.61	8 534.61	153 953.92
2.1	固定资产投资	3 200.00	6 776.00	7 972.00	8 250.25																26 198.25
2.2	投资方向调节税																				0.00
2.3	流动资金					490.00	210.00														700.00
2.4	经营成本					5 806.45	7 509.79	7 287.79	7 037.79	6 937.79	6 937.79	6 937.79	6 937.79	6 937.79	6 937.79	6 937.79	6 937.79	6 937.79	6 937.79	6 937.79	103 957.50
2.5	营业税金及附加					622.31	896.15	896.15	896.15	896.15	896.15	896.15	896.15	896.15	896.15	896.15	896.15	896.15	896.15	896.15	13 173.41
2.6	所得税					268.68	614.87	648.17	685.67	700.67	700.67	700.67	700.67	700.67	700.67	700.67	700.67	700.67	700.67	700.67	9 924.76
3	净现金流量(1-2)																				
4	累计净现金流量																				

表 3-5 某项目资本金财务现金流量表

单位:万元

序号	项目	筹建	建设期			试产期		达产期												合计
			1	2	3	4	5	6	7	8	9	10	11	12	13	14	15	16	17	18	
						70%			100%							100%					
1	现金收入	0.00	0.00	0.00	0.00	9 986.89	14 266.99	14 266.99	14 266.99	14 266.99	14 266.99	14 266.99	14 266.99	14 266.99	14 266.99	14 266.99	14 266.99	14 266.99	14 266.99	16 219.34	211 677.10
1.1	营业收入					9 986.89	14 266.99	14 266.99	14 266.99	14 266.99	14 266.99	14 266.99	14 266.99	14 266.99	14 266.99	14 266.99	14 266.99	14 266.99	14 266.99	14 266.99	209 724.75
1.2	回收固定资产余值																			1 150.35	1 150.35
1.3	回收流动资金																			802.00	802.00
1.4	其他收入																				0.00
2	现金流出	3 200.00	4 600.00	3 200.00	5 198.25	7 836.44	12 002.81	13 882.11	11 819.61	8 534.61	8 534.61	8 534.61	8 534.61	8 534.61	8 534.61	8 534.61	8 534.61	8 534.61	8 534.61	8 534.61	155 619.90
2.1	自有资金	3 200.00	4 600.00	3 200.00	5 198.25	490.00	210.00														16 898.25
2.2	借款本金偿还						2 200.00	4 700.00	3 100.00												10 000.00
2.3	借款利息偿还					644.00	572.00	350.00	100.00												1 666.00
2.4	经营成本					5 806.45	7 509.79	7 287.79	7 037.79	6 937.79	6 937.79	6 937.79	6 937.79	6 937.79	6 937.79	6 937.79	6 937.79	6 937.79	6 937.79	6 937.79	103 957.50
2.5	营业税金及附加					627.31	896.15	896.15	896.15	896.15	896.15	896.15	896.15	896.15	896.15	896.15	896.15	896.15	896.15	896.15	13 173.41
2.6	所得税					268.68	614.87	648.17	685.67	700.67	700.67	700.67	700.67	700.67	700.67	700.67	700.67	700.67	700.67	700.67	9 924.76
3	净现金流量(1−2)																				
4	累计净现金流量																				

2. 该项目建设投资总额为 26 198.25 万元。有两个筹资方案供选择,方案一为全部建设投资由企业自有资金解决;方案二为企业自筹 16 198.25 万元,向银行申请 10 000 万元的贷款,期限为 4 年,四年支付的利息总额为 1 666 万元。流动资金总额为 700 万元,由企业自筹解决。

3. 该项目建成交付运营后,正常年份创造的利润总额为 1 044.78 万元,所得税率为 33%。

4. 该项目的行业基准收益率为 11%,基准投资回收期为 10 年,行业总投资收益率的参考值为 15%,行业资本金利润率参考值为 25%。

(二)要求评价该项目的财务效益,并选择项目的筹资方案

首先计算静态评价指标:

1. 总投资收益率(ROI)

$$ROI = \frac{EBIT}{TI} \times 100\%$$
$$= \frac{5\ 211.28}{26\ 898.25} \times 100\%$$
$$= 19.37\%$$

其中:

$$EBIT = 1\ 044.78 + 1\ 666 \div 4$$
$$= 5\ 211.28(万元)$$
$$TI = 26\ 198.25 + 700$$
$$= 26\ 898.25(万元)$$

项目总投资收益率高于同行业收益率的参考值(15%)4.37 个百分点,说明用总投资收益率表示的盈利能力能满足要求。

2. 资本金净利润率(ROE)

$$ROE = \frac{NP}{EC} \times 100\%$$
$$= \frac{700}{16\ 898.25} \times 100\%$$
$$= 41.42\%$$

其中:

$$NP = 1\ 044.78 \times (1 - 33\%)$$
$$= 700(万元)$$
$$EC = 16\ 198.25 + 700$$
$$= 16\ 898.25(万元)$$

项目资本金利润率比同行业的资本金净利润率参考值(25%)高出 16.42 个

百分点,表明用项目资本金利润率表示的盈利能力满足要求。

3. 投资回收期

根据表 3-4、表 3-5 分别计算得出项目投资回收期为 8.27 年,资本金投资回收期为 8.56 年,均短于行业投资回收期参考值(10 年)。说明项目的投资回收能力强。

4. 利息备付率(ICR)

$$ICR = \frac{EBIT}{PI}$$

$$= \frac{5\ 211.28}{\frac{1\ 666}{4}}$$

$$= 12.51$$

项目的利息备付率为 12.51,项目转入运营后有足够的资金支付利息,基本不存在偿债风险。

5. 财务净现值(FNPV)

根据项目财务现金流量表计算求得项目所得税后财务净现值为 6 070.34 万元,根据资本金财务现金流量表计算求得资本金税后财务净现值为 7 837.44 万元。

项目财务净现值和资本金财务净现值均为正数,说明项目具有较好的财务效益。

6. 财务内部收益率(FIRR)

根据项目财务现金流量表计算求得项目所得税后财务内部收益率为 14.65%,根据资本金财务现金流量表计算求得资本金财务内部收益率为 16.91%。

项目财务内部收益率均高于行业财务内部收益率参考值,说明项目的财务效益好。

根据以上各项指标计算结果,表明项目财务盈利能力较强,项目财务上可行。资本金财务净现值高于项目财务净现值,资本金内部收益率高于项目财务内部收益率,因此,应选择筹资方案二,即向银行贷款 10 000 万元,其余资金由企业自筹。这样做可以充分利用财务杠杆效益。各项主要指标计算详见表 3-6。

表 3-6 某项目财务现金流量表

单位：万元

序号	项目	筹建	建设期 1	2	3	试产期 4	5	达产期 6	7	8	9	10	11	12	13	14	15	16	17	18	合计
1	现金收入	0.00	0.00	0.00	0.00	70% 9 986.89	14 266.99	14 266.99	100% 14 266.99	14 266.99	14 266.99	14 266.99	14 266.99	14 266.99	14 266.99	100% 14 266.99	14 266.99	14 266.99	14 266.99	14 266.99	211 594.76
1.1	营业收入					9 986.89	14 266.99	14 266.99	14 266.99	14 266.99	14 266.99	14 266.99	14 266.99	14 266.99	14 266.99	14 266.99	14 266.99	14 266.99	14 266.99	14 266.99	209 724.75
1.2	回收固定资产余值																			1 170.01	1 170.01
1.3	回收流动资金																			700.00	700.00
1.4	其他收入																				0.00
2	现金流出	3 200.00	6 776.00	7 972.00	8 250.81	7 192.44	9 230.81	8 832.11	8 619.61	8 534.61	8 534.61	8 534.61	8 534.61	8 534.61	8 534.61	8 534.61	8 534.61	8 534.61	8 534.61	8 534.61	153 953.92
2.1	固定资产投资	3 200.00	6 776.00	7 972.00	8 250.25																26 198.25
2.2	投资方向调节税																				0.00
2.3	流动资金					490.00	210.00														700.00
2.4	经营成本					5 806.45	7 509.79	7 287.79	7 037.79	6 937.79	6 937.79	6 937.79	6 937.79	6 937.79	6 937.79	6 937.79	6 937.79	6 937.79	6 937.79	6 937.79	103 957.50
2.5	营业税金及附加					627.31	896.15	896.15	896.15	896.15	896.15	896.15	896.15	896.15	896.15	896.15	896.15	896.15	896.15	896.15	13 173.41
2.6	所得税					268.68	614.87	648.17	685.67	700.67	700.67	700.67	700.67	700.67	700.67	700.67	700.67	700.67	700.67	700.67	9 924.76
3	净现金流量(1-2)	−3 200.00	−6 776.00	−7 972.00	−8 250.25	2 794.45	5 036.18	5 434.88	5 647.38	5 732.38	5 732.38	5 732.38	5 732.38	5 732.38	5 732.38	5 732.38	5 732.38	5 732.38	5 732.38	7 602.38	57 640.84
4	累计净现金流量	−3 200.00	−9 976.00	−17 948.25	−26 198.25	−23 403.80	−18 367.61	−12 932.73	−7 285.35	−1 552.97	4 179.41	9 911.79	15 644.17	21 376.55	27 108.93	32 841.31	38 573.69	44 306.07	50 038.45	57 640.84	180 756.53
5	i=11%贴现系数	1.00	0.901	0.812	0.731	0.659	0.593	0.535	0.482	0.434	0.391	0.352	0.317	0.286	0.258	0.232	0.209	0.188	0.170	0.153	
	净现值	−3 200.00	−6 104.50	−6 470.25	−6 032.51	1 840.79	2 988.73	2 905.71	2 720.11	2 487.43	2 240.93	2 018.86	1 818.79	1 638.55	1 476.17	1 329.88	1 198.09	1 079.36	972.40	1 161.81	6 070.34
6	i=16%贴现系数	1.000	0.862	0.743	0.641	0.552	0.476	0.410	0.354	0.305	0.263	0.227	0.195	0.168	0.145	0.125	0.108	0.093	0.080	0.069	
	净现值	−3 200.00	−5 840.91	−5 923.20	−5 288.41	1 542.54	2 397.22	2 228.30	1 999.17	1 748.38	1 507.62	1 301.25	1 117.81	963.04	831.25	716.55	619.10	533.11	458.59	524.56	−1 764.08
7	i=14%贴现系数	1.00	0.877	0.769	0.675	0.592	0.519	0.456	0.400	0.351	0.308	0.270	0.237	0.208	0.182	0.160	0.140	0.123	0.108	0.095	
	净现值	−3200.00	−5 942.55	−6 130.47	−5 568.92	1 654.32	2 613.78	2 478.31	2 258.95	2 012.07	1 765.57	1 547.74	1 358.55	1 192.34	1 043.29	917.18	802.53	705.08	619.10	722.23	849.12

计算指标 内含报酬率：$FIRR = 14.65\%$
净现值($i = 11\%$)：$FNPV = 6\,070.34$ 万元
投资回收期(含建设期)：$P_t = 8.27$ 年

第四节 项目论证与评估报告编写规范

项目投资机会研究、项目可行性研究和项目评估是项目前期管理的主要工作内容,它们在项目实施之前论证或评估项目是否有投资的机会及实施的可行性。这三项工作的专业性很强,通常委托专业机构,如项目咨询公司来完成,专业机构完成项目论证和评估工作后,需将论证和评估的结果编写成论证或评估报告,提供给决策部门作为决策的参考。项目投资机会研究主要论证项目是否有投资的机会,即是否有必要实施该项目,论证的结果形成项目建议书。项目可行性研究主要论证项目实施是否具备可行性的要求,若项目满足可行性的要求或者重新设计技术经济方案后满足可行性的要求,则需要提出一个最佳的实施方案,可行性研究的结果形成项目可行性研究报告。项目评估是对项目可行性研究的客观、准确性进行再论证,项目评估的结果形成项目评估报告,作为项目批准或核准的依据,也作为项目获取资金来源的依据(如争取政府的投资、争取银行贷款或发行债券、股票等)。可见,项目前期管理阶段三项工作的侧重点是不一样的。项目投资机会研究重点解决项目有没有必要实施,项目可行性性研究主要解决项目能否实施及如何实施,项目评估则主要解决什么时候开始实施及如何实施好的问题。由于项目具有唯一性的特征,因此,每个项目的建议书、可行性研究报告和项目评估报告的具体内容也不完全一样。下面我们提供三类报告的一般范本。

一、项目建议书

一般工程项目的建议书编写大纲如下:
(一)总论
重点说明项目概况、项目建议书的编制内容和原则、项目建议书的主要结论。
(二)项目的意义及必要性
重点阐述项目应用领域及符合国家及相关产业发展规划的基本情况。
(三)市场初步分析
产品国内外市场供需现状,近期、远期需要量及主要消费去向的初步预测;国内外相同或可替代产品近几年已有和在建的生产能力、产量情况及变化趋势的初步预测;近几年产品进出口情况;产品销售的初步预测、竞争能力和进入国际市场前景的初步估计;国内外产品价格的现状及销售价格的初步预测。

(四)建设内容、规模、地点和期限

项目建设内容部分重点阐述需要新建或改扩建的内容和面积。

项目建设地点部分阐述项目投资发生的地点,如果不止一处场址发生投资,应分别说明,并表述选择倾向及理由。

建设期限要求详细说明原因。

(五)项目工艺技术初步分析

简述原料路线、生产方法和工艺技术(软件)来源的选择与初步比较,对需要引进技术和进口设备的项目,要说明引进和进口的范围、内容及理由。提出引进和进口的国别、厂商的设想。

(六)项目承担单位概况

简要介绍项目承担单位的主营业务、资本构成、所属行业及行业地位、上年销售额、上年销售量、利润、总资产、资产负债率、银行信用等级及单位的所有制性质等。

(七)投资初步估算与资金筹措初步方案

项目总投资包括建设投资和新增铺底流动资金。建设投资包括新增固定资产投资、建设期利息、无形资产及其他资产投资等三个部分。

资金筹措方案包括企业自有资金投入(包括部分现有资产的投入)、银行贷款、申请国家资本金投入及其他来源。其中企业自有资金的比例应满足相关要求,申请贷款的项目应说明初步的还款方案。

(八)经济效益初步分析

需说明项目经济效益分析材料:一般以10~15年为计算期,预测项目建成后每年的市场占有率情况、每年的经营成本及期间费用;每年的销售额、销售量、销售收入;每年应交纳的税收额及可能享受的税收优惠情况;每年的利润及利润的分配情况等。

经济效益的主要财务指标包括静态指标:年新增销售收入、年新增税后利润、年新增上缴税收、盈亏平衡点、投资收益率、贷款偿还期、投资回收期和动态指标财务内部收益率和财务净现值等。

总投资较少的项目可以不提供动态指标。

(九)其他需要说明的情况

二、可行性研究报告

进行可行性研究之后,应编写可行性研究报告。一般工业项目的可行性研究报告应包括以下基本内容:

(一)总论

综述项目概况，包括：项目的名称、主办单位、承担可行性研究的单位、项目提出的背景、投资的必要性和经济意义、投资环境，提出项目调查研究的主要依据、工作范围和要求、项目的历史发展概况、可行性研究的主要结论概要和存在问题与建议。阐述对推荐方案在论证过程中曾有的重要争论问题和不同意见与观点，并对项目的主要技术经济指标列表说明。

(二)产品的市场需求和拟建规模

主要内容包括：调查国内外市场近期需求状况，并对未来趋势进行预测，对国内现有工厂生产能力进行估计，进行销售预测、价格分析，判断产品市场竞争能力及进入国际市场的前景，确定拟建项目的规模，提出市场营销战略与策略，对产品方案和发展方向进行技术经济论证比较。

(三)资源、原材料、燃料及公用设施情况

主要内容包括：经过全国储量委员会正式批准的资源储量、品位、成分以及开采、利用的条件；所需原料、辅助材料、燃料的种类、数量、质量及其来源和供应的可能性；有毒、有害及危险品的种类、数量和储运条件；材料试验情况；所需动力(水、电、汽等)公用设施的数量、供应条件、外部协作条件，以及签订协议和合同的情况。

(四)厂址选择

厂址选择应指出建厂地区的地理位置，与原材料产地和产品市场的距离。根据项目的生产技术要求，在指定的建设地区内，对建厂的地理位置、气象、水文、地质、地形条件、地震、洪水情况和社会经济现状进行调查研究，收集基础资料，了解交通运输、通讯设施及水、电、汽、热的现状和发展趋势；了解厂址面积、占地范围、厂区总体布置方案、建设条件、地价、拆迁及其他工程费用情况；对厂址选择进行多方案的技术经济分析和比较，提出选择意见。

(五)项目设计方案

主要内容包括：在选定的建设地点内进行总图和交通运输的设计，进行多方案的比较和选择，确定项目的构成范围，主要单项工程(车间)的组成，对厂内外主体工程和公用辅助工程方案的比较论证；项目土建工程总量的估算，土建工程布置方案的选择，包括场地平整、主要建筑和构筑物与厂外工程的规划；采用技术和工艺方案的论证、技术来源、工艺路线和生产方法，主要设备选型方案和技术工艺的比较；引进技术、设备的必要性及其来源国别的选择比较；设备的国外分交或与外商合作制造方案设想；必要的工艺流程图。

(六)环境保护与劳动安全

主要内容包括：对项目建设地区的环境状况进行调查，分析拟建项目"三废"

(废气、废水、废渣)的种类、成分和数量,并预测其对环境的影响,提出治理方案的选择和回收利用情况;对环境影响进行评价,提出劳动保护、安全生产、城市规划、防震、防洪、防空、文物保护等要求以及采取相应的措施方案。

(七)企业组织、劳动定员和人员培训

主要内容包括:全厂生产管理体制、机构设置的选择;工程技术和管理人员的素质和数量的要求;劳动定员的配置方案;人员的培训规划和费用的估算。

(八)项目施工计划与进度要求

主要内容包括:根据勘察设计、设备制造、工程施工、安装、试生产所需时间与进度要求,选择整个工程项目实施方案和总进度,并用线条图和网络图来表示最佳实施方案。

(九)经济效益和社会效益分析与评价

主要内容包括:总投资费用、各项建设支出和流动资金的估算;资金来源、筹集方式,各种资金来源所占的比例;资金的数量和资金筹措成本;总生产成本、单位生产成本的计算,财务内部收益率、净现值、投资回收期、固定资产投资借款偿还期、外汇效果分析、不确定性分析等财务效益评价和国民经济效益评价并进行社会效益分析与评价。

(十)综合评价与结论、建议

主要内容包括:建设方案的综合分析评价与方案选择,运用各项数据从技术、经济、社会、财务等各个方面论述项目的可行性,推荐一个或几个可行方案供决策参考,提出项目存在的问题以及结论性意见和改进建议。

其他类型项目的可行性研究报告的基本框架与一般工业建设项目大体相当,涵盖的内容相对简单一些,并体现各自的特色。比如,城市基础设施、公路、防洪、灌溉等公共事业项目,需体现其公共性和使用性的双重性质;文教、卫生、体育等非营利性的项目在效益分析方面,则应重点考察其宏观效益和社会效益等。

三、项目评估报告

(一)项目建设的必要性评估

项目建设必要性评估,是从国家宏观调控的角度出发,考察项目建设在社会经济发展中的作用和对国民经济整体以及社会发展的影响,衡量项目建设的必要性。具体包括:

1. 分析项目建设是否符合国家的产业政策和产业结构,是否符合国家总体布局和地区经济结构的需要。

2. 市场分析与预测。即考察项目产品的国际、国内市场的供求状况,对其未来的发展趋势进行认真的调查和科学的预测分析,从而做出科学的判断和决策,为项目的建设和实施提供科学的依据。

(二)项目建设条件评估

项目建设条件评估主要评估拟建项目是否具备基本的建设条件和生产条件。包括：

1. 厂址选择评估。判断自然条件(工程地质、水文地质、地形、气象等)是否适宜,是否符合生产力布局和总体规划的要求;厂址选择的方法是否科学等。

2. 能源、动力、交通运输、原材料是否有可靠保证,是否经济合理。

3. 相关及配套项目是否同步建设,零配件供应是否有保障。

4. 资源利用是否合理,是否考虑资源的优势利用及技术进步的因素。

5. 基础设施条件(生活福利、文化教育、公共交通等)是否统一规划和合理布局。

6. 是否认真考虑到保护环境及生态平衡的因素。

(三)项目技术评估

项目技术评估是项目投入产出的一个重要因素。不同的技术方案,投资不同,其产生的效益也不同。通过对技术方案的评估,可以分析其工艺技术和设备的先进性和适用性,以保证选择最佳的技术方案。技术评估的内容包括：

1. 技术评估的原则及工作程序、内容。

2. 技术、设备的选择评估,包括技术、设备的先进性和经济的合理性、适用性评估;技术设备的安全可靠性、协调一致性评估,以及消化吸收能力评估等;技术、设备的选择方法等。

3. 项目规模分析,包括影响项目规模的因素分析及项目经济规模的确定方法。

(四)基础数据的预测和分析

分析和测定项目固定资产投资、流动资金投资及建设期利息等,并预测项目投产后各年的生产经营成本、销售收入、利润、税金等数据,为进行财务评估和国民经济评估做准备。

(五)项目财务评估

项目财务评估是依据国家现行的财税制度,从财务角度分析计算项目的效益和费用,依据预测的数据,分析计算项目的财务评价指标,如投资利润率和利税率、财务净现值、内部收益率、借款偿还期等指标,以考察项目的盈利能力、借款清偿能力以及外汇效果,从而考察项目建设本身的财务可行性。财务分析通常采用静态分析和动态分析相结合的办法。

(六)项目的组织管理评估

项目的组织管理是搞好项目建设的重要保证,直接关系到项目的成败,因此应重视对项目组织管理的评估。即认真分析项目的组织管理机构是否健全、合理,能否适应项目的实施;项目的领导班子人员是否配备齐全,管理经验、工作水平、业务素质能否适应项目管理的需要。项目管理的各种规章制度、生产责任制度是否建立和健全并落实;劳动力的技术素质、文化素质能否适应建设的需要,人员培养计划是否适应项目发展的需要等。

（七）项目国民经济评估和社会评估

项目建设的国民经济评估是投资项目经济评估的核心部分,它是从国家整体的角度来看该投资项目所带来的效益和所花费的费用。主要运用定性分析和定量计算相结合的方法,分析项目的国民经济效果、社会效果以及对环境的影响。

（八）项目的风险评估

项目的风险评估是项目评估的一个重要组成部分。由于投资项目的建设需要一定的周期,其项目评估是基于对市场需求的未来发展趋势的估计与预测,对国民经济未来一定时期的发展趋势进行估计。但是未来的市场究竟如何、国民经济发展究竟怎样,是难以准确预测的。所以,建设一个投资项目就要准备承担一定的风险。投资项目的风险评估就是通过评估各种不确定因素对项目经济评价指标的影响来预测项目可能承担的风险,进而分析项目经济评估的可靠性如何。项目风险评估通常包括盈亏平衡分析、敏感性分析及概率分析等。

（九）项目总评估

项目总评估是项目评估的最后一个内容,它是在以上几个方面评估的基础上,归纳分析结果和评估意见,进行最后的综合平衡、分析判断,对拟建项目的必要性以及技术、经济的可行性进行总的评价,做出项目评估的明确结论,从而提出评估报告和建议。

导入案例三分析

目的可行性研究主要研究以下内容：

1. 说明建设校园一卡通系统的必要性。
2. 分析建设校园一卡通系统所需的资源、原材料、燃料及公用设施情况。
3. 设计校园一卡通系统建设方案,并论证其实施的可行性。
4. 制订校园一卡通系统所需投资、融资方案与资金使用计划。
5. 研究校园一卡通系统经济上（包括财务效益、国民经济效益和社会效益）的合理性。
6. 预测校园一卡通系统实施的风险。
7. 综合评价与结论、建议。包括：建设方案的综合分析评价与方案选择；运用各项数据从技术、经济、社会、财务等各个方面论述建设项目的可行性；推荐一个或几个可行方案供领导决策参考；提出项目存在的问题以及结论性意见和改进建议。

本章小结

项目管理按阶段可以划分为项目前期管理、项目过程管理和项目后期管理三个组成部分。项目前期管理工作主要包括项目可行性研究与项目评估，它是项目选定与决策的重要依据，也是现代项目管理的核心内容。

可行性研究就是在项目的投资前期，对拟建项目进行全面、系统的技术经济分析和论证，从而为项目投资决策提供可靠依据的一种科学方法和工作阶段。

一个完整的可行性研究应包括投资机会研究、初步可行性研究、详细可行性研究三个阶段。各阶段研究的内容由浅入深，项目投资和成本估算的精度要求由粗到细，研究工作量由小到大，研究的目标和作用逐步提高，因而研究工作的时间和费用也逐渐增加。

投资机会研究的任务是提出项目投资方向的建议。投资机会研究可分为一般机会研究和项目机会研究。

初步可行性研究是正式的详细可行性研究前的预备研究阶段。初步可行性研究的主要目标是：分析投资机会研究的结论，并在占有详细资料的基础上进行初步投资估价；确定对某些关键性问题进行专题辅助研究和鉴定项目的选择依据和标准，确定项目的初步可行性。

详细可行性研究是人们通常所说的可行性研究。它是工程前期研究的关键环节，是项目投资决策的基础。它为项目决策提供技术、经济、商业方面的评价依据，为项目的具体实施建设和生产提供科学依据，因此，该阶段是进行详细深入的技术经济分析论证阶段。其目标是：(1)进行深入的技术经济分析和比选工作，并推荐一个以上可行的投资建设方案；(2)推荐最佳的建设方案；(3)确定项目投资的最终可行性和选择依据标准。

项目评估，是指在拟建项目投资决策前，对其建设的必要性、技术的可行性、经济的合理性进行全面系统的技术分析与论证的一项综合性的工作。

项目评估是正确进行投资决策的保证，是取得资金来源的依据，是实施项目管理、促进提高投资效果的基础，是使宏观效益和微观效益统一起来的手段。

项目评估应遵循客观公正性原则、分析的系统性原则、评估的效益性原则、评估方法的规范化原则、评估指标的统一性原则、评估价值尺度的合理性原则和评估资金的时间价值原则。

项目评估的要求包括：动态与静态分析相结合，定量分析与定性分析相结合，宏观效益分析与微观效益分析相结合，全过程效益分析与阶段效益分析相结合，价值量分析与实物量分析相结合，预测分析与统计分析相结合。

项目评估一般按以下程序进行：第一是组建评估小组，第二要制订评估计划，第三是收集评估资料，第四是开展审查分析，最后编写出项目评估报告。

项目评估与可行性研究是项目投资的两项重要前期工作，两者既有共性，也各有特点。其共同点是：两者同处于项目投资的前期，两者的出发点一致，两者研究和评估的内容与方法相通，两者的目的要求相同。两者的区别是：工作的主体不同，评价的视角和着重点有所不同，在项目决策过程中所处的时序和地位有差别。

在投资决策过程中，可行性研究和项目评估是两大基本步骤。它们一前一后，相辅相成。两者在决策程序中的关系是：前者为后者提供工作基础，后者承前者进行进一步的论证，是前者的自然延伸和再研究。

项目前期管理阶段的主要任务就是论证和评估项目的"三性"，即项目建设投资上的必要性、项目技术上的可行性和项目经济上的合理性。其中，项目经济合理性评价是项目论证与评估最后环节的工作，也是抉择项目的主要依据。

项目的经济合理性评价包括微观层次的经济评价和宏观层次的经济评价。微观层次的评价称为财务效益评价，也叫微观效益分析或财务评价，它是根据国家现行的财税、金融、外汇制度和价格体系，分析计算项目直接发生的财务效益和费用，编制财务报表，考察项目的盈利能力、清偿能力及外汇效果等财务状况，据以判别项目财务上可行性的一种经济评价方法。项目财务效益的好坏，关系到项目建成后企业本身的生存和发展，因此，财务效益评价在项目论证和评估中占有十分重要的地位，其评价结论是决定项目取舍的基本依据。

宏观层次的经济评价称为国民经济效益评价，它是按照资源合理配置的原则，从国民经济整体的角度考察项目的效益和费用，用货物影子价格、影子工资、影子汇率和社会折现率等经济参数分析、计算项目对国民经济的净贡献，评价项目的经济合理性的一种经济评价方法。通常，所有投资项目均需进行财务效益评价。对费用效益的计算比较简单，建设期和生产期比较短，不涉及进出口。影响面不大的项目，当财务效益评价的结论能满足最终决策需要时，可只进行财务效益评价，不进行国民经济效益评价。只有影响国计民生，具有垄断特征的项目、公共产品特征的项目、外部效果显著的项目、资源开发项目和受过度行政干预的项目需要进行国民经济评价。

项目财务效益评价的基本目标是：考察拟建项目的盈利能力和评估拟建项目的投资清偿能力。如果是涉及外汇收支的项目，还要对其外汇效果进行分析。

项目财务效益评价应遵循坚持效益与费用计算口径一致的原则；坚持动态

分析为主、静态分析为辅的原则;坚持采用预测价格的原则;坚持定量分析为主、定性分析为辅的原则。

评估项目的财务效益有多种方法,按其是否考虑资金的时间价值,分为静态分析方法和动态分析方法。

项目财务效益评价的要求是:财务效益评价所用的数据,都要以预测数据为依据,财务效益评价要考虑项目的整个经济寿命期,财务效益评价要用一套完整的指标体系,财务效益评价要进行不确定性分析,财务效益评价要进行综合分析。

财务效益评价的基础数据是指与项目寿命期内全部经济活动有关的数据,主要包括项目寿命期、投资成本、产品成本、固定资产折旧、销售收入、销售税金、利润和贷款偿还期等内容。

现金流量是指项目在整个经济寿命期内逐年现金投入与产出的情况。为项目所投入的一切现金称为现金流出,包括项目建设期间的总投资、投产以后的生产经营成本和销售税金;项目建成投产后所取得的收入称为现金流入。现金流量是现金流入和现金流出的总称。

现金流入与现金流出的差额称为净现金流量。

项目建设和生产期间的现金流量是通过编制现金流量表的方式体现出来的。现金流量表是用以反映项目在建设和生产经营年限内现金流入与现金流出情况的基本计算报表。该表通过数字对项目经济活动情况进行全面的刻画和描述。现金流量表可分为项目现金流量表、资本金现金流量表和投资各方现金流量表。

静态财务效益评价主要包括总投资收益率(ROI)、资本金净利润率(ROE)、投资回收期(P_t)、资产负债率(LOAR)、借款偿还期(P_d)、备付率、流动比率(FR)、速动比率(FFR)等指标。

动态财务效益评价指标主要包括财务净现值(FNPV)、财务净现值率、财务内部收益率(FIRR)等指标。

项目投资机会研究、项目可行性研究和项目评估是项目前期管理的主要工作内容,它们在项目实施之前论证或评估项目是否有投资的机会及实施的可行性。这三项工作的专业性很强,通常委托专业的机构,如项目咨询公司来完成。专业机构完成项目论证和评估工作后,需将论证和评估的结果编写成论证或评估报告,提供给决策部门作为决策的参考。投资机会研究的结果形成项目建议书,项目可行性研究的结果形成项目可行性研究报告,项目评估的结果形成项目评估报告。

一般工程项目的建议书编写大纲包括:(1)总论;(2)项目的意义及必要性;(3)市场初步分析;(4)建设内容、规模、地点和期限;(5)项目工艺技术初步分析;(6)项目承担单位概况;(7)投资初步估算与资金筹措初步方案;(8)经济效益初步分析;(9)其他需要说明的情况等内容。

一般工业项目的可行性研究报告应包括以下基本内容:(1)总论;(2)产品的市场需求和拟建规模;(3)资源、原材料、燃料及公用设施情况;(4)厂址选择;(5)项目设计方案;(6)环境保护与劳动安全;(7)企业组织、劳动定员和人员培训;(8)项目施工计划与进度要求;(9)经济效益和社会效益分析与评价;(10)综合评价与结论、建议。

项目评估报告的基本框架为:(1)项目建设的必要性评估;(2)项目建设的条件评估;(3)项目的技术评估;(4)基础数据的预测和分析;(5)项目的财务评估;(6)项目的组织管理评估;(7)项目的国民经济评估和社会评估;(8)项目的风险评估;(9)项目总评估。

思考题

1. 什么是可行性研究？什么是项目评估？可行性研究与项目评估有何区别和联系？
2. 可行性研究一般分为几个阶段？每个阶段的主要任务(或目标)是什么？
3. 开展项目评估应遵循哪些原则？
4. 项目评估有哪些基本要求？
5. 项目评估的基本程序如何？
6. 财务现金流量表的结构如何？现金流量表反映哪些项目？各个项目如何确定？
7. 财务效益分析的静态指标有哪些？各个指标如何计算和运用？
8. 财务效益分析的动态指标有哪些？各个指标如何计算和运用？
9. 项目建议书、可行性研究报告、项目评估报告各自应包括哪些内容？

案例思考

资料：

1. 表3-7为某项目现金流量表，表3-8为部分折现系数表；
2. 某项目的投资回收期参考值为6.5年，基准内部收益率为12%。

要求：

1. 计算项目投资回收期、财务净现值、财务内部收益率；
2. 判断项目是否可行，并说明理由。

表 3-7 某项目现金流量表

单位：万元

序号	项目	建设期		生产期							
		1	2	3	4	5	6	7	8	9	10
1	现金流入			2 500	4 200	4 200	4 200	4 200	4 200	4 200	4 000
1.1	销售收入			2 500	4 200	4 200	4 200	4 200	4 200	4 200	2 500
1.2	残值回收										500
1.3	流动资金回收										1 000
2	现金流出	2 100	1 400	2 367	3 300	2 900	2 900	2 900	2 900	2 900	2 667
2.1	建设投资	2 100	1 400								
2.2	流动资金			600	400						
2.3	经营成本			1 600	2 500	2 500	2 500	2 500	2 500	2 500	2 500
2.4	销售税金			150	252	252	252	252	252	252	150
2.5	所得税			17	148	148	148	148	148	148	17
3	净现金流量										
4	3 现值系数（$i=12\%$）	0.893	0.797	0.712	0.636	0.567	0.507	0.452	0.404	0.361	0.322
5	累计净现金流量										
6	折现净现金流量										
7	累计折现净现金流量										

表 3-8 部分折现系数表

折现率(%) \ 年份	1	2	3	4	5	6	7	8	9	10
15	0.870	0.756	0.658	0.572	0.497	0.432	0.376	0.327	0.284	0.247
20	0.833	0.694	0.579	0.482	0.402	0.335	0.279	0.233	0.194	0.162
25	0.800	0.640	0.512	0.410	0.320	0.262	0.210	0.168	0.134	0.107

知识转化训练

策划开网店

训练目标：

通过策划开网店，加深对项目可行性研究理论与方法的理解。

材料：

2013年，人力资源和社会保障部公布的两则信息引起广泛关注：

第一则：2013年全国普通高校毕业生规模将达到699万，比2012年增加19万人，是新中国成立以来，大学毕业生最多的一年。高校毕业生就业形势更加复杂严峻，工作任务更加艰巨繁重。

第二则：2月4日人力资源和社会保障部首次向社会发布了"网络创业促进就业研究报告"。报告指出，我国网络创业就业已累计制造超过1 000万个就业岗位，有力缓解了近几年的就业压力，并日益成为创业就业新的增长点。

近年来，大学生就业难和电子商务一直是热门的话题，2013年大学生的就业形势更加严峻，有人说2013年是"史上最难就业年"。

近年来，互联网经济也已成为国民经济的重要组成部分，该行业对人才的需求也日益旺盛，由此产生了一大批新型就业机会。在年轻人就业面临压力的现实背景下，以网络就业促进社会就业，对于解决社会就业、拉动内需和促进经济发展，具有重大而深远的意义。为了应对就业难的问题，不少大学毕业生选择自主创业，其中还开设网店是不少年轻人的选择。

训练内容：

1. 设计：根据"训练目标"的要求，设计一份创业计划书（开设网店可行性研究）框架。
2. 调查：通过网络或深入企业、单位开展市场调查，了解拟经营产品（如化妆品）的市场情况。
3. 了解：向有关部门了解开设网店的相关政策和程序。
4. 分析：开设网店的可行性。
5. 预测：开设网店的成本和效益。
6. 思考：开设网店的风险。
7. 策划：网店建设方案。

训练方法：

个人或团队形式均可（团队形式更好）。

能力评估：

通过训练，要求每位同学以书面（或现场作答）的形式回答以下问题，由老师或团队成员按照"训练目标"要求评估每位同学的训练成绩。

1. 展示你的创业计划书框架,请同学们指出存在的不足。
2. 介绍你开网店拟经营的产品及其市场前景。
3. 谈谈你开设网店的设想并分析其可行性及风险。
4. 分享你的网店建设方案,请同学们提出完善意见。

第四章
项目的范围管理

学习目的

本章主要介绍项目范围管理的知识内容及其应用技术方法。通过本章的学习,应了解项目的启动、范围规划、范围定义、范围控制、范围确认的基本概念;理解这五个工作过程的依据和结果;掌握各个工作过程使用的工作结果分析、责任分配矩阵等主要技术和方法。

导入案例四

A 高校校园一卡通工程工期为何延迟

厦信公司一个月前承建了 A 高校校园一卡通工程,合同规定工期为 4 个月,工期若有延迟,则每延迟一个月需支付工程款的 2% 的赔偿金。为确保工程质量,A 高校安排后勤管理部门和信息中心的两个工作人员全程监督工程的施工,厦信公司还指定林诚工程师担任该项目经理,全面负责项目实施管理。项目按合同的约定如期开工,实施过程中 A 高校监督人员不断提出新的要求,如要求增加学生注册、报到缴费模块、考勤模块、商场购物付款模块等等,导致工程设计方案多次变更,因此在项目实施 2 个月后,项目进度计划大约只完成了 30%。A 高校监督人员认为厦信公司安排的专业技术人员太少,而且有的技术人员业务不熟悉,有些工作不符合合同要求,返工太多,要求厦信公司增派合格的技术人员,确保工程如期完成,否则须按合同约定支付赔偿金;厦信公司承认公司确实因为最近业务太多,人手比较紧,安排了 2 个新手边学边做,但是,他们认为导致工期延误的根本原因是 A 高校不断提出新的工作内容,因此,要求 A 高校延长工期,并追加投资额。

问题与思考：
1. 你认为导致该项目延迟的原因是什么？
2. 该项目在范围管理方面存在哪些问题？
3. 你认为该项目需要在哪些方面做出范围变更？

第一节 项目范围管理概述

要想成功地完成某个项目，在明确了项目的预定目标后，必须开展一系列的工作或活动，这些必须开展的工作构成了项目的工作范围。项目管理的首要工作就是进行项目范围管理。

一、项目范围和项目范围管理

（一）项目范围

项目范围（Project Scope）是指为了成功地实现项目目标所必须完成的、全部且最少的工作。在这个定义中有如下两层含义：

全部的——指实现该项目目标所进行的"所有工作"，任何工作都不能遗漏，否则将会导致项目范围"萎缩"（Project Scope Shrink）。

最少的——指完成该项目目标所规定的"必要的、最少量"的工作，不进行此项工作就无法最终完成项目，工作范围不包括那些超出项目可交付成果需求的多余工作，否则将导致项目范围"蔓延"（Project Scope Creep）。

通过对项目范围的界定，项目组织就能明确项目所要完成的各项工作了。

还应特别注意区分产品范围和项目范围的概念。产品范围（Product Scope）是指客户对项目最终产品或服务所期望包含的特征和功能的总和。项目范围是为了交付满足产品范围要求的产品或服务所必须完成的全部工作的总和。项目范围最终是以产品范围为基础而确定的，产品范围对产品要求的深度和广度决定了项目工作范围的深度和广度。产品范围的完成情况是参照客户的要求来衡量的，而项目范围的完成情况则是参照计划来衡量的。

（二）项目范围管理

1. 项目范围管理的含义

项目范围管理（Project Scope Management）实质上是一种功能管理，它是对项目所要完成的工作范围进行管理和控制的过程和活动，包括确保项目能够按要求的范围完成所涉及的所有过程。主要内容包括：启动一个新项目、编制项目范围规划、界定项目范围、由项目干系人确认项目范围、对项目范围变更进行控制等。

2.项目范围管理工作的过程

项目范围管理主要的步骤包括：

(1)把客户的需求转变为对项目产品的定义；

(2)根据项目目标与产品分解结构,把项目产品的定义转化为对项目工作范围的说明；

(3)通过工作分解结构,定义项目工作范围；

(4)项目干系人认可并接受项目范围；

(5)通过责任分配,授权与执行项目工作,并对项目进展进行控制。

图4-1说明了项目范围管理的工作过程。

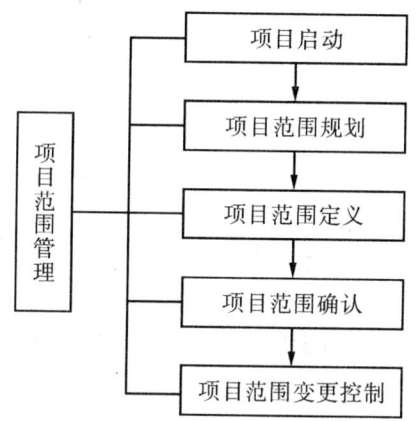

图 4-1　项目范围管理工作的过程

在实践中,各个工作过程可能以各种形式重叠并相互影响。

二、项目范围管理的作用

项目范围管理在项目管理中具有十分重要的作用。

(一)为项目实施提供工作范围的框架

项目范围管理最重要的作用就是为项目实施提供了一个项目工作范围的边界和框架,并通过该边界和框架去规范项目组织的行动。在明确了项目工作范围和条件之后,就可以让人们放弃不必要的工作和各种不切合实际的想法。

(二)提高资金、时间、人力和其他资源估算的准确性

项目的具体工作内容明确以后,项目组织就可以依据各项具体工作来规划其所需的资金、时间、人力和其他资源,这样对整体和各项工作的需求估计就准

确多了。

（三）确定进度测量和控制的基准，便于对项目的实施进行有效的控制

项目范围是项目计划的基础，项目范围确定了，就为项目进度计划的执行和控制确定了基准，从而可以采取相应的纠偏行动。

（四）有助于清楚地分派责任

一旦项目范围界定了，也就确定了项目的具体工作任务，为进一步分派任务奠定了基础。

第二节 项目启动

一、项目启动的含义

项目启动是项目管理班子在项目开始阶段的具体工作，包括项目或项目阶段的规划、实施和控制等过程。项目范围管理中的启动（Initiation）具有两层含义；第一层是正式启动一个新项目，第二层是确定一个既存项目是否可以进入下一个项目阶段。项目的启动可以是正式的，也可以是非正式的。正式的项目启动要进行一系列正规的可行性研究；非正式的项目启动工作相对简单，在项目的构思初步形成之后，几乎不需要进行任何正式的可行性研究就可以直接进入项目的规划和设计阶段。非正式启动通常适合于一些小项目和开发性、科研性的项目。

项目启动的主要工作如表 4-1 所示。

表 4-1 项目启动的主要工作

依据	工具和方法	结果
项目目的	项目方案选择的方法	项目章程
成果描述	专家评定法	项目描述说明书
战略计划	项目启动会议	项目主管选派
项目选择的准则		项目制约因素的确定
历史资料		项目假设条件的确定

二、项目启动的依据

(一)项目目的

项目目的是指项目的客户期望项目结束时所能够实现的项目结果。明确项目的目的是项目成功的重要保证。项目团队应该根据自身条件以及资源的获取能力,对能否实现项目目的、满足客户需求做出客观、合理的判断。

(二)成果描述

成果描述是对项目所要完成的成果特征和功能进行说明的文件。成果描述的主要内容包括:产品的特点,产品同项目目的之间的关系,以及为什么要实施该项目、获得该产品等。成果描述并非一成不变,随着项目的进行,项目成果的轮廓以及各项功能的定位日趋明确,成果说明需要逐步细化,甚至会随着项目环境和实施情况的变化而相应变更,但是这种变更要经过客户和项目团队的一致认可。启动阶段的成果描述对支持项目计划编制起着重要作用,它也是下一步工作的基础文件。

(三)战略计划

所有项目都要服从组织的整体战略目标,项目选择要以组织的战略目标作为决策标准。项目从事的一切活动都要以实现其战略目标为中心。

(四)项目选择的准则

项目的备选方案可能不止一个,这就需要建立一套评价体系作为选择方案的准则。项目选择的标准一般根据项目最终成果的性质和客户的要求来决定,涉及所有可能的管理因素,如投资回报率、市场占有率、公众形象等,同时还要考虑经济效益、社会效益,以及项目环境等。

(五)历史资料

项目团队在启动一个项目时,应该充分借鉴以前项目选择和决策的历史资料,以及项目以前执行情况的资料,作为项目选择和决策的参考。

三、项目启动的方法

(一)项目选择方法

项目选择方法可以分为两大类:

1. 效益度量方法。包括对比法、评分模型、收益分布或经济评价模型。
2. 约束条件下的最优化方法。包括线形规划、非线形规划、动态规划、整数规划以及多目标规划等。

上述方法通常称为决策模型,在有些情况下,需要把综合的项目选择准则运用到复杂的模型中。因此,项目选择准则经常被作为一个独立的项目阶段来处理。

(二)专家评定

评估启动过程的依据,经常需要专家的评定。任何具有专门技能和知识的个人均可视为本领域专家。本领域专家可以来自组织的其他部门、咨询机构、职业或技术协会、行业协会。

(三)项目启动会议

项目启动会议是启动项目的一种常用方式。召开项目启动会议的主要目的在于使项目的主要利益相关者明确项目目标、范围、要求、背景及各自的职责和权限。

四、项目启动的结果

(一)项目章程

项目章程就是正式承认项目存在的文件,它可以是一个专门的文件,也可以是企业需求说明书、成果说明书、签订的合同等替代文件。项目章程赋予了项目经理利用企业资源、从事其有关活动的权力。项目章程是由项目的客户或者项目团队所属的上级领导组织的决策者签发的。

(二)项目描述说明书

项目描述是对项目背景、项目目标、项目交付物、项目执行方案、项目完成计划等总体要求所作的一个概要性的说明。

1.项目背景。项目背景即项目实施的内外部环境。项目是在一定的项目背景下进行的,项目背景直接或间接地对项目产生影响。项目背景说明的内容包括:

(1)项目背景描述的内容;

(2)项目背景描述的依据;

(3)项目背景研究的结果。

2.项目目标。项目目标是指实施项目所要达到的期望结果。项目的目标包括成果性目标和约束性目标。成果性目标是由一系列技术指标定义的;约束性目标往往是多重的,通常包括成本、进度、质量要求。达到项目目标和完成管理框架的条件是项目成功的总体标准。项目目标说明的内容包括:

(1)项目目标的内容;

(2)确定项目目标的过程。

3.项目交付物。交付物是项目中产生的产品、货物和/或服务,由图表、计划、文字和样本来描述,它不仅是指项目结束后最终的产品或服务,还包括使得项目成功运作所要求的运作程序、组织变更、人力资源变更等。交付物的内涵和外延都应该和项目需求和目标保持一致。如果项目没有被适当地定义,而且系统范围的扩大和缩小没有文件的说明,项目就很可能失去控制。

4.项目描述表。项目描述表的内容包括:项目名称、项目目标、交付物、交付物完成准则、工作描述、工作规范、项目的前提假设和基准原则、参考标准、项目约束、所需资源估计、重大里程碑等。

（三）项目主管选派

项目启动过程完成的标志有两个:一是任命项目经理,建立项目管理班子;二是取得项目许可证书。

项目应该尽早选定项目主管并且在计划开始前指派到位。优秀的项目主管是项目成功的关键因素。项目经理既可以来自企业内部,也可以来自职业项目经理人市场,还可以由咨询公司推荐。在选派项目经理的同时,还要明确项目经理的责、权、利,并建立适当的激励和约束机制。

项目许可证书就是正式承认项目的文件。该文件通常由项目实施组织的高层管理者或者项目的主管部门颁发。项目许可证书赋予项目经理或项目管理班子将资源用以项目活动的权利。

（四）项目制约因素的确定

制约因素就是限制项目团队行动的因素,例如项目的预算将会限制项目团队的人员配备和进度安排等。

（五）项目假设条件的确定

制订项目计划时一般会假设某些因素是真实和符合现实的,这些因素就是假设条件。项目做计划时,一般会假定项目所需的资源都会及时到位,但是现实情况可能不会这么理想,因此,假设条件通常包含着一定的风险。

第三节 项目范围规划

一、项目范围规划的含义

项目范围规划(Project Scope Planning)就是以项目的实施动机为基础,确定项目范围并编写项目范围初步说明书(Project Scope Statement)的过程。项目范围初步说明书说明了进行该项目的目的、项目的基本内容和结构,规定了项目文件的标准格式,其形成的项目结果核对清单既可作为评价项目各阶段成果的依据，也可作为项目规划的基础。项目范围说明书是项目团队和项目客户之间对项目的工作内容达成共识的结果。

项目范围规划的主要工作如表4-2所示。

表4-2 项目范围规划的主要工作

依据	工具和方法	结果
项目章程	成果分析	初步范围说明书
项目描述说明书	项目方案识别技术	项目范围管理计划
项目主管选派	专家判断法	
项目制约因素的确定		
项目假设条件的确定		

项目和子项目都要编写项目说明书。一般来说，项目范围说明书要由项目班子来写。项目范围说明书是项目班子和任务委托者之间签订协议的基础。

二、项目范围规划的依据

项目范围规划的依据就是项目启动的结果，即项目章程、项目描述说明书、项目许可证、项目假设条件和制约因素等，前面已阐述，在此不再重复。

三、项目范围规划的工具、技术和方法

(一) 项目范围规划的工具和技术

1. 产品分析

产品分析涉及对项目产品的进一步理解。包括产品分解分析、系统工程、价值工程、价值分析、功能分析和质量功能部署等项技术。

2. 成本/效益分析

成本/效益分析指估算各种项目与产品方案的有形和无形成本(开支)和效益(回报)，然后运用财务指标，例如投资回报率，或回收期，来评估各项已知方案的相对优劣。

投资回报率(ROI)是运营收入与投资的比值；

内部收益率(IRR)是使支出现值之和等于收入现值之和的折现率；

回收期是指用投资收益回收全部投资所花费的时间。

3. 其他方案识别

这是用于提出各种项目方案的诸项技术的统称。各种通用管理技术都可在

此应用,其中最常用的是集思广益与横向思维。

(二)项目范围规划的方法

1. 样板法

这是一种使用历史项目(已完成的类似项目)的信息制订项目范围计划的方法。样板包括工作分解结构样板、范围管理计划样板与项目变更控制表格。工作分解结构是由项目各部分构成的面向成果的树型结构,该结构定义并组成了项目的全部范围。一个组织过去所实施的项目的工作分解结构常常可以作为新项目的工作分解结构的样板。虽然每个项目都是独一无二的,但仍有许多项目彼此之间都存在某种程度的相似之处。许多应用领域都有标准的或半标准的工作结构分解作为样板,也有范围管理计划样板与项目变更控制表格样板。

由于历史项目的经验教训可在很大的程度上作为参考信息使用,因此,人们在编制项目管理范围计划时首先选择这种方法,在没有历史"样板"可以借鉴时才使用专家法。

2. 专家法

专家法即利用各领域的专家来帮助项目团队制订范围计划,专家可以是来自各领域的具有专业知识和技能的人员,也可以是咨询公司、行业协会等。

3. 会议法

通过召开会议的方式研究制定项目范围管理规划。会议通常由项目经理召集召开,与会人员主要有项目经理、项目发起人、选定的项目团队成员、选定的项目干系人、范围管理各过程的负责人,以及其他必要的人员。

四、项目范围规划的结果

项目范围规划形成下列成果:

(一)初步范围说明书

范围说明书为今后的项目决策以及在干系人中确认或建立对项目范围的共识提供了一份有案可查的依据。

随着项目的进展,范围说明书可能需要修改或完善,以反映项目范围已批准的更改。范围说明书应当包括以下内容(直接列入或者引用其他文件):

1. 项目论证

论证项目所要满足的营运需要。项目论证为今后的利弊权衡提供了基础。

2. 项目产品

对产品描述的简要概括。

3. 项目可交付成果

为了完成项目或其中一部分而必须做出的可测量的、有形的及可以验证的任何成果、结果或事项。可交付成果应当是有形和可测量的。

4.项目目标

要让项目被视为取得成功所必须满足的可量化标准。项目目标至少必须包括成本、进度和质量的度量标准。项目目标应该具有属性(如成本)、计量单位(如人民币元),以及一个绝对或相对值(如小于150万)。未量化的目标(如"客户满意")的成功实现与否则涉及很大风险。

(二)辅助性说明

辅助性说明包括项目的有关假设条件和制约因素等的描述。

(三)项目范围管理规划

项目范围管理规划是项目管理团队确定、记载、核实、管理和控制项目范围的指南。包括以下内容:说明如何管理项目范围以及如何将变更纳入到项目的范围之内;对项目范围稳定性评价,即项目范围变化的可能性、频率和幅度;说明如何识别范围变更以及如何将其分类。具体有:

1.根据项目初步范围书编制详细项目范围说明书的一个过程。

2.根据详细的项目范围说明书制作工作分解结构,并确定如何维持与批准该工作分解结构的一个过程。

3.规定如何正式核实与验收项目已完成可交付成果的一个过程。

4.控制详细项目范围说明书变更请求处理方式的一个过程。

项目在一开始时,项目团队和客户就应该对项目范围变更的显著性水平做出概念上的界定。例如项目团队和客户约定项目成本计划只允许有20%的偏差,那么如果实际成本已经超过计划的30%,并且没有任何挽救的可能,这时项目的计划就应该进行调整,项目的范围也就要随之变更。

第四节 项目范围定义

一、项目范围定义的含义

项目范围定义(Project Scope Definition)就是把项目的主要可交付成果划分为更小的、更加容易管理的组成部分。为了达到项目的目标,首先要确定为达到目标而所要完成的具体任务。在项目范围计划中,对这些任务进行了概括的说明。在项目范围定义中,我们要将这些任务再逐步细化,直至落实到完成它的每一个人或每一个小组。项目范围定义不但要力求准确、细致,而且要有利于项目资源的合理调配和成本的估算。

范围定义是通过任务分解实现的,任务分解就是把笼统的、不能具体操作的任务细分成较小的且易执行和控制的、包含具体细节的可操作任务。任务分解有助于提高项目成本估算、进度和资源估算的准确性;有利于对项目的执行情况进行评价;便于明确项目团队成员的职责和进行资源分配。

项目范围定义的主要工作如表 4-3 所示。

表 4-3 项目范围定义的主要工作

依据	工具和方法	结果
项目范围说明书 项目范围管理规划 历史资料	工作分解结构 成果分析 成本效益分析 项目方案识别技术 专家判断法 利益相关者分析	项目范围的说明书 项目工作分解结构图及其词典 请求的变更 项目范围管理计划更新

二、项目范围定义的依据

项目范围定义的依据包括项目范围说明书、项目范围管理计划和可供参考的历史资料等,项目范围定义的依据也就是项目范围规划的结果。

三、项目范围定义的工具和方法

(一)成果分析

通过成果分析可以加深对项目成果的理解,确定其是否必要,是否有价值。主要包括系统工具、价值分析、功能分析、质量功能分析等技术。

(二)成本效益分析

成本效益分析就是估算不同项目方案的有形和无形费用和效益,并利用诸如投资收益率、投资回收期等财务计量手段估计各项目方案的相对优越性。

(三)项目方案识别技术

这里的项目方案是实现项目目标的方案。项目方案识别技术泛指提出实现项目目标的方案的所有技术。管理学中提出的许多现成的技术,如头脑风暴法和侧面思考法可供识别项目方案。

（四）工作分解结构

工作分解结构（WBS，Work Breakdown Structure）是一种为了便于管理和控制而将项目工作分解的技术，是项目范围定义中最有价值的工具。WBS 逐层把项目分解成子项目，子项目再分解成更小的、更易管理的工作单元（或工作包），直至具体的活动（或工序）。工作分解结构可以把整个项目联系起来，把项目目标逐步细化为许多可行的，并且是相对短期的任务。

（五）专家判断

（六）利益相关者分析

利益相关者的利益可能会受到项目的有利或不利影响，因此他们也会对项目及其可交付成果施加影响。

四、项目范围定义的结果

（一）项目范围说明书

项目范围说明书详细地说明了项目的可交付成果和为提交这些可交付成果而必须开展的工作，成为评价变更请求或增加的工作是否超出项目边界的基准。项目范围说明书包括如下事项：

1. 项目目标。项目目标包括可测量的项目成功标准及费用、进度和质量指标。

2. 产品范围说明书。产品范围说明书说明了项目应创造的产品、服务或成果的特征。这些特征通常在早期阶段不够详细，而在以后的阶段，随着产品的特征逐步明确，产品范围说明书也就逐步详细起来。

3. 项目要求说明书。项目要求说明书说明了项目可交付成果为满足合同、标准、技术规定说明书或其他正式强制性文件的要求而必须满足的条件或必须具备的能力。对利益相关者所有需要、愿望和期望所做的利益相关者分析结果，要按照轻重缓急和重要性大小反映在项目要求说明书中。

4. 项目边界。项目边界通常明确哪些事项属于项目的内容，哪些事项不包括在项目之内。

5. 项目可交付成果。可交付成果既包括由项目产品、服务或成果组成的结果，也包括附带结果，如项目管理报告和文件。对可交付成果可以概括，也可以详细说明，具体视项目范围说明书的情况而定。

6. 产品验收准则。产品验收准则确定了验收已完成产品的过程和原则。

7. 项目制约因素。项目制约因素列出并说明同项目范围有关并限制项目团队选择的具体项目制约因素。例如，顾客或实施组织签订的事先确定的预算或任何强加的日期(进度里程碑)。

8. 项目假设。项目假设列出并说明同项目范围有关的具体项目假设,以及其在不成立时可能造成的潜在成果。

9. 项目初步组织。识别了项目团队的成员与利益相关者。项目的组织也形成了文件。

10. 初步确定的风险。

11. 进度里程碑。

12. 资金限制。说明了置于项目基金上的所有限制,包括总金额或规定的时间。

13. 费用估算。

14. 项目配置管理要求。说明了项目实施的配置管理和变更控制水平。

15. 项目技术规定说明书。项目技术规定说明书识别了项目应当遵守的技术规定文件。

16. 批准要求。批准要求识别了适用于诸如项目目标、可交付成果、文件和工作等事项的批准要求。

(二)工作分解结构及其词典

项目工作分解结构(WBS)是通过分解技术,将项目任务按照其内在性质和内在结构逐层细化而形成的示意图,呈分级树型结构。该图涵盖了项目的所有工作任务,即确定了项目的整个范围,直观地说明了每个独立的工作任务在项目中的地位。项目工作分解结构词典是指对项目工作分解结构进行说明的文件,它详细说明了工作分解结构中所有工作包的重要情况。一般来讲,应该包含如下几项基本的工作信息:工作细节、前期工作投入、工作产出、人员联系、持续时间、需要的资源、紧前和紧后的工作等。

(三)请求的变更

对项目管理计划及其分计划请求的变更可以在范围定义过程中提出。请求的变更通过整体变更控制过程提交审查或处置。

(四)项目范围管理计划(更新)

项目范围管理计划可能需要更新,以便将项目范围定义过程产生并批准的变更请求纳入其中。

五、项目工作分解

项目工作分解实际上是一项对项目范围定义后给出的项目工作范围的进一步细化和分解的项目范围管理工作,这一工作最主要的内容是对定义出的项目工作范围进行全面的分解,最终给出项目工作分解结构和项目工作分解结构字典等项目范围分解的文件。

一旦项目的目标确定以后,就必须确定为达到目标所需要完成的具体任务,即定义项目的工作范围,这就要求必须制订一份该项目所有活动的清单。但是对于比较大的或比较复杂的项目而言,活动清单难免会遗漏一些必要的活动,所以对这些项目而言,工作分解结构将是一个比较好的解决方法。

举一个简单的小例子。如果项目的具体目标是"包饺子",则有如下几项工作要做,比如"准备饺子馅"和"准备饺子皮","准备饺子馅"又可以分为"买肉馅"、"准备菜"和"准备调料";"准备菜"又可以细分为"买菜"和"切菜"。工作包层层分解至一定单项活动为止就不一定再细分,如果一直往下细分就没有任何意义了。这种技术被称为工作分解结构,如图 4-2 所示。

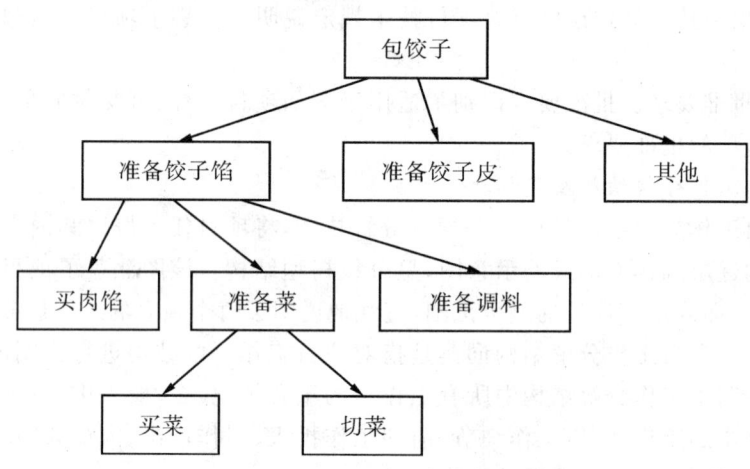

图 4-2　包饺子的工作分解结构

（一）工作分解结构的作用

1.明确项目具体的工作内容。把项目分解成具体的活动,定义具体工作范围,让相关人员清楚了解整个项目的概况,对项目所要达到的目标达成共识,以确保不漏掉任何重要的事情。

2.有助于项目计划的制订。通过活动的界定,按照项目活动之间的逻辑顺序来进行项目的实施,有助于制订完整的项目计划。

3.为资源分配提供标准。通过项目分解,为制订完成项目所需要的技术、人力、时间和成本等质量和数量方面的目标提供标准。

4.明确项目团队人员的责任和权利。通过活动的界定,就能很明显地使项目团队人员知道自己的责任和权利,从而对项目应当承担和不应当承担的责任有明确的划分。

(二)工作分解结构的分解原则

1. 对项目的各项活动按实施过程、产品开发周期或活动性质等分类;
2. 在分解任务的过程中不必考虑工作进行的顺序;
3. 不同的项目,分解的层次不同,不必强求结构对称;
4. 把工作分解到能以可靠的工作量估计为止;
5. 在确定最低一级的具体工作时,应能分配给某个或某几个人具体负责。

(三)工作分解结构的分解方式

编制 WBS 可以依据工作过程、系统性能、成果分类等等项目的具体特征、性质进行层层分解。

1. 基于功能(系统)的分解结构

按项目的功能进行工作分解,如图 4-3 所示。

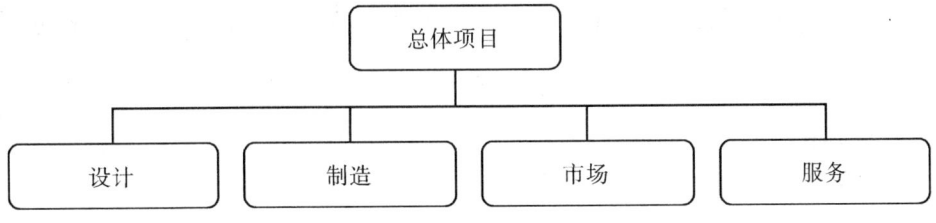

图 4-3 基于功能(系统)的分解结构

2. 基于成果(系统)的分解结构

按项目预计取得的成果进行工作结构分解,如图 4-4 所示。

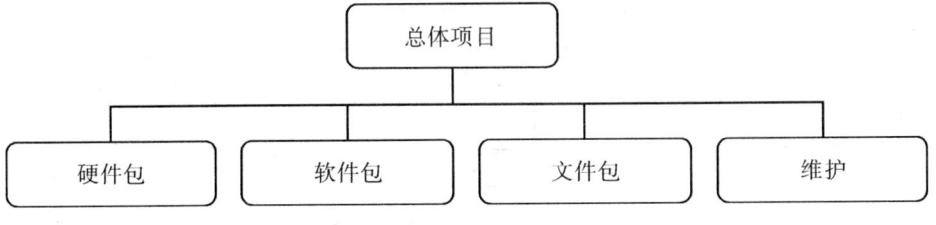

图 4-4 基于成果(系统)的分解结构

3. 基于工作过程的分解结构

按照工作开展的阶段进行工作结构分解,如图 4-5 所示。

此外,还可以按项目的区域分布、按子项目、按部门等标志进行工作结构分解。

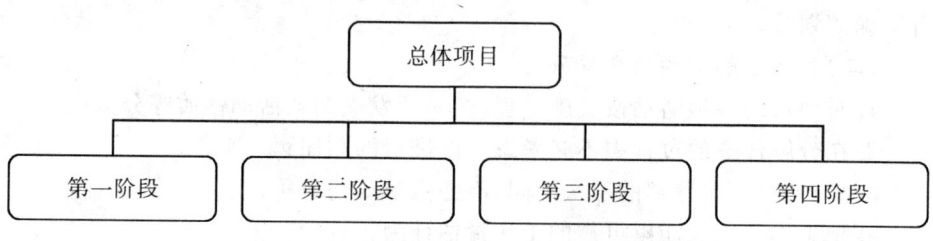

图 4-5 基于工作过程的分解结构

(四)工作分解结构图

工作结构分解的工具是工作分解结构原理,它是一个分级的树型结构,是将项目按照内在的结构或实施过程的顺序进行逐层分解而形成的结构示意图。它可以将项目分解到相对独立的、内容单一的、易于核算和检查的项目单元,并能把各项目单元在项目中的地位与结构直观地表示出来。

工作分解结构是按照各任务范围的大小从上到下逐步分解的,其工作分解的层次包括:

1. 总项目;
2. 子项目或主体活动;
3. 主要的活动;
4. 次要的活动;
5. 工作包。

工作分解结构的框架如图 4-6 所示。

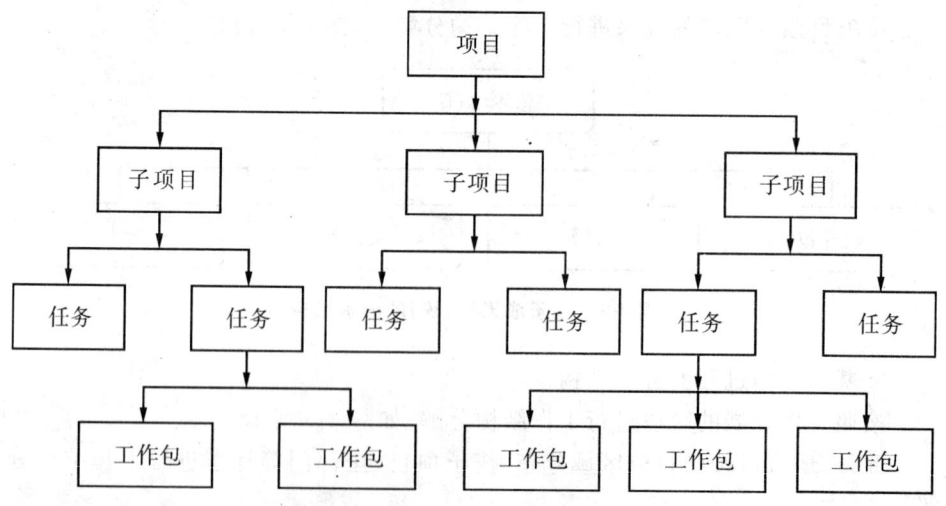

图 4-6 工作分解结构框架图

进行工作分解结构分解时必须清楚：要完成该项目必须完成哪些主要活动？完成这项活动，必须要完成哪些具体子任务？在从上往下排列的过程中，工作分解结构的每一层都变得更为具体，最终形成一个类似树状的组织结构。

（五）工作包

工作包是完成项目目标所要完成的相关工作活动的集合，为项目控制提供充分和合适的管理信息，它位于工作分解结构的最底层，也是工作分解结构最低层次的可交付成果。建立有效工作包的原则如下：

1. 工作包应该是可确定的、特定的、可交付的独立单元；
2. 工作包中的工作责任应落实到具体的单位或个人；
3. 工作包的大多数工作应该适用相同的工作人员，从而提高人员之间的沟通；
4. 工作包应与特定的 WBS 单元直接相关，并作为其扩延；
5. 工作包单元的周期应是最短周期；
6. 应明确本工作包与其他工作包之间的关系；
7. 能确定实际的预算和资源需求。

（六）工作分解结构的编码

运用特定的规则对分解结构图中的各个结点进行编码，可简化项目实施过程中的信息交流。制订项目的成本、进度和质量等计划时不但可以利用编码代表任务名称，而且可以根据某任务的编码情况推断出该任务在工作分解结构图中的位置，这要求在工作分解结构中每个结点的编码保持唯一性。

工作分解结构编码的方法有多种，最常见的方法是利用数字进行编码。下面以一个 4 层的工作分解结构为例来说明其如何编制。

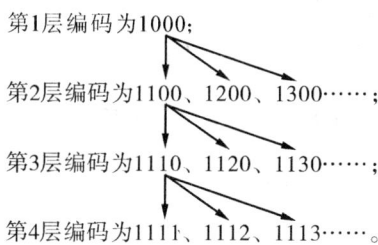

第1层编码为1000；

第2层编码为1100、1200、1300……；

第3层编码为1110、1120、1130……；

第4层编码为1111、1112、1113……。

（七）某公司制造机器人项目的工作分解结构图和编码图实例

制造机器人项目的工作分解结构如图 4-7 所示。

制造机器人项目的工作分解结构图编码如图 4-8 所示（编码在括号里表示）。

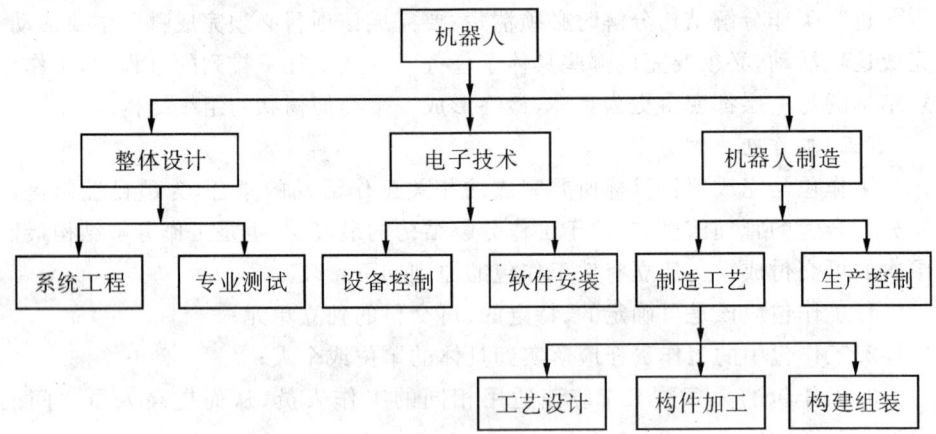

图 4-7 制造机器人项目的工作分解结构图

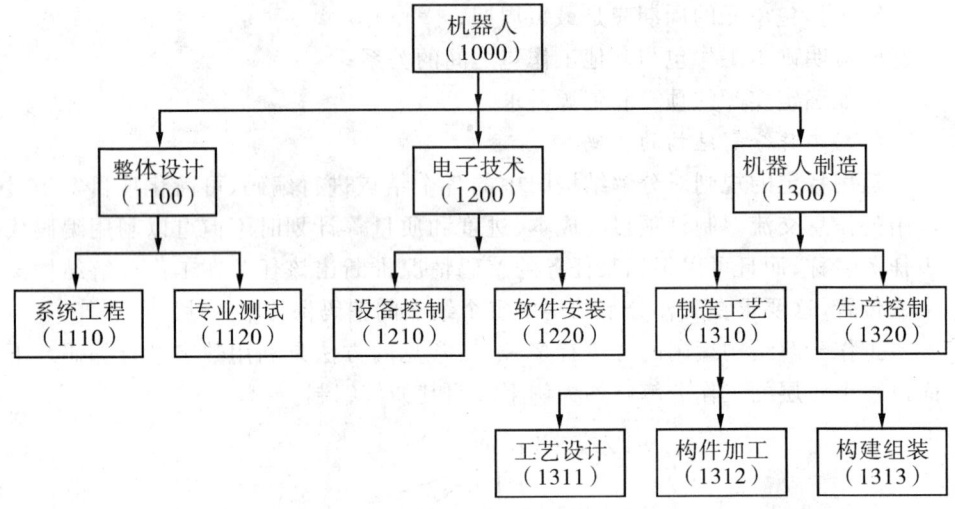

图 4-8 制造机器人项目的工作分解结构编码图

(八)WBS 分解的结果和表达形式

1. WBS 的分解结果

(1)项目工作分解结构图。

(2)WBS 词典:包括编码、工作包描述(内容)、成本预算、时间安排、质量标准或要求、负责人或部门或外部单位(委托项目)、资源配置情况、其他属性等。

2. WBS 的表达形式

WBS 可用不同的形式表达,常用的有层次结构图和锯齿列表形式,如图 4-9 所示。

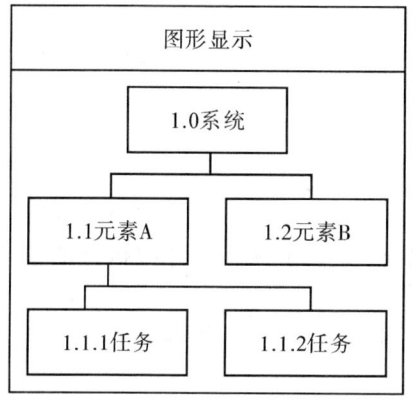 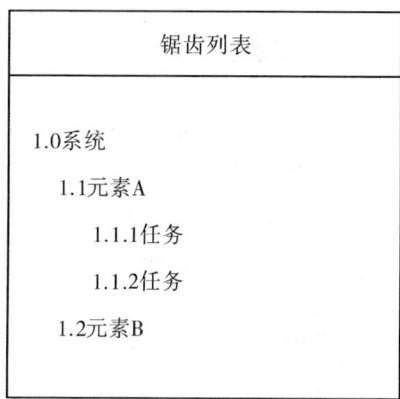

图 4-9 工作分解结构的表达形式

第五节 项目范围确认

一、范围确认的含义

项目范围确认(Project Scope Verification)是指项目干系人最终认可和接受项目范围的过程。在范围确认工作中,要对范围定义的工作结果进行审查,确保项目范围包含了所有的工作任务。项目范围确认既可以针对一个项目的整体范围进行确认,也可以针对某个项目阶段的范围进行确认。项目范围确认要审核项目范围界定工作的结果,确保所有的、必需的工作都包括在项目工作分解结构中,而一切与实现目标无关的工作均不包括在项目范围中,以保证项目范围的准确。

项目范围确认的主要工作如表 4-4 所示。

表 4-4 项目范围确认的主要工作

依据	工具和方法	结果
工作成果 成果说明 项目范围说明书 项目范围管理计划 项目工作分解结构图	项目范围的核检表 项目工作分解结构核检表	验收的可交付成果 批准的请求的变更 推荐的纠正措施

二、项目范围确认的依据

1. 项目范围说明书。
2. 项目工作分解结构图。
3. 项目范围管理规划。
4. 工作成果。即项目可交付成果的情况,反映了项目按计划执行的实际情况。
5. 成果说明。即对项目成果的全面描述,如项目规格书、项目技术文件或项目图纸等。

三、项目范围确认的工具和方法

项目范围确认的常用工具有如下两张核检表,即项目范围的核检表和项目工作分解结构核检表,实践证明它们在项目范围管理中是十分有效的。

（一）项目范围的核检表

主要内容有：

1. 项目目标是否完整和准确；
2. 项目目标的衡量标准是否科学、合理和有效；
3. 项目的约束条件、限制条件是否真实并符合实际；
4. 项目的假设前提是否合理,不确定性的程度是否较低；
5. 项目的风险是否可以接受；
6. 项目成功的把握是否很大；
7. 项目的范围界定是否能够保证上述目标的实现；
8. 项目范围所能产生的收益是否大于成本；
9. 项目范围界定是否需要进一步开展辅助性研究。

（二）项目工作分解结构的核检表

主要内容如下：

1. 项目目标描述是否清楚明确；
2. 项目产出物的各项成果描述是否清楚明确；
3. 项目产出物的所有成果是否都是为实现项目目标服务的；
4. 项目的各项成果是否以工作分解结构为基础；
5. 项目工作分解结构中的工作包是否都是为形成项目某项成果服务的；
6. 项目目标层次的描述是否清楚；

7. 项目工作分解结构的层次划分是否与项目目标层次的划分和描述相统一;

8. 项目工作、项目成果与项目目标之间的关系是否一致和统一;

9. 项目工作、项目成果、项目分目标和项目总目标之间的逻辑关系是否正确、合理;

10. 项目目标的衡量标准是否有可度量的数量、质量或时间指标;

11. 项目工作分解结构中的工作是否有合理的数量、质量和时间度量指标;

12. 项目目标的指标值与项目工作绩效的度量标准是否匹配;

13. 项目工作分解结构的层次分解得是否合理;

14. 项目工作分解结构中各个工作包的工作内容是否合理;

15. 项目工作分解结构中各个工作包之间的相互关系是否合理;

16. 项目工作分解结构中各项工作所需的资源是否明确、合理;

17. 项目工作分解结构中各项工作的考核指标是否合理;

18. 项目工作分解结构的总体协调是否合理。

另外还有其他的确认项目或者各个阶段可交付成果的方法,如观察法、测量法、测试法和检验法等,在此不再一一介绍。

四、项目范围确认的结果

(一)验收的可交付成果

范围确认过程记载了已完成并经过验收的可交付成果。已经完成但尚未验收的可交付成果也记载下来,并附有未验收的理由。范围核实包括收到的顾客或赞助人证明文件,并记载利益相关者验收项目可交付成果的事实。

(二)请求的变更

在范围确认过程中可能提出变更请求,并通过整体变更控制过程进行审查与批准。

(三)推荐的纠正措施

项目范围确认完成后,参加项目范围确认的项目班子和接受方人员,应在事先准备好的文件上签字,表示接受方已正式认可并验收全部或阶段性成果。一般情况下,这种认可和验收可以附有条件。如软件开发项目移交和验收时,可规定以后发现软件有问题时,仍然可以找该软件项目开发人员解决。

第六节 项目范围控制

在项目开始按照项目范围计划实施后,项目自身以及项目的各种条件和环境发生变化,这种变化会导致项目范围发生变化,因此,需要对其进行必要的控制。

一、项目范围控制的内容和作用

(一)项目范围控制的内容

项目范围变更控制是指为了使项目朝着有益方向发展而变动和调整某些方面因素从而引起项目范围发生变化的过程。

项目范围控制包括确定项目范围变化情况和当项目范围正在发生变化或已发生变化时对其采取纠正措施。

项目范围控制主要是对造成项目范围变更的因素施加影响,并控制这些变更造成的后果。范围控制确保所有请求的变更与推荐的纠正,通过项目整体变更控制过程进行处理。

项目范围变化及其控制不是孤立的,因此在进行项目范围控制时,必须同时全面考虑到对其他因素或方面的控制,特别是对时间、费用和质量的控制。

项目范围变更控制的主要工作如表 4-5 所示。

表 4-5 项目范围变更控制的主要工作

依据	工具和方法	结果
项目工作分解结构	项目范围变更控制系统	范围变更文件
项目执行情况报告	绩效测量	纠正措施文档
项目范围的变更申请	范围计划调整	经验教训文档
项目范围管理计划		调整后的基准计划

(二)项目范围控制的作用

1. 合理调整项目范围

范围变更即是对原已确定的、建立在已审批通过的 WBS 基础之上的项目范围进行改变与调整。项目范围变更常常伴随着一个对成本、进度、质量或项目其他目标进行调整的要求。项目范围改变是通过计划过程、技术和计划文件的更新而确定的。变更一旦确定,需将所有更新内容或文件以适当的方式通知或传到项目各利益相关者手中。

2. 纠偏行动

纠偏行动是将计划实施纳入计划轨道行为。

3. 总结经验教训

导致范围变化的原因、采取纠偏行动的依据以及其他任何来自变更控制实践中的经验和教训,都应该书写成文,形成数据和资料,作为项目组织或项目所在公司需珍藏的历史资料。

二、项目范围变更的原因

项目干系人常常由于各种原因要求对项目范围进行修改。造成范围变更的原因很多,主要有:

(1)项目的外部环境发生变化,如政府的有关规定发生变化;
(2)在项目范围计划或定义时出现错误或遗漏;
(3)项目团队提出了新的技术、手段或方案;
(4)项目实施的组织本身发生了变化;
(5)客户对项目或项目产品的要求发生变化。

三、项目范围变更控制的依据

(一)项目工作分解结构

项目工作分解结构是确定项目范围的基准,它定义了完成项目所需的所有工作任务,如果实际工作超出或没有达到工作分解结构的要求,就认为项目的范围发生了变化。这时,就要对工作分解结构进行修改和调整。

(二)项目执行情况报告

项目执行情况报告包括两部分:一是项目的实际完成情况;二是有关项目范围、进度、成本和资源变化的情况。执行情况报告还能使项目团队注意到一些可能在未来会导致项目范围发生变化的因素。

(三)批准的项目范围的变更申请

项目范围的变更申请是指对可能扩大或缩小项目的范围所提出的要求。项目范围的变更申请可以采取很多形式,如口头的或书面的、直接的或间接的、从内部开始的或从外部开始的等。

(四)项目范围管理计划

范围管理计划对如何控制范围的变化做了规定。它可以是正式计划或非正式计划,也可以是详细性描述或是基于项目需要的一个大致的约定。

四、项目范围变更控制的工具和方法

(一)项目范围变更控制系统

项目范围变更控制系统规定了项目范围变更的基本控制程序、控制方法和控制责任等,它包括范围文件系统、项目执行跟踪系统、偏差系统、项目范围变更申请和审批系统等。在项目执行过程中,要对项目的进展情况进行监控,对实际与计划之间的偏差进行分析,如果偏差不利于项目目标的完成,就要及时采取纠偏措施。项目范围的变更会引起成本、进度、质量等项目目标的变化,因此,范围变更控制系统应该与项目的其他变更控制系统相结合使用,从而对项目进行整体管理。

(二)绩效测量

绩效测量技术可以帮助项目团队评估发生偏差的程度,分析导致偏差的原因,并且做出对应的处理,一般包括:偏差分析、绩效审查、趋势分析等技术。

(三)范围计划调整

很少有项目能按其初始计划运作,项目的范围随时都有可能发生变化,因此就要根据范围的变动来随时调整补充原有的工作分解结构图,并以此为基础,调整、确定新的项目计划,并根据新的项目计划的要求,对项目范围的变更进行控制。

(四)进度报告

进度报告需要反映任何已发生的项目变化,而且为了采取有效措施,控制项目范围变化,进度报告还需说明导致范围变化的原因。

五、范围变更控制的结果

(一)范围变更文件

范围变更经常会涉及成本、进度、质量和其他项目目标的调整。项目范围变更一旦确定,就要对有关的项目文件进行更新,并将项目范围变更的信息和相应的文件及时通知或发送给相关的项目干系人。范围变更文件应包含:更新项目范围说明书、更新项目分解结构、更新的项目管理计划等。

(二)推荐纠正措施文档

为了完成预定的项目目标,项目团队要对执行过程中的偏差采取有效的纠正措施,并形成文档。纠正措施有两种情况:一是根据项目的实际执行情况,采取措施消除偏差的影响,使项目的进展情况与计划相一致;二是根据经过审批后的项目范围变更要求而采取一些纠正措施。

（三）推荐经验教训文档

项目范围变更后，项目团队要把各种变更的原因、选择纠正措施的理由，以及从范围变更控制中得出的经验教训等用书面的形式记录下来，将其作为历史资料的一部分，并为项目团队继续执行该项目以及今后执行其他项目提供参考。

（四）更新范围基准

项目范围变更后，必须根据范围变更文件相应地修改项目的基准计划，从而反映已批准的变更，并作为未来变更控制的新基准。

导入案例四分析

1. 导致该项目延迟的原因是：项目工程设计变更次数太多、项目的专业技术人员不足、有的技术人员业务不熟悉，有些工作不符合合同要求，返工太多。厦信公司和A高校双方都有责任。

2. 该项目在范围管理上存在问题：首先，项目范围定义不清晰，双方沟通不足，厦信公司对A高校的需求了解不充分，A高校对项目的目标描述有偏差。其次，项目的范围确认存在问题，A高校对项目的范围不明确，实施过程中范围不断变更。其三，范围的控制也存在问题，项目实施过程中，双方虽发现原先在范围确认中存在问题，但是没有及时进行变更。

3. 项目实施过程中，A高校发现需要增加工程内容，多次提出变更设计方案，这时可取的做法是双方协商适时变更项目范围，并根据范围的变化签订补充合同，明确是否延长工期和追加投资额，通过变更使得项目的范围管理走上正轨。

本章小结

项目范围是指为了成功地实现项目目标所必须完成的、全部且最少的工作。通过对项目范围的界定，项目组织就能明确项目所要完成的各项工作了。

项目范围管理是对项目所要完成的工作范围进行管理和控制的过程和活动，包括确保项目能够按要求的范围完成所涉及的所有过程，主要内容包含：启动一个新项目、编制项目范围规划、界定项目范围、由项目干系人确认项目范围、对项目范围变更进行控制等。

项目启动是项目管理班子在项目开始阶段的具体工作，包括项目或项目阶段的规划、实施和控制等过程。项目启动的依据包括：项目目的、成果描述、战略计划、项目选择的准则及历史资料。

项目团队在启动一个项目时，应该充分借鉴以前项目选择和决策的历史资料，以及项目以前执行情况的资料，作为其项目选择和决策的参考。

项目启动的结果是明确项目章程，形成项目描述说明书，指定项目主管，研究项目的限制因素与假定条件。

项目范围规划就是以项目的实施动机为基础，确定项目范围并编写项目范围初步说明书的过程。项目范围初步说明书说明了进行该项目的目的、项目的基本内容和结构，规定了项目文件的标准格式，其形成的项目结果核对清单既可作为评价项目各阶段成果的依据，也可作为项目规划的基础。项目范围说明书是项目团队和项目客户之间对项目的工作内容达成共识的结果。

项目范围计划的依据就是项目启动的结果，即项目章程、项目描述说明书、项目许可证、项目假设条件和制约因素等。

项目范围计划方法主要有样板法和专家法。人们在编制项目管理范围计划时首先选择样板法，在没有历史"样板"可以借鉴时，才使用专家法。

项目范围计划形成初步范围说明书、辅助性说明和项目范围管理规划等文件。

项目范围定义就是把项目的主要可交付成果划分为更小的、更加容易管理的组成部。

项目范围定义的依据包括项目范围说明书、项目范围管理计划和可供参考的历史资料等，项目范围定义的依据也就是项目范围规划的结果。

范围定义后给出的项目工作范围的进一步细化和分解的项目范围管理工作，这一工作最主要的内容是对定义出的项目工作范围进行全面的分解，最终给出项目工作分解结构和项目工作分解结构字典等项目范围分解的文件。

项目工作分解结构是项目管理中最有价值的工具之一。它将需要完成的项目按照其内在工作性质或内在结构划分为相对独立、内容单一和易于管理的工作单元，从而有助于找出完成项目工作范围所有的任务。工作分解结构可以把整个项目联系起来，把项目目标细化为许多可行的、逐步细化的、并且是相对短期的任务。

工作分解结构是按照各任务范围的大小从上到下逐步分解的，其工作分解的层次包括：总项目、子项目或主体活动、主要的活动、次要的活动和工作包。

项目范围确认是指项目干系人最终认可和接受项目范围的过程。

项目范围确认的结果有三种：验收可交付的成果、请求的变更、推荐纠正措施。

项目范围变更控制是指为使项目朝着有益方向发展而变动和调整某些方面因素从而引起项目范围发生变化的过程。

项目范围控制包括确定项目范围变化情况和当项目范围正在发生变化或已发生变化时对其采取纠正措施。

项目范围变更控制的依据是项目工作分解结构、项目执行情况报告、批准的项目范围的变更申请和项目范围管理计划。

项目范围变更控制的工具和方法有：项目范围变更控制系统、绩效测量、范围计划调整和进度报告。

范围变更控制的结果有：形成范围变更文件、推荐纠正措施文档、推荐经验教训文档或更新范围基准。

思考题

1. 了解项目范围、项目范围管理、项目启动、范围规划、范围定义、范围控制、范围确认等基本概念。
2. 理解项目范围管理的主要内容和主要作用。
3. 熟悉项目范围管理五个工作过程的依据和结果。
4. 掌握工作分解结构的编制方法。

案例思考

案例 1

资料：

在一次福利彩票的购买中，你无意中得到了一笔 500 万元的头等奖金。在得到这笔钱之后，你便想着手实现您过去的梦想，建造一栋豪华别墅。为了建造这座豪华别墅，你准备花费 200 万元，建筑面积共 500 平方米，包括上下两层，配有健身房、车库、卫生间、取暖设备及小花园。建设豪华别墅的工作可以于 2005 年 5 月 1 日开始，你希望在 2006 年新年到来之际搬进新房，同时要求在新房建设完成两个月后才可以搬进新房。

问题：

对项目的目标进行描述。

案例 2

资料：

假如您要在自己的家里举行一次生日宴会，该宴会以锯齿列表表示的 WBS 如图 4-10 所示：

问题：

要求将宴会锯齿列表转换成 WBS 层次结构图。

生日宴会

```
1.0 准备                    2.4.1 凉菜
    1.1 邀请来宾            2.4.2 熟菜
    1.2 采购物品              2.4.2.1 蔬菜类
2.0 晚宴                      2.4.2.2 海鲜类
    2.1 生理蛋糕              2.4.2.3 其他类
    2.2 饮料              3.0 娱乐
    2.3 清洗                  3.1 音响
        2.3.1 食品            3.2 灯光布置
        2.3.2 餐具            3.3 室内布置
    2.4 做菜                  3.4 CD/VCD光碟
```

图 4-10

知识转化训练：

策划校庆活动

训练目标：

通过策划校庆活动，加深对项目范围管理（包括项目的假设条件、范围说明书、工作分解结构等）的理解。

材料：

校庆是学校的一种特殊教育活动，通过庆祝纪念活动，可以发扬学校优良作风，宣传学校办学特色，总结办学成果，规划未来的发展思路，让师生能有更多交流的机会，从而使其受到教育、激励和鼓舞。明年5月1日，某高校将举办50周年校庆，其活动方式为庆祝大会和校史展览、校庆晚会、校友座谈相结合。

训练内容：

1. 列出校庆活动项目的假设条件。
2. 编制校庆活动项目的范围说明书。
3. 绘制校庆各项活动的工作分解图（层次结构图或锯齿列表形式均可）。

训练方法：

个人或团队形式均可。

能力评估：

通过训练，要求每位同学以书面（或现场作答）的形式回答以下问题，由老师或团队成员按照"训练目标"要求评估每位同学的训练成绩。

1. 说明你列出的校庆活动项目的假设条件。
2. 介绍你编制的校庆活动项目的范围说明书。
3. 展示你绘制的校庆各项活动的工作分解图。

第五章 项目进度管理

学习目的

通过本章的学习,了解进度控制的基本概念、主要任务、进度计划的优化方法;理解项目的进度计划的内容构成、表示形式、实施步骤;掌握项目进度管理的基本原理、方法以及项目,进度计划的编制、计划的实施、项目进度的动态监测、偏差分析与进度更新;重点掌握检查进度计划实施的方法、调整手段、分析实际进度和计划进度的差异及应采取的措施。

导入案例五

项目工期可以延长吗

材料:

某建设工程业主与监理单位、施工单位分别签订了监理委托合同和施工合同,合同工期为 18 个月。在工程开工前,施工承包单位在合同约定的时间内向监理工程师提交了施工总进度计划如下图所示。

该计划经监理工程师批准后开始实施,在施工过程中发生以下事件:

1. 因业主要求修改设计,致使工作 K 停工等待图纸 3.5 个月;

2. 部分施工机械由于运输原因未能按时进场,致使工作 H 的实际进度拖后 1 个月;

3. 由于施工工艺不符合施工规范要求,发生质量事故而返工,致使工作 F 的实际进度拖后 2 个月。

问题与思考:

1. 承包单位在合同规定的有效期内提出工期延长 3.5 个月的要求,监理工

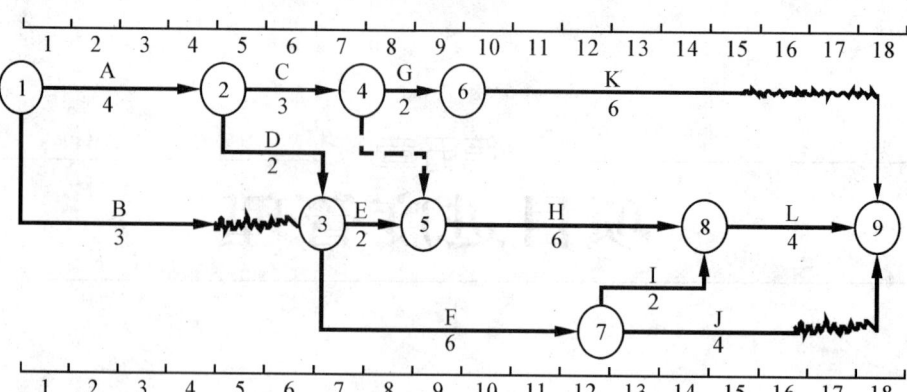

程师应批准工程延期多少时间？为什么？

2. 如何减少或避免工期延期事件的发生？

第一节 项目进度管理概述

一、项目进度管理的含义

项目进度管理，也称项目时间管理，项目工期管理，它是为实现按时完成项目工作所开展的项目专项管理，指采用科学的方法对项目范围所包括的活动及其之间的相互关系进行分析，对各项活动所需要的时间进行估计，并在项目的时间期限内合理的安排和控制活动的开始和结束时间。对项目进行进度管理就是要制定出合理、经济的进度计划，并在计划的执行过程中，检查实际进度是否。如果存在偏差，应及时找出原因，采取必要的补救措施。有时为了保证项目按时完成，可能需要对原计划进行调整。进行进行管理的目的是保证按时完成项目、合理分配资源、发挥最佳工作效率。

项目进度管理是项目管理的重要组成部分，它与项目质量管理、成本管理并成为项目管理的"三大管理"，或"三大目标"，它们三者之间是对立统一的关系。正常情况下，加快项目进度会增加项目投资，但是，项目提前完成有可能提高项目的投资效益；严格控制项目质量标准可能会影响项目进度，增加项目投资，但是严格的质量控制又可以避免返工，从而防止项目进度计划的拖延和投资浪费。可见，三个目标是相互关联、相互制约的。

二、项目进度管理的内容

项目进度管理包括为管理项目按时完成所需的各个过程，主要包括七个阶段：

（一）规划进度管理

为策划、编制、管理、执行和控制项目进度而制定政策、程序和文档的过程。规划进度管理的目的是，为如何在整个项目的管理过程中管理项目进度提供指南和方向。

（二）定义活动

定义活动就是识别和记录为完成项目可交付成果而需采取的具体行动的过程，即确认和描述项目的特定活动，并把项目的组成要素细分为可管理的更小部分，以便更好地管理和控制。

项目活动定义所给出的项目活动是由一系列项目活动步骤构成的，每一个被分解定义的项目活动必须能够生成一个完整而具体的项目交付物，它可以是一种有形的东西，也可以是一项有具体内容和质量要求的服务或管理工作。活动定义过程识别处于工作分解结构（WBS）最下层，叫做工作包的可交付成果。项目工作包被有计划地分解为更小的组成部分，叫做计划活动，为估算、安排进度、执行，以及监控项目工作奠定基础。确定并规划计划活动以便实现项目目标是本过程的中心任务。

（三）排列活动顺序

项目活动排序是指识别和记录项目活动之间的相互关联与依赖关系，并据此确定项目各项活动的先后顺序的工作。它的主要作用是，定义工作之间的逻辑顺序，以便在既定的所有项目制约因素下获得最高的效率。

（四）估算活动资源

估算活动资源就是确定在实施项目活动时所需的人员、材料、设备或用品的种类和数量的过程。它的作用是，明确完成活动所需要的资源种类、数量和特性，以便做出更准确的成本和时间估算。

（五）估算活动持续时间

利用有关计划活动的工作范围、必要资源类型、资源需要量估计，以及标明资源有无与多寡的资源日历等信息，估算计划活动持续时间的过程。本过程的主要作用是，确定完成每个活动所需花费的时间量，为制订进度计划过程提供主要的依据。

（六）制订进度计划

分析活动顺序、持续时间、资源需求和进度制约因素，创建项目进度模型。

（七）控制进度

监督项目活动状态，更新项目进度，管理进度基准变更，以实现计划的过程。

上述过程既相互影响又相互关联。在某些项目（特别是小项目）中，定义活动、排列活动顺序、估算资源活动、估算活动持续时间以及制订进度计划等过程之间的联系非常密切，以至于可视为一个过程，由一个人在较短的时间内完成。

三、规划进度管理

（一）规划进度管理的依据

1. 项目管理计划

项目管理计划中范围基准是制订项目进度计划的重要依据。范围基准包括项目范围说明书和 WBS 细节，可用以定义活动、估算持续时间并进行进度管理。项目管理计划中有一些与规划进度相关的成本、风险和沟通决策等信息，也是制订项目进度计划的依据。

2. 项目章程

项目章程中规定的总体里程碑进度计划和项目审批要求，是影响项目进度管理的重要因素。

3. 事业环境因素

主要包括：能影响进度管理的组织文化和结构；可能影响进度规划的资源可用性和技能；提供进度规划工具的项目管理软件，可能有利于设计管理进度的多种方案；发布的商业信息（如资源生产率），通常来自各种商业数据库；组织中的工作授权系统等。

4. 组织过程资产

主要包括：可用的监督和报告工具；历史信息；进度控制工具；现有的、正式的和非正式的、与进度控制有关的政策、程序和指南；模板；项目收尾指南；变更控制程序；风险控制程序等。

（二）规划进度管理的工具和技术

1. 专家判断

专家针对正在开展的活动，基于某个应用领域、学科、行业等的专业知识而作出的判断，对制订进度管理计划很有参考价值。

2. 分析技术

规划进度管理过程中，可能会涉及的进度管理工具与技术的选择主要有：滚动式规划,紧接关系绘图法(PDM),利用时间提前或滞后量,项目管理软件,出版的估算数据,类比估算,参数估算,储备分析,进度网络分析,资源平衡,假设情景分析,绩效审查,偏差分析等与项目进度规划、管理与控制相关的工具和技术。

3. 会议

项目团队可能通过举行规划会议的方式来制订进度管理计划。参会人员可能包括项目经理、项目发起人、选定的项目团队成员、选定的项目项目干系人、进度规划或执行负责人,以及其他必要的人员。

(三)规划进度管理的成果

规划进度管理的结果形成进度管理计划。进度管理计划是项目管理计划的组成部分,为编制、监督和控制项目进度建立准则和明确活动。根据项目需要,进度管理计划可以是正式或非正式的,非常详细的或高度概括的,其中应包括合适的控制临界值。进度管理计划通常包括以下内容:

1. 项目进度模型制定

需要规定用于制定项目进度模型的进度规划方法论和工具。

2. 准确度

需要规定活动持续时间的可接受区间,以及允许的应急储备数量。

3. 计量单位

需要规定每种资源的计量单位,如,用于测量时间的人时数、人天数等。

4. 组织程序链接

如工作分解结构为进度管理计划提供了框架,保证了与估算及相应进度计划的协调性。

5. 项目进度模型维护

需要规定在项目执行期间,将如何在进度模型中更新项目状态,记录项目进展。

6. 控制临界值

可能需要规定偏差临界值,用于监督项目进度绩效。它是在需要采取某种措施前,允许出现的最大偏差。通常用偏差基准计划中的参数的某个百分数来表示。

7. 绩效测量规划

需要规定用于绩效测量的挣值管理规则或其他测量规则,例如,确定完成百分比的规则、用于考核进展和进度管理的控制账户、拟用的挣值测量技术、进度绩效测量指标等。

8. 报告格式

需要规定各种进度报告的格式和编制频率。

9. 过程描述

对每个进度管理过程进行书面描述。

第二节　项目活动定义与排序

项目活动定义工作是项目进度管理中的一项重要内容,它包括项目的活动的识别、分解、定义、确认和文档化等方面的具体工作,其目的是确定为达到项目目标和生成项目产出物以及完成工作所必须进行的各项活动。定义出项目的活动后,还需对项目活动进行排序,以便项目工作有序进行。

一、项目活动定义

(一)定义项目活动的依据

进行项目活动定义的依据有事业环境因素、组织过程资产、项目范围说明书、工作分解结构及工作分解结构词汇表、项目管理计划等。

作为活动定义的依据,可以考虑的事业环境因素包括是否有可利用的项目管理信息系统及进度安排工具软件。可以利用的组织过程资产包括同活动规划有关的正式与非正式方针、程序与原则,以前类似项目用过的有关活动清单的历史信息等。项目范围说明书中记载的项目可交付成果、制约因素与假设也可以作为定义项目活动的依据。工作分解结构及工作分解结构词汇表则是进行项目活动定义的基本依据。项目管理计划包含的进度管理计划是制订与规划计划活动和项目范围管理计划的指南。

(二)定义项目活动的工具与技术

进行活动定义的工具和技术主要有分解技术、使用样板、滚动式规划、利用专家判断等。

1. 分解技术

指把项目工作组合进一步分解为更小、更易于管理的计划活动。活动定义确定的最终成果是计划活动,而不是制作工作分解结构过程的可交付成果。活动定义通常由负责这一工作组合的项审团队成员完成。

2. 样板

标准的或以前项目活动清单的一部分,往往可当作新项目的样板使用。样板中的有关活动属性信息还可能包含资源技能,以及所需时间的清单、风险识别、预期的可交付成果和其他文字说明资料。样板还可以用来识别典型的进度里程碑。

3. 滚动式规划

滚动式规划是规划逐步完善的一种表现形式,近期要完成的工作在工作分解结构最下层详细规划,而计划在远期完成的工作分解结构组成部分的工作,在工作分解结构较高层规划。最近一两个报告期要进行的工作应在本期工作接近完成时详细规划。所以,项目计划活动在项目生命期内可以处于不同的详细水平。在信息不够确定的早期战略规划期间,活动的详细程度可能仅达到里程碑的水平。

4. 专家判断

擅长制定详细项目范围说明书、工作分解结构和项目进度表并富有经验的项目团队成员或专家,可以提供活动定义方面的专业知识。

(三)定义项目活动的成果

进行活动定义的成果有活动清单、活动属性、里程碑清单和请求的变更等。

1. 活动清单

包括项目将要进行的所有计划活动。活动清单应当有活动标志,并对每一计划活动工作范围给予详细的说明,以保证项目团队成员能够理解如何完成该项工作。

2. 活动属性

它是活动清单中的活动属性的扩展,指出每一计划活动具有的多属性。每一计划活动的属性包括活动标志、活动编号、活动名称、先行活动、后继活动、逻辑关系、提前与滞后时间量、资源要求、强制性日期、制约因素和假设。活动属性还可以包括工作执行负责人、实施工作的地区或地点,以及计划活动的类型,如投入的水平、可分投入与分摊的投入。这些属性用于制定项目进度表,在报告中以各种各样方式选择列入计划的计划活动,确定其顺序并将其分类。

3. 里程碑清单

里程碑是项目中的重要时点或事件,里程碑清单列出了所有的里程碑,并指明里程碑属于强制性(合同要求)还是选择性(根据项目要求或历史信息)。里程碑清单是项目管理计划的一部分,里程碑用于进度模型。

4. 请求的变更

活动定义过程可能提出影响项目范围说明与工作分解结构的变更请求。请求的变更通过整体变更控制过程审查与处置。

二、排列项目活动顺序

(一)项目活动排序的依据

项目活动排序所需的依据信息主要包括:进度管理计划、项目活动清单及其支持细节、项目产出物描述、项目活动之间的必然依存关系、人为依存关系,及外部依存关系、里程碑清单、事业环境因素以及组织过程资产等。

(二)项目活动排序的工具与方法

编排和描述项目活动顺序关系的方法和工具主要有:

1. 顺序图法(Precedence Diagramming Method,PDM)

顺序图法也叫单节点网络图法(AON,Activity on Node),它用单个节点(方框)表示一项活动,用节点之间的箭线表示项目活动之间的相互依赖关系。

2. 箭线图法(Arrow Diagram Method,ADM)

这也是一种描述项目活动顺序的网络图方法。这一方法用箭线代表活动,而用节点代表活动之间的联系和相互依赖关系。

(三)项目活动排序的工作结果

1. 项目进度网络图

这是表示项目进度活动之间的逻辑关系的图形。如图 5-1 是项目进度网络图的一个示例,它可以包括项目的全部细节,也可以只列一项或多项概括性的活动。项目进度网络图应附有简要的文字描述,说明活动顺利使用的基本方法,并针对任何异常的活动序列做详细的说明。

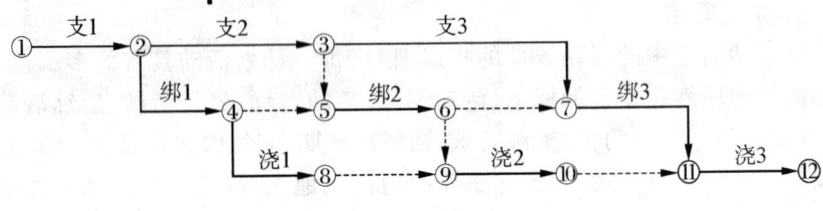

图 5-1　项目进度网络图

2. 更新后的项目活动清单

可能需要更新的文件主要包括活动清单、活动属性、里程碑清单和风险登记册等。

第三节　项目活动资源估算与持续时间估算

任何项目的实施都是通过开展项目活动实现的,而开展任何项目活动都需要消耗资源,花费时间,所以要开展项目活动和确定项目进度计划之前,必须先进行项目活动资源估算和活动持续时间估算。

一、估算活动资源

(一)活动资源估算的依据

活动资源估算的依据主要包括：

1. 事业环境因素

利用事业环境因素中包含的有关基础设施资源有无或是否可利用的信息。

2. 组织过程资产

组织过程资产提供了实施组织有关活动资源估算过程所考虑的人员配备，以及物资与设备租用或购买的各种方针。如果有历史信息；则从中审查以前项目类似工作曾要求使用过何种类型的资源。

3. 活动清单

从活动清单可知需估算资源对应的计划活动。

4. 活动属性

在活动定义过程中提出的活动属性是估算活动清单中每一计划活动所需资源时依靠的基本数据。

5. 资源可利用情况

在估算资源类型时，要利用哪些相关资源(如人员、设备和物资)可供本项目使用的信息。对这种信息的了解包括考虑这些资源来源地的地理位置，以及可利用的时间。

6. 项目管理计划

进度管理计划是项目管理计划中用于活动资源估算的组成部分。

(二)活动资源估算的工具与技术

1. 专家判断

任何具有资源规划与估算专门知识的集体或个人都可以提供这方面的专业知识。

2. 多方案分析

很多计划活动都可利用多种形式完成。其中包括利用各种水平的资源能力或技能、各种大小或类型的机器、各种工具(手工操作或自动化工具)，以及有关资源自制或购买的决策。

3. 出版的估算数据

有许多公司定期更新并出版不同国家与各国不同地理位置资源的生产率与单价，这些数据涉及门类众多的各工种劳动力、材料与设备。

4. 项目管理软件

项目管理软件能够协助规划、组织与管理备用资源，并提出资源估算。软件的复杂程度彼此之间相差悬殊，不但可用来确定资源日历，而且还可以确定资源分解结构、资源的有无与多寡，以及资源单价。

5. 自下而上估算

当估算计划活动无足够把握时，则将其范围内的工作进一步分解。然后估算下层每个更具体的工作资源需要，接着将这些估算按照计划活动需要的每一种资源汇集出总量。计划活动之间可能存在也可能不存在影响资源利用的依赖关系。如果存在，资源的这种利用方式反映在计划活动的要求估计之中，并形成为文件。

（三）活动资源估算的成果

1. 活动资源要求

活动资源估算过程的成果就是识别与说明工作细目中每一计划活动需要使用的资源类型与数量。可以在汇总这些要求之后，确定每一工作细目的资源估算量。资源要求说明书细节的数量与具体和详细程度，因应用领域而异。每一计划工作的资源要求文件可能包括每一资源估算的根据，以及在确定资源类型。有无与多寡和使用量时所做的假设。制定进度表过程确定何时需用资源。

2. 活动属性

每一计划活动必须使用的资源类型与数量都反映到活动属性之中。如果在活动资源估算过程中批准变更请求，则应将批准的变更加入活动清单与活动属性，更新活动清单与活动属性。

3. 资源分解结构

资源分解结构是按照资源种类和形式而划分的资源层级结构。

4. 资源日历

项目综合资源日历记录了确定使用某种具体资源（如人员或是物资）日期的工作日，或不使用某种具体资源日期的非工作日。项目资源日历一般根据资源的种类标识各自的节假日，以及可以使用资源的时间。项目资源日历还标识出资源每一可供使用期间可供使用的数量。

5. 请求的变更

在活动资源估算过程中可能会提出变更请求，要求在活动清单内添加或删除列入计划的计划活动。请求的变更通过整体变更控制过程审查与处置。

二、估算活动持续时间

（一）估算活动持续时间的依据

1. 项目范围说明书

在估算计划活动持续时间时，应考虑项目范围说明书提供的制约因素与假设。制约因素主要包括可用的熟练资源及合同条款对资源的要求情况。假设条件重要包括现有的资源条件情况、信息的可用性以及报告期的长短等。

2. 活动清单

活动清单列出了需要进行持续时间估算的所有活动。

3. 活动属性

4. 活动资源要求

活动的估算资源要求对计划活动的持续时间有影响，因为分配给计划活动的资源，以及这些资源能否用于项目，将大大影响大多数活动的持续时间。当某些计划活动增加了资源或使用了技能不高的资源时，项目就可能降低效率。效率的降低反过来又造成工作产量的增加量，大大低于资源增加的百分比。

5. 资源日历

制定综合资源日历，属于活动资源估算过程的一部分，包括人力资源的有无、能力与技能。对于计划活动持续时间有很大影响的设备、物资的类型、数量、能否使用，以及能力也给予考虑。

6. 项目管理计划

项目管理计划包含风险登记册与活动费用估算。风险登记册中含有有关项目团队提出活动持续时间估算，并在考虑风险之后加以调整时所考虑的已识别项目风险的信息。对于每一计划活动，项目团队都考虑在基准持续时间估算中加入的风险后果大小，特别是发生概率或后果评定分数高的那些风险。项目费用估算如果已经完成，就可以进一步详细编制，为项目活动清单中每一计划活动提供资源需求量估算数。

（二）估算活动持续时间的工具与技术

1. 专家判断

由于影响活动持续时间的因素太多，如资源的水平或生产率，所以常常难以估算。只要有可能，就可以利用以历史信息为根据的专家判断。各位项目团队成员也可以提供持续时间估算的信息，或根据以前的类似项目提出有关最长持续时间的建议。如果无法请到这种专家，则持续时间估计中的不确定性和风险就会增加。

2. 类比估算

持续时间类比估算就是以从前类似计划活动的实际持续时间为根据，估算将来的计划活动的持续时间。当有关项目的详细信息数量有限时，经常使用这种办法估算项目的持续时间。类比估算利用历史信息和专家判断。

当以前的活动事实上而不仅仅是表面上类似，而且准备这种估算的项目团队成员具备必要的专业知识时，持续时间类比估算最可靠。

3. 参数估算

将应当完成的工作量乘以生产率，就可以估算出活动持续时间的基数。例如，对于设计项目，将图纸的张数乘以每张图用的工时，或者对于电缆敷设项目，将电缆的长度乘以敷设每米需要的工时，就可以估算出生产率。总的资源数量乘以每个工作班次的工时或每个工作班次的生产能力，然后除以使用的资源数目，就可以确定各个工作班次的活动持续时间。

4. 三点估算

考虑原有估算中风险的大小，可以提高活动持续时间估算的准确性。三点估算就是在确定三种估算的基础上作出的。

最可能持续时间。最可能持续时间是在为计划活动分派的资源、资源生产率、可供该计划活动使用的现实可能性，对其他参与者的依赖性，以及可能的中断都已给定时，该计划活动的持续时间。

乐观持续时间。当估算最可能持续时间依据的条件形成最有利的组合时，估算出来的持续时间就是活动的乐观持续时间。

悲观持续时间。当估算最可能持续时间依据的条件形成最不利的组合时，估算出来的持续时间就是活动的悲观持续时间。

利用上述三种估算的活动持续时间的平均值，就可以估算出该活动的持续时间。这个平均值常常比单点估算的最可能持续时间准确。

5. 后备分析

项目团队可以在总的项目进度表中以"应急时间"、"时间储备"或"缓冲时间"为名称增加一些时间，这种做法是承认进度风险的表现。应急时间可取活动持续时间估算值的某一百分比，或某一固定长短的时间，或根据定量风险分析的结果确定。应急时间可能全部用完，也可能只使用一部分，还可能随着项目更准确的信息增加和积累而到后来减少或取消。这样的应急时间应当连同其他有关的数据和假设一起形成文件。

6. 群体决策技术

即头脑风暴、德尔斐技术或名义小组技术等基于团队的方法。这种方法可以调动团队成员的参与积极性，发挥集体智慧以提高估算的准确度，并增强成员对估算结果的责任感。

(三)估算活动持续时间的成果

1. 活动持续时间估算

活动持续时间是对完成计划活动所需时间的可能长短所作的定量估计。活动持续时间估算的结果中应当指明变化范围。例如,2 周加减 2 天指明计划活动至少要用 8 天,但最多不超过 12 天(假定每周工作 5 天)。

2. 活动属性更新

活动属性更新后应包括每一计划活动的持续时间、编制活动持续时间进行估算时所作的假设,如技能水平、可用性、估算依据、应急时间等。

第四节 项目进度计划

一、项目进度计划编制的依据与编制要求

项目进度计划是表达项目中各项工作、工序开展顺序、开始及完成时间及其相互衔接关系的计划。它可分为项目总体进度计划、分项进度计划和年度进度计划等。

项目进度计划是根据项目活动界定、项目活动顺序安排、各项活动工期估算和所需资源来制订项目计划的。制订项目进度计划要定义出项目的起止日期和具体的实施方案与措施。在制订出项目进度计划之前,必须考虑所涉及的其他方面问题和因素,尤其是项目工期估算和成本预算的集成问题。

(一)项目进度计划编制的依据

在制订项目进度计划以前,各项项目时间管理工作所生成的文件,以及项目其他计划管理所生成的文件都是项目进度计划编制的依据。其中最主要的有:

1. 项目对工期的要求。
2. 项目的特点。
3. 项目的技术经济条件。
4. 项目的外部条件。
5. 项目各项工作的时间估计。
6. 项目的资源供应情况,包括有关项目资源质量和数量的具体要求,以及各项目活动以何种形式与项目其他活动共享何种资源的说明。

(二)编制进度计划的基本要求

1. 运用现代科学管理方法编制进度计划,以提高计划的科学性和质量。
2. 充分落实编制进度计划的条件,避免过多的假定而使计划失去指导作用。
3. 大型、复杂、工期长的项目要实行分期分段编制进度计划的方法,对不同阶段、不同时期,提出相应的进度计划,以保持指导项目实施的作用。
4. 进度计划应保证项目实现工期目标。
5. 保证项目进展的均衡性和连续性。
6. 进度计划应与费用、质量等目标相协调,既有利于工期目标的实现,又有利于费用、质量、安全等目标的实现。

二、项目进度计划编制的步骤

项目进度计划的编制是项目成功的基础,应做到全面分析、抓住重点、科学协调。项目进度计划的编制具体可分为以下步骤。

(一)项目描述

项目描述是用一定的形式列出项目目标、项目的范围、项目如何执行、项目完成计划等内容,它是制作项目计划和绘制工作分解结构图的依据。项目描述的目的是对项目总体做一个概要的说明。项目描述的依据是项目的立项书,以及已经通过初步设计方案和批准后的可行性研究报告。

(二)项目分解(工作定义)

项目分解就是把整个项目逐层分解为具体明确的工作单元的过程。常用的工具为WBS(工作结构分解原理)。在WBS(工作包)下列出工作清单(Task, Activity)。项目分解内容主要包括:项目工作分解结构的确定、工作范围的陈述、历史数据的考察、限制条件的分析、必要的假设和对策。项目分解的结果可形成"项目工作列表"。

(三)工作先后关系的确定(工作序列)

工作先后关系可分为几类,其中强制性逻辑关系较为明确,而无逻辑的组织关系的确定较为困难,另外还要考虑外部制约关系及必要的限制和假设。工作先后关系确定的工具和方法主要有:先后关系图法PDM(单代号网络图)、箭线图法、ADM(双代号网络图)、条件箭线图法CDM等。工作先后关系确定的最终目的是要得到描述项目各工作相互关系的"项目网络图"及工作的"详细关系列表"。

（四）工作延续时间的估计（工作时间）

若工作时间估计得太短，就会在工作中造成紧张被动的局面，从而影响项目的质量；相反，若工作时间估计得太长，就会使整个项目工期延长，从而增加相应的费用。因此，对工作时间尽量精确估计是非常重要的。然而，在编制项目计划的过程中，工作延续时间的估计往往较为困难。为此，在保证基础数据正确性的基础上，应采用专家判断、类比估计、模拟分析等专用方法进行仔细分析和判断。工作时间的估计可形成带有工作时间的"工作列表"。

（五）进度安排（工作计划）

项目分解、工作序列、工作时间等步骤和内容就是为进度安排服务的，所有的前期成果（项目分解、工作先后关系、工作延续时间、资源需求和条件、项目日历、限制条件和假设等）都必须在这里得到考虑。由于各种因素之间的关系较为复杂，因此需要采用数学方法（如：关键线路法 CPM、图形评审技术 GERT、计划评审技术 PERT 等）和相关软件，并力求做到对有限资源的合理分配和资源的均衡利用。进度安排以及整个项目计划的编制形成的成果有：项目进度（表示形式有：甘特图、里程碑事件图、时间坐标网络图等）、细节说明、进度管理计划、资源需求更新。

三、甘特图

甘特图是由美国学者甘特（Henry Gatt）在 20 世纪早期发明的一种使用条形图编制项目进度计划的方法，它是一种比较简便的进度计划和进度安排方法。因为它的简单明了、易于编制，所以到今天人们仍然广泛使用，甘特图在建设行业仍占有重要地位。

甘特图把项目工期和实施进度安排两种职能组合在一起。项目活动纵向排列在图的左侧，横轴则表示活动与工期时间。每项活动预计的时间用线段或横棒的长短表示，所以甘特图也被称为横道图。另外，在图中也可以加入一些表明每项活动由谁负责等方面的信息。它是一种最简单并运用最广的计划方法。

（一）甘特图的特点

1. 直观易懂，易被接受。
2. 可形成进度计划与资源资金使用计划和各种组合，使用方便。
3. 不能明确表达工程任务各项工作之间的各种逻辑关系。
4. 不能表示影响计划工期的关键工作。
5. 不便于进行计划的各种时间参数计算。

6. 不便于进行计划的优化、调整。

鉴于上述特点中的不足之处,甘特图一般适用于简单、粗略的进度计划编制,或作为网络计划分析结果输出形式,用于小型项目或大型项目子项目上,或用于计算资源需要量、概要预示进度,也可用于其他计划技术表示结果。简单项目的甘特图如图5-2所示。

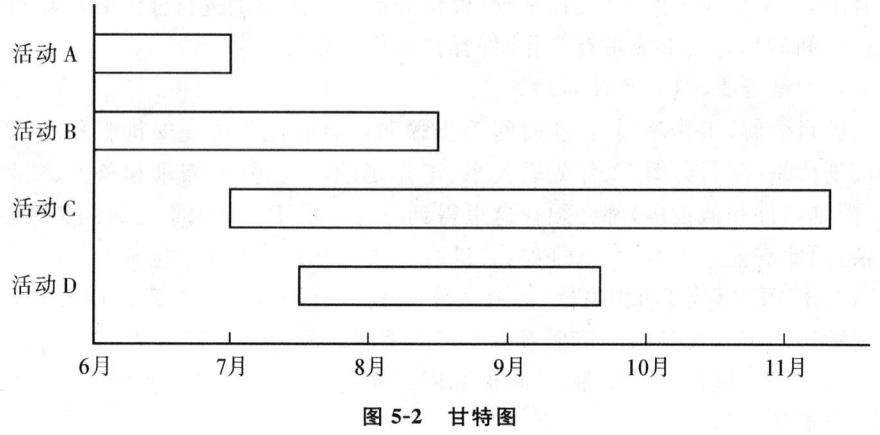

图 5-2 甘特图

(二)甘特图的类型

甘特图的类型包括传统甘特图、带有时差的甘特图和具有逻辑关系的甘特图。

(三)甘特图的应用

1. 通过代表工作包的条形图在时间坐标上的点位和跨度来直观地反映工作包各有关时间参数。通过条形图的不同图形特征(如实线、波浪线)来反映工作包的不同状态,通过使用箭线来反映工作之间的逻辑关系。

2. 进行进度控制,将实际状况以条形图的形式在同一个项目的进度计划甘特图中表现出来,直观地对比实际进度和计划进度之间的偏差,作为调整进度计划的依据。

3. 用于优化资源、编制资源及费用计划。

甘特图在项目管理计划中的广泛应用如图5-3所示。

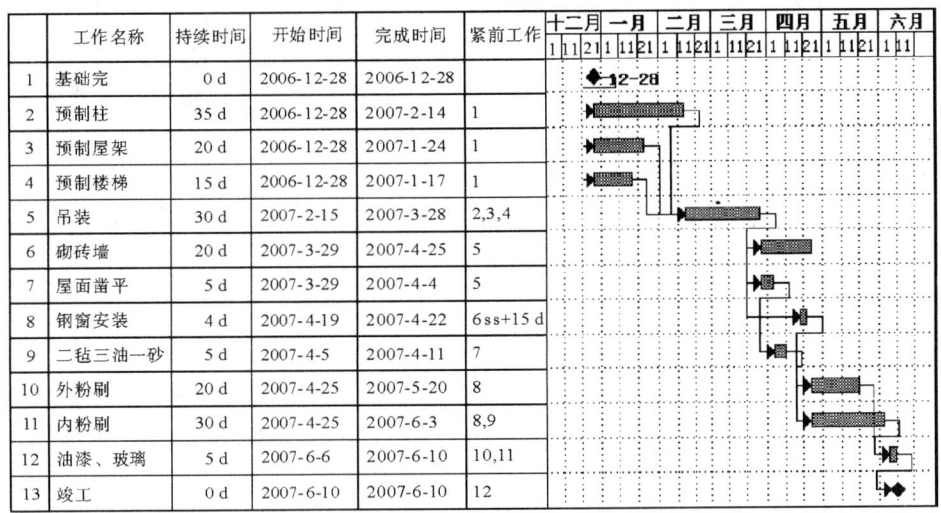

图 5-3 甘特图在项目管理计划中的广泛应用

四、里程碑计划

里程碑计划是将项目中关键性事件的完成或开始的时间点作为基准所形成的计划,是一个战略计划或项目规划,以中间产品或可实现的结果为依据。它显示了项目为达到最终目标而必须经过的条件或状态序列,并且描述了项目在每个阶段应达到的状态。

(一)里程碑计划的编制方式

1. 编制进度计划以前,根据项目特点编制里程碑计划,并且以该里程碑计划作为编制项目进度计划的依据。

2. 编制进度计划以后,根据项目特点及进度计划编制里程碑计划,并以此作为项目进度控制的主要依据之一。

(二)里程碑计划的编制步骤

1. 从达到项目的最后一个里程碑及项目的最终成果开始反向进行。

2. 里程碑设置。项目一般分为许多阶段,有各种事件,到底哪些事件可作为里程碑事件,需采用一定的方法加以确定。其中最常用的方法是"头脑风暴法"。

3. 里程碑复查。有些里程碑可能是某个里程碑的一部分,有些里程碑可能应该设置而尚未设置,这些问题均需通过复查的方法加以处理。

4. 分析每条因果路径，找出逻辑依从关系，并加以修改完善。

5. 编制里程碑计划。里程碑计划通常可用里程碑图或表的形式表达。

里程碑图是用图形表达一项里程碑计划，是表示里程碑计划的一种重要方式，也是里程碑的最终成果之一。其形式如图 5-4 所示。

时间	一月	二月	三月	四月	五月	六月	七月	八月
A			△▼					
B				△				
C					△			
D						△		
E							△	
F								△

图 5-4　里程碑图

（三）里程碑计划编制示例

根据项目的目标要求，确定里程碑事件有 8 个，根据项目总工期、每个里程碑事件的工作内容及实施方案等因素编制里程碑计划，并以表格的形式表达。如表 5-1 所示。

表 5-1　里程碑计划

序号	里程碑事件	交付成果	完成日期
1	各类工作纲领	设计大纲	2004 年 06 月 01 日
		生产准备 大纲	2004 年 08 月 01 日
		调试大纲、功能考核大纲	2004 年 11 月 20 日
2	需求分析完成	基本设计文档	2004 年 04 月 20 日
3	系统设计完成	系统设计方案	2004 年 05 月 31 日
4	开发环境准备	各类环境确认报告	2004 年 07 月 15 日
5	程序编码完成	详细设计及编码报告	2004 年 10 月 15 日
6	所内软件测试完成	调试报告	2004 年 12 月 31 日
7	现场调试	调试记录与报告	2005 年 06 月 01 日
8	功能考核	竣工资料	2005 年 09 月 01 日

第五节 网络计划技术

1956年,美国杜邦化学公司的项目技术人员和数学家共同开发了关键线路法(Critical Path Method,简称CPM)。它首次运用于化工厂的建造和设备维修,大大缩短了工作时间,节约了费用。1958年,美国海军军械局针对舰载洲际导弹项目研究,开发了计划评审技术(Program Evaluation and Review Technique,简称PERT),将研制导弹过程中各种合同进行综合权衡,有效地协调了成百上千个承包商的关系,不仅提前完成了任务,而且在成本控制上取得了显著的效果。这两种方法都是运用网络技术和方法进行项目进度管理的著名事件。

20世纪60年代初期,网络计划技术在美国得到了推广,新建项目全面采用这种计划管理新方法,并开始将该方法引入日本和西欧其他国家。目前,它已广泛应用于世界各国的工业、国防、建筑、运输和科研等领域,已成为发达国家盛行的一种现代生产管理的科学方法。

我国改革开放以来,网络计划技术在项目建设领域也得到迅速的推广和应用,尤其是在大中型工程项目的建设中,对其资源的合理安排,进度计划的编制、优化和控制等应用效果显著。目前,网络计划技术已成为我国项目建设领域中推行现代化管理必不可少的方法。1992年,国家技术监督局和建设部先后颁布了中华人民共和国国家标准《网络计划技术》(GB/T 13400.1、13400.2、13400.3—92)三个标准和中华人民共和国行业标准《工程网络计划技术规程》(JGJ/T 121—99),使工程网络计划技术在计划的编制与控制管理的实际应用中有了一个可遵循的、统一的技术标准,保证了计划的科学性,对提高工程项目的管理水平发挥了重大作用。

网络计划技术是用网络计划对项目任务的工作进度进行安排和控制,以保证实现预定目标的科学的计划管理技术,网络计划是在网络图上加注工作时间参数等编制成的进度计划,网络计划主要由两大部分构成,即网络图和网络参数。网络图是由箭线和节点组成的,用来表示工作流程的有向、有序的网状图形。网络参数是根据项目中各项工作的延续时间和网络图所计算的工作、节点、线路的各种时间参数。一般网络计划技术的网络图,有双代号网络图和单代号网络图两种。

一、双代号网络计划

(一)双代号网络的组成

双代号网络图是应用较为普遍的一种网络计划形式,它是以箭线及其两端节点的编号表示工作的网络图,如图5-5所示。

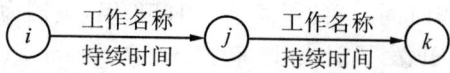

图5-5 双代号网络图表示方法

双代号网络图中,每一条箭线应表示一项工作。箭线的箭尾节点表示该工作的开始,箭线的箭头节点表示该工作的结束。

双代号网络图由箭线(工作)、节点与线路三个基本要素组成。

1. 工作

工作是指计划任务按粗细程度划分、消耗时间或同时也消耗资源的一个子项目或子任务。根据计划编制的粗细不同,工作既可以是一个建设项目、一个单项工程,也可以是一个分项工程乃至一个工序。任何一项计划,都包含许多项待完成的工作。在双代号网络图中,工作用矢箭表示。箭尾表示工作的开始,箭头表示工作的完成。箭头的方向表示工作的前进方向(从左向右)。工作的名称或内容写在矢箭的上面,工作的持续时间写在矢箭的下面。

一般情况下,工作需要消耗时间和资源,有的则仅是消耗时间而不消耗资源。在双代号网络图中,有一种既不消耗时间也不消耗资源的工作——虚工作,由于没有消耗时间,虚工作的持续时间为"零"。它用虚箭线来表示,用以反映一些工作与另外一些工作之间的逻辑关系,如图5-6所示,其中2-3工作即为虚工作。

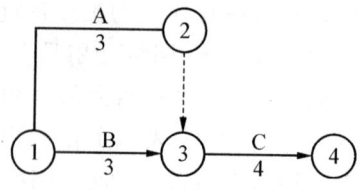

图5-6 虚工作表示法

2. 节点

节点是指表示工作的开始、结束或连接关系的圆圈(或其他形状的封密图形)。箭线的出发节点称为工作的起点节点,箭头指向的节点称为工作的终点节点。任何工作都可以用其箭线前后的两个节点的编码来表示,起点节点编码在前,终点节点编码在后。节点表示工作之间的联结。在时间上它表示指向某节点的工作全部完成后,该节点后面的工作才能开始。这意味着前后工作的交接,因此节点也称事件。节点用圆圈表示,圆圈中编上整数号码,称为事件编号。

3. 线路

网络图中从起点节点开始,沿箭头方向顺序通过一系列箭线与节点,最后达到终点节点的通路称为线路。一条线路上的各项工作所持续时间的累加之和称为该线路之长,它表示完成该线路上的所有工作需花费的时间。

根据线路的大小,线路可以分为关键线路、次关键线路和非关键线路。路长最长的线路称为关键线路,位于关键线路上的所有工作称为关键工作。关键工作完成的快慢直接影响整个项目工期的实现。关键线路往往不止一条,可能同时存在若干条关键线路,它们的路长相同。在一定条件下由于干扰因素的影响,关键线路可能发生变化,一则可能增加关键线路的数量,二则关键线路和非关键线路可能发生相互转化。最容易发生转化的是路长仅次于关键线路的线路,该线路称为次关键线路。

(二) 双代号网络图的绘制

1. 网络图的绘制规则

网络图的最基本规则是明确地表达出工作的内容,准确地表达出工作间的逻辑关系,并且使所绘出的图易于识读和操作。具体绘制时应注意以下几方面的问题:

(1) 一项工作应只有唯一的一条箭线和相应的一对节点编号,箭尾的节点编号应小于箭头的节点编号。

(2) 双代号网络图中应只有一个起始节点;在不分期完成任务的网络图中,应只有一个终点节点。

(3) 在网络图中严禁出现循环回路,严禁出现没有箭头节点或没有箭尾节点的箭线。

(4) 双代号网络图节点编号顺序应从小到大,可不连续,但严禁重复。

(5) 某些节点有多条外向箭线或多条内向箭线时,在不违反"一项工作应只有唯一的一条箭线和相应的一对节点编号"的前提下,可使用母线法绘图。

(6) 绘制网络图时,宜避免箭线交叉。

(7) 对平行搭接进行的工作,在双代号网络图中,应分段表达,分段绘制。

2. 绘图的步骤

双代号网络图的绘制方法,视各人的经验而不同,但从根本上说,都要在既

定工作方案的基础上,根据具体客观条件,以统筹安排为原则。一般的绘图步骤如下:

(1)任务分解,划分施工工作。

(2)确定完成工作计划的全部工作及其逻辑关系。

(3)确定每一工作的持续时间,制订工程分析表。

(4)根据工程分析表,绘制并修改网络图。

(三)双代号网络计划时间参数的计算

网络图的绘制仅完成了网络计划编制的第一项任务,更重要的任务是网络计划时间参数的计算。双代号网络计划的时间参数既可以按工作计算,也可以按节点计算。

1. 按工作计算法

所谓按工作计算法,就是以网络计划中的工作为对象,直接计算各项工作的时间参数。这些时间参数包括:工作的最早开始时间和最早完成时间、工作的最迟开始时间和最迟完成时间、工作的总时差和自由时差。此外,还应计算网络计划的计算工期。

为了简化计算,网络计划时间参数中的开始时间和完成时间都应以时间单位的终了时刻为标准。下面是按工作计算法计算时间参数的过程。

(1)工作最早开始时间

工作 $i-j$ 的最早开始时间 ES_{i-j} 应从网络计划的起始节点开始顺着箭线方向依次逐项计算。

①以起点节点 i 为箭尾节点的工作 $i-j$,当未规定其最早开始时间 ES_{i-j} 时,其值应等于零,即:$ES_{i-j}=0(i=1)$。

②其他工作的最早开始时间:

当工作 $i-j$ 只有一项紧前工作 $h-i$ 时:$ES_{i-j}=ES_{h-i}+D_{h-i}$;

当工作 $i-j$ 有多个紧前工作时:$ES_{i-j}=\max\{ES_{h-i}+D_{h-i}\}$。

式中:ES_{h-i} 表示工作 $i-j$ 的各项紧前工作 $h-i$ 的最早开始时间,D_{h-i} 表示工作 $i-j$ 的各项紧前工作 $h-i$ 的持续时间。

(2)工作最早完成时间

工作 $i-j$ 的最早完成时间 $EF_{i-j}=ES_{i-j}+D_{i-j}$。

式中:EF_{i-j} 表示工作 $i-j$ 的最早完成时间,ES_{i-j} 表示工作 $i-j$ 的最早开始时间,D_{i-j} 表示工作 $i-j$ 的持续时间。

(3)工期

①当已规定了要求工期时,计划工期不应超过要求工期,即:

$T_p \leqslant T_r$,

②当未规定要求工期时,可令计划工期等于计算工期,即:

$$T_p = T_c$$

网络计划的计算工期 T_c,按下式计算:

$$T_c = \max\{EF_{i-n}\}$$

式中:EF_{i-n} 表示以终点节点($j=n$)为箭头节点的工作 $i-n$ 的最早完成时间。
计算工期得到后,可以确定的计划工期 T_p,计划工期也应满足小于要求工期的条件。

(4)工作最迟开始时间

工作最迟开始时间 LS_{i-j} 是指在不影响整个任务按期完成的前提下,本工作必须开始的最迟时刻。它等于其紧后工序最迟开始时间减去本工作持续时间所得之差的最小值,即:

$$LS_{i-j} = \min\{LS_{j-k} - D_{i-j}\}$$

式中:LS_{i-j} 表示工作 $i-j$ 的最迟开始时间,LS_{j-k} 表示工作 $i-j$ 的紧后工作 $J-K$ 的最迟开始时间,D_{i-j} 表示工作 $i-j$ 的持续时间。

(5)工作的最迟完成时间

工作的最迟完成时间应从网络计划的终点节点开始,逆着箭线方向依次逐项计算。

①以终点节点($j-n$)为箭头节点的工作

以终点节点($j=n$)为箭头节点的工作的最迟完成时间 LF_{i-n},应按网络计划的计划工期 T_p 确定,即:$LF_{i-n} = T_p$。

②其他工作

其他工作 $i-j$ 的最迟完成时间 $LF_{i-j} = \min\{LF_{j-k} - D_{j-k}\}$。

式中:LF_{j-k} 表示工作 $i-j$ 的各项紧后工作 $j-k$ 的最迟完成时间。

(6)时差

①总时差

工作的总时差等于该工作最迟完成时间与最早完成时间之差,或该工作最迟开始时间与最早开始时间之差。

工作 $i-j$ 的总时差 $TF_{i-j} = LS_{i-j} - ES_{i-j}$。

②自由时差

工作自由时差的计算应按以下两种情况分别考虑:第一,对于有紧后工作的工作,其自由时差等于本工作之紧后工作最早开始时间减本工作最早完成时间所得之差的最小值。第二,对于无紧后工作的工作,也就是以网络计划终点节点为完成节点的工作,其自由时差等于计划工期与本工作最早完成时间之差。需要指出的是,对于网络计划中以终点节点为完成节点的工作,其自由时差与总时差相等。此外,由于工作的自由时差是其总时差的构成部分,所以,当工作的总时差为零时,其自由时差必然为零,可不必进行专门计算。

当工作 $i-j$ 有紧后工作 $j-k$ 时,工作 $i-j$ 的自由时差 FF_{i-j} 按下式计算:

$$FF_{i-j}=ES_{i-k}-ES_{i-j}-D_{i-j} \text{ 或 } FF_{i-j}=Es_{j-k}-EF_{i-j}$$

式中:ES_{i-k} 表示工作 $i-j$ 的紧后工作 $j-k$ 的最早开始时间。

以终点节点($j=n$)为箭头节点的工作,其自由时差 FF_{i-j},应按网络计划的计划工期 T_p 确定,即:

$$FF_{i-n}=T_p-ES_{i-n}-D_{i-n} \text{ 或 } FF_{i-n}=T_p-EF_{i-n}$$

下面通过图表列示时间参数的计算。图 5-7 是网络图的时间参数,表 5-2 则是网络图的时间参数计算表。

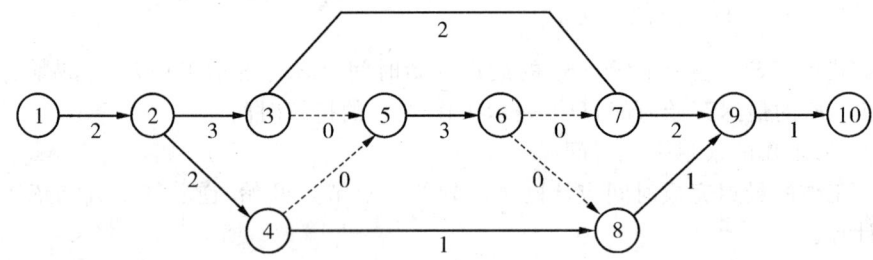

图 5-7 某网络计划图

表 5-2 网络图时间参数计算表

紧前工作数 m	工序编号	持续时间 D_{i-j}	最早开始时间 ES_{i-j}	最早结束时间 EF_{i-j}	最迟开始时间 LS_{i-j}	最迟结束时间 LF_{i-j}	总时差 TF_{i-j}	自由时差 FF_{i-j}
(1)	(2)	(3)	(4)	(5)=(4)+(3)	(6)=(7)-(3)	(7)	(8)=(6)-(4)	(9)=紧后(4)-(5)
—	1—2	2	0	2	0	2	0	0
1	2—3	3	2	5	2	5	0	0
1	2—4	2	2	4	3	5	1	0
1	3—5	0	5	5	5	5	0	0
1	3—7	2	5	7	6	8	1	1
1	4—5	0	4	4	5	5	1	1

续表

紧前工作数 m	工序编号	持续时间 D_{i-j}	最早开始时间 ES_{i-j}	最早结束时间 EF_{i-j}	最迟开始时间 LS_{i-j}	最迟结束时间 LF_{i-j}	总时差 TF_{i-j}	自由时差 FF_{i-j}
1	4—8	1	4	5	8	9	4	3
2	5—6	3	5	8	5	8	0	0
1	6—7	0	8	8	8	8	0	0
1	6—8	0	8	8	9	9	1	0
2	7—9	2	8	10	8	10	0	0
2	8—9	1	8	9	9	10	1	1
2	9—10	1	10	11	10	11	0	0

A. 计算各工作的最早开始和最早结束时间

我们先看表 5-2 中第一行工作 1—2，它紧前的工作数为空白，因此它是网络图中从起始节点出发的一项工作，其最早开始时间为零（见第四栏的第一格），将它与其左边的持续时间（第三栏）相加，得到最早结束时间（填在第五栏内）。

往下计算第二行、第三行的工作 2—3，2—4。它们都是由节点②出发的工作，其前面工作为 1 个，可在它们所在行的上方查出其紧前工作为 1—2（它的最早结束时间为 2），由此得到这两个工作的最早开始时间为 2（填在第四栏第二、三行内），然后分别与左边的持续时间（第三栏第二、三行内）相加，得到工作 2—3，2—4 的最早结束时间（填在第五栏第二、三行内），依次逐行往下计算。当计算到第八行工作 5—6 时，其前面工作数为 2，可以在它所在行上面找到到达节点⑤的两个工作是 3—5 和 4—5，它们的最早结束时间分别为 5 和 4，取其中最大值 5 作为工作 5—6 的最早开始时间，而后再与左边的持续时间（第三栏第八行内）相加，得到工作 5—6 的最早结束时间。用上述方法算完全表。

B. 计算各工作最迟结束和最迟开始时间

表 5-2 中最后一行工作为 9—10，它以结束节点⑩为终点节点，将节点⑩的最早结束时间 11 填在第七栏的最后一行内，然后与第三栏的持续时间相减，得这项工作的最迟开始时间，填在第六栏相应格内，即 11-1=10。

接着计算倒数第二、倒数第三行内，工作 8—9，7—9，这两个工作都以节点⑨为结束。可从所在行下方找到它们的后续工作 9—10 的最迟开始时间为 10（第六栏最后一行），以此作为工作 8—9，7—9 的最迟结束时间，填在第七栏的倒数第二、三行内，然后分别与其左边的持续时间相减，将差数填在第六栏的倒数第二、倒数第三行内，即工作 8—9，7—9 的最迟开始时间，分别为 10-1=9，

10−2=8。

依次往上计算，当计算到工作 5−6 时，它的紧后工作为 6−7,6−8，其中工作 6−7 的最迟开始时间 8 为最小，以此作为工作 5−6 的最迟结束时间。其余计算以此类推。运算中虚工作与其他工作一样计算，只是它的持续时间为 0。

C. 计算工作时差

计算总时差：计算总时差只要将表 5-2 每一行第六栏的最迟开始时间减去同一行第四栏内的最早开始时间就可求到，将求得的总时差填入表中第八栏。

自由时差的计算：可先从表 5-2 计算行下方找到紧后工作的最早开始时间，然后减去该行工作的最早结束时间就是自由时差，填在第九栏内。例如第五行的工作 3−7，在该行下方可查得其紧后工作 7−9，它的最早开始时间为 8，然后减去 3−7 工作的最早结束时间 7（见第五栏第五行），得自由时差 8−7=1，填在第九栏第五行内。其余类推。

2. 节点计算法

所谓按节点计算法，就是先计算网络计划中各个节点的最早时间和最迟时间，然后再据此计算各项工作的时间参数和网络计划的计算工期。下面是按节点计算法计算时间参数的过程。

(1) 节点最早时间

节点最早时间计算一般从起始节点开始，顺着箭线方向依次逐项进行。

① 起始节点

起始节点 i 如未规定最早时间 ET_i 时，其值应等于零，即：

$$ET_i=0,(i=1)$$

式中：ET_i 表示节点 i 的最早时间。

② 其他节点

节点 j 的最早时间 ET_j 为：

$$ET_j=ET_i+D_{i-j}（当节点 j 只有一条内向剪线时）$$
$$ET_j=\max\{ET_i+D_{i-j}\}（当节点 j 有多条内向剪线时）$$

式中：ET_j 表示节点 j 的最早时间，D_{i-j} 表示工作 $i-j$ 的持续时间。

③ 计算工期 T_c

$$T_c=ET_n$$

式中：ET_n 表示终点节点 n 的最早时间。

计算工期得到后，可以确定计划工期 T_p。计划工期应满足以下条件：

$$T_p \leqslant T_r \quad (当已规定了要求工期)$$

$$T_p = T_c \quad (当未规定要求工期)$$

式中:T_p 表示网络计划的计划工期,T_r 表示网络计划的要求工期。

(2)节点最迟时间

节点最迟时间从网络计划的终点开始,逆着箭线的方向依次逐项计算。当部分工作分期完成时,有关节点的最迟时间必须从分期完成节点开始逆向逐项计算。

①终点节点

终点节点 n 的最迟时间 LT_n,应按网络计划的计划工期 T_p 确定,即:

$$LT_n = T_p$$

分期完成节点的最迟时间应等于该节点规定的分期完成的时间。

②其他节点

其他节点 i 的最迟时间 LT_i 为:

$$LT_i = \min\{LT_j - D_{i-j}\}$$

式中:LT_j 表示工作 $i-j$ 的箭头节点的最迟时间。

(3)工作 $i-j$ 的时间参数

①最早时间

工作 $i-j$ 最早开始时间 $ES_{i-j} = ET_i$;

工作 $i-j$ 最早完成时间 $EF_{i-j} = ET_i + D_{i-j}$。

②最迟时间

工作 $i-j$ 的最迟完成时间 $LF_{i-j} = LT_j$;

工作 $i-j$ 的最迟开始时间 $LS_{i-j} = LT_j - D_{i-j}$。

(4)时差

①总时差

工作 $i-j$ 的总时差 $TF_{i-j} = LT_j - ET_i - D_{i-j}$。

②自由时差

工作 $i-j$ 的自由时差 $FF_{i-j} = ET_j - ET_i - D_{i-j}$。

3.确定关键工作和关键线路

(1)关键工作

在网络计划中,总时差最小的工作为关键工作。特别是当网络计划的计划工期等于计算工期时,总时差为零的工作就是关键工作。

(2)关键线路

找出关键工作之后,将这些关键工作首尾相连,便构成从起点节点到终点节点的通路,位于该通路上各项工作的持续时间总和最大,这条通路就是关键线路。在关键线路上可能有虚工作存在。关键线路上各项工作的持续时间总和应等于网络计划的计算工期,这一特点也是判别关键线路是否正确的准则。

(3) 关键节点

在双代号网络计划中,关键线路上的节点称为关键节点。关键工作两端的节点必为关键节点,但两端为关键节点的工作不一定是关键工作。关键节点的最迟时间与最早时间的差值最小。特别是当网络计划的计划工期等于计算工期时,关键节点的最早时间与最迟时间必然相等。关键节点必然处在关键线路上,但由关键节点组成的线路不一定是关键线路。

当利用关键节点判别关键线路和关键工作时,还要满足下列判别式:

$$ET_i + D_{i-j} = ET_j \text{ 或 } LT_i + D_{i-j} = LT_j$$

如果两个关键节点之间的工作符合上述判别式,则该工作必然为关键工作,它应该在关键线路上。否则,该工作就不是关键工作,关键线路也就不会从此处通过。在双代号网络计划中,当计划工期等于计算工期时,关键节点具有以下一些特性,掌握好这些特性,有助于确定工作的时间参数。

① 开始节点和完成节点均为关键节点的工作,不一定是关键工作。

② 以关键节点为完成节点的工作,其总时差和自由时差必然相等。

③ 当两个关键节点间有多项工作,且工作间的非关键节点无其他内向箭线和外向箭线时,则两个关键节点间各项工作的总时差均相等。在这些工作中,除以关键节点为完成的节点的工作自由时差等于总时差外,其余工作的自由时差均为零。

④ 当两个关键节点间有多项工作,且工作间的非关键节点有外向箭线而无其他内向箭线时,则两个关键节点间各项工作的总时差不一定相等。在这些工作中,除以关键节点为完成的节点的工作自由时差等于总时差外,其余工作的自由时差均为零。

二、单代号网络计划

和双代号网络图一样,单代号网络图是由节点和箭线组成的,但其含义却和双代号网络不完全相同,其箭线表示紧邻工作之间的逻辑关系,节点则表示工作。工作之间的逻辑关系包括工艺关系和组织关系,在单代号网络图中均表现为工作之间的先后顺序。由于单代号网络图和双代号网络图是网络计划两种不同的表达方式,因此关于双代号网络图的工序逻辑关系机会图规则也基本适用于单代号网络图。

(一) 单代号网络图的特点

单代号网络图与双代号网络图相比,具有以下特点:

1. 工作之间的逻辑关系容易表达,且不用虚箭线,故绘图较简单;

2.网络图便于检查和修改;

3.由于工作持续时间表示在节点之中,没有长度,故不够形象直观;

4.表示工作之间逻辑关系的箭线可能产生较多的纵横交叉现象。

(二)单代号网络图的绘图规则

单代号网络图的绘图规则基本上与双代号网络图相同。其不同之处在于单代号网络图当中有多项起始工作或多项结束工作时,应在网络图的两端分别设置一项虚拟的工作,作为网络图的起节点和终节点。

图 5-8 和图 5-9 分别是单代号网络图中工作的表示方法和具有虚拟节点的单代号网络图。

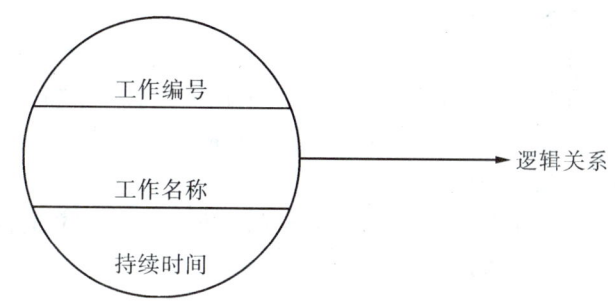

图 5-8　单代号网络图中工作的表示方法

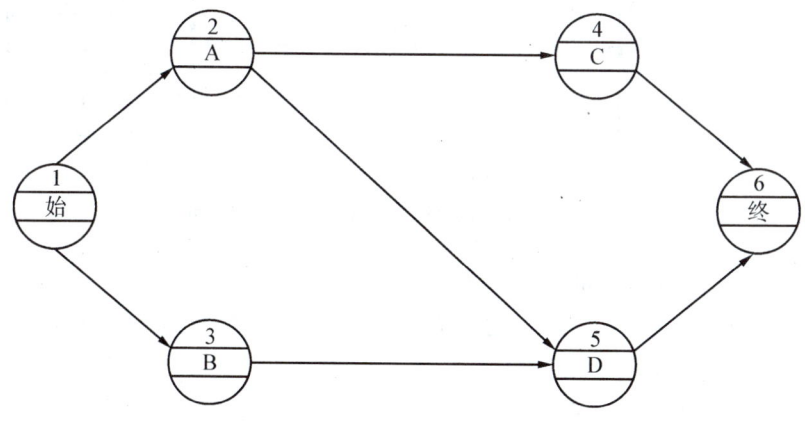

图 5-9　具有虚拟节点的单代号网络图

1.代号网络图中的节点必须编号。编号标注在节点内,其号码可间断,但严禁重复。箭线的箭尾节点编号应小于箭头节点编号。一项工作必须有唯一的一个节点及相应的一个编号。

2.用数字代表工作的名称时,宜由小到大按活动的先后顺序编号。

3.严禁出现循环回路。

4.严禁出现双向箭头或无箭头的连线,严禁出现没有箭尾节点的箭线和没有箭头节点的箭线。

5.单代号网络图只应有一个起点节点和一个终点节点;当网络图中有多项起点节点或多项终点节点时,应在网络图的两端分别设置一项虚工作,作为该网络图的起点节点(St)和终点节点(Fin)。

6.箭线不宜交叉。当交叉不可避免时,可采用过桥法和指向法绘制。

7.在同一网络图中,单代号和双代号的画法不能混用。

(三)单代号网络计划时间参数的计算

在单代号网络图中,除标注出各个工作的六个主要时间参数外,还应在箭线上方标注出相邻两个工作之间的时间间隔。时间间隔就是一项工作的最早完成时间与其紧后工作最早开始时间之间可能存在的差值。工作 i 与其紧后工作 j 之间的时间间隔用 $LAG_{i,j}$ 表示(参见图 5-10)。

当计划工期等于计算工期时,单代号网络计划的六个主要时间参数及相邻两工作之间的时间间隔的计算步骤如下。

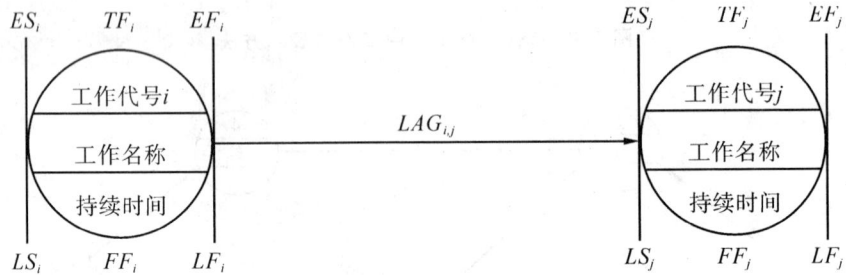

图 5-10　单代号网络计划时间参数标注方式

1.计算工作最早时间

(1)起点节点 i 的最早开始时间 ES_i 无规定时,其值应等于零,即:

$$ES_i = 0 (i=1)$$

(2)其他工作的最早开始时间 ES_i:

$$ES_i = \max\{EF_h\}$$

或 $ES_i = \max\{ES_h + D_h\}$

式中:EF_h 表示工作 i 的各项紧前工作 h 的最早结束时间,ES_h 表示工作 i 的各项紧前工作 h 的最早开始时间,D_h 表示工作 i 的各项紧前工作 h 的持续时间。

(3) 工作 i 的最早完成时间 EF_i：

$$EF_i = ES_i + D_i$$

2. 工期

单代号网络计划计算工期 T_c 应按下式计算：

$$T_c = EF_n$$

式中：EF_n 表示终点节点 n 的最早完成时间。

同样，单代号网络计划计算工期得到后，可以确定计划工期 T_p，计划工期也应满足上式的要求。

3. 计算前后工作时间间隔

相邻两项工作 i 和 j 之间的时间间隔 $LAG_{i,j}$ 的计算应符合下列规定：

(1) 当终点节点为虚拟节点时，其时间间隔应为：

$$LAG_{i,n} = T_p - EF_i$$

(2) 其他节点之间的时间间隔应为：

$$LAG_{i,j} = ES_j - EF_i$$

4. 时差

(1) 总时差

工作 i 的总时差 TF_i 应从网络计划的终点节点开始，逆着箭线方向依次逐项计算。当部分工作分期完成时，有关工作的总时差必须从分期完成的节点开始逆向逐项计算。

① 终点节点所代表工作 n 的总时差 TF_n 值应为：

$$TF_n = T_p - EF_n$$

② 其他工作 i 的总时差 TF_i 应为：

$$TF_i = \min\{TF_j + LAG_{i,j}\}$$

(2) 自由时差

① 终点节点所代表工作 n 的自由时差 FF_n 应为：

$$FF_n = T_p - EF_n$$

② 其他工作 i 的自由时差 FF_i 应为：

$$FF_i = \min\{LAG_{i,j}\}$$

5. 工作最迟时间

(1)工作最迟完成时间

工作 i 的最迟完成时间 LF_i 应从网络计划的终点节点开始,逆着箭线方向依次逐项计算。当部分工作分期完成时,有关工作的最迟完成时间应从分期完成的节点开始逆向逐项计算。

① 终点节点所代表的工作 n 的最迟完成时间 LF_n,应按网络计划的计划工期 T_p 确定,即:

$$LF_n = T_p$$

② 其他工作 i 的最迟完成时间 LF_i 应为:

$$LF_i = \min\{LS_j\}$$

或 $LF_i = EF_i + TF_i$

式中:LS_j 表示工作 i 的各项紧后工作 j 的最迟开始时间。

(2)工作最迟开始时间

工作 i 的最迟开始时间 LS_i 应按下式计算:

$$LS_i = LF_i - D_i$$

或 $LS_i = ES_i + TF_i$

在单代号网络图中,关键线路从起点节点开始到终点节点均为关键工作,且所有工作的时间间隔均为零的线路。

三、网络计划的优化

网络计划优化,就是在满足一定的条件下,利用时差来平衡时间、资源与费用三者的关系,寻求工期最短、费用最低、资源利用最好的网络计划过程。但是,目前还没有使这三个因素同时优化的数学模型。网络计划优化分为时间优化、时间—费用优化和时间—资源优化。

(一)工期优化

工期优化是在原计划工期已经过网络计划分析确定的前提下,为满足一定的约束条件,通过压缩工期以达到计划工期的新要求的过程。工期优化一般通过压缩关键路线的持续时间来达到其目的。在存在多条关键线路的情况下,一般应使各条线路的工作持续时间之和压缩到同样的数值。注意不要将关键工作改变为非关键工作,否则将使优化工作复杂化。工期优化的主要步骤如下:

1. 找出网络计划中关键路线,并计算工期,计算工期经优化压缩后的工期为计划工期。

2. 根据计划工期,求出压缩工期:计算工期－计划工期＝压缩工期。

3. 选择缩短持续时间所需增加费用最小的关键工作为优先压缩对象进行调整优化。

4. 尽可能缩短优先压缩对象的持续时间,注意不要将其变为非关键工作。

5. 上述过程,可以多次重复进行,以达到计划工期要求。

时间优化就是不考虑人力、物力、财力资源的限制。这种情况通常发生在任务紧急、资源有保障的项目中。

由于工期由关键路线上活动的时间所决定,压缩工期就在于如何压缩关键路线上活动的时间。缩短关键路线上活动时间的途径有:

(1)利用平行、交叉作业缩短关键活动的时间。

(2)在关键路线上赶工。

由于压缩了关键路线上活动的时间,会导致原来不是关键路线的路线成为关键路线。若要继续缩短工期,就要在所有关键路线上赶工或进行平行交叉作业。随着关键路线的增多,压缩工期所付出的代价就变大。因此,单纯地追求工期最短而不顾资源的消耗是不可取的。

(二)费用优化

费用优化又叫时间成本优化,是寻求最低成本时的最短工期安排,或按要求工期寻求最低成本的计划安排过程。

工程总费用可以分为直接费用和间接费用两部分,这两部分费用随工期变化而变化的趋势是相反的。随工期的缩短而增加的费用是直接费用,随工期的缩短而减少的费用是间接费用。由于直接费用随工期缩短而增加,间接费用随工期缩短而减少,故必定有一个总费用最低的工期,这便是费用优化所要寻求的目标。时间—费用优化就是在使工期尽可能短的同时,也使费用尽可能少。

1. 直接费用 C_D

直接费用 C_D 是指能够直接计入成本计算对象的费用,如直接工人工资,原材料费用等。直接费用随工期的缩短而增加。

一项活动如果按正常工作班次进行,其延续时间称为正常时间,记为 t_z;所需费用称为正常费用,记为 C_z。若增加直接费用投入,就可以缩短这项活动所需的时间,但活动所需时间不可能无限缩短。如加班加点,一天也只有 24 小时,生产设备有限,投入更多的人力也不会增加产出。赶工时间条件下活动所需的最少时间为极限时间,记为 t_g;相应所需费用为极限费用,记为 C_g。直接费用与活动时间之间的关系如图 5-11 所示。

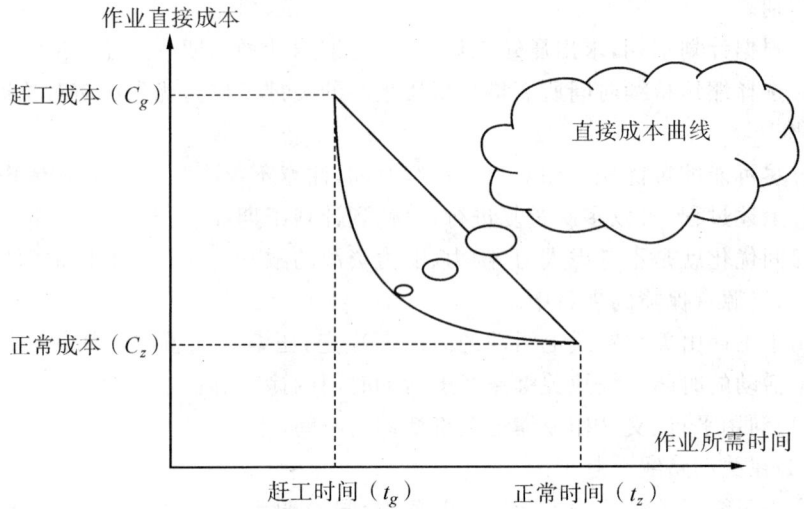

图 5-11 直接费用与活动时间的关系

为了简化处理,可将活动时间—费用关系视为一种线性关系。在线性假定条件下,活动每缩短一个单位时间所引起的直接费用的增加称为直接费用变化率,记为 l。

$$l = \frac{C_g - C_z}{t_z - t_g}$$

2. 间接费用 C_I

间接费用 C_I 是与整个工程有关的、不能或不宜直接分摊给某一活动的费用,包括工程管理费用、拖延工期罚款、提前完工的奖金、占用资金应付利息等等。间接费用与工期成正比关系,即工期越长,间接费用越高,反之则越低。通常将间接费用与工期的关系作为线性关系处理。

工程总费用 C_T、直接费用 C_D、间接费用 C_I 与工期的关系如图 5-12 所示。

从图 5-12 中可以看出,总费用先随工期缩短而降低,然后又随工期进一步缩短而上升。总费用的这一变化特点告诉人们,其间必有一最低点,该点所对应的工程周期就是最佳工期,如图 5-12 中 T' 点所示。时间—费用优化的过程,就是寻求总费用最低的过程。

设工期从 T 压缩至 T',相应的总费用变化为:

$$C_T(T') = C_D(T') + C_I(T') = C_D(T) + C_D + C_I(T) + C_I$$
$$C_T(T') - C_T(T) = C_D + C_I$$

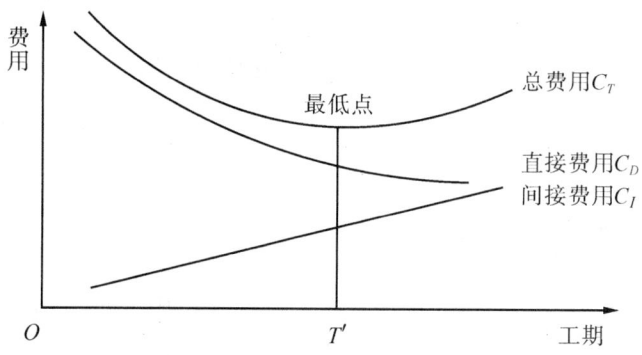

图 5-12 费用与活动时间的关系

若 $C_D + C_I < 0$，则工期还可以进一步缩短。

在进行时间—费用优化时，需要把握以下三条规则：

(1) 必须对关键路线上的活动赶工；

(2) 选择直接费用变化率最小的活动赶工；

(3) 在可赶工的时间范围内赶工。

(三) 资源优化

资源是为完成任务所需的人力、材料、机械设备和资金等的统称。完成一项工程任务所需的资源量基本上是不变的，不可能通过资源优化将其减少。资源优化是通过改变工作的开始时间，使资源按时间的分布符合优化目标。

1. 资源有限—工期最短的优化

资源有限—工期最短的优化是调整计划安排，以满足资源限制条件，并使工期拖延最少的过程。

2. 工期固定—资源均衡的优化

工期固定—资源均衡的优化是调整计划安排，在工期保持不变的条件下，使资源需用量尽可能均衡的过程。资源均衡可以大大减少施工现场各种临时设施的规模，从而可以节省施工费用。

时间—资源优化有两方面含义：

(1) 在有限的资源约束下，如何调整网络计划使工期最短。

(2) 在工期一定的情况下，如何调整网络计划使资源利用充分。前者称为有限资源下的工期优化问题，后者称为工期规定下的资源均衡问题。

第六节　项目进度控制

一、项目进度控制的概念

项目进度计划控制是对项目进度计划的实施与项目进度计划的变更所进行的管理控制工作。项目进度计划控制的主要内容包括：对于项目进度计划影响因素的控制（事前控制），对于项目进度计划完成情况的绩效度量，对项目实施中出现的偏差采取纠偏措施，以及对于项目进度计划变更的管理控制等。项目开始实施以后就必须严格控制项目的进程，以确保项目能够按项目进度计划进行和完成。在这一工作中，必须及时定期地将项目实施的情况与项目计划进度进行比较并找出二者的差距，一旦发现这种差距超过了控制标准，就必须采取纠偏措施，以维持项目工期进度的正常发展。必须根据项目实际进度并结合其他发生的具体情况，定期地改进项目的实际工作或更新项目进度计划，最终实现对于整个项目工期的全面和有效的控制。

进度控制是指：

(1) 改变某些因素，使进度朝有利方向改变；

(2) 确定原有的进度已经发生改变；

(3) 当实际进度发生改变时要加以控制，进度计划控制必须和其他控制过程结合。

二、项目进度控制流程

项目的进度控制就是在既定工期内，编制出最优的进度计划，在执行计划的过程中，经常检查项目的实际进度情况，并将其与进度计划相比较。若出现偏差，分析产生的原因及对工期的影响程度，确定必要的调整措施，更新原计划，这一过程如此不断地循环，直至项目完成。项目实际进度控制的目标就是确保项目按既定工期目标实现，就是在保证项目质量并不因此增加项目实际成本的条件下，适当缩短项目工期，如图5-13所示。

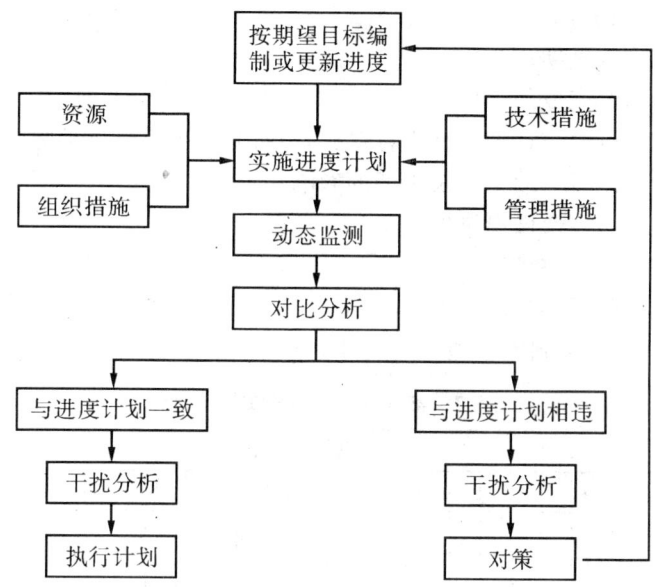

图 5-13 项目进度控制过程

三、项目进度控制方法和措施

(一)项目进度控制方法

在项目开始之后,应对整个项目进行专业分析,建立项目分项的月、旬进度控制图表,以便对项目实施的月、旬进度进行监控。其图表宜采用能直观地反映项目实际进度的形式,如形象进度图等,可随时掌握各专业分项实施的实际进度与计划间的差距。当出现差距时应及时采取措施,加快进度,及时整理资料,对项目实际进展情况进行综合评价。如果实际实施工进度确实影响到整个项目的完成日期,应要尽快调整进度计划。

1.采用进度表控制项目进度

进度表是每月按实际完成的项目进度和现金流动情况编制的报表,这种报表应由下列两项资料组成:一是项目现金流动计划图,应附上已付款项曲线;二是项目实施计划条形图,应附上已完成项目条形图。当月进度报表反映的实际进度和计划进度失去平衡时,应对这种不平衡情况进行详细的分析,结合现场记录和各分项所控制的进度以及实际完成的项目和项目支付的实际情况进行综合性评价。根据评价的结果,发现项目或其项目的任何部分进度过慢与进度计划不相符合时,应立即采取必要措施加快进度,以确保项目按计划完成。

控制步骤如下：
(1)标出检查日期；
(2)标出已经完成的工作；
(3)将实际进度与计划进度进行对比,分析是否出现进度偏差；
(4)分析偏差对后续工作及工期的影响；
(5)分析是否需要做出进度调整；
(6)采取进度调整措施；
(7)实施调整后的进度计划。
表 5-3 是某项基础工程施工进度计划。

表 5-3　某项基础工程施工进度计划

施工过程	施工进度计划（d）												备注
	2	4	6	8	10	12	14	16	18	20	22	24	
挖土	■	■	■										
垫层				■	■								
基础						■	■	■	■				
回填										■	■		

2.采用网络计划控制项目进度

用网络法制订施工计划和控制项目进度,可以使工序安排紧凑,便于抓住关键,保证施工机械、人力、财力、时间均获得合理的分配和利用。因此在制订项目进度计划时,采用网络法确定本项目关键线路是相当重要的。除要求制订网络计划外,还要随时用网络计划检查项目进度。

采用网络计划检查项目进度的方法是在每项项目完成时,在网络图上以不同颜色数字记下实际的实施时间,以便与计划对照和检查。检查结果有以下几种情况：第一,关键线路上某项项目的实施时间比计划增加,这种情况会使整个工期延长,必须对以后的关键线路上的项目采取加快实施进度或增加实施力量、缩短实施时间的有效措施,以弥补项目进度与计划进度的差距,使项目进度与计划进度保持平衡。第二,关键线路上某项项目的实施时间比计划缩短,这种情况对缩短工期有利,此时应根据整个项目实际进度情况和项目本身的需要确定本项目有无必要提前完成,重新修订以后的网络计划,并检查关键线路有无变化,做好修订后的进度计划管理工作以保证项目计划的实现。第三,非关键线路上某项项目的实施时间比计划增加,一般情况均有调整的余地,对整个网络计划不会有影响。但是,如果超出了非关键线路所计划的时间,而且没有调整的余地,就要检查是否会影响关键线路,甚至使非关键线路改变为关键线路。如遇到这种情况,就应采取相应的措施,缩短非关键线路某些项目的实施时间,以保证关键线路的完成仍能满足计划的要求。第四,非关键线路上某项项目的实施时间比计划缩短,整个网络计划将不受影响。但应从非关键线路的项目中抽调实施力量,加强关键线路上项目的实施,以达到缩短整个工期的目的。

具体做法是:

(1)标出检查日期;

(2)标出实际进度前锋线;

(3)将实际进度与计划进度进行对比,分析是否出现进度偏差;

(4)分析出现的进度偏差对后续工作和工期的影响;

(5)分析是否需要做出进度调整;

(6)采取进度调整措施;

(7)实施调整后的网络进度计划。

图 5-14 是某工厂局部施工网络进度计划。

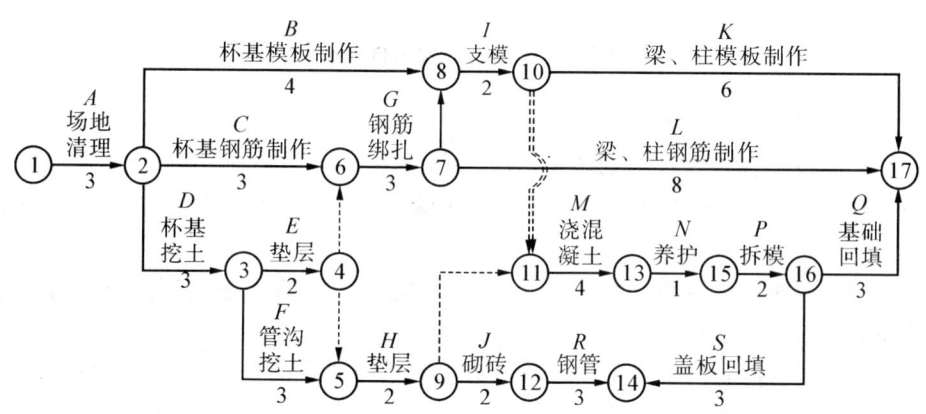

图 5-14 某工程局部施工网络进度计划

3.采用 S 曲线控制项目进度

分项项目进度控制通常是在分项项目计划的条形图上画出每个项目的实际开工日期、持续时间和完成日期。这种方法比较简单直观,但就整个项目而言,不能反映实际进度与计划进度的对比。

采用项目曲线法进行项目进度的控制则比较全面。项目曲线是以横轴为工期(或以计划工期为 100 %,各阶段工期按百分率计),竖轴为完成项目量累计数(以百分率计)所绘制的曲线。把计划的项目进度曲线与实际完成的项目进度曲线绘在同一图上,并进行对比分析,当发现项目实际进度与计划进度出现差距时,采取措施,调整计划,以确保按期完成项目。图 5-15 为 S 曲线控制项目进度图。

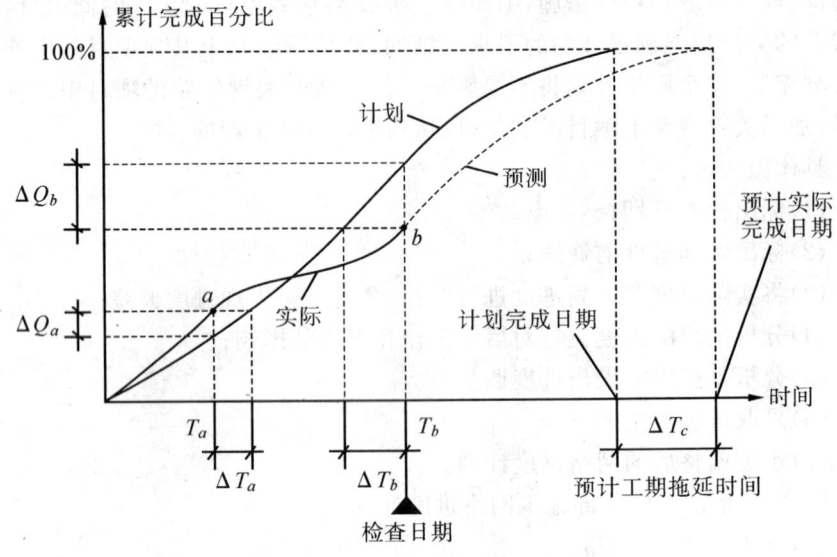

图 5-15　S 曲线控制项目进度图

(二)项目进度控制的措施

1.建设项目进度控制的组织措施

(1)组织是目标能否实现的决定性因素,为实现项目的进度目标,应充分重视健全项目管理的组织体系。

(2)在项目组织结构中应有专门的工作部门和符合进度控制岗位资格的专人负责进度控制工作。

(3)进度控制的主要工作环节包括进度目标的分析和论证、编制进度计划、定期跟踪进度计划的执行情况、采取纠偏措施,以及调整进度计划。

(4)应编制项目进度控制的工作流程,确定项目进度计划系统的组成,各类进度计划的编制程序、审批程序和计划调整程序等。

(5)进度控制工作包含了大量的组织和协调工作,而会议是组织和协调的重要手段,应进行有关进度控制会议的组织设计,以明确会议的类型;各类会议的主持人及参加单位和人员;各类会议的召开时间;各类会议文件的整理、分发和确认等。

2.项目进度控制的管理措施

(1)项目进度控制的管理措施涉及管理的思想、管理的方法、管理的手段、承发包模式、合同管理和风险管理等。

(2)项目进度控制在管理观念方面存在的主要问题。

(3)用网络计划的方法编制进度计划。必须很严谨地分析和考虑工作之间的逻辑关系,通过网络计算可发现关键工作和关键路线,也可知道非关键工作可使用的时差。网络计划的方法有利于实现进度控制的科学化。

(4)项目承发包模式的选择。这直接关系到项目实施的组织和协调。

(5)为实现进度目标,不但应进行进度控制,还应注意分析影响项目进度的风险,并在分析的基础上采取风险管理措施,以减少进度失控的风险量。

(6)重视信息技术(包括相应的软件、局域网、互联网以及数据处理设备)在进度控制中的应用。

3.项目进度控制的经济措施

(1)项目进度控制的经济措施涉及资金需求计划、资金供应的条件和经济激励措施等。

(2)为确保进度目标的实现,应编制与进度计划相适应的资源需求计划(资源进度计划),包括资金需求计划和其他资源(人力和物力资源)需求计划,以反映项目实施的各时段所需要的资源。

(3)资金供应条件包括可能的资金总供应量、资金来源(自有资金和外来资金)以及资金供应的时间。

(4)在项目预算中应考虑加快项目进度所需要的资金,其中包括为实现进度目标将要采取的经济激励措施所需要的费用。

4.项目进度控制的技术措施

(1)项目进度控制的技术措施涉及对实现进度目标有利的技术措施的采用。

(2)不同的设计理念、设计技术路线、设计方案会对项目进度产生不同的影响。

(3)实施方案对项目进度有直接的影响,在决策其选用时,不仅应分析技术的先进性和经济合理性,还应考虑其对进度的影响。

四、项目进度控制报告

项目进度控制的结果通过项目进度控制报告的形式向有关部门和人员报告。项目进度控制报告是记录观测检查结果、项目进度现状和发展趋势等有关内容的书面形式报告。

1. 项目进度报告的分类

项目进度控制报告根据报告的对象不同,一般分为项目概要级进度控制报告、项目管理级进度控制报告和业务管理级进度控制报告。

项目概要级进度控制报告是以整个项目为对象说明进度计划执行情况的报告,项目管理级进度控制报告是以分项目为对象说明进度计划执行情况的报告,业务管理级进度控制报告是以某重点部位或重点问题为对象说编制的报告。

2. 项目进度控制报告的内容

项目进度控制报告的内容主要包括项目实施概况、管理概况、进度概况;项目实际进度及其说明;资源供应进度、项目近期趋势,包括从现在到下次报告期之间将可能发生的事件等内容;项目费用发生情况;项目存在的困难与危机等。

3. 项目进度控制的形式

项目进度报告的形式可以分为日常报告、例外报告和特别报告。

4. 项目进度控制报告的报告期

项目进度控制报告的报告期应根据项目的复杂程度和时间期限以及项目的监控方式等因素确定,一般可以考虑与定期监控的时间间隔相一致。一般来说,报告期越短,及早发现问题并采取纠正措施的机会就越多。如果一个项目远远偏离了计划,就很难在不影响项目范围、预算、进度或质量的情况下实现项目目标。

导入案例五分析

1. 由于工作 H 和工作 F 的实际进度拖后均属于承包单位自身原因,其工期不予延长,工作 K 的拖后属于业主原因造成,可以考虑给予工程延期。从图可知,工作 K 原有总时差为 3 个月,该工作停工待图 3.5 个月,只影响工期 0.5 个月,故监理工程师应批准工程延期 0.5 个月。

工期调整原则:若为施工方拖延的工期不予补偿,若为业主方则看拖延工期的工作是否在关键线路上,若在关键线路,则全部补偿,若在非关键线路上,则分析可利用的总时差,当总时差大于拖延的工期时,则工期不予补偿,当总时差小于拖延的工期时,补偿的工期为拖延的工期减去总时差的差值。

2. 一要要科学规划工期(编制工期规划要考虑节假日、气候等因素的影响),二要选择合适的时机下达工程开工令,三要提醒业主履行施工承包合同中所规定的职责(如资金、材料等按合同规定到位),其四,当延期不可避免时,要妥善处理(三方协商、分清责任)。

本章小结

项目进度管理是项目管理的重要组成部分,它与项目质量管理、成本管理并称为项目管理的"三大管理",或"三大目标",它们三者之间是对立统一的关系。

项目进度管理包括为管理项目按时完成所需的各个过程,主要包括七个阶段,即规划进度管理、定义活动、排列活动顺序、估算活动资源、估算活动持续时间、制订进度计划、控制进度等。

项目进度计划是表达项目中各项工作、工序的开展顺序、开始及完成时间及其相互衔接关系的计划。它可分为项目总体进度计划、分项进度计划和年度进度计划等。项目进度计划主要依据项目对工期的要求、项目的特点、项目的技术经济条件、项目的外部条件、项目各项工作的时间估计和项目的资源供应情况进行编制。项目进度计划编制包括:项目描述、项目分解(工作定义)、工作先后关系的确定(工作序列)、工作延续时间的估计(工作时间)、进度安排等步骤。甘特图是一种最简单并运用最广的计划方法。甘特图的类型包括传统甘特图、带有时差的甘特图和具有逻辑关系的甘特图。里程碑计划是将项目中关键性事件的完成或开始时间点作为基准所形成的计划,是一个战略计划或项目规划,以中间产品或可实现的结果为依据。它显示了项目为达到最终目标而必须经过的条件或状态序列,并且描述了项目在每个阶段应达到的状态。

网络计划技术是用网络计划对项目任务的工作进度进行安排和控制,以保证实现预定目标的科学的计划管理技术。网络计划是在网络图上加注工作时间参数等编制成的进度计划。网络计划主要由两大部分构成,即网络图和网络参数。一般网络计划技术的网络图,有双代号网络图和单代号网络图两种。双代号网络图是应用较为普遍的一种网络计划形式。它是以箭线及其两端节点的编号表示工作的网络图。双代号网络图由箭线(工作)、节点与线路三个基本要素组成。络图的绘制仅完成了网络计划编制的第一项任务,更重要的任务是网络计划时间参数的计算。双代号网络计划的时间参数既可以按工作计算,也可以按节点计算。和双代号网络图一样,单代号网络图是由节点和箭线组成的,但其含义却和双代号网络不完全相同,其箭线表示紧邻工作之间的逻辑关系,节点则表示工作。工作之间的逻辑关系包括工艺关系和组织关系,在单代号网络图中均表现为工作之间的先后顺序。由于单代号网络图和双代号网络图是网络计划两种不同的表达方式,因此关于双代号网络图的工序逻辑关系机会图规则也基本适用于单代号网络图。

网络计划优化,就是在满足一定的条件下,利用时差来平衡时间、资源与费用三者的关系，寻求工期最短、费用最低、资源利用最好的网络计划过程。网络计划优化分为时间优化、时间—费用优化和时间—资源优化。

项目进度计划控制是对项目进度计划的实施与项目进度计划的变更所进行的管理控制工作。项目进度计划控制的主要内容包括：对于项目进度计划影响因素的控制（事前控制）、对于项目进度计划完成情况的绩效度量、对项目实施中出现的偏差采取纠偏措施，以及对于项目进度计划变更的管理控制等。

思考题

1. 项目进度计划有哪些主要作用？为什么项目进度计划会有这些作用？
2. 项目进度计划文件有哪些主要的内容？
3. 什么是里程碑计划？如何确定里程碑事件？
3. 项目进度计划的支持细节有哪些主要内容？
4. 项目进度计划实施控制有哪些管理原则？为什么要贯彻这些管理原则？
5. 项目工期进度报告的周期为什么要在项目或项目环境出现问题时缩短？
6. 项目工期变更控制与项目变更总体控制是什么关系？如何把握这种关系？
7. 如何绘制双代号网络和单代号网络？
8. 在单代号和双代号网络图下应分别如何计算六个时间参数？

案例思考

资料：

某系统集成公司现有员工 50 多人，业务部门分为销售部、软件开发部、系统网络部等。经过近半年的酝酿后，在今年 1 月份，公司的销售部直接与某银行签订了一个银行前置机软件系统的项目。合同规定，6 月 28 日之前，系统必须投入试运行。在合同签订后，销售部将此合同移交给了软件开发部，进行项目的实施。项目经理小丁做过 5 年的系统分析和设计工作，但这是他第一次担任项目经理。小丁兼任系统分析工作，此外项目还有 2 名有 1 年工作经验的程序员，1 名测试人员，2 名负责组网和布线的系统项目师。项目组成的成员均全程参加项目。在承担项目之后，小丁组织大家制订了项目的 WBS，并依照以往的经历制订了本项目的进度计划，简单描述如下：

1. 应用子系统

   (1) 1 月 5 日—2 月 5 日需求分析；

   (2) 2 月 6 日—3 月 26 日系统设计和软件设计；

   (3) 3 月 27 日—5 月 10 日编码；

(4)5月11日—5月30日系统内部测试。

2. 综合布线

2月20日—4月20日完成调研和布线。

3. 网络子系统

4月21日—5月21日设备安装、联调。

4. 系统内部调试、验收

(1)6月1日—6月20日试运行；

(2)6月28日系统验收。

春节后，在2月17日，小丁发现系统设计刚刚开始，由此推测3月26日很可能完不成系统设计。

问题：

请分析问题发生的可能原因，并说明小丁应该如何保证项目整体进度不拖延。

知识转化训练

项目进度控制

训练目标：

通过训练，加深对项目进度管理的理解。

材料：

1. 厦门某物业公司为了更好地对住宅小区的物业进行智能化、系统化的管理，决定投资120万元，开发一套物业管理软件，通过局域网络实现建立在计算机平台上的物业管理。

该软件分为前台的信息输入、输出和后台的信息管理两大板块，主要实现的功能包括资料管理、财务管理、收费管理、日常工作、行政办公、统计报表六大部分。

2. 该项目从2012年6月1日开始，计划在2013年初投入使用。

3. 蔡靖担任该项目经理，接到任务后，他立即召集项目组成员开会，会议的主要议题包括：

(1)研究项目工作方案，宣布工作要求。

(2)研究确定项目的里程碑事及完成时间，分别为：

项目启动(2012年6月3日)

需求分析完成并经用户确认(2012年6月21日)

设计方案完成并通过评审(2012年7月12日)

软件开发工作完成(2012年9月6日)

软件测试结束，系统试运行开始(2012年11月1日)

试运行结束,项目验收通过(2012年12月13日)。

(3)对项目进行工作分解(见WBS),确定各项工作的逻辑顺序及需要的工作时间(见网络计划工作表)。

(4)进行了工作分工,明确由林欣担任项目进度计划负责人。

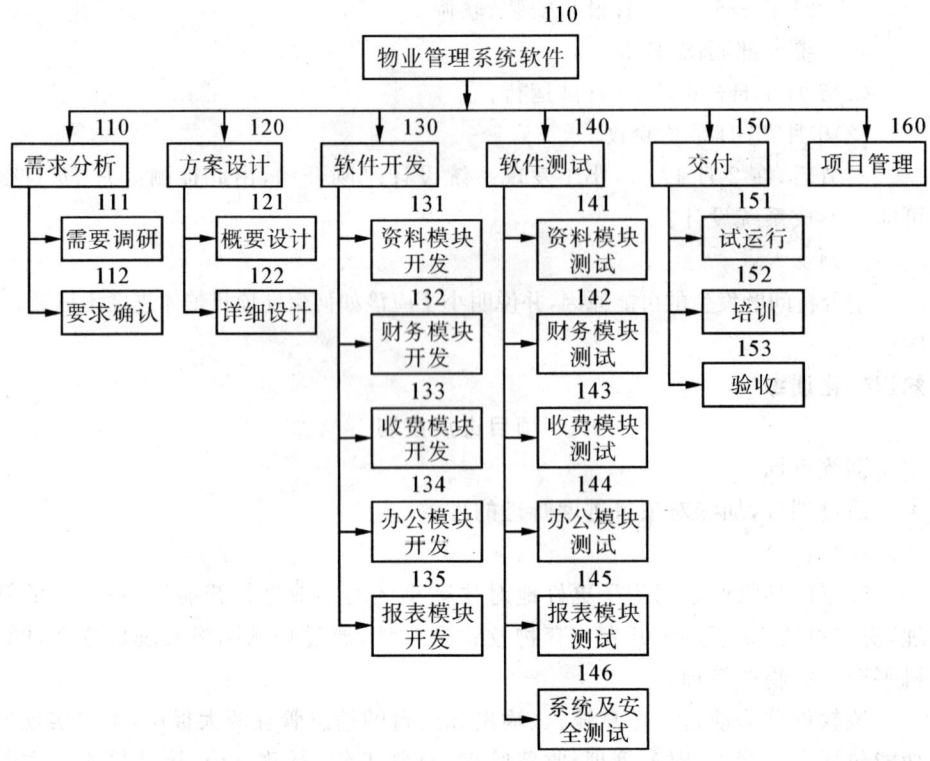

某物业管理软件项目 WBS

某物业管理软件项目网络计划工作表

编码	代码	任务名称	工期(周)	紧前工序	搭接(周)
110		需求分析			
111	A	需求调研	1	/	
112	B	需求确认	2	A	
120		方案设计			
121	C	概要设计	2	B	SS1
122	D	详细设计	2	C	

续表

编码	代码	任务名称	工期(周)	紧前工序	搭接(周)
130		软件开发			
131	E	资料模块开发	8	D	
132	F	财务模块开发	6	D	
133	G	收费模块开发	6	D	
134	H	办公模块开发	6	D	
134	I	报表模块开发	6	D	
140		软件测试			
141	J	资料模块测试	4	E	
142	K	财务模块测试	4	F	
143	L	收费模块测试	4	G	
144	M	办公模块测试	4	H	
145	N	报表模块测试	4	I	
146	O	系统及安全测试	4	J,K,L,M,N	
150		交付			
151	P	试运行	4	O	
152	Q	培训	2	O	
153	R	验收	1	P,Q	FS1(P 工作)

审核:林欣　　　　　　　　　　编制人:李琳

训练内容:

1. 熟悉里程碑图的编制程序。
2. 熟悉单代号网络图和双代号网络图编制方法。
3. 熟悉甘特图编制方法。

训练方法:

个人或团队形式均可。

能力评估:

通过训练,要求每位同学以书面(或现场作答)的形式回答以下问题,由老师或团队成员按照"训练目标"要求评估每位同学的训练成绩。

1. 说明里程碑图的编制程序并绘制某物业管理软件项目里程碑图。
2. 绘制某物业管理软件项目单代号网络图和双代号网络图。
3. 绘制某物业管理软件项目甘特图。

第六章 项目费用管理

学习目的

本章介绍项目管理中费用管理的最基本的理论知识。通过本章学习,能够了解项目资源计划、项目费用估计、预算及项目费用控制的基部内容;理解项目资源计划与费用估计、预算及项目费用控制的主要依据、基本原理和方法的知识体系框架;掌握项目费用管理各项活动的基本工具及最终结果的应用。

项目费用控制

资料

1. 基本情况

华厦集团公司在激烈的竞争中,获得滨江河畔观景社区项目承建权。该项目占地1 000亩,绿化率为32%,是滨江市最大的第一排观景社区,并列为2012年滨江市重点建设项目。华厦集团公司领导希望能借助该项目进一步展示和宣传公司的实力,研究决定由高级工程师蔡靖担任项目经理,要求项目团队完成以下目标:

成果目标:功能和质量符合国家有关规定和设计要求的滨江河畔观景社区工程。

工期目标:2012年3月1日—2014年12月31日,总工期为34个月。

成本目标:总投资限额18 000万元人民币。

质量目标:项目工程合格率100%,工程优良率90%。

2. 成本控制

为检查成本支出和项目进程情况,确保项目在预算控制范围内按期完成,项目团队于 2013 年 8 月 30 日应用挣值法对项目的费用开支和进度进程情况进行分析。

根据会计部门提供资料,截至 8 月 30 日,各项任务进展及费用开支情况如项目费用开支中期检查表。

项目费用开支中期检查表

编码	任务名称	进度完成	费用预算	ACWP	BCWP	BCWB
111	项目策划	100%	540	520	540	540
112	项目选址	100%	180	170	180	180
113	项目规划	100%	360	340	360	360
121	施工图设计	100%	720	700	720	720
122	施工招投标	100%	180	190	180	180
123	开工手续	100%	180	185	180	180
131	建筑工程	67%	9 900	6 400	6 650	6 633
132	机电工程	50%	1 800	880	900	900
133	市政工程	0	900	0	0	0
134	景观工程	25%	1 800	450	450	500
140	验收阶段	0	180	0	0	0
150	销售阶段	0	900	0	0	0
160	项目管理	50%	360	180	180	180
	合计		18 000	10 015	10 340	10 373

问题与思考:

1. 分析项目费用开支情况;
2. 预测项目结束将发生的费用总额;
3. 绘制挣值曲线图;
4. 思考项目费用管理的核心内容。

第一节 规划项目费用管理

项目费用管理也称项目成本管理,它包含为使项目在批注的预算内完成而对费用进行规划、估算、预算、融资、筹资、管理和控制的各个过程,其作用是确保项目在批准的预算时间内完成。

一、项目费用管理过程

项目费用管理包括五个环节：
（一）规划项目费用管理
为筹划、管理和控制项目费用而制定政策、程序和文档的过程。
（二）制订项目资源计划
根据资源估算的结果，确定项目资源需求并合理配置项目资源。
（三）估算项目费用
估计完成项目活动所需资金的近似值。
（四）制定项目费用预算
汇总所有单个活动或工作包含的估算费用，建立一个经批准的费用基准。
（五）控制项目费用
监督项目运行状态，以更新项目费用，并管理费用基准变更。

项目费用管理应考虑干系人对掌握费用情况的要求。不同的干系人会在不同的时间，用不同的方法测算项目费用，例如，采购某产品，可在作出采购决策、下达订单、实际费用发生进行成本核算（记账）及实际交货时，测算其费用。

项目费用管理重点关注完成项目活动所需资源的费用，但同时也应考虑项目决策对项目产品、服务或成果的使用费用、维护费用和支持费用的影响。

二、规划项目费用管理

应在项目规划阶段的早期就对费用管理工作进行规划，建立各费用管理过程的基本框架，以确保各过程的有效性及各过程之间的协调性。

规划项目费用管理的主要作用是在整个项目中为如何管理项目费用提供指南和方向。费用管理过程及其工具和技术，应记录在费用管理计划中，费用管理计划是项目管理计划的组成部分。

（一）规划项目费用管理的依据
1. 项目管理计划
项目管理计划中的范围基准、进度基准及与费用相关的进度、风险及沟通决策等信息是进行规划项目费用管理的重要依据。
2. 公司章程
项目章程规定了项目总体预算，可据此确定项目的详细费用，章程中规划的项目审批要求，也影响项目费用的估算。

3.事业环境因素

影响规划项目费用管理的事业环境因素主要有:组织文化和组织结构,决定在当地及全球市场可获得哪些产品、服务和成果的市场条件,用以划算发生在多个国家的项目费用的汇率,发布的与资源费用计算相关的商业信息,项目管理信息系统等。

4.组织过程资产

影响规划项目费用管理的组织过程资产主要有:定期报告,费用支付审查流程,会计编码及标准合同条款等财务控制程序,财务数据库,历史信息与经营教训知识库,现有的、正式的或费正式的、与费用估算和预算有关的政策、程序和指南。

(二)规划项目费用管理的工具和技术

1.专家判断

专家针对正在开展的活动,基于某个应用领域、学科、行业等的专业知识而作出的判断,对制订费用管理计划很有参考价值。

2.分析技术

规划费用管理过程中,可能会涉及选择项目融资、筹资的战略方法,如自筹投资、股权投资、借贷投资等。费用管理计划中也需要详细说明筹集项目物资资源的方法,如自制、采购、租用或租赁,以上决策可能会对项目的进度和风险产生影响。

3.会议

项目团队可能通过举行规划会议的方式来制订费用管理计划。参会人员可能包括项目经理、项目发起人、选定的项目团队成员、选定的项目项目干系人、进度规划或执行负责人,以及其他必要的人员。

(三)规划项目费用管理的结果

1.费用管理计划

费用管理计划是项目管理计划的组成部分。描述将如何规划、安排和控制项目费用。费用管理过程及其工具与技术应记录在费用管理计划中。费用管理计划通常需要做如下的规定:

(1)计量单位。规定每种资源的力量单位,包括人、材料、设备、资金等的计量单位。

(2)精确度。根据项目范围和项目规模,设定费用估算向上或向下的取整程度,如四舍五入、小数点保留两位等。

(3)准确度。为活动费用规定一个可接受的区间,如上下浮动10%,其中可能包括一定数量的应急储备。

(4)组织程序链接。工作分解(WBS)为费用计划提供了框架,以便据此规范地开展费用估算、预算和控制。在项目费用核算中使用的 WBS 组件,成为控制账户。每个控制账户都有唯一的编码或账号,直接与执行组织的会计制度相联系。

(5)控制临界值。规定偏差临界值,通常用偏离基准计划的百分比表示,用于监督费用绩效。它是在需要采取某种措施前,允许出现的最大偏差。

(6)绩效测量规则。规定用于绩效测量的挣值管理规则,包括:定义 WBS 中用于绩效测量的控制账户、确定拟用的挣值测量技术(如加权里程碑法、固定公式法、完成百分比法等)、规定跟踪方法,以及用于计算项目完工估算的挣值管理公式。

(7)报告格式。规定各种费用报告的格式和编制频率。

(8)过程描述。对费用管理的每个过程进行描述。

(9)其他细节。对筹资方案的说明、处理汇率波动的程序、记录费用的程序等费用管理活动的其他细节。

第二节　项目资源计划

一、项目资源计划的含义

项目资源计划是指依据工作分解结构、历史资料、项目范围说明书和组织方针,通过专家的判断和数学模型进行选择确认,制订资源的需求计划,以使资源得到最大限度的分配。它是在分析、识别项目的资源需求,确定项目所需投入的资源种类、数量和时间的基础上,制订科学、合理、可行的项目资源供应计划的项目费用管理活动。资源计划的目的,就是通过动态的计划和控制,在满足进度要求的前提下,使资源达到最合理的配置。这种配置需要调整工作排序和时间安排,并考虑到费用的节约。

一切具有现实和潜在价值的东西都可以被称为资源,包括自然资源和人造资源,内部资源和外部资源,有形资源和无形资源。如人力和人才(Man)、材料(Material)、机械(Machine)、资金(Money)、信息(Message)、科学技术(Method of S&T)及市场(Market)等。项目管理作为方法和手段,也是资源。

本教材讨论的项目资源主要是指项目人员、工具、机器或者项目需要的资金。具体来说,项目资源主要包括项目实施中需要的人力、设备、材料、能源、设施及其他各种资源等。由于存在季节性短缺、劳动纠纷、设备故障、需求竞争、延迟交货等不确定性因素,资源的供应和可获得性存在风险。为了以最高的成本时间效率完成项目,项目管理者必须根据项目需求制订资源计划。项目资源计划涉及决定什么样的资源(人力、设备、材料)以及多少资源将用于项目的每一项工作执行过程中。即在有项目作业需求时必须配备必要的工人、设备和原料。因此,它必然是与费用估计相对应起来的,是项目费用估计的基础。

二、项目资源计划的主要依据

项目资源计划的主要依据包括工作分解结构、项目工作进度计划、历史资料、项目范围陈述、资源安排的描述和组织策略。

(一)工作分解结构

利用工作分解结构(即 WBS)系统进行项目资源计划时,工作划分得越细、越具体,所需资源种类和数量越容易估计。

工作分解自上而下逐级展开,各类资源需要量可以自下而上逐级累加,这样便得到了整个项目的各类资源需要。因此,一旦建立了 WBS,项目尤其是大型项目开始实施后增加或减少活动,或由于成本控制改变报告水平就必须付出很高的代价。而如果没有预先正确建立 WBS,在以后的项目工作中就可能要冒费用控制的风险。因此,WBS 的一个重要应用就是对项目的下一步或相似工作制订费用控制标准。

(二)项目进度计划

几乎每项活动都要有详细的进度计划。项目进度计划主要说明何时该做成什么,做多少,它通常是将活动与主计划协调,有效利用资源,得到好的项目控制,从而达到项目的最优时间、最小成本和最低风险的目的。

项目进度计划是项目计划中最主要的,是其他各项计划,如质量计划、资金使用计划、图样供应计划、资源供应计划的基础。项目进度计划初步完成后,可能会发现工作的组织方法并不是最好的,因为人员、设备、材料、信息功能的状况配置并不是最佳的,需要重新进行组织,也可能出现资源过度分配或资源工作安排不均衡。因此,在项目进度安排工作之后就必须开展项目资源计划。资源计划必须服务于项目进度计划,什么时候需要何种资源是围绕项目进度计划的需要而确定的。

(三)历史资料

历史信息记录了以前类似工作使用资源的需求情况,这些资料如能获得的话,无疑对现在工作资源需求的确定有很大的参考作用。

(四)项目范围陈述

范围陈述包括了项目工作的说明和项目目标,确定了项目可交付成果,明确了哪些工作是属于项目该做的,而哪些工作不应包括在项目之内,对它的分析可进一步明确资源的需求范围及其数量。因此,在编制项目资源计划中应该特别加以考虑。

(五)资源安排描述

资源安排描述是对项目拥有的资源存量的说明,对它的分析可确定资源的供给方式及其获得的可能性,这是项目资源计划所必须掌握的。资源安排详细的数量描述和资源水平说明对于资源安排有特别重要的意义。

(六)组织策略

项目实施组织的组织方针体现了项目高层在资源使用方面的策略,可以影响到人员招聘、物资和设备的租赁或采购,对如何使用资源起着重要作用。因此,在资源计划的过程中还必须考虑项目的组织方针,在保证资源计划科学合理的基础上,尽量满足项目组织方针的要求。

三、项目资源计划的方法

常用的资源计划方法有专家判断法、选择确认法、数学模型法。

(一)专家判断

专家判断是最为常用的制订资源计划的方法,专家可以是任何具有特殊知识或经过特别培训的组织和个人,主要包括履行组织的其他单元、顾问、职业或技术协会和工业组织等。

(二)选择确认

选择确认就是由专家在多个备选的资源安排计划中进行选择确认,最常用的是头脑风暴法,头脑风暴法能够提炼与整合众多参与者的集体思维。

(三)数学模型

数学模型是通过建立某种关系式描述资源的安排情况,如网络计划中的资源分配模型和资源均衡模型等。根据项目工作对资源的依赖程度划分,最重要的项目资源是劳动力资源和材料资源。因此,项目资源安排计划有劳动力计划和材料供应计划两大类。

1. 劳动力计划

(1)劳动力使用计划:

①确定各活动劳动效率。

$$劳动力投入总工时 = \frac{工作量}{产量/单位工时}$$

②确定各活动劳动力投入量。

$$某活动劳动力投入量 = \frac{劳动力投入总工时}{班次/日 \times 工时/班次 \times 活动持续时间}$$
$$= \frac{工作量 \times 工时消耗量/单位工作量}{班次/日 \times 工时/班次 \times 活动持续时间}$$

③确定整个项目劳动力投入曲线。如图 6-1 所示。

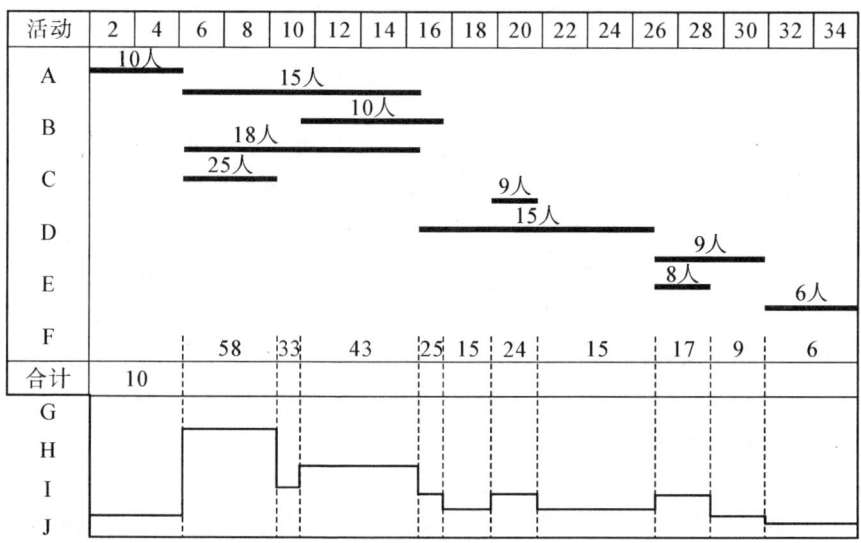

图 6-1　项目劳动力投入曲线示意图

④现场其他人员的使用计划。可根据劳动力投入计划按比例计算。
(2)其他劳动力计划。
2. 材料供应计划
(1)需求计划。包括各种材料需求量的确定和材料需求时间的确定。
(2)采购计划。根据经济批量模型进行确定。如图 6-2 所示。

四、项目资源计划的工具

常用的项目资源计划工具有资源矩阵、资源甘特图、资源数据表、资源负荷图或资源需求曲线、资源累计需求曲线等。

资源矩阵、资源数据表以表格的形式列示项目的任务、进度及其需要的资源

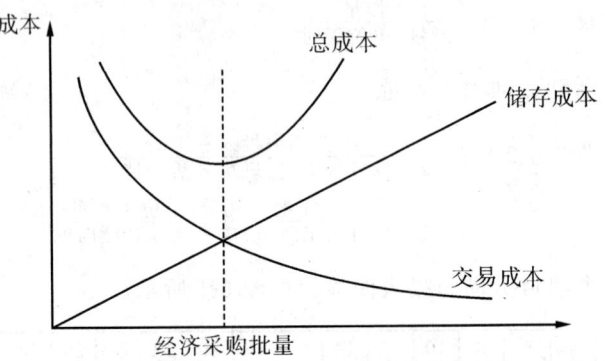

图 6-2 经济采购批量示意图

的品种、数量以及各项资源的重要程度,其格式如表 6-1、表 6-2 所示。资源甘特图是利用甘特图技术对项目资源的需求进行表达,格式见图 6-3。资源负荷图一般以条形图的方式反映项目进度及其资源需求情况,格式见图 6-4。资源需求曲线以线条的方式反映项目进度及其资源需求情况,分为反映项目不同时间资源需求量的资源需求曲线(如图 6-4)和反映项目不同时间对资源的累计需求的资源累计需求曲线(如图 6-5)。

五、项目资源计划的结果

项目资源计划的结果主要是用各种形式的表格予以反映的资源的需求计划、各种资源需求及需求计划的描述和具体工作的资源的需求安排等。参见表 6-1、表 6-2、图 6-3、图 6-4 和图 6-5。

表 6-1 某项目资源矩阵

工作	资源需要					相关说明
	资源 1	资源 2	…	资源 $n-1$	资源 n	
工作 1						
工作 2						
⋮						
工作 $m-1$						
工作 m						

表 6-2　某项目资源数据表

资源需求种类	资源需求总量	时间安排(不同时间资源需求量)						相关说明
		1	2	3	⋯	$T-1$	T	
资源 1								
资源 2								
⋮								
资源 $n-1$								
资源 n								

资源种类	时间安排（不同时间资源需求量）											
	1	2	3	4	5	6	7	8	9	10	11	12
资源 1	━	━	━	━								
资源 2					━	━	━	━				
⋮												
资源 $n-1$									━	━	━	
资源 n												

图 6-3　资源甘特图

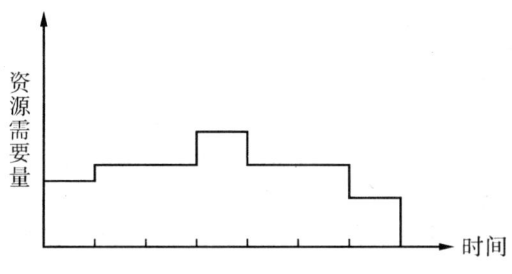

图 6-4　某资源负荷图或需求曲线

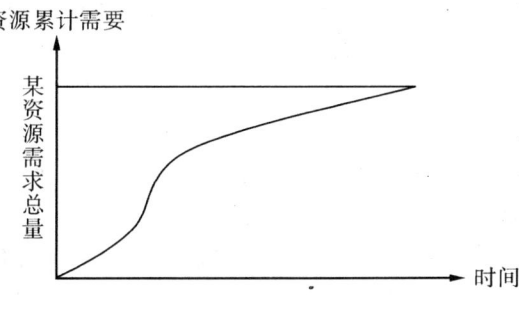

图 6-5　某资源累计需求曲线

第三节　项目费用估计

项目费用估计就是对项目各项活动所有资源的成本和费用的近似估算，并编制费用估算书的工作。项目费用的准确估计对后续管理决策和控制工作十分必要。项目的工期规划、资金预算、费用控制以及项目实际绩效与预期绩效的比较等都依赖于合理的项目费用估计结果。例如，由于项目费用估计不足就会导致建设项目中途缺乏资金而停工的项目费用管理问题，即"烂尾楼工程"的存在，因此，有效的项目费用估计是项目费用管理成功的基础与保障。

费用估计应该与工作质量的结果相联系。费用估计过程中，亦应该考虑各种形式的费用交换。比如：在多数情况下，延长工作的延续时间通常是与减少工作的直接费用相联系在一起的；相反，追加费用将缩短项目工作的延续时间。因此，在费用估计的过程中必须考虑附加的工作对工程期望工期缩短的影响。

一、项目费用估计的主要依据

项目费用估计的主要依据包括：

（一）工作分解结构

工作分解结构的主要原理就是将整个项目工作按照可以控制和可交付使用的原则不断进行分解，直至分解成可以充分控制项目进度、费用、质量的程度。如果存在一个详细的工作分解结构和明确的任务清单，就可以通过利用类比法或图标，并结合供应商所提供的工作分解最低层次的价目表，估计出每个项目的细目费用。项目工作分解结构的详细程度直接决定了项目费用估计的精确度。

另外，与项目工作分解结构一样为项目费用估计提供项目工作与活动信息的相关资料如项目范围的描述文件、项目活动清单等，都是项目费用估计重要的依据之一。

（二）资源需求计划

进行准确的项目费用估计，必须要了解项目全部活动所需要耗费的资源信息、项目全部活动所需要占用的资源信息，以及完整的项目资源需求计划等文件。项目费用都是由于开展项目工作或活动需要占用、消耗各种资源而出现的。因此，以资源需求计划为主的相关项目的资源计划安排结果都成为项目费用估计的重要依据之一。

(三)资源价格

所谓资源价格是指项目全部活动或工作需要占用与消耗的各种资源的市场价格信息,以及项目所需要的各种资源的价格发展变化信息等。为了计算项目各工作费用,必须知道各种资源的单位价格,包括工时费、单位体积材料的费用等。如果某种资源的实际价格不知道,就应该对它的价格做出估计。因为,所有项目费用都是由项目所需要的各种资源的数量和价格所决定的。因此,资源价格信息就成为项目费用估计的重要依据之一。

(四)工作的延续时间

在项目费用估计时还必须考虑的就是项目所需要的时间信息,即项目工作的延续时间。它既包括项目资源的投入时间,也包括项目资源的占用时间。所有项目所需要的人工、设备和资金费用都与它们的使用时间相关,在估计项目费用时一定先确定项目工作的延续时间。因为项目所需要的资源占用的时间越长,其项目费用就越高。即工作的延续时间将直接影响到项目工作经费的估计,因为它将直接影响分配给它的资源数量。因此,项目工作的延续时间是项目费用估计的重要依据之一。

(五)历史信息

这里的历史信息是指已完成的同类项目的各种历史资料,包括项目文件、共用项目费用估计数据库及项目工作组的知识等,它们是项目执行过程中可以参考的最有价值的资料。因为,所有历史信息都是真实的。

对于一个所知甚少的未来项目,即使存在 WBS 也不可能设计到最低一个层次的,新的费用估计往往就要在这种信息资源稀缺的条件下进行,那么,可供费用估计者使用的最切实可行的方法就是先完整地考虑整个项目,然后选择一个或多个近期已完工的相似的项目,研究这些项目所发生的实际费用,以此为基础对新项目进行类比性费用估计。因此,历史信息就成为项目费用估计的重要依据之一。

(六)会计表格

会计表格说明了各种费用信息项的代码结构,这有利于项目费用的估计与正确的会计目录相对应。因此,各种会计表格也是项目费用估计的重要依据之一。

除此之外,与项目有关的由部门、行业或国家颁布的一些定额(如投资概算、预算定额)和取费标准也可作为成本估算的参考依据。

二、项目费用估计的方法

项目费用估计的方法很多,其中最主要的费用估计方法有类比估计法和参数模型法、自下而上估算法等。

(一)类比估计法

类比估计法将被估计的项目的各个费用科目与已完成的同类项目的相应科目(有历史数据)进行对比,从而估计出新项目的各项费用。它是当项目的详细资料难以得到时使用的一种估计项目总费用的行之有效的方法。这种估计法比其他技术和方法简单易行,费用低,但是其准确性也较低。当先前的项目与目前的项目不仅在形式上而且在实质上相同时,或者对所进行的项目进行预估计时,类比估计法将更为可靠和实用。

(二)参数模型法

参数模型法使用一组项目费用的估计关系式,通过调整或改变其中的参数对项目费用进行一定精度的估计。该方法的重点集中在项目费用参数的确定,并不过多考虑项目费用细节。参数模型法快速、易于使用,并且其准确性在经过模型校验后可以达到较高的精确度。但是,如果不经过校验,参数估计模型可能不够精确,估计出的项目费用差距会较大。

(三)由上而下估计法

通常,由上而下的项目费用估计法在多数时候是根据人们对项目的自上而下进行分解得到的信息,然后加上项目管理人员的经验与判断和各种可获得的历史项目的数据,最终做出的项目费用估计。该方法适合于项目信息详细程度有限时使用。如项目早期规划、可行性研究等。图6-6是由上而下估计示意图。

(四)由下而上估计法

由下而上的项目费用估计法以自上而下进行项目分解得到的项目目标、项目产出物、项目作业包、项目具体活动等一系列相关信息为基础,估计出项目各个作业包或项目具体活动的费用,最终由下而上地将项目具体活动的费用估计结果逐层向上汇总,从而获得整个项目费用估计的方法。该方法相对需要花费较多的费用,适合于项目详细设计和计划基本完成的项目。图6-7是由下而上估计示意图。

(五)软件工具估算法

软件工具估算法主要是运用现有的计算机费用估计软件进行项目费用估计的方法,它实际是上述项目费用估计法的计算机化。计算机技术的发展和计算机运行速度的提升,以及大量项目费用估计软件的出现,使得项目管理,尤其是项目费用管理计算机化成为可能。一些项目管理软件及电子表格软件通常被广泛应用于辅助项目费用的估算。

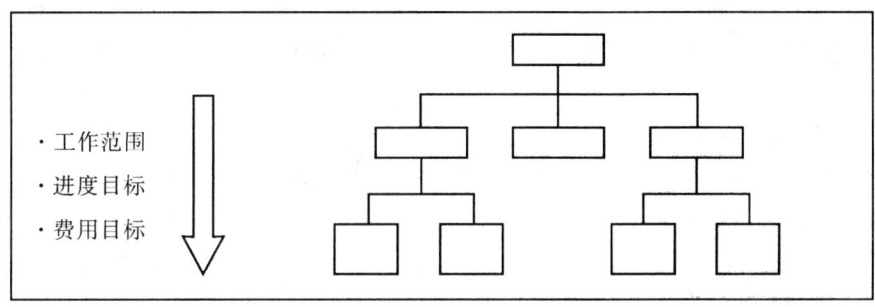

图 6-6　从上往下估计示意图

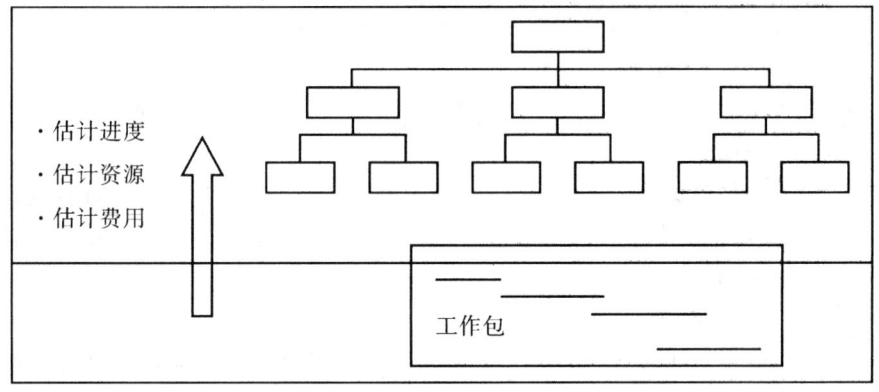

图 6-7　从下往上估计示意图

三、项目费用估计的结果

项目费用估计的根本目的是为了获得项目费用估计的结果,这些结果就是后续项目费用管理的依据与标准。项目费用估计的结果的具体形式主要有下列几种：

（一）项目费用估计文件

项目费用估计文件是对完成项目所需的各种资源的费用,主要包括劳动力、原材料、库存及各种特殊的费用(如折扣、费用储备等)的详细说明。它是通过项目费用估计获得的项目费用估计工作的最终结果和主要文件,是项目费用管理的一个重要组成部分。

项目费用估计不仅对项目所需要的直接费(如人工、材料、设备等费用等)和间接费(如管理费、税金和财务费等)进行全面汇总、总结说明,而且对各种不可预见事件所准备的应急费也给予描述和说明。项目费用估计通常被表示成以货币描述的单位数量,为了使用的方便或管理控制的方便,通常也以劳动工时、工日、材料消耗量等表示。

（二）相关详细说明

项目费用估计的详细说明应该包括工作估计范围描述、对于估计费用的基本说明、各种所做假设的说明,以及指出估计结果的有效范围等。

项目工作估计范围描述是直接影响项目费用的关键因素,因为项目工作估计范围说明文件中不但包括项目分解结构,而且还有项目目标、项目章程和项目范围说明等。

对于估计的基本说明主要是针对项目费用估计的依据文件,这些文件主要是指在制订项目费用估计中使用的各种依据性文件和在项目费用估计中应用的方法说明文件,以及依据和参照的国家或行业规定和标准等文件。

各种所做假设的说明主要包括项目费用估计中对于各种不确定性因素做出的假定条件说明。

项目费用估计结果的有效范围说明是指在已定项目费用估计的假设条件下,当项目费用估计基础与依据发生变化后,项目费用估计可能会发生的变化和变化幅度等方面的说明。

（三）请求的变更

成本估算过程可能产生影响资源计划、费用管理计划和项目管理计划的其他组成部分的变更请求,请求的变更应通过整体变更控制过程进行处理和审查。

第四节 项目费用预算

项目费用预算是一项制订项目费用控制标准的项目管理工作。它是将批准的项目总成本估算分配到项目各项具体工作与活动中,进而确定测量项目实际执行情况的成本基准。成本预算又可以称为制订成本计划。项目费用预算提供的成本基准计划是按时间分布的、用于测量和监控成本实施情况的预算。项目业主和项目承包商的预算不同,通常承包商的项目费用预算加上其盈利和税金等于项目业主的成本预算总额。本部分的项目费用预算主要指项目承包商的成本预算。

一、项目费用预算的特征

(一)项目费用预算的定义

从科学定义的角度上说,项目费用预算是指人们根据项目费用估算所作的项目费用的计划安排,它既是人们为完成整个项目所作的成本计划和目标,也是人们在项目实施中开展项目费用控制的根本依据。因此,项目费用预算的基础是项目费用的估算,然后在此基础上通过留出一定的"计划余量"而形成项目费用计划。费用预算依赖的主要数据包括费用估计、工作分解结构和项目进度。

为了更好地理解项目费用预算的概念,需要将项目费用估算与成本预算进行对比。项目费用估算的目的是估计项目的总成本和预测项目费用发展变化的趋势以及由此造成的项目费用波动。项目费用预算则是在项目费用估算的基础上,根据项目实施的主体和项目承发包合同的定价模式及项目的不确定性,去计划安排一定的项目费用管理储备,然后确定出项目总费用并进一步分配给出项目各工作或活动成本的工作。它们二者的关系是:项目费用估算的输出结果是项目费用预算的输入之一,是项目费用预算的基础与依据。

(二)项目费用预算的内涵

项目费用预算对于整个项目的成本管理有着十分重要的作用,实际上它决定了项目实施中资源的供给和使用情况。项目预算可以使管理者明确知道何时需要给项目准备多少资金购买何种资源,同时,管理者根据预算知道项目在实施中的费用是否超出预算,是否存在偷工减料等问题。因此,项目费用预算的实质内涵包括如下两个方面:

1. 项目费用预算是一种项目资源配置的计划。项目费用预算是通过一系列的项目费用的计划研究及决策活动获得的,它给出项目各种活动的资源配置的安排,并通过这种资源配置安排确定项目费用的计划安排,尤其是项目正常实施活动和项目应急措施的资源配置与安排。实际上项目费用预算就是一种既充分考虑项目实际需要,又全面考虑项目各种不确定性因素,最终得到的一种项目资源配置的折中和优化方案。

2. 项目费用预算是一种项目费用控制的方法。项目费用预算是要求人们在规定的时间内占用和消耗资源的价值量规定,它给出了项目费用控制的基线和依据。项目费用预算书是一种项目费用控制标准,是一种用来度量项目实际使用情况和项目资源计划之间差异的基线和标准。项目管理者不仅需要完成项目的预定指标,而且要根据指标有效地安排和控制项目资源的使用。

由于人们在进行项目费用预算的时候还没有项目实际发生的数据,而都是使用项目预测或计划数据,不可能完全预计到项目实际工作中的各种问题和可能发生的环境与条件变化。因此,项目费用预算本身会有一定的偏差。正因为如此,任何项目都会出现各种变更,项目费用预算同样也会出现偏差或变更。所以,人们需要在项目实施过程中不断地根据项目环境与条件变化的实际情况,开展各种项目费用控制工作,甚至包括项目费用预算的修订工作,并对造成项目费用预算偏差的原因进行调查分析,然后制订出相应的应对措施和对策,通过各种项目变更使由于"计划赶不上变化"而造成的项目费用预算偏差得以消除,从而做好项目费用预算的管理工作。为此,人们在项目的实施过程中应该收集和报告有关项目费用预算的执行情况,预测未来项目费用的实际需要,开展好项目费用预算的控制。

二、项目费用预算的技术和方法

项目费用预算工作是预测和计划安排项目总预算,并将项目总预算分解到项目各项活动中以及分配给各个项目实施组织的一种管理过程。这一过程主要涉及项目费用预算的输入、项目费用预算总额的确定、项目费用预算的分解、项目费用预算的时间安排、项目费用预算的输出等五项具体工作,每一项具体工作均有具体方法。

(一)项目费用总预算的确定方法

项目费用预算总额确定的具体方法有三种:目标利润法、技术进步法和历史资料法。

1.目标利润法

目标利润法是指能确保一定比例目标利润的一种项目费用预算方法。具体有两种确定方法:一是根据项目承发包合同总金额(即项目产出物的销售价格),确定出项目的目标利润后得到项目的成本预算;二是根据项目费用估算的情况,加上一定比例的目标利润,确定出项目费用预算总额。

2.技术进步法

技术进步法即技术节约措施法,是指以项目计划采取的技术组织措施和节约措施所能取得的经济效果作为项目费用降低额,然后据此确定出项目费用预算总额的方法。其公式为:

项目费用预算＝项目费用估算值－项目技术节约措施计划节约额＋项目毛利

3.历史资料法

历史项目资料法亦可以称为定率预算法,它是在有历史数据时采用的一种项目费用预算的方法。它要求人们在做项目费用预算时必须参照同类历史数据,采用算数平均数法或几何平均数法等去预测项目费用的降低率,然后使用这些比率做出项目费用预算。

(二)项目费用预算分解的方法

通常可以按照项目费用的构成要素、项目的工作分解结构或项目的实施主体等方法进行项目费用预算的分解。这是一个自上而下、由粗到细把项目费用预算依次分解、归类并最终形成相互联系的项目费用预算分解系统。

按项目费用构成要素可以把成本预算总额分解为项目的直接成本和间接成本。直接成本和间接成本可以进一步细分到项目的人工成本、材料成本、机械成本、管理成本等具体成本内容。如图6-8所示。

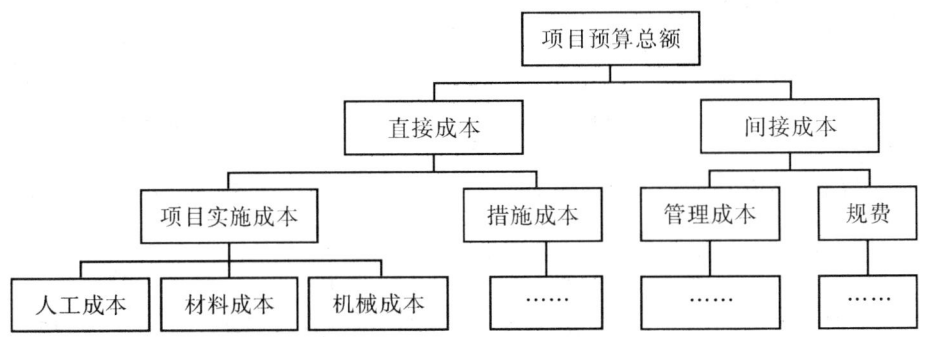

图6-8 按项目费用要素分解项目费用预算示意图

根据项目工作分解结构或项目活动清单,可以把项目费用预算总额分解到项目的各个组成部分,直到分解出项目各项活动的成本预算。其具体做法和结果如图6-9所示。

此外,在项目费用预算中,按项目会计科目划分分解项目费用预算及综合分解项目费用预算总额的方法经常被应用。按项目会计科目划分分解项目费用预算是指在项目费用估算的基础上,将项目各项活动的成本按照一定的项目会计科目进行必要的汇总,然后根据项目的风险状况等因素做出必要的调整,最终给出一个项目的成本预算结果;综合分解项目费用预算是同时按照几种标准进行组合分解。

(三)项目费用预算调整方法

项目费用预算通常会进行必要的调整,甚至会出现较大的调整,最后确定一个项目的最终预算。项目费用预算调整方法主要由局部调整方法和综合调整方法组成。

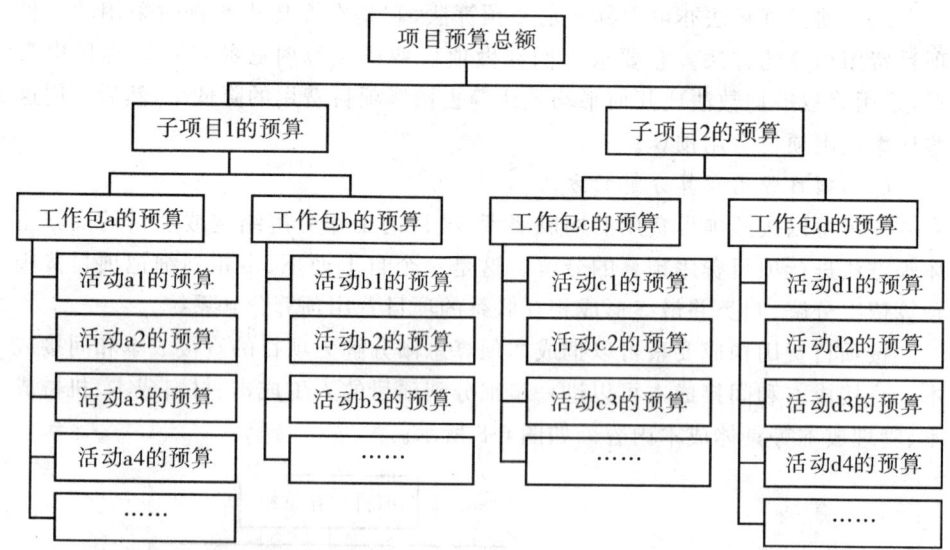

图 6-9　按项目工作分解（WBS）或活动清单分解项目费用预算示意图

　　局部调整方法是指借助工作任务一览表、工作分解结果、项目进度计划、项目费用估算等项目费用预算依据，在项目费用预算分解结束后对某些工作任务的遗漏和不足以及某些工作活动等出现的偏差进行调整的方法。这种对项目费用预算中不准确的地方进行局部修正和部分调整的方法就是为了保证项目费用预算更加准确。

　　综合调整方法是指按照一定比例对项目费用预算做出调整的方法。项目所处的环境和条件不断变化会导致项目费用预算发生一定比例的变化，是一种项目费用风险。因此，项目管理者必须对项目费用预算进行相应的调整，而这种调整不是简单、具体的局部调整，是一种涉及全局的综合调整。

（四）项目费用预算投入时间安排的方法

　　项目工作的时间安排可以确定项目费用预算按时点分配，确定何时投入多少项目资源。具体方法包括按项目进度计划安排项目费用预算、项目预算成本累计图、带项目预算的甘特图等。

　　按项目进度计划安排项目费用预算方法是指根据项目进度计划的要求，将项目费用按时点分解到项目各个时段。这种项目费用预算方法能够把项目费用和项目工期进度合理结合，集成管理项目费用和项目工期两个要素。编制以时点为基础的项目费用预算计划时，通常利用项目进度网络图安排成本预算，并绘出项目费用分布图。如图 6-10 所示。

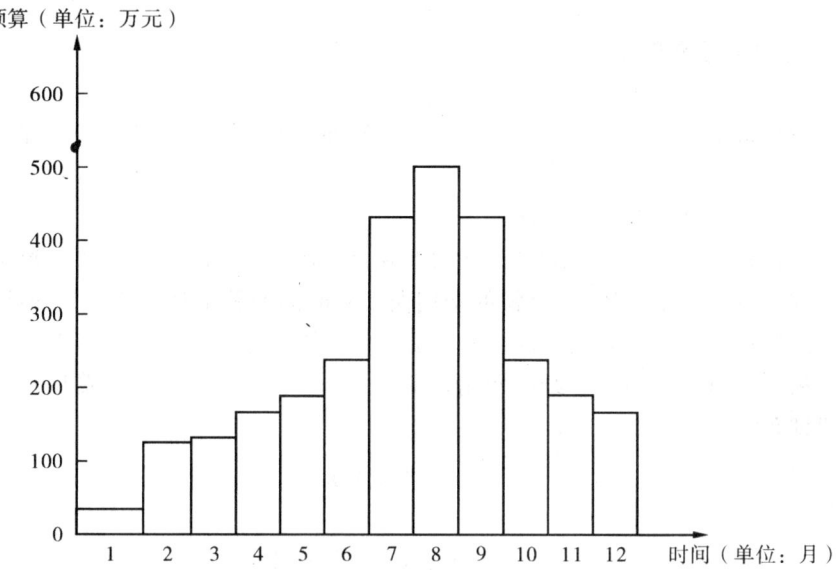

图 6-10 按项目进度计划分解项目费用预算总额示意图

项目预算成本累计图根据项目费用预算分布图编制而出,它是指截止到某一时点的项目费用预算累计投入量的描述图。其绘制步骤如下:首先确定项目费用预算分布图;其次根据分布图中项目费用预算,分别按不同情况计算项目各个时段点上累计的成本预算投入量,并在图中确定相应的点;最后把图上的点连接,获得项目累计预算成本的"S"曲线。如图 6-11 所示。

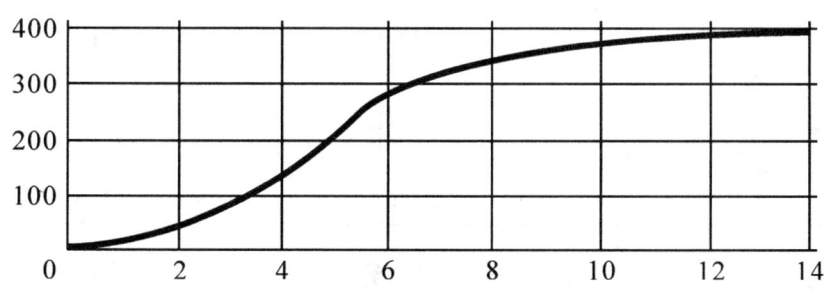

图 6-11 项目累计预算成本"S"示意图

此外,因为甘特图具有简单明了、直观和易于编制的特性,小型项目也经常用它作为综合性计划编制的工具。同时,随着计算机和信息系统软件技术的发展,各种基于计算机的项目费用预算软件工具被开发出来。通常,这些软件中将项目费用估算和项目费用预算综合在一起,能够便于使用者交叉检验与查询。

三、项目费用预算的结果

项目费用预算是项目费用控制的根本标准,其结果主要包括三个部分的内容:

(一)项目费用预算费用线

项目费用预算的主要结果是获得费用线,费用线将作为度量和监控项目实施过程中费用支出的依据,通常的费用曲线随时间的关系是一个S型曲线。

绘制项目费用预算曲线的主要步骤是:首先填制项目费用预算表(表6-3),然后根据项目费用预算表绘制费用负荷曲线(图6-12),最后绘制费用累积负荷曲线即预算基准线(图6-13)。

表 6-3 费用预算表

单位:万元

	预算值	进度日程预算(项目日历月)									
		1	2	3	4	5	6	7	8	9	10	11
A	400	100	200	100								
B	400		50	100	150	100						
C	550		50	100	250	150						
D	450			100	100	150	100					
E	1 100					100	300	300	200	200		
F	600								100	100	200	200
月计	3500	100	300	400	500	500	400	300	300	300	200	200
累计		100	400	800	1 300	1 800	2 200	2 500	2 800	3 100	3 300	3 500

与项目费用预算共同组成项目费用预算的文件还有项目预算总额规定、项目各工作包的预算安排、项目各项具体活动的预算安排和项目不可预见费的计划安排等。

(二)相关细节说明

项目费用预算的相关支持细节说明文件主要包括各种项目集成计划、项目范围计划、工期计划和项目资源计划等,下面附有预算标准规定、项目费用预算分解和分配原则等支持细节的文件。

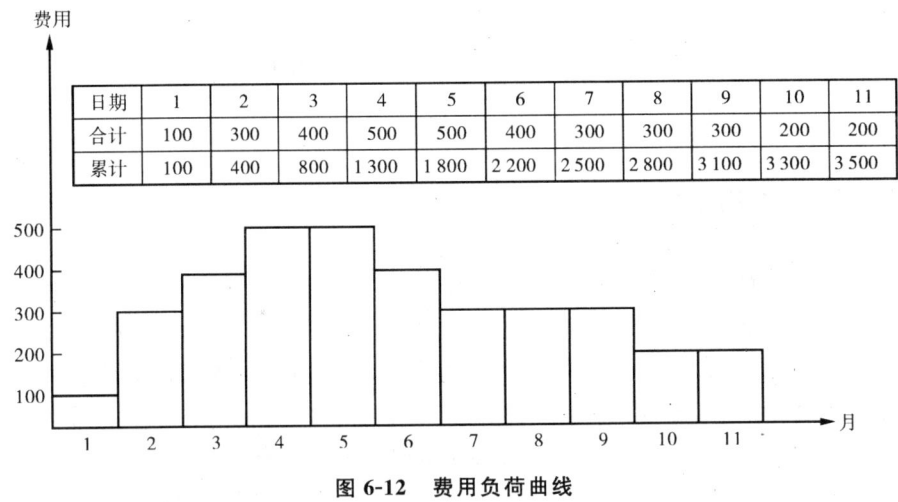

图 6-12　费用负荷曲线

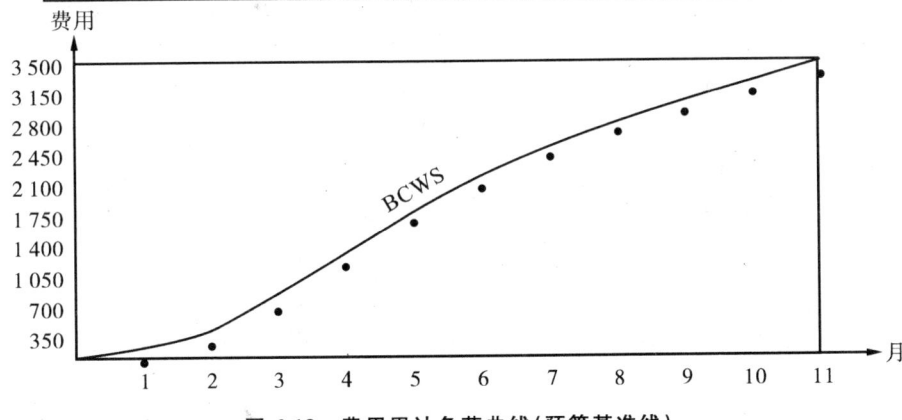

图 6-13　费用累计负荷曲线（预算基准线）

(三) 项目费用预算管理文件

项目费用预算管理文件是针对解决项目费用预算中各种问题的管理计划文件，包括各种项目费用预算的支付管理规定、变更管理计划安排和项目管理储备费用的管理规定等。

第五节　项目费用控制

一、项目费用控制概述

项目费用控制是降低项目费用必需的管理工作。任何一个项目都是由诸多的项目工作包和项目活动构成的,每个项目工作包或项目活动所消耗和占用的全部资源费用就构成了项目的总费用。所以项目控制必须从控制项目各个工作包或项目活动开始,通过减少和消除其中的无效活动,改进其中的低效活动,从而降低项目活动的资源消耗和占用,最终从根本上节约资源和降低项目费用。

项目费用控制就是要保证各项工作在它们各自的预算范围内进行,其基础是事先就对项目进行的费用预算。因此,项目费用控制实际是从准备费用估计和费用预算开始的。维持费用预算,及时了解何时、何地、何种项目活动费用会发生偏差是项目获利的两个关键因素。在项目的实施过程中,实际发生的费用要不断与预算费用比较。除了监控当前的费用支出外,还要准备可以预测最终项目费用的定期报告,把预测成本与设定的预算比较,然后分析发生差额的确切原因,从而纠正超额费用。

关于项目费用控制的定义并不只是对费用的"监控"和对尽可能多的数据给予纪录,还需要分析数据,寻找原因,并确保在可能遭受损失之前采取正确的措施。费用控制应该在所有可能遭受损失的人员中实施,而不仅仅在项目管理层进行。费用控制实际上是管理费用和控制系统(Management Cost and Control System,MCCS)的子系统,其本身不是一个完整的系统(如图6-14)。MCCS是一个双循环过程:计划循环过程和作业循环过程,其中作业循环过程就是费用控制系统。

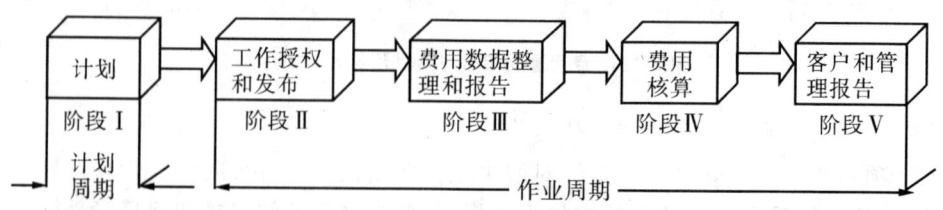

图6-14　管理费用和控制系统阶段示意图

任何项目费用控制系统都仅仅是对最初制订的方案计划采取的措施,因此,任何项目计划系统的设计也必须考虑费用控制系统。任何项目选择的计划和控制系统必须能够满足管理的需要，以便于它们能够准确地按目标来规划项目。

任何项目费用控制模式都存在一个项目费用控制主体，从现代项目费用控制理论出发，任何一个项目的费用控制都涉及项目业主、承包商和供应商等全部项目相关利益主体。因此，一个项目的费用控制应该由全部项目相关利益主体构成团队，以一种全团队合作的方式进行项目费用控制。

项目费用的来源在于项目资源的消耗和占用，而项目占用、消耗资源在于项目活动。因此，项目费用控制的直接对象应该是项目的各项活动和这些活动的方法与效率。只有把项目活动和项目活动的技术与方法作为项目费用控制的直接对象，通过控制工作从根本上消灭和减少项目实施中不必要和不合理的活动，改进和完善项目作业活动的过程与方法，才能真正实现对项目费用的有效控制，最终达到全面降低项目费用的目的。

二、项目费用控制的内容和依据

项目费用管理不能脱离技术管理和进度管理而独立存在，相反，要在成本、技术、进度三者之间进行综合平衡。及时、准确的成本、进度和技术跟踪报告，是项目经费管理和费用控制的依据。

（一）项目费用控制内容

在作业循环阶段，一个大型项目的有效管理要求设计、开发和实现一个组织良好的成本和控制系统，以便得到迅速的反馈。有效控制系统（成本和进度计划或作业）的要求包括：

1. 完成项目将要实施的工作的详尽计划；
2. 对时间、人力和费用的交换估算；
3. 所要求的任务范围之间的清楚联系；
4. 奖惩核算和授权支出；
5. 对有形过程和费用支出的及时核算；
6. 对完成剩余工作时间和费用周期的再评估；
7. 在项目进行中和完成时，经常将实际进展和花费与进度计划和预算进行周期性的比较。

管理者必须将项目的时间、成本和绩效与预算的时间、成本和绩效进行比较，这种比较不是独立进行，而是以一种互相结合的方式进行。如果绩效仅仅达到60%，那么项目在适当的时间里控制在预算之内是没有用的。同样，一个按计划准确生产全部产品的工作包，如果费用超过50%，那么该工作包也就失去了意义。因此，3个资源参数（时间、成本和绩效）必须作为一个整体分析。一个有序的控制系统除了设定预算来监控成本,根据预算测评支出以及识别差异外,还需监控进度计划和绩效,以确保支出合理,必要时采取纠正措施。在实施项目费用控制过程中,在工作分解结构(WBS)的框架上,费用、时间和绩效或进度计划可与工作分解结构的每一层预算项比较。

项目费用控制主要关心的是影响改变费用线的各种因素,确定费用线是否改变以及时管理和调整实际的改变,即项目费用控制的目标主要是将项目实际情况与计划情况进行比较验证和对项目未来发展进行决策。因此,项目费用控制的具体内容因目标不同而别。

第一,通过将实时的绩效与在计划阶段预先制订的计划和标准进行比较,从而验证下列几点:

(1)监控项目费用执行情况以确定与计划的偏差;

(2)确认所有发生的变化被准确记录在费用线上;

(3)避免不正确的、不合适的或者无效的变更反映在费用线上;

(4)股东权益改变的各种信息。

第二,为了做出有效和及时的决策,需要确定以下3个报告,从而使项目经理或者高层管理者进行相应的决策:

(1)在计划阶段编制的项目计划、进度计划和预算,对管理者、计划者和执行者进行反馈;

(2)对所花费资源和预先确定的资源的详细比较,包括剩余工作及其对活动完成情况的影响评估,识别与现在项目计划、进度计划,或预算的较大偏差;

(3)项目完成过程中资源花费计划,及早编制应急计划,使得成本、绩效和时间要求经受纠正措施而不致损失资源。

费用控制还应包括寻找费用向正反两方面变化的原因,同时还必须考虑与其他控制过程(范围控制、进度控制、质量控制等)相协调,比如不合适的费用变更可能导致质量、进度方面的问题或者导致不可接受的项目风险。

(二)项目费用控制的依据

项目费用控制的主要依据是费用预算、实施执行报告和改变的请求。

1. 项目费用预算

项目费用预算是测定项目实际执行情况的成本基础,它是项目业主愿意和能够为项目所支付的全部费用,也是项目实施过程中进行费用控制的最根本依据。根据项目费用预算主体划分,项目费用预算可以分为项目业主的费用预算和项目承包商的费用预算。由于现实中专业承包商一直从事某一种类的项目,他们对项目费用的预算更加有经验,而且项目业主的预算也是在承包商费用预算的基础上增加一定的盈利率形成的,承包商做出的项目费用预算相对比较准确,能够更好地控制项目的实际花费,所以,项目承包商的费用预算才是项目实施过程中费用控制的最根本依据。

2. 实施执行报告

实施执行报告通常包括到报告期为止项目预算的实际执行情况,即项目各工作的所有费用支出。在实施执行报告中,可以获取哪个项目阶段或者哪些项目活动的实际费用超出了预算,哪些状况良好,超出预算的问题根源是什么等相关项目费用的信息。另外,根据实施执行报告,还可以了解项目费用的预算与项目费用执行的实际额之间的差额,从而评价考核项目费用绩效。

3. 项目费用变更的请求

项目费用改变的请求可能是口头的,也可能是书面的;可能是直接的,也可能是非直接的;可能是正式的,也可能是非正式的。任何项目的变更,都会造成项目费用的变动,可能是请求增加预算,也可能是减少预算。无论项目利益相关者的哪一方提出任何项目费用的变更,都必然会给项目费用带来影响。所以,任何项目费用的变更都必须经过项目业主或其代理人的同意,并形成正式文件。这些项目业主认可的关于项目费用变更的正式文件就成为项目费用控制的重要依据之一。

三、项目费用控制的方法和技术

项目费用控制必须是基于获得全过程的控制方法,而不能使用孤立的、割裂的、局部的控制方法。因为项目总费用和项目活动费用都不是在项目实施的某个时点发生的,而是在项目的全过程和项目活动的全过程中不断发生和累积的。所以,要控制项目费用,就必须对项目费用进行全程控制。这种全程项目费用控制方法的运行方式如图 6-15 所示。

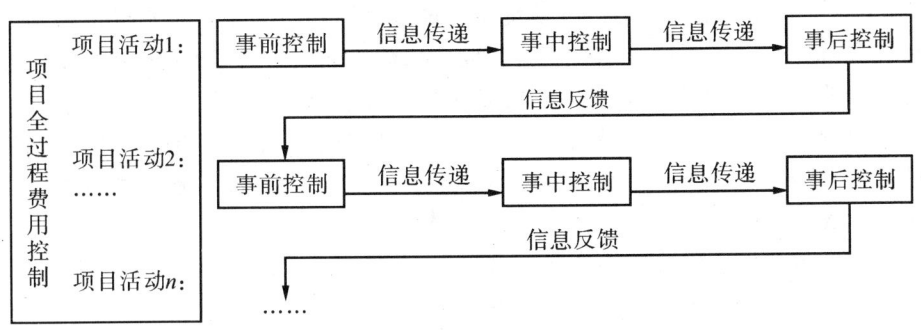

图 6-15　全过程项目费用控制方法运行方式示意图

费用控制的基本方法是规定各部门定期上报其费用报告,再由控制部门对其进行费用审核,以保证各种支出的合法性;然后再将已经发生的费用与预算相比较,分析其是否超支,并采取相应的措施加以弥补。费用控制的具体技术和方法主要有:

1. 费用控制改变系统。通常是说明费用线被改变的基本步骤,这包括文书工作、跟踪系统及调整系统,费用的改变应该与其他控制系统相协调。

2. 实施的度量。主要帮助分析各种变化产生的原因。挣值分析法是一种最为常用的分析方法。费用控制的一个重要工作是确定导致误差的原因以及如何弥补、纠正所出现的误差。

3. 附加的计划。很少有项目能够准确地按照期望的计划执行,针对不可预见的各种情况,要求在项目实施过程中重新对项目的费用做出新的估计和修改。

4. 计算工具。通常是借助相关的项目管理软件和电子制表软件来跟踪计划费用、实际费用和预测费用改变带来的影响。

四、挣值法

挣值法也称为赢值法、偏差分析法,它是一种分析目标实施与目标期望之间差异的方法。它通过测量和计算已完成工作的预算费用和已完成工作的实际费用及计划工作的预算费用,得到有关计划实施的进度和费用的偏差,达到判断项目预算与进度计划执行情况的目的。这种分析方法因为分析中用到一个关键的数值——挣值,即已完工作预算而得名。

(一)项目费用控制挣值法的起源

项目挣值管理方法的基本思想来源于工业工程师和项目经理。早在19世纪,工业工程师就希望能够科学地度量生产线的绩效。工业工程师创造了"成本标准"的概念,即每单位产出所耗费的成本的数量标准。为了评估企业运营中的生产线效率,工业工程师们记录了实际发生的各项数值,然后与计划或预期的各项数值相比较,最后根据物料账目、预计的作业时间和当前企业的管理费比率,计算出实际发生的产品成本。使用实际产出、计划产出和标准成本,就生成了三个基本数值:

1. 以标准成本率计算的计划产出;
2. 以标准成本率计算的实际产出;
3. 实际发生的成本。

比较这些数值可以获得项目的处理效率和成本效率:

处理效率——基于标准成本的实际产出与基于标准成本的计划产出的比率；

成本效率——基于标准成本的实际产出与实际发生的成本的比率。

如果这两个数值中的一个处于不良状态，就说明企业利润有问题了，需要采取某些措施加以改进。

(二)项目挣值法的三个关键变量

1.项目计划工作量的预算成本(Budgeted Cost for Work Scheduled,BCWS)，是指项目实施过程中某阶段计划要求完成的工作量所需的预算费用(包括所分摊的所有间接费)。当项目全部完成时，该成本应等于项目的总预算。

计算公式为：

BCWS＝计划工作量×预算定额

BCWS 对衡量项目进度和费用都是一个标尺和基准。一般来说，BCWS 在工作实施过程中应该保持不变，除非合同有变更。如果合同变更影响了工作的进度和费用，经过批准认可，BCWS 基线也应做相应的调整。

2.项目已完成工作量的预算成本(Budget Cost of Work Performed,BCWP)，是指项目实施过程中，在同一计划时间内实际工作量及按预算定额计算出来的费用。由于业主是按照这个值对承包商完成的工作量进行支付，也就是承包商获得(挣得)的金额，故称挣值(Earned Value,挣得值)。项目全部完成时，该值应等于计划完成工作的预算成本。

计算公式为：

BCWP＝已完工作量×预算定额

3.项目已完成工作量的实际成本(Actual Cost for Work Performed,ACWP)，是指项目实施过程中，在同一计划时间内实际完成工作量所消耗的实际费用。ACWP 主要是反映项目执行的实际消耗指标、实际成本(AC)。

这三项之间的相互作用关系如图 6-16 所示。

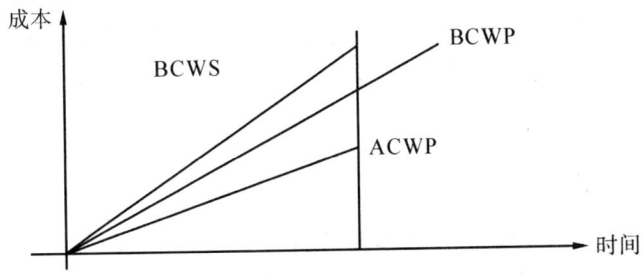

图 6-16　项目挣值法中三个主要变量的关系图

(三)项目挣值法适用的项目类型

任何拥有项目工作结构性计划、成本结构和适当的信息收集系统的项目都可以使用项目挣值法,但是这并不表示所有类型的项目都适用项目挣值法。总体来看,具有以下主要或所有特征的项目适合使用项目挣值法:

1. 目标界定清晰;
2. 达到目标的路径清晰;
3. 劳动含量高;
4. 创造性的工作;
5. 规范的管理结构;
6. 成本和工期限制。

如果缺乏一个清晰的目标,那么将无法清楚地获得项目将采用的路径和终点,也就无法用规范的方式控制。同时,这样的项目计划也可能是短期或多变的,那么即使能够收集到关于项目费用和工期的信息,也不可能进行正确的绩效度量。

项目挣值法最主要的应用是在大型工程开发项目上。因为这样的项目中会有很多需要用创造性的方法来解决的问题,要求有很高的创新程度。同时,这种项目一般有很大的风险,而且容易超出工期和成本的限制。项目挣值法用来处理这类问题,尤其是在不确定的项目状况下,对项目进展的度量有很好的效果。

项目挣值管理不仅要求有明确的计划指标用来度量绩效,还要求有人为项目计划的实施担负责任,关注项目绩效度量的结果并采取必要的纠偏措施。如果没有适当的管理结构或者管理关系界定模糊,就不可能有客观的项目进展信息,也不可能让任何人为最后的结果承担责任。因此,只有具有规范管理结构的项目才适合应用项目挣值法。

项目挣值管理也被称为"项目费用工期的集成控制",它是为了同时实现项目工期和成本目标所开展的一种管理方式。如果一个项目既没有控制基线的限制,也没有对任何特定工作或结果的项目费用的限制,那么项目挣值管理方法也就没用了。

(四)项目挣值管理的内容

在引入项目挣值管理之前,有两个常用的项目费用度量标准:项目计划成本和项目实际成本。下面以一个成本预算符合"S"曲线(如图6-17)的项目为例说明项目挣值管理的内容。该项目计划工期是4年,成本预算是8 000万元。那么在第2年年末,根据项目计划和预期成本计算的项目累计作业量的累积成本计划值应为4 000万元。

第六章 项目费用管理

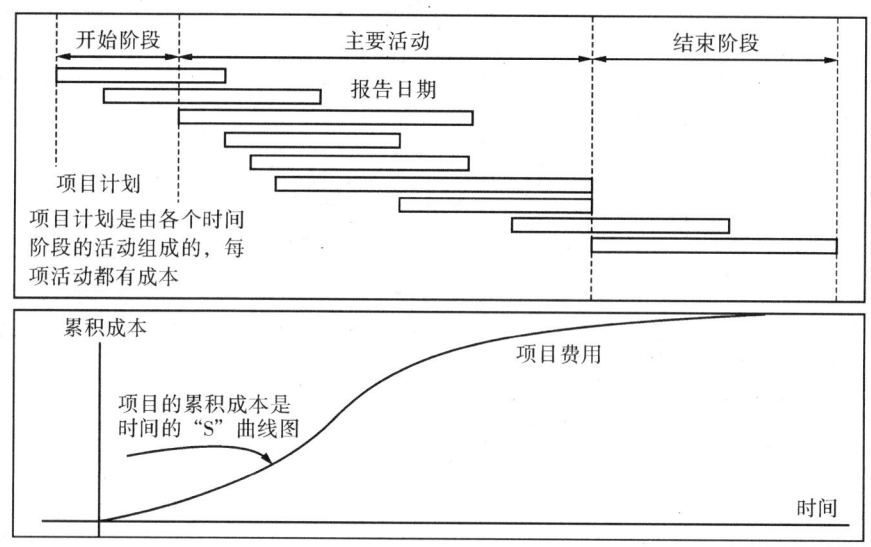

图 6-17　随着时间进程发展的计划与成本之间的关系

首先,根据观察记录,到第 2 年年末项目实际发生的成本额是 3 000 万元(如图 6-18)。此时,项目进行情况是好还是不好呢？如果根据实际成本情况低于计划成本的数据,可能认为是项目进度落后而导致成本减少,从而认为项目情况不佳,也可能认为是节约了成本而判断项目进行得很好。但事实上,仅根据项目费用或项目进度中的任何一个数据都不能得出项目总体情况的真实结论,管理者无法正确判断项目的实际情况究竟如何,因为还缺少另外两个数据信息:项目实际完成的工作量和按计划成本计算的项目价值。这两个数据来自原来的计划值和对项目实际完成的工作量的评估值。图 6-19 表示的是对项目计划工作的实际进展情况的评估,图中棒线的阴影代表到第 2 年年末时项目各项活动的完成程度,第 2 年年末完成的工作量仅仅是项目计划任务的 31%。那么,8 000 万元的 31% 相当于 2 500 万元,这就是第 2 年年末项目已经完成的工作量的价值,即项目挣值。

然后,就可以根据以上信息判定项目在报告时点的进展情况(如图 6-20)。在图 6-20 中,不仅项目实际支出低于计划,而且项目挣值标明的情况也不乐观,项目工期进度远远落后于项目计划工期,而项目费用耗费却比预期成本高。

图 6-21 却标明项目的另外一种发展情况,即第 2 年年末项目活动棒线的阴影部分大约占总工作量的 56%。项目总预算 8 000 万元的 56% 为 4 500 万元。"S"曲线显示项目进展良好,不仅项目工期稍微提前,而且实际成本仅仅 3 000 万元。持续如此,该项目可能会以低于项目预算成本的费用提前完工。

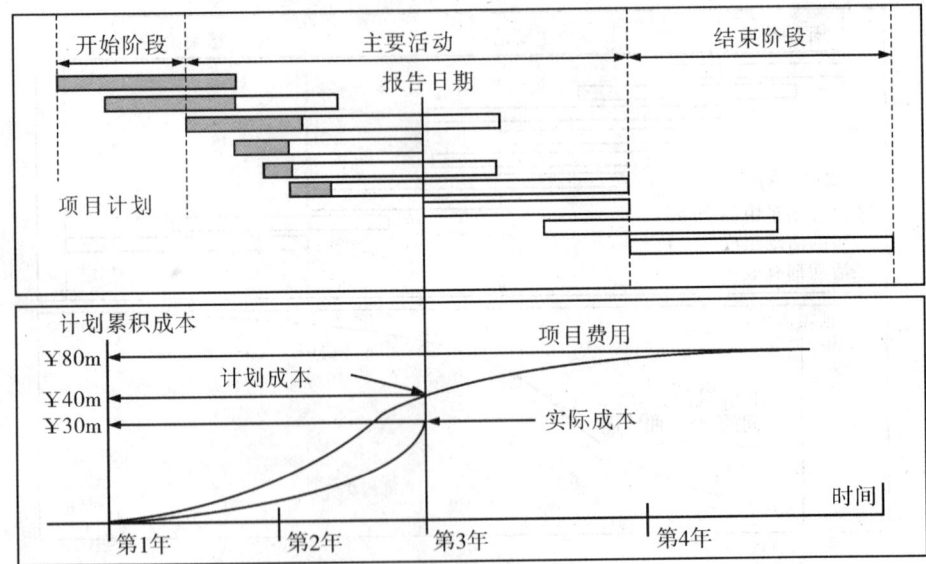

图 6-18　在项目生命周期中点项目的计划成本与实际成本

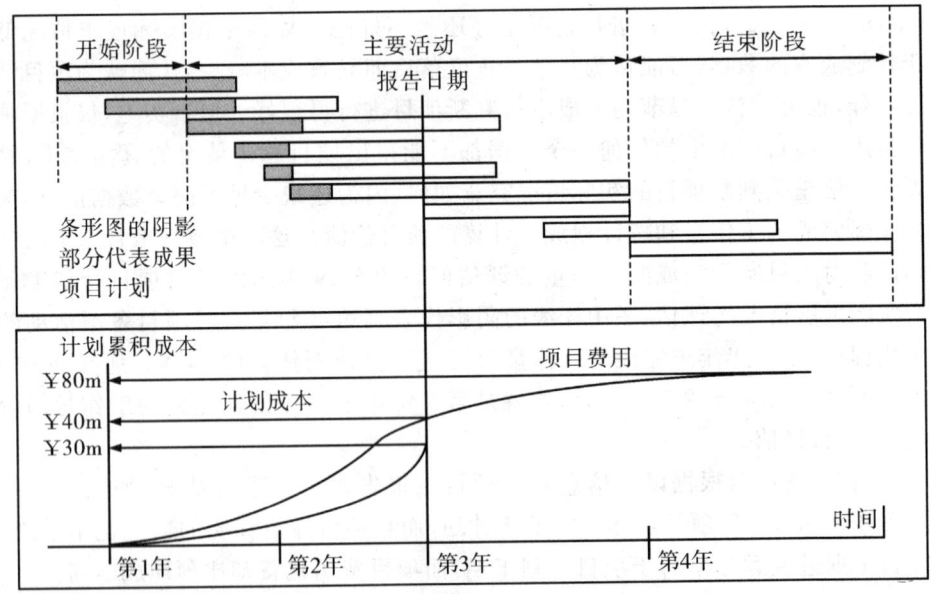

图 6-19　加上项目实际进度后的项目评估示意图

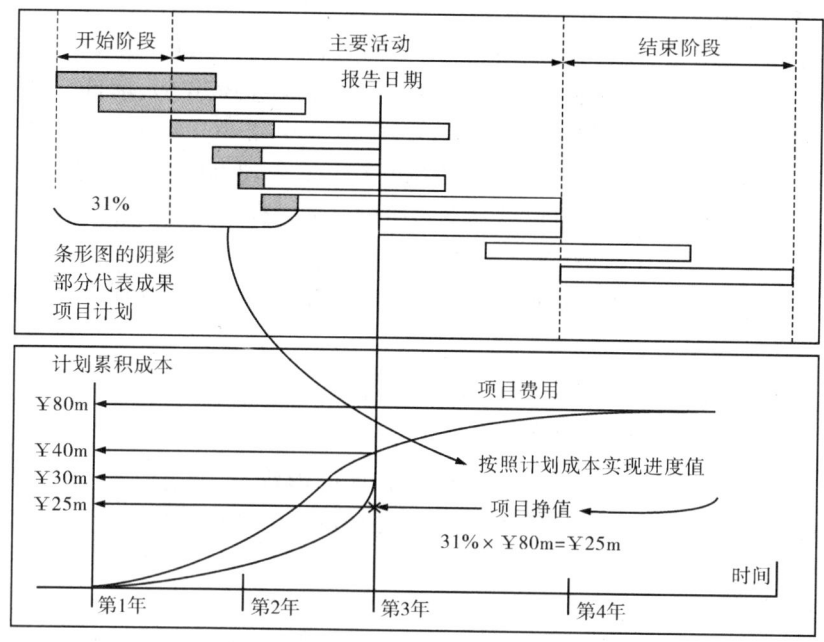

图 6-20 基于最初成本预测的实际能够实现的项目挣值

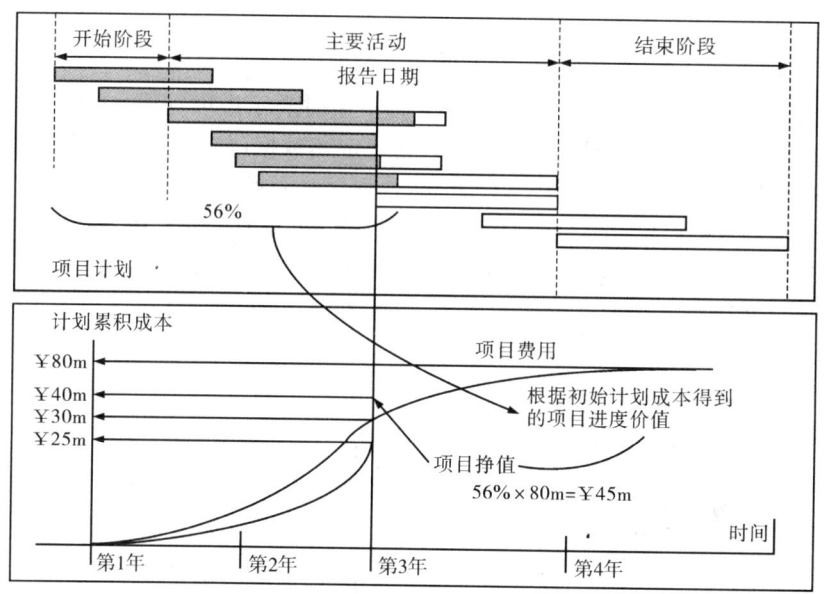

图 6-21 项目工期提前情况下的项目挣值评估

(五)项目挣值法的四个评估指标

已知项目挣值分析法的三项基本变量分别是项目计划工作量的预算成本($BCWS$)——计划价值(如图 6-13 中,4 000 万元就是 $BCWS$)、项目已完成工作量的预算成本($BCWP$)——项目挣值(如图 6-20 中,2 500 万元就是 $BCWP$)和项目已完成工作量的实际成本 $ACWP$(如图 6-20 中,3 000 万元就是 $ACWP$)。

利用这三项基本变量可以计算下列四个评估指标:

1. 项目费用差异(Cost Variance,简称 CV)

项目费用差异是指项目报告时点处的项目挣值与项目实际成本的差异数。

计算公式为:

项目费用差异=已完成工作量的预算成本-已完成工作量的实际成本

即:$CV = BCWP - ACWP$

当 CV 为负值时表示执行效果不佳,即实际消费人工(或费用)超过预算值,亦即超支。反之,当 CV 为正值时表示实际消耗人工(或费用)低于预算值,表示有节余或效率高。

2. 项目进度差异(Schedule Variance,简称 SV)

项目进度差异是指项目报告时点处项目挣值与项目计划成本的差异数。

计算公式如下:

项目进度差异=已完成工作量的预算成本-计划工作量的预算成本

即:$SV = BCWP - BCWS$

当 SV 为正值时表示进度提前,SV 为负值时表示进度延误。

成本差异和进度差异可以由累计数据或定期数据(如月数据)计算得出,这些差异应该从项目最低层次的细节计算起,并逐层加总得到整个项目的差异。这样可以使项目管理层发现项目费用或进度问题所在并能够及时采取补救措施。

3. 项目费用绩效指数(Cost Performed Index,简称 CPI)

项目费用绩效指数又称成本效率,是指在某一时点项目挣值与项目实际成本之比。

计算公式如下:

$$项目费用绩效指数 = \frac{项目挣值}{实际成本}$$

即:$CPI = \dfrac{BCWP}{ACWP}$

当 $CPI > 1$,表示实际费用低于预算费用,即节支;$CPI < 1$,表示实际费用超出预算,即超支;$CPI = 1$,表示实际费用与预算费用吻合。

4. 项目进度绩效指数(Schedule Performed Index,简称 SPI)

项目进度绩效指数又称为进度效率,是指在某一时点项目挣值与项目计划成本之比。

计算公式如下:

$$项目进度绩效指数 = \frac{项目挣值}{计划成本}$$

即:$SPI = \dfrac{BCWP}{BCWS}$

当 $SPI > 1$,表示进度提前;$SPI < 1$,表示进度延误;$SPI = 1$,表示实际进度等于计划进度。

这四项评估指标的图示如图 6-22、图 6-23 所示。

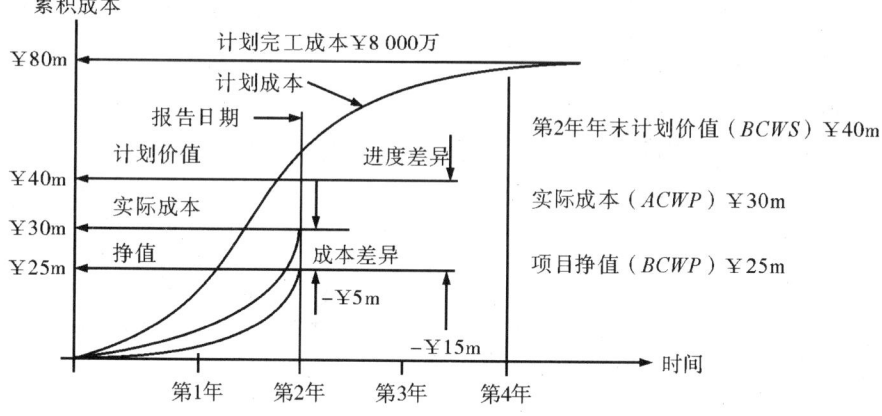

图 6-22　项目费用差异和项目进度差异

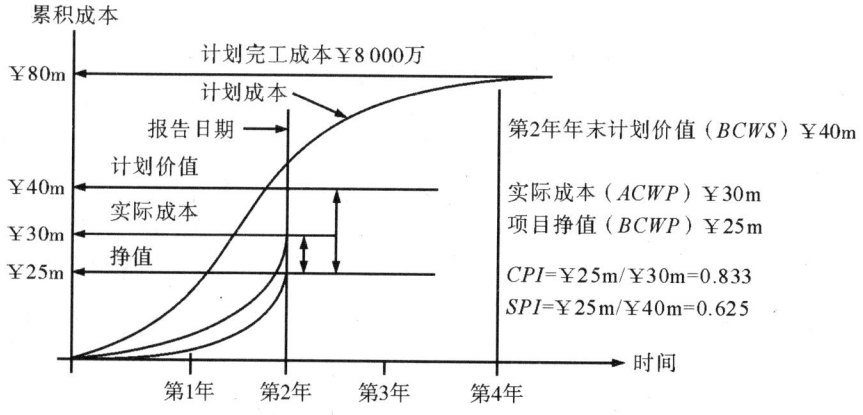

图 6-23　项目费用和进度绩效指数

(六)项目成本变化的预测分析

实践证明,应用项目挣值管理方法管理项目的费用和进度一直到项目终结都是有效的。但是,通常在报告时点发现情况变化时,一般不是朝着更好的方向发展,而是朝着更坏的方向发展。那么,就有必要了解按照某个项目报告时点时项目的发展趋势去预测该项目持续到终结时的项目完工成本和项目完工日期,即计算项目实际支出和项目未来完工时间的预测值。

1. 项目完工时的预测成本(Estimate at Completion,简称 EAC)

项目完工时的预测成本是指按照完成情况估计,在目前情况下完成项目所需的总费用,它是所有直接和间接成本加所有未完工估算。

计算公式如下:

$$EAC = 实际累计成本 + 完工尚需估算$$
$$= ACWP + \frac{BAC - BCWP}{CPI}$$

其中,BAC 表示项目的总预算。

在这个完工估算的一般计算公式的基础上,根据不同的条件还可以演化出不同的形式。

如果当前的变化可以反映未来的变化,则:

$$EAC = 实际支出 + 按照实施情况对剩余预算所作的修改$$

如果当过去的执行情况显示原有的估计假设条件基本失效或者由于条件的改变原有的假设不再适用,则:

$$EAC = 实际支出 + 对未来所有剩余工作的新估计$$

如果现在的变化仅是一种特殊的情况,项目经理认为未来的实施不会发生类似的变化,则:

$$EAC = 实际支出 + 剩余的预算$$

EAC 是项目结束时总成本的最佳估算,它假设以相同的项目费用效率来完成剩余的工作。EAC 是项目情况的周期性评估,通常以 1 个月为基础,或者是在发生显著变化时才做。通常,编制 EAC 是执行组织的任务。

2. 项目完工时间的预测(Estimate Time to Completion,简称 ETTC)

项目完工时间的预测是指在项目的某个时点,项目或者项目部分的整个持续时间的预测。它是项目实际花费的时间加未完工工作量所需时间的估算。

计算公式如下:

$$ETTC = 实际花费时间 + 未完工所需时间$$
$$= ATE + \frac{OD - ATE \times SPI}{SPI}$$

其中，ATE 表示项目实际花费的时间，OD 表示项目最初估计工期。

这两个预测值的图示如图 6-24 所示。图中从项目实际成本到项目终点是一条直线，它只是项目费用"S"形曲线的一种简化表示形式。

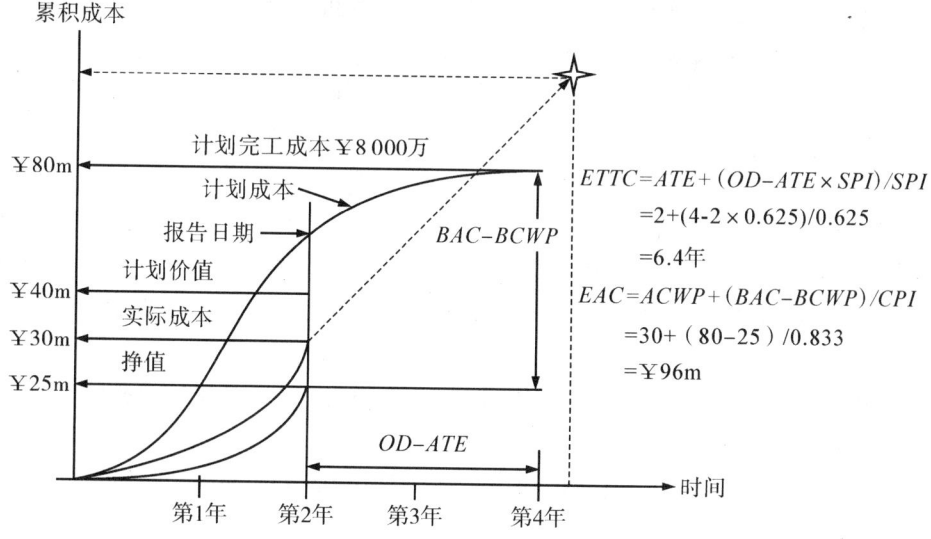

图 6-24 通过 $BCWS$、$BCWP$、$ACWP$、CPI、SPI 计算项目终点

五、项目费用控制的结果

（一）修订费用估计

项目费用估计是项目利益相关者进行项目决策、安排项目计划的主要依据，其估计精度决定着决策的效用。修订费用估计是为了管理项目的需要而修改费用信息，从而提高项目决策质量和项目计划安排的效率。如果在费用控制过程中发现费用基线存在某些异常或者出现某些不适于项目进展需求的情况，那么就需要项目管理人员回过头来在不改变费用计划方向的前提下对费用估计进行完善。

（二）预算更新

预算更新是一个特殊的修订费用估计的科目，是改变已有的费用线，而且仅在所负责的范围改变之后才给予修订。

（三）纠正活动

纠正活动是指任何使项目恢复原有计划目标的努力。

（四）按照完成情况估计 EAC

按照完成情况估计 EAC 是指按照项目目前执行情况估计完成项目全部工

作所需的总费用 EAC。

（五）经验教训

费用控制中遇到的各种情况，如产生偏差的原因、所选纠偏措施的理由及其他成本控制经验和教训，都是以后类似项目实施和执行的很好的案例，应该以数据库或文档的形式保存下来，供以后参考。

导入案例六分析

1. 挣值分析

（1）根据中期费用开支情况检查表分析得：

$CV = BCWP - ACWP = 10\ 340 - 10\ 015 = 323$ 万元，大于 0，说明费用节约了 323 万元。

$SV = BCWP - BCWB = 10\ 340 - 10\ 373 = 33$，大于 0，说明进度提前。

（2）按此进度预测项目结束将发生的费用总额为：

$EAC = BCWS \times ACWP / BCWP = 18\ 000 \times 10\ 015 / 10\ 340 = 17\ 434$ 万元

2. 挣值曲线图

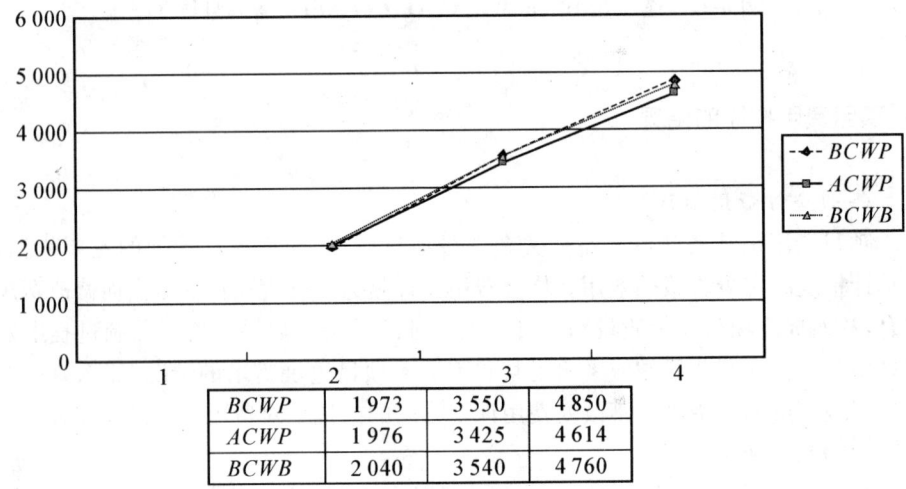

	1	2	3	4
BCWP		1 973	3 550	4 850
ACWP		1 976	3 425	4 614
BCWB		2 040	3 540	4 760

挣值曲线图

3. 费用管理的核心内容

项目费用管理是项目管理的重要内容。项目费用管理包括三大核心内容：一是进行费用估算并确定项目费用预算；二是进行费用监督与控制，分析项目费用开支情况；三是采取措施保障项目实际费用不超过预算。

本章小结

无论项目的规模如何，费用管理都是不可或缺的。项目费用管理程度如何，直接决定着项目风险和项目效率。项目费用管理主要包括项目资源计划、项目费用估计、项目费用预算和项目费用控制四部分内容。

项目资源计划是在分析、识别项目的资源需求，确定项目所需投入的资源种类、数量和时间的基础上，制订科学、合理、可行的项目资源供应计划的项目费用管理活动。其目的就是通过动态的计划和控制，在满足进度要求的前提下，使资源达到最合理的配置。

项目资源主要是指项目人员、工具、机器或者项目需要的资金。为了以最大的成本时间效率完成项目，项目管理者必须根据项目需求制订资源计划。项目资源计划是项目费用估计的基础，常用的方法有专家判断法、选择确认法、数学模型法。常用的项目资源计划工具有资源矩阵、资源甘特图、资源数据表、资源负荷图或资源需求曲线、资源累计需求曲线等。

项目费用估计是项目费用管理的一个基础性工作，它需要项目费用管理者通过收集相关信息，针对项目资源计划，对项目费用进行必要的预测，最终给出项目费用的估计。有效的项目费用估计是项目预算的前提，也是项目费用管理成功的基础与保障。常见的项目费用估计方法和工具主要有类比估计法、参数模型法、由上而下估计法、由下而上估计法和软件工具辅助法。

项目费用预算是一项制订项目费用控制标准的项目管理工作。它是将批准的项目总成本估算分配到项目各项具体工作与活动中，进而确定测量项目实际执行情况的成本基准。项目业主和项目承包商的预算不同，通常承包商的项目费用预算加上其盈利和税金等于项目业主的费用预算总额。项目费用预算的技术和方法主要是项目费用预算的输入、项目费用预算总额的确定、项目费用预算的分解、项目费用预算的时间安排、项目费用预算的输出等五项具体方法。

项目费用控制是降低项目费用必需的管理工作，其目标就是要保证各项工作在它们各自的预算范围内进行，其基础是事先就对项目进行费用预算。费用控制的具体技术和方法主要有费用控制改变系统、实施的度量、附加计划、计算工具。其中，项目挣值法是一种集成的项目管理方法。

挣值法是一种分析目标实施与目标期望之间差异的方法。它通过测量和计算已完成工作的预算费用和已完成工作的实际费用及计划工作的预算费用得到有关计划实施的进度和费用的偏差，而达到判断项目预算与进度计划执行情况的目的。

运用项目挣值法涉及项目计划工作量的预算成本($BCWS$)、项目已完成工作量的预算成本($BCWP$)和项目已完成工作量的实际成本($ACWP$)三个关键变量。依据这三个基本变量,可以计算四个评估指标,即项目费用差异(CV)、项目进度差异(SV)、项目费用绩效指数(CPI)和项目进度绩效指数(SPI)。CV为正值,$CPI>1$,表示费用节约;CV为负值,$CPI<1$表示费用超支;SV为正值,$SPI>1$,表示进度提前;SV为负值,$SPI<1$,表示进度延迟。人们通常根据以上四个评估指标反映出的情况进行修订费用估计、或预算更新、或采取纠正活动、或按照完成情况估计EAC、或总结经验教训等费用管理。

思考题

1. 什么是项目资源计划、项目费用估计、项目费用预算、项目费用控制?
2. 项目资源计划的主要依据是什么?项目费用估计的主要依据是什么?项目费用控制的主要依据是什么?
3. 如何应用专家判断确定项目资源计划?
4. 怎样应用类比法和参数模型法估计项目费用?
5. 项目管理费用估计与项目费用预算的联系和区别是什么?
6. 项目费用预算的主要内容是什么?
7. 如何进行项目费用预算的分解?
8. 如何进行项目的详细预算?
9. 项目控制的主要内容是什么?
10. 什么是项目挣值法?该方法适用何种项目类型?
11. 如何应用CV、SV、CPI和SPI四个指标评价项目费用和进度的执行情况?

案例思考[①]

资料:

2003年10月,FE公司获得一个由SI公司提供的为期一年半的劳动密集型产品开发的合同。该合同是一个费用偿还合同,预计花费2 660万元,固定费率为6.75%。FE公司使用项目管理方法运作该合同。

这份偿还合同的几个关键条款和条件是:

1. 使用项目管理;

---

① 该案例摘自[美]哈罗德科兹纳(Harold Kerzner)著:《项目管理——计划、进度和控制的系统方法》,电子工业出版社2006年版,第590~591页。

2. 使用费用、进度挣值报告；

3. 首份挣值报告要在作业量的第 2 个月末提交，且以后每月提交；

4. 要有 2 次技术交流会议，一次在第 6 个月末，一次在第 12 个月末。

对于 FE 公司来说，挣值报告是新颖的。为了和原来的固定价格合同要约（PRF）保持一致，公司雇用了一个顾问就挣值法专门召开了研讨会。参加研讨的人员包括：指派到 SI 公司的 PRF 项目经理（该项目经理还负责合同授予后的管理）、会计部门全体人员和两名直线经理。在以往与 SI 公司的合作项目中，每个月都举行交流会议，但此次，SI 公司认为通过挣值报告可以获得所需信息。

FE 公司是依靠最低的投标价格获得合同的。在计划阶段，WBS 设计了 45 个作业包，但在项目的前 4 个月，只有 4 个作业包。

FE 公司为项目设计了简单的状况报告。如表 6-4 所示，该报告包含了提供给 SI 公司的第 3 个月末的财务数据。

表 6-4

单位：美元

作业包	PV	EV	AC	CV	SV
2 月末合计					
A	38 000	30 000	36 000	6 000	8 000
B	17 000	16 000	18 000	2 000	1 000
C	26 000	24 000	27 000	3 000	2 000
D	40 000	20 000	23 000	30 00	20 000
3 月末合计					
A	86 000	74 000	81 000	7 000	12 000
B	55 000	52 000	55 000	3 000	3 000
C	72 000	68 000	73 000	5 000	4 000
D	86 000	60 000	70 000	10 000	26 000

注：BCWS=PV，BCWP=EV，ACWP=AC。

在将状况报告提交给 SI 公司后 1 个月，FE 公司的项目经理就被要求参加一个由 SI 公司负责工程的副总裁提出召开的紧急会议，该副总裁是这个项目的发起人。由于绩效不好，项目面临终止。会议中，副总裁提出"在过去的一个月，成本超支了 78%，从 14 000 美元到 25 000 美元；进度滑动了 45%，从 31 000 美元到 45 000 美元。从这些数据可以得出,成本费用超支至少 500％和进度滑动会长达 1 年,如果我们不能开发一个比过去 3 个月更好的计划控制时间和费用,我就要取消合同,我们也会寻找另外的承包商继续项目。"

问题:
1. SI 公司的副总裁对费用偏差和进度偏差的看法正确吗?为什么?
2. FE 公司提交的状态报告应该增加哪些信息?
3. 如果你是 FE 公司的项目经理,将如何回答副总裁的问题?

知识转化训练

项目费用分析与控制

训练目标:

通过训练,掌握项目费用控制挣值法。

材料:

1. 成为设计承包商

某集团企业为了适应市场的发展,决定投资 1 亿 5 千万元建设一栋高 20 层、建筑面积为 15 000 平方米的商贸大楼,其中 1~5 层为商业区,6~20 层为写字楼。该大楼设计方案向社会公开招标,鹭江集团公司凭借过去在业界的信誉与知名度及科学可行的承包方案,从十多家竞争企业中脱颖而出成为该项目的设计承包商。

2. 组建项目团队

中标后,公司领导经研究决定由总工程师林欣担任项目经理,并从公司相关部门再抽调三个技术人员和一个管理人员组成项目团队,负责大楼方案设计工作。

3. 研究项目目标

总工程师林欣组织团队成员研究确定了项目的目标,分别是:

(1)成果目标:符合合同要求的 20 层 15 000 平方米商贸大楼设计方案。

(2)费用目标:项目总设计费 300 万元。

(3)工期目标:2013 年 3 月 1 日—2013 年 9 月 30 日。

4. 项目费用中期检查

为检查成本支出和项目进程情况,确保项目在预算控制范围内按期完成,项目团队于 2013 年 7 月 15 日应用挣值法对项目的费用开支和进度进程情况进行分析。

根据会计部门提供的资料,截至 7 月 15 日,各项任务进展及费用开支情况如下表所示。

项目费用开支中期检查表

单位：千元

编码	任务名称	预算总成本	ACWP	BCWP	BCWB	实际进度
110	准备工作	100%	42	40	42	42
120	主体工程设计	100%	940	930	940	940
130	水电工程设计	50%	540	30	27	32.4
140	智能系统设计	0	540	0	0	0
150	验收交付	0	23.2	0	0	0
160	项目管理	65%	314.8	200	204.66	204.6
	合计		2 400	1 200	1 213.66	1 219

训练内容：

1. 熟悉挣值法的三个关键变量。
2. 掌握挣值法在项目费用控制中的运用。
3. 练习挣值曲线的绘制方法。

训练方法：

个人或团队形式均可。

能力评估：

通过训练，要求每位同学完成下面工作，由老师或团队成员按照"训练目标"要求评估每位同学的训练成绩：

1. 根据中期费用开支情况检查表进行挣值分析。
2. 绘制挣值曲线图。
3. 根据挣值分析结果，你认为要实现项目费用控制目标，应采取哪些费用控制措施？

第七章
项目质量管理

学习目的

通过本章学习,了解质量的定义及其特性,质量管理的有关术语,项目质量管理的过程,项目质量计划的编制;理解项目质量管理的理念,项目质量控制与项目质量保证之间的联系和区别;掌握编制项目质量计划、项目质量保证和项目质量控制的工具和方法。

导入案例七

混凝土质量事故是谁的责任

资料:

某大型商业建筑工程项目,主体建筑物10层。在主体工程进行到第2层时,在该层的100根钢筋混凝土柱已浇注完成并拆模后,监理人员发现混凝土外观质量不良、表面疏松,怀疑其混凝土强度未达到设计要求(设计要求混凝土抗压强度必须达到C18)。

问题与思考:

1. 假设你是这个项目的监理工程师,当遇到此问题时,你如何判断承包商这批混凝土结构施工质量是否达到了要求?
2. 如果这批混凝土结构施工质量存在问题,可能的原因会是什么?
3. 针对不同的原因,如何处理这起混凝土质量事故?

第一节　项目质量管理概述

一、质量含义

在 ISO 9000:2000《质量管理体系基础和术语》和 GB/T 19000—2000 标准中,质量是指一组固有特性满足要求的程度。所谓"固有"是指在某事或某物中本来就有的,尤其是那种永久的特性。"特性"是指可区分的特征,它可以是固有的或赋予的,也可以是定性的或定量的,各种各样的,如物理的、感官的、行为的、时间的、人体工效的、功能的等等。"要求"是指明示的、通常隐含的或必须履行的需求或期望。"通常隐含"是指组织、顾客和其他相关方的惯例或一般做法,所考虑的需求或期望是不言而喻的。质量的主体可以是产品,也可以是某项活动或过程的工作质量,还可以是质量管理体系运行的质量。

项目质量的主体是项目,项目运作的结果可能是有形产品,也可能是无形产品,更多的则是两者的结合。例如,工程项目质量就包括建筑工程产品实体(有形产品)和服务(无形产品)这两类特殊产品的质量。根据项目的一次性特点,项目质量取决于由 WBS 所确定的项目范围内所有的阶段、子项目、各工作单元的质量,即项目的工作质量,要保证项目质量,首先应保证工作质量。

二、质量特性

特性是指产品或服务特有的性质,它反映产品或服务满足人们需要的能力。质量特性就是产品或服务为满足人们明确或隐含的需要所具备的能力、属性和特征的总和。产品或服务的质量特性可分为:内在的特性、外在的特性、经济方面的特性、商业方面的特性和环保方面的特性等多种特性。

(一)内在质量特性

内在质量特性是在产品的持续使用中表现出来的特性,如产品的性能、特性、强度、精度等特性。

(二)外在质量特性

外在质量特性是在产品的外在表现方面的特性,如产品的外形、色泽、气味、包装等特性。

(三) 经济质量特性

经济质量特性是与产品购买和使用成本有关的特性,如产品的寿命、成本、价格、运营费用等特性。

(四) 商业质量特性

商业质量特性是与产品生产企业承担的商业责任有关的特性,如产品的保质期、保修期、售后服务水平等特性。

(五) 环保质量特性

环保质量特性是与产品对环境的影响有关的特性,如产品对环保的贡献或产品对环境的污染等特性。

三、质量管理与项目质量管理

(一) 质量管理

质量管理是指在质量方面指挥和控制组织的协调活动。在质量方面的指挥和控制活动,通常包括制订质量方针和质量目标以及质量计划、质量控制、质量保证和质量改进。可见,质量管理是质量管理主体围绕着使产品质量能满足不断更新的质量要求而开展的策划、组织、计划、实施、检查和监督、审核等所有管理活动的总和。质量管理是一项具有广泛含义的企业管理活动,它包括如下方面的内容:

1. 项目质量管理贯穿从企业质量方针政策的制订到用户对项目产品质量的最终检验的全过程,它是专门针对保障和提高项目质量而进行的管理。

2. 项目质量管理需要所有项目干系人的共同努力,它包括:

(1) 项目客户、项目所属的公司和项目经理等关于质量目标、方针和职责的制订;

(2) 项目管理人员根据上面所制订的质量目标、方针,制订项目的质量计划;

(3) 项目团队关于项目质量计划的具体实施。

3. 项目质量管理不仅包括项目产品的质量管理,而且还包括制造项目产品过程中工作质量的管理,因为项目最终产品的质量是由产品生产过程来保证的,只有保证高质量水平的生产过程,才能生产出高质量的产品。

(二) 项目质量管理

项目的质量管理是指围绕项目质量所进行的指挥、协调和控制等活动。进行项目质量管理的目的是确保项目按规定的要求满意地实现,它包括使项目所有的功能活动能够按照原有的质量及目标要求得以实施。项目的质量管理是一个系统过程,在实施过程中,应创造必要的资源条件,使之与项目质量要求相适应。项目各参与者都必须保证其工作质量,做到工作流程程序化、标准化和规范化,围绕一个共同的目标,即实现项目质量的最佳化,开展质量管理工作。

项目质量管理的概念与质量管理的概念有许多相同之处,也有不同之处。不同之处是由项目的一次性等特性所决定的。质量管理是针对日常运作所进行的活动,日常运作是重复做某件事情,一旦过程设计好了,只需以保守的态度采用诸如统计过程控制等方法进行监控即可,其工作的重点是在质量监控上。在运作管理中,通常也会采用破坏性的测试,测试之后产品就会报废。例如,每100件产品可能会抽取一个进行测试。但在项目中,由于只有一次做好的机会,无法进行上述的破坏性测试,因此必须在项目的早期强调质量保证和质量控制。

项目质量管理包括三个主要过程:规划质量管理、实施质量保证、质量控制,如图 7-1 所示。项目质量管理通过规划质量管理,明确质量方针、目标和标准,形成质量管理计划,并在项目生命周期内持续使用质量计划、质量控制、质量保证和质量改进等措施来落实质量方针的执行,确保质量目标的实现,最大限度地使客户满意。

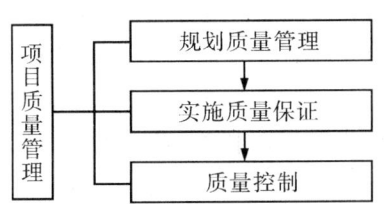

图 7-1 项目质量管理的过程

四、质量管理要求

项目质量管理需要兼顾项目管理和项目可交付成果两个方面。它适用于所有的项目,无论项目的可交付成果具有何种特性。质量的测量方法和技术则需要专门针对项目所产生的可交付成果类型而定。现代项目质量管理基本方法力求与国际标准化组织(ISO)的方法相兼容,每个项目都应该有一个项目质量管理计划。项目团队应该遵循质量管理计划并应该以数据证明自己遵守了计划。现代质量管理强调以下几方面的重要性。

(一)客户满意

了解、评估、定义并管理客户要求,以便满足客户的期望。这就需要把"符合要求"(确保项目产出预期的成果)和"适合使用"(产品或服务满足客户实际需要)结合起来。

（二）预防胜于检查

质量应该被规划和设计，并且在项目的管理过程或可交付成果生产过程中被建造出来（而不是被检查出来），预防错误的成本通常低于在检查或使用中发现并纠正错误的成本。

（三）持续改进

由休哈特提出并经戴明博士完成的"计划—实施—检查—行动（PDCA）"循环是质量改进的基础。另外，诸如全面质量管理、六西格玛和精益六西格玛等质量管理举措，也可以改进项目的管理质量和项目的产品质量。

（四）管理层的责任

项目的成功需要项目团队全体成员的参与。然而，管理层在其质量职责内，肩负着为项目提供具有足够能力的资源的相应的责任。

（五）质量成本

质量成本是指一致性工作和非一致性工作的总成本。一致性工作是为预防工作出错而做的附加努力，非一致性工作是为纠正已经出现的错误而做的附加努力。质量工作的成本在可交付成果的整个生命周期中都可能发生。例如，项目团队的决策会影响到已完工的可交付成果的运营成本。项目结束后，也可能因产品退货、保修索赔、产品召回而发生"后项目质量成本"。由于项目的一次性和降低后项目质量成本带来的潜在利益，发起组织可能选择对产品质量改进进行投资。这些投资通常用在一致性的工作方面，以预防缺陷或检查出不合格单元来降低缺陷成本。此外，与后项目质量成本有关的问题也应该成为项目群管理和项目组合管理的关注点，以便项目、项目群和项目组合管理办公室专门开展审查、提供模板和分配资金。

第二节 规划项目质量管理

项目质量管理包括执行组织确定的质量政策、目标和职责的各个过程和活动，从而使项目满足其预期的需求。主要由规划项目质量管理、实施质量保证和控制质量三个环节组成。规划项目质量管理是首要环节，它是识别项目及其可交付成果的质量要求或标准，并书面描述项目如何证明符合质量要求的过程，该过程的作用是，为整个项目中如何管理和确认质量提供指南和方向。

一、规划项目质量管理的依据

(一)项目管理计划
项目管理计划被作为制订质量管理计划依据的信息主要有:

1. 范围基准

范围基准包括项目范围说明书、工作结构分解(WBS)、WBS 词典。项目范围说明书包括项目描述、主要项目可交付成果及验收标准,产品范围通常包含技术问题的细节及会影响质量规划的其他事项,这些事项应该在项目的规划范围过程中加以定义。验收标准的界定可能影响质量成本并进而导致项目成本的显著增加或降低。满足所有的验收标准意味着发起人和客户的需求得以满足。

工作结构分解(WBS)可用以识别可交付成果和工作包,以及考核项目的绩效。

WBS 词典提供 WBS 要素的详细信息。

2. 进度基准

进度基准记录经认可的进度绩效指标,包括开始和完成时间,是规划质量管理的依据。

3. 费用基准

费用基准记录用于考核费用绩效的、经过认可的时间间隔,也是规划质量管理的依据之一。

此外,一些与项目质量有关的行动计划也是规划质量管理需要考虑的因素。

(二)干系人登记册
干系人登记册有助于甄别对质量有特别兴趣或影响的干系人。

(三)风险登记册
风险登记册包含可能影响质量要求的各种威胁和机会。

(四)需求文件
需求文件记录项目应该满足的、与干系人期望有关的需求。需求文件主要包括项目需求和质量需求。这些需求有助于项目团队规划将如何开展项目质量控制。

(五)事业环境因素
影响规划项目质量管理的事业环境因素主要有:政府法规,特定应用领域的有关规则、标准和指南,可能影响项目质量的项目或可交付成果的工作条件和运行条件,可能影响质量期望的文化观念。

（六）组织过程资产

影响规划项目质量管理的组织过程资产主要有：组织质量政策、程序及指南。执行组织的质量政策是高级管理层所推崇的、规定了组织在质量管理方面的工作方向。

历史数据库和以往阶段或项目的经验教训也是规划项目质量管理可以借鉴的因素。

二、规划项目质量管理的工具和技术

（一）成本效益分析

达到质量要求的主要效益包括减少返工、提高生产率、降低成本、提高干系人满意度及提升盈利能力。对每个质量活动进行成本效益分析，就是要比较其可能成本与预期效益。

（二）质量成本

质量成本包括在产品生命周期中用于防止失败的成本和用于处理失败的成本。用于防止失败的成本指在项目期间发生的为预防不符合要求，为评价产品，或服务是否符合要求以及因未达到要求（返工）而发生的所有成本。用于处理失败的成本可能在项目期间发生，也可能在项目完成后发生。在项目期间发生的是项目内部发现的返工和废品成本，属于内部失败成本；在项目完成后由客户发现的责任、保修和业务流失等失败成本，属于外部失败成本。

（三）七种基本质量工具

1. 鱼骨图

鱼骨图是由日本管理大师石川馨先生发明的，故又名石川图。鱼骨图是一种发现问题"根本原因"的方法，它也可以称之为"Ishikawa"或者"因果图"。其特点是简捷实用、深入直观。它看上去有些像鱼骨，问题或缺陷（即后果）标在"鱼头"外。在鱼骨上长出鱼刺，上面按出现机会多寡列出产生生产问题的可能原因。鱼骨图有助于说明各个原因之间如何相互影响，也能表现出各个可能的原因是如何随时间而依次出现，有助于着手解决问题。

2. 流程图

流程图也称过程图，该图直观地描述了一个工作过程的具体步骤。流程图对准确了解事情是如何进行以及决定应如何改进过程极有帮助，这一方法可以用于整个企业，以便直观地跟踪和图解企业的运作方式。在质量管理中使用流程图有助于了解和估算一个过程的质量成本，它是通过工作流的逻辑分支及其相对频率来估算质量成本的。

3. 检查表

检查表又称调查表、统计分析表等，它是用于收集数据的一种登记表。检查表是质量管理七大手法中最简单也是使用得最多的手法。它采用简单易于了解的标准化图形，人员只需填入规定之检查记号，再加以统计汇整其数据，即可提供量化分析或比对检查用。它以简单的数据，以容易理解的方式，制成图形或表格，必要时记上检查记号，并加以统计整理，作为进一步分析或核对检查之用。

4. 帕累托图

帕累托图（Pareto chart）是以意大利经济学家 V. Pareto 的名字命名的。

帕累托图又称排列图、主次图，是按照发生频率大小顺序绘制的直方图，表示有多少结果是由已确认类型或范畴的原因所造成的。它是将出现的质量问题和质量改进项目按照重要程度依次排列而采用的一种图表，可以用来分析质量问题，确定产生质量问题的主要因素。

排列图用双直角坐标系表示，左边纵坐标表示频数，右边纵坐标表示频率。分析线表示累积频率，横坐标表示影响质量的各项因素，按影响程度的大小（即出现频数多少）从左到右排列，通过对排列图的观察分析，可以抓住影响质量的主要因素。

5. 直方图

直方图又称质量分布图、柱状图，它是表示资料变化情况的一种主要工具。用直方图可以解析出资料的规则性，从而比较直观地看出产品质量特性的分布状态，对资料分布状况一目了然，便于判断其总体质量分布情况。

6. 控制图

控制图又称管制图，是对过程质量特性进行测定、记录、评估，从而监察过程是否处于控制状态的一种用统计方法设计的图。图上有三条平行于横轴的直线，即控制线：中心线、上控制线和下控制限，并有按时间顺序抽取的样本统计量数值的描点序列。通常控制界限设定在±3标准差的位置。中心线是所控制的统计量的平均值，上下控制界限与中心线相距数倍标准差。若控制图中的描点落在上下控制线或描点在上下控制线之间的排列不随机，则表明过程异常。

7. 散点图

散点图，又称相关图，它用图显示若干数据系列中各数值之间的因果关系，有两个数值轴，沿水平轴（X 轴）方向显示一组数值数据，沿垂直轴（Y 轴）方向显示另一组数值数据。排列在工作表的列或行中的数据可以绘制到 XY 散点图中。如果数值之间存在相关性，就可以画出一条回归线，进而可以依据它估算出自变量的变化将如何影响因变量的数值。

(四)标杆对照

在项目的质量管理中,通常会采用标杆对照来规划质量。它是将实际或规划中的项目实践与可比项目的实践进行对照,以便识别最佳实践,形成改进意见并为绩效考核提供基础。通过与可比项目特定方面最佳实践的比较,也可以制定项目的质量标准。该方法既可以用于产品,也可以用于过程;既可以在组织内部实施,也可以在组织外部实施。

(五)实验设计

实验设计是一种统计方法,用来识别哪些因素会对正在市场的产品或正在开发的流程的特定变量产生影响。它可以在规划质量管理中使用,以确定测试的数量和类别,以及这些测试对质量成本的影响。

(六)统计抽验

统计抽验是指从目标总体中选取部分样本用于检查。抽样的频率和规模应在规划质量管理过程中确定,以便在质量成本中考虑测试数量和预期废品率。

(七)会议

项目团队可以通过举行规划会议的方式来制订质量管理计划。参会人员可能包括项目经理、项目发起人、选定的项目团队成员、选定的项目项目干系人、负责项目质量管理活动(规划质量管理、实施质量保证和控制质量)的人员,以及其他必要的人员。

(八)其他质量规划工具

产生创意的头脑风暴、利用产生变更的推力和阻力的图形进行的力场分析以及名义小组技术也常常被应用于规划质量管理。

三、规划项目管理的结果

(一)质量管理计划

质量管理计划是项目管理计划的组成部分。描述将如何实施组织的质量政策,以及项目管理团队准备如何达到项目的质量要求。质量管理计划风格和详细程度取决于项目的具体需要。应该在项目早期就对质量管理计划进行评审,以确保决策是基于准确信息的。这样做的好处是,更加关注项目的价值定位,降低因返工而造成的成本超支金额,减少进度延误次数。

(二)过程改进计划

过程改进计划是项目管理计划的子计划或组成部分,它详细说明了项目管理过程和产品开发过程进行分析的各个步骤,以识别增值活动。需要考虑的方面主要包括:

过程边界。描述过程的目的、过程的开始和结束、过程的输入输出、过程责任人和干系人。

过程配置。过程配置应含有界定界限的过程图形，以便于分析。

过程测量指标。过程指标与控制界限一起用于分析过程的频率。

绩效改进目标。用于指导过程改进活动。

(三)质量测量指标

质量测量指标是指一项工作定义，具体描述一件东西是什么，以及如何以质量控制过程对其进行度量。测量值系指实际值。

质量测量指标用于实施质量保证和控制质量过程，具体包括准时性、成本控制、缺陷频率、故障率、可用性、可靠性和测试覆盖度等。

(四)质量核对单

质量核对单是一种结构化工具，具体列出各项内容，用来核实一系列步骤是否已经得到执行。基于项目的不同要求，质量核对表可简可繁。许多组织有标准化的核对单，用于规范经常性任务的执行。在某些用于领域，核对单也可以从专业协会后商业性服务机构获取，质量核对单应该涵盖在范围基准中定义的验收标准中。

(五)项目文件更新

需要更新的项目文件主要有：干系人登记册、责任分配矩阵、WBS 和 WBS 词典等。

第三节　项目质量计划

一、质量计划的含义

国际标准 ISO 9000：2000《质量管理体系基础和术语》中对质量计划的定义是：质量计划是"质量管理的一部分，致力于制订质量目标并规定必要的运行过程和相关资源以实现质量目标"。

项目质量计划是围绕着项目所进行的制订质量目标、策划运行过程、确定相关资源等活动的过程。项目质量计划的结果是明确项目质量目标；明确为达到质量目标应采取的措施，包括必要的作业过程；明确应提供的必要条件，包括人员、设备等资源条件；明确项目参与各方、部门或岗位的质量职责。

二、项目质量计划的依据

(一)项目特点

不同类型、不同规模、不同特点的项目,其质量目标、质量管理运行过程及需要的资源各不相同。因此,应针对项目的具体情况进行质量计划。

(二)项目质量方针

项目的质量方针反映了项目总的质量宗旨和质量方向,质量方针提供了质量目标制订的框架,是项目质量计划的基础之一。项目质量方针主要包括三个部分:项目设计的质量方针、项目实施的质量方针和项目完工交付的质量方针。

(三)项目范围陈述

项目范围陈述说明了项目所有者的需求及项目的主要要求,项目质量计划应适应这些需求和要求。

(四)产品描述

产品是项目的成果。尽管可能在项目范围陈述中已经描述了产品的相关要素,然而,产品的描述通常包含更加详细的技术要求和其他相关内容,这是项目质量计划的必要依据。

(五)标准和规则

不同的行业、不同的领域,对其相关项目都有相应的质量要求,这些要求往往是通过标准、规范、规程等形式加以明确的,这些标准和规则对质量计划将产生重要影响。例如,建筑工程项目的质量计划就应依据建筑施工规范、建筑结构规范等国家和行业标准。

三、项目质量目标

项目质量目标是项目在质量方面所追求的目的。无论何种项目,其质量目标都包括总目标和具体目标。项目质量总目标表达了项目拟达到的总体质量水平,如某建筑项目的质量总目标就是合格率100%,优良品率80%。项目质量的具体目标包括项目的性能性目标、可靠性目标、安全性目标、经济性目标、时间性目标和环境适应性目标等。项目质量的具体目标一般应以定量的方式加以描述,如某基础工程项目,其混凝土的抗压强度等级为40MPa,这就是一个性能性质量目标。不同的项目,其质量目标策划的内容和方法也不相同,但考虑的因素是基本相同的,主要有:项目本身的功能性要求,项目的外部条件,市场因素,质量经济性。

（一）项目本身的功能性要求

每一个项目都有其特定的功能，在进行项目质量目标计划时，必须考虑其功能，满足项目的适用性要求。

（二）项目的外部条件

项目的外部条件使项目的质量目标受到了制约，项目的质量目标应与其外部的条件相适应。所以，在确定项目的质量目标时，应充分掌握项目的外部条件，如环境条件、地质条件、水文条件、交通条件等。

（三）市场因素

市场因素是项目的一种"隐含需求"，是社会或用户对项目的一种期望。所以，进行项目质量目标计划时，应通过市场调查，研究这种需要，并将其纳入质量目标中。

（四）质量经济性

项目的质量是无止境的，要提高项目的质量，必然会增加项目的成本。所以，项目所追求的质量不是最高，而是最佳，既能满足项目的功能要求和社会或用户的期望，又不至于造成成本的不合理增加。在制订项目质量目标计划时，应综合考虑项目质量计划和成本之间的关系。

四、项目质量计划的常用方法

在质量计划过程中，应采用一些科学的方法和技术，以确保计划结果的可靠性。常用的质量计划方法和技术有以下几种：

（一）收益/成本分析

在项目管理中，质量与经济效益（成本）是相互依存、相互制约的两个目标。制订项目质量目标时，必须考虑收益/成本平衡。如果不顾业主的质量要求，不满足业主的"适用性"愿望，势必造成需求与生产脱节，最终会失去业主和市场，经济效益也就无从谈起；反之，如果片面追求质量，过分提高质量标准，使得业主不堪承受或造成赔本，同样不可取。因此，有必要把"适用性"和"经济性"两方面的要求结合起来，进行收益/成本分析。

在建筑工程项目管理中，如果实行的是工程总承包，项目经理部就要对整个建设工程的质量负责，就要考虑成本与质量的优化问题，进行项目的收益/成本分析。

（二）质量标杆法

质量标杆法就是以其他项目的质量计划和质量管理的结果为基准，从而制订出本项目质量计划的一种方法,其他项目可以是项目团队以前完成的类似的项目,也可以是其他项目团队已经完成或正在进行的项目。在参照标杆项目的质量方针、质量标准、质量管理计划、质量工作说明文件等文件时,必须结合本项目的实际情况来编制项目质量的计划。在使用这一方法时,要特别注意基准项目实际发生的质量问题和教训,在制订本项目质量计划时,要采取一些防范措施和应急计划,以避免类似问题的再次发生。

（三）流程图

系统流程图显示了项目系统各种要素之间的相互关系。它能帮助项目队伍预测在何处可能发生何种质量问题,并由此帮助开发处理它们的办法。图7-2是一个流程图的例子。

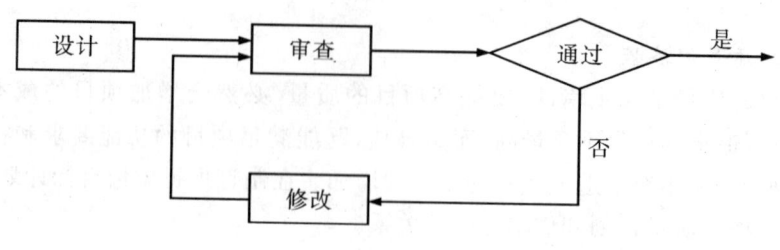

图7-2 系统流程图示例

（四）因果图

因果图又称逻辑图或鱼刺图,用以描述相关的各种原因和子原因如何产生潜在问题或影响。可以将各种原因按照由大到小、由粗到细、层层深入,用带箭头的线,将质量问题与原因之间的因果关系条理化、系统化、形象化地描述成一张因果图。

（五）基准比较

基准比较就是将实际进行中或计划中的项目做法同其他项目的实际做法进行比较,通过比较启发,改善项目质量管理的思路。

五、项目质量计划编制的结果

（一）项目质量计划

项目质量计划是为了使项目的可交付成果符合客户要求,对项目质量管理工作所做的计划和安排。它主要包括以下内容：

1. 需达到的质量目标,包括项目总质量目标和具体目标。
2. 质量管理工作流程,可以用流程图等形式展示过程的各项活动。

3. 在项目的各个不同阶段,职责、权限和资源的具体分配。

4. 项目实施中需采用的具体的书面程序和指导书。

5. 有关阶段适用的试验、检查、检验和评审大纲。

6. 达到质量目标的测量方法。

7. 随项目的进展而修改和完善质量计划的程序。

8. 为达到项目质量目标必须采取的其他措施,如更新检验技术、研究新的工艺方法设备、用户的监督、验证等。

这些内容可能包含在不同的质量计划文件之中。

(二)项目质量工作说明

项目质量工作说明是对项目质量管理工作的描述以及对于项目质量控制方法的说明,是项目质量计划的支持性文件,主要内容包括:如何检测项目质量计划的实际执行情况,如何确定项目质量控制措施以及项目质量计划中所需的工具,方法的说明等。

(三)质量检查表

质量检查表是用来核实项目质量计划的执行和控制是否得到实施的一种工具。该表以工作分解结构为基础,由详细的条目组成,常采用询问式或命令式的短语。

第四节 项目质量保证

一、质量保证的含义

根据中华人民共和国国家标准《质量管理体系基础和术语》(GB/T 19000—2000),质量保证是质量管理的一部分,致力于提供质量要求会得到满足的信任。由该定义可知,质量保证是为保证项目质量计划的顺利实施,经常性地对项目质量计划的执行情况进行评估、核查和改进的过程,使项目质量能够满足客户的要求。它是项目对客户在产品质量方面的担保,相当于疾病预防,是为获得优质产品而提前采取的措施,预防的目的是为了防止缺陷的发生。它的目的是确保项目一次性成功。

ISO 8402 对质量保证的定义是:为了提供足够的信任,表明实体能够满足质量要求,在质量体系中实施并根据需要进行证实的全部有计划和有系统的活动。

项目质量保证包括项目内部质量保证和外部质量保证：内部质量保证是向组织的领导提供的质量保证,外部质量保证是向客户和其他项目干系人提供的质量保证。项目质量保证主要包括以下内容：

(一)制订科学、合理、可行的质量标准

在评估项目质量计划的执行情况时,制订科学合理的质量标准是非常必要的。项目质量标准可以根据以前的项目经验、国家或地区的质量标准来制订。

(二)建立项目质量保证体系

为了使项目顺利实施,保证各项质量要求达到预期的目标,项目要建立起完善的质量保证体系。项目质量保证体系是指实施项目质量管理所需的组织结构和质量管理程序。

(三)开展有计划的质量改进活动

质量改进是为了提交符合客户质量要求的项目可交付成果,在项目组织内部开展旨在提高项目质量的各项活动。实际上,质量改进活动是一种持续的、不断完善的项目活动,它包括对项目产品、项目活动、项目作业、项目管理等各方面质量的不断完善。

二、项目质量保证的依据

1. 项目质量计划。项目质量计划是质量保证最根本的依据。
2. 项目质量计划的实际执行情况。项目质量计划的实际执行情况提供了项目质量实际情况的事实分析和评价,这是项目质量保证的重要依据。
3. 项目质量工作说明。项目质量工作说明是对项目质量管理工作的描述以及对项目保证和控制方法的说明。

三、项目质量保证的工具和方法

(一)项目质量计划的工具和方法

编制项目质量计划所采用的工具和方法在质量保证中同样适用。

(二)质量审计

质量审计是按照审计程序对特定的质量管理活动进行的结构化的审查。通过质量审计,可以获得质量管理过程中的经验教训,从而提高项目的实施水平。质量审计可以是定期的,也可以是随时的,可由公司内部的审计员或特定领域有专门知识的第三方执行。

(三)事先规划

在项目质量保证的过程中,要针对可能出现的质量问题预先制订出防范措施,同时还要确定防范的范围和等级。如果范围过小或等级过低,就可能达不到质量要求;如果范围过大或等级过高,就会增加项目的工作量和费用。因此,质量保证的范围和等级要力求适当。

(四)质量活动分解

项目质量保证要对与质量有关的活动进行逐层分解,直至最基本的和比较容易控制的质量活动,从而对项目质量进行有效的保证。

(五)质量保证体系

质量保证体系是质量管理的基础,一个项目团队只有建立有效的质量保证体系,才能全面开展项目质量管理活动,从而实现项目的质量目标。如某项目为了提高质量水平,设立了质量保证部门,该部门又下设了质保材料、质保检验、质保管理、质保工程和质保审计五个部门,这五个部门相互协调、相互制约,形成了一套有效的质量保证体系,从而提高了该项目的质量水平。

四、项目质量保证的结果

项目质量保证的结果主要就是项目质量改进与提高的建议,它能提高项目活动的效率与效果。一般包括以下几个方面的内容:

(1)目前存在的项目质量问题及其后果。
(2)产生项目质量问题的原因分析。
(3)项目质量改进或提高的目标。
(4)进行项目质量改进或提高的方法和步骤。
(5)项目质量改进或提高的成果确认方法。

第五节 项目质量控制

一、项目质量控制的含义

项目质量控制是在项目实施过程中,对项目质量的实际情况进行监督,判断其是否符合相关的质量标准,并分析产生质量问题的原因,制订出相应的措施来消除导致不符合质量标准的因素,确保项目质量得以持续不断地改进。

项目质量控制相当于疾病治疗，其目的是采取一定的措施消除那些偏离质量要求的偏差，它是为了弥补项目质量保证所留下来的缺憾，追求的是质量零缺陷。

项目质量控制应贯穿于项目质量管理的全过程。项目质量控制主要包括以下内容：

(1)度量项目质量的实际情况。

(2)将项目质量的实际情况与质量标准进行比较。

(3)识别项目存在的质量问题和偏差。

(4)分析项目质量问题产生的原因。

(5)如有必要，采取纠偏措施消除项目存在的质量问题。

项目质量控制与项目质量保证既有联系又有区别。两者的目标都是使项目质量达到规定的要求。因此，在项目质量管理的过程中，它们是互相交叉、相互重叠的。但是，项目质量控制是一种纠偏性和把关性的过程，它直接对项目质量进行监控，并对项目存在的质量问题进行纠正；而项目质量保证是一种预防性的、保障性的过程，它只是从项目质量管理组织、程序、方法等方面做一些辅助性的工作。项目实施阶段的不同环节，其质量控制的工作内容不同。根据项目实施的不同时间阶段，可以将项目实施阶段的质量控制分为事前控制、事中控制和事后控制。

二、项目质量控制的依据

(一)项目质量计划和项目质量工作说明

项目质量计划明确了项目质量的最终要求，通过项目质量工作说明，可以把项目质量的最终要求转变成项目质量控制的具体标准和参数。

(二)项目质量计划的实际执行情况

项目质量计划的实际执行情况是项目质量控制最基本的依据。

(三)质量检查表

质量检查表是针对具体活动编写的，其目的是核实某些具体的质量工作环节是否已经实施，它还表明了这些具体环节的实施情况。

三、项目质量控制步骤

就项目质量控制的过程而言，质量控制就是监控项目的实施状态，将实际状态与事先制订的质量标准作比较，分析存在的偏差及产生偏差的原因，并采取相

应对策。这是一个循环反复的过程,对任一控制对象的控制一般都按这一过程进行。该控制过程主要包括以下步骤:

(1)选择控制对象。项目进展的不同时期、不同阶段,质量控制的对象和重点也不相同,这需要在项目实施过程中加以识别和选择。质量控制的对象可以是某个因素、某个环节、某项工作或工序、某项阶段成果等一切与项目质量有关的要素。

(2)为控制对象确定标准或目标。

(3)制订实施计划,确定保证措施。

(4)按计划执行。

(5)跟踪观测、检查。

(6)发现、分析偏差。

(7)根据偏差采取对策。

上述步骤可归纳为四个阶段:计划(Plan)、实施(Do)、检查(Check)和处理(Action)。在项目质量控制中,这四个阶段循环反复,形成 PDCA 循环。

四、项目质量因素控制

影响项目质量的因素主要有五大方面:人、材料、设备、方法和环境。对这五方面因素的控制,是保证项目质量的关键。

(一)人的控制

人,是指直接参与项目的组织者、指挥者和操作者。人员素质是影响产品质量的最重要因素。首先是人员资格认证控制,即所有参与产品生产的人员都必须经过专业培训与考核;其次是印章控制,即有关人员必须持有表明其资格的印章上岗,在一切记录上盖章,以示负责。因此,应提高人的素质,健全岗位责任制,改善劳动条件,公平合理地激励劳动热情。应根据项目特点,从确保项目的质量出发,在人的技术水平、生理缺陷、心理行为、错误行为等方面控制;更为重要的是提高人的质量意识,形成人人重视质量的项目环境。

(二)材料的控制

材料主要包括原材料、成品、半成品、构配件等。对材料的控制主要通过严格检查验收,正确合理地使用,进行收、发、储、运的技术管理,杜绝使用不合格材料等环节来进行控制。

(三)设备工具的控制

对设备工具的控制,应根据项目的不同特点,合理选择,正确使用、管理和保养。

（四）方法的控制

这里所指的方法,包括项目实施方案、工艺、组织设计、技术措施等。对方法的控制,主要通过合理选择、动态管理等环节加以实现。

（五）环境的控制

影响项目质量的环境因素较多,有项目技术环境,如地质、水文、气象等;项目环境管理,如质量保证体系、质量管理制度等;劳动环境,如劳动组合、作业场所等。根据项目特点和具体条件,应采取有效措施对影响质量的环境因素进行控制。

五、质量控制的工具和方法

在进行质量控制时,可采用的工具和技术有很多,在此,我们仅介绍如下几种方法,即统计分析表法、分层法、直方图法、排列图法、控制图法、因果分析图法、相关图法。

（一）统计分析表法

统计分析表是用于数据整理和原因分析的一种工具。它没有固定的格式,一般可根据调查的项目,设计出不同的格式。常用的统计分析表有：

1. 产品缺陷部位统计分析表；
2. 分部分项工程质量特征统计分析表；
3. 影响质量的主要原因统计分析表；
4. 质量检查评定的统计分析表。

（二）分层法

分层法又叫分类法。它是收集整理数据的最基本方法,是把数据按照不同的目的加以分类。这种方法没有固定的图表和格式。如在工程质量管理中,可将收集的数据按需要进行以下的分类：按数据发生的时间分类,按生产单位或生产班组和操作者分类,按使用的材料分类,按使用的机械设备分类,按质量问题的性质分类,按操作方法分类,按其他方法分类等。

（三）直方图法

为了能够比较准确地反映出质量数据的分布状况,可以用横坐标标注质量特性值,纵坐标标注频数或频率值,各组所包含数据的频数或频率的大小用直方柱的高度表示,如图7-4所示。这种图形称为直方图,又称质量分布图、矩形图。直方图的类型按纵坐标的计量单位不同,分为频数直方图、频率直方图两种。

1. 直方图绘图步骤

例7-1 现以某高速公路边坡喷射混凝土厚度测定值为例,说明直方图的制作方法。

PROJECT MANAGEMENT

第一步：采集数据。根据作图意图采集数据。为了使直方图能够比较准确地反映质量分布情况，一批制作直方图用的数据个数一般应大于 50。本例共采集了 100 个数据，如表 7-1 所示。

表 7-1 喷射混凝土厚度测定值记录表

测点号	测定值/mm										最大值	最小值
1～10	137	134	138	132	128	133	134	131	133	134	138	128
11～20	129	136	130	131	133	134	134	136	139	134	139	129
21～30	135	136	130	141	143	135	135	134	132	138	143	130
31～40	141	137	134	138	136	137	136	131	133	130	141	130
41～50	135	133	138	137	144	131	136	132	129	135	144	129
51～60	138	139	134	132	130	139	136	140	132	133	140	130
61～70	129	141	127	136	141	137	136	137	133	136	141	127
71～80	131	139	135	134	135	140	141	136	135	135	141	131
81～90	140	135	137	135	136	135	135	135	131	134	140	131
91～100	135	136	139	131	142	130	135	133	135	131	142	130

第二步：确定组数、组距及组的边界值。确定组数（K）：按组距相等的原则确定。K 的大小影响着直方图的形状，一般来说，K 愈大，直方图愈接近实际情况，但计算也愈烦琐。因此，应合理确定 K 值，使立方图尽量符合总体特性值的分布情况。迄今为止，尚无准确的计算公式可用于合理确定 K 值，而只能根据经验数据或经验公式确定 K 值。一般来说，K 的选择范围常在 6～25 之间，$K=10$ 最常用，通常按 K 分组后，应使每组至少有 4～5 个数据为宜。表 7-2 可供参考。

表 7-2 组数（K）选择参考表

数据数 n	＜50	50～100	11～250	＞250
分组数 K	5～7	6～10	7～12	10～25

根据上述原则，确定本例分组数为 $K=9$。

确定组距（h）：K 确定后，组距 h 也就随之而定。若一批数据中最大值为 $X\max$，最小值为 $X\min$，则：

$$h = \frac{X\max - X\min}{K-1}$$

本例中，$X\max=144\text{mm}$，$X\min=127\text{mm}$，则：

$$h = \frac{144-127}{9-1} = 2.125 \text{ mm}$$

在确定组距时，一般取 h 为最小测量单位的整数倍。本例的最小测量单位是 1mm，所以取 $h=2$mm。

确定组的边界值：以一批数据中的最小值 $X\min$ 为第一组（从小到大排列）的组中值，其上、下界限分别为：

第一组下限：$X\min - h/2$，第一组上限：$X\min + h/2$；

第二组下限：第一组上限即为第二组下限，第二组上限：$X\min + h/2 + h$。

依此类推，即可得到各组边界值。

为了避免某些数据正好落在边界上，组的边界值应定在最小测量单位的 1/2 处。

根据上述原则，本例中各组的边界值分别是：

第一组下限：$X\min - h/2 = 127 - 1 = 126$，取为 126.5；

第一组上限：$126.5 + h = 126.5 + 2 = 128.5$。

依此类推. 得到每组边界值，如表 7-5 所示。

第三步：计算频数和频率。根据测定值和组的边界值计算频数和频率，如表 7-3 所示。

表 7-3 频数计算表

组号	1	2	3	4	5	6	7	8	9
组界	126.5~128.5	128.5~130.5	130.5~132.5	132.5~134.5	134.5~136.5	136.5~138.5	138.5~140.5	140.5~142.5	142.5~144.5
频数	2	8	14	19	27	14	8	6	2
频率（%）	2	8	14	19	27	14	8	6	2

第四步：绘制直方图。以横坐标表示分组的边界值，纵坐标表示各组间数据发生的频数，以直方柱的高度对应各组频数的大小即可绘制出直方图。如图 7-3 所示。

2. 直方图的观察与分析

从表面上看，直方图表现了所取数据的分布，但其实质是反映了数据所代表的生产过程的分布，即生产过程的状态。根据直方图的这一特点，可以通过观察和分析直方图对生产过程的稳定性加以判断。

（1）直方图图形分析。直方图能形象直观地反映数据的分布情况，通过对直方图的观察和分析，可以判断生产过程是否稳定，了解其质量情况。直方图图形分为两种类型，即正常型和异常型，如图 7-4 所示。

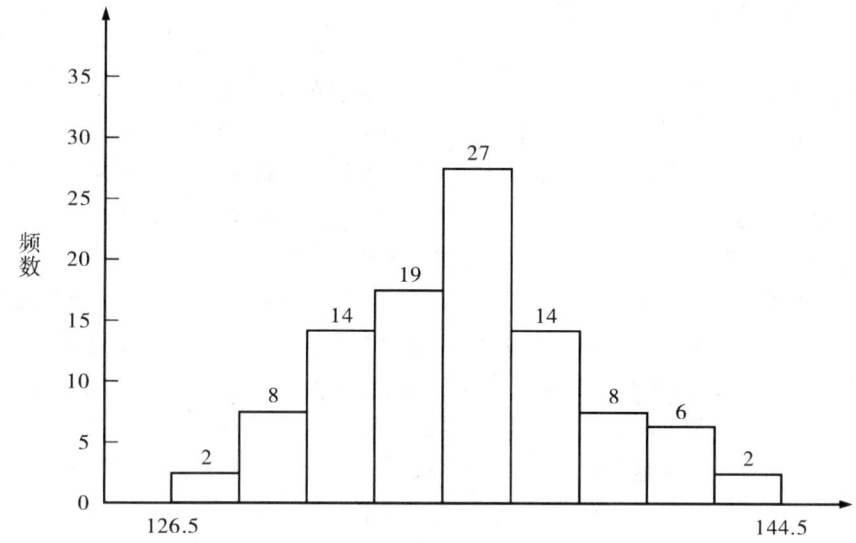

图 7-3 喷射混凝土厚度值频数直方图

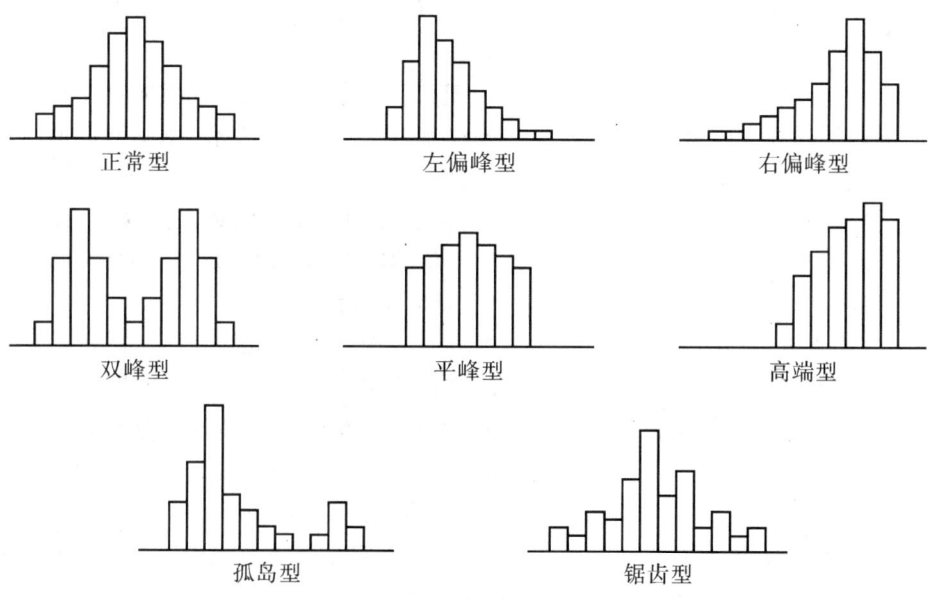

图 7-4 各种形状的直方图

①正常型：左右对称的山峰形状。图的中部有一峰值，两侧的分布大体对称，且越偏离峰值直方柱的高度越小，符合正态分布。表明这批数据所代表的工

序处于稳定状态。

②异常型:与正常型分布状态相比,带有某种缺陷的直方图为异常型直方图。表明这批数据所代表的工序处于不稳定状态。常见的异常型直方图有以下几种:

A. 偏向型:直方的顶峰偏向一侧。这往往是由于只控制一侧界限,或一侧控制严格,另一侧控制宽松所造成的。根据直方的顶峰偏向的位置不同,有左偏峰型和右偏峰型。仅控制下限或下限控制严、上限控制宽时多呈现左偏峰型;仅控制上限或上限控制严、下限控制宽时多呈现右偏峰型。

B. 双峰型:一个直方图出现两个顶峰。这往往是由于两种不同的分布混在一起所造成的。即虽然测试统计的是同一项目的数据,但数据来源条件差距较大。例如,两班工人的操作水平相差较大,将其质量数据混在一起所作出的直方图;使用两种强度等级相差较大的水泥且未调整其他配合参数时,混凝土强度数据所作出的直方图等。出现这种直方图时,应将数据进行分层,然后分别作图分析。

C. 平峰型:在整个分布范围内,频数(频率)的大小差距不大,形成平峰型直方图。这往往是由于生产过程中有某种缓慢变化的因素起作用所造成的。如工具的磨损,操作者的疲劳等都有可能出现这种图形。

D. 高端型(陡壁型):直方图的一侧出现陡峭绝壁状态。这是由于人为地剔除了一些数据,进行不真实的统计所造成的。

E. 孤岛型:在远离主分布中心处出现孤立的小直方。这表明项目在某一短时间内受到异常因素的影响,使生产条件突然发生较大的变化,如短时间原材料发生变化或由技术不熟练的工人替班操作等。

F. 锯齿型:直方图出现参差不齐的形状,即频数不是相邻区间减少,而是相隔区间减少,形成了锯齿状。造成这种现象的原因不是质量数据本身的问题,主要是绘制直方图时分组过多或测量仪器精度不够而造成的。

(2)直方图与公差或标准对比。观察直方图的形状只能判断生产过程是否稳定正常,并不能判断是否能稳定地生产出合格的产品。而将直方图与公差或标准相比较,即可达到此目的。对比的方法是观察直方图是否都落在规格或公差范围内,是否有相当的余地以及偏离程度如何。

几种典型的直方图与公差标准的比较情况,如图 7-5 所示。

①理想型:数据分布范围充分居中,分布在规格上下界限内。这种状况表明生产处于正常状态,不会出现不合格品。

②偏向型:数据分布虽然在标准范围之内,但分布中心偏向一边,说明存在系统偏差,必须采取措施。

③无富余型:数据分布虽然在规格范围之内,但两侧均无余地,稍有波动就会出现超差,产生不合格品。

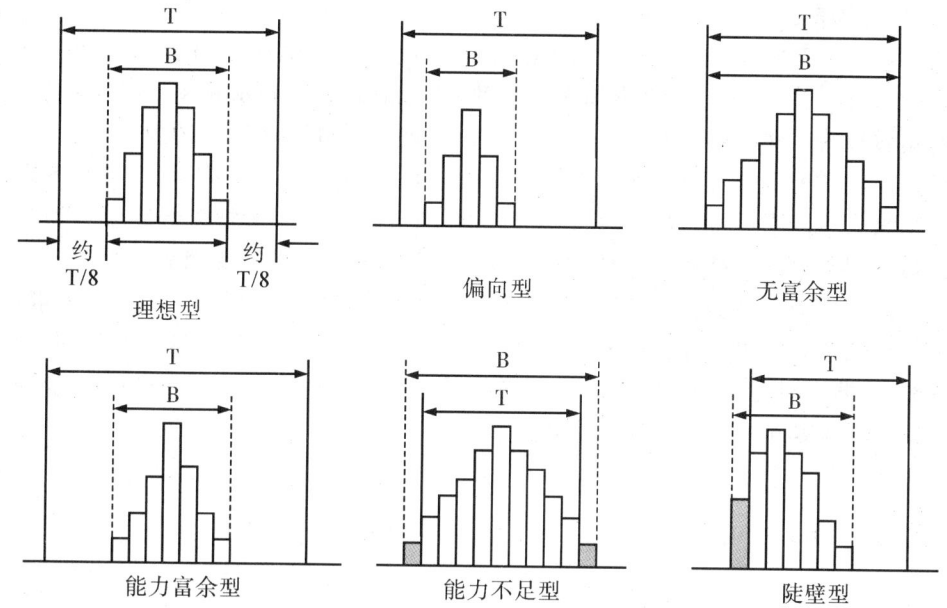

图 7-5 与标准规格比较的直方图

T——公差范围，B——分布范围。

④能力富余型：数据分布过于集中，分布范围与规格范围相比余量过大，说明控制偏严，质量有富余，不经济。

⑤能力不足型：数据分布范围已超出规格范围，已产生不合格品。

⑥陡壁型：数据分布过于偏离规格中心，已造成超差，产生了不合格品。造成这种状况的原因是控制不严。应采取措施使数据中心与规格中心重合。

综上所述，通过观察直方图的分布状态以及将其与公差标准相比，可以判断项目是否有异常因素存在，是否产生了不合格品等，以便采取措施，将异常因素消除在生产过程之中，使之处于控制状态。在项目质量控制中，许多质量特性值仅有下限要求，因此，在将直方图与公差标准对比时，主要看直方图的分布是否超出下限及分布偏离下限的程度。正常状况应是分布超越下限并留有适当余地。一般来说，分布超越下限越过，则对质量的保证程度越高，但质量经济性则越差。

(四) 排列图法

排列图又叫主次因素分析图或帕累托图(由意大利经济学家 Vilfredo Pareto 在分析社会财富的分布状况时提出的)，是用来寻找影响工程(产品)质量主要因素的一种有效工具。在质量管理中，抓住主要矛盾解决质量问题，有"事半功倍"的效果。

如图 7-6 所示,排列图由两个纵坐标、一个横坐标、若干个直方图形和一条曲线组成。其中,左边的纵坐标表示频数,右边的纵坐标表示频率,横坐标表示影响质量的各种因素。若干个直方图形分别表示质量影响因素的项目,直方图形的高度则表示影响因素的大小程度,按大小顺序由左向右排列,曲线表示各影响因素大小的累计百分数,这条曲线称为帕累托曲线。一般把影响因素分为三类,累计频率在 0~80% 范围的因素,称为 A 类因素,是主要因素;在 80%~90% 范围内的为 B 类因素,是次要因素;在 90%~100% 范围内的为 C 类因素,是一般因素。因此,帕累托图法又称为 ABC 分析图法。在对这些因素进行 ABC 分类管理时,应对 A 类实行严格的质量控制,对 B 类进行一般的质量控制,对 C 类实行较为宽松的质量控制。

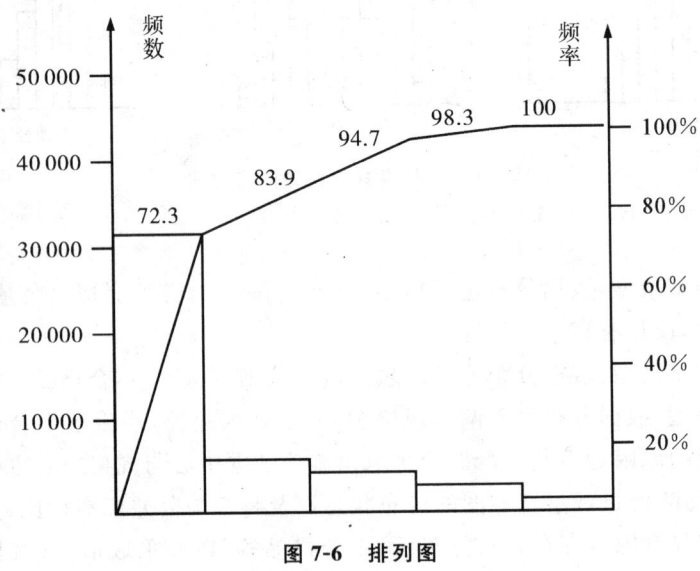

图 7-6 排列图

(五)控制图法

1. 控制图原理

全面质量管理强调以预防为主,要求在质量形成过程中,在整个项目进展过程中,尽量少出或不出不合格品。这就需要研究两个问题:一是怎样使项目实施过程具有避免产生不合格品的保证能力;二是如何使保证质量的能力保持下去,一旦这种保证质量的能力不能维持下去,则应尽早发现,查明原因,采取措施,使之继续稳定下来,保持下去,真正做到防患于未然。前一个问题即为工序能力分析,后一个问题称为工序控制。这两个问题都涉及一种动态控制方法——控制图法。

控制图又称管理图,是反映工序随时间变化而发生的质量变动的状态,即反映项目实施过程中各阶段质量波动状态的图形。

2.控制图的基本形式与分类

控制图是分析判断生产过程的质量状态和控制生产过程质量的工具。控制图的基本形式如图 7-7 所示。

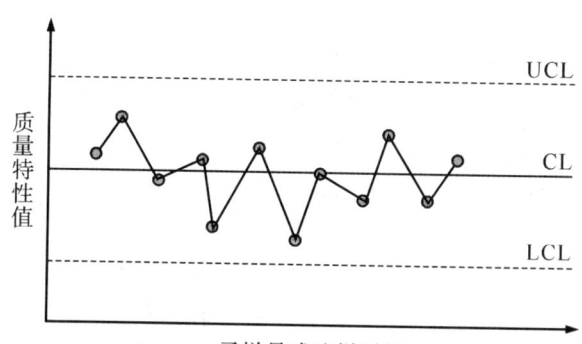

图 7-7　控制图的基本形式

控制图一般有三条线:上面的一条线为控制上限,用符号 UCL 表示;中间的一条叫中心线,用符号 CL 表示;下面的一条叫控制下限,用符号 LCL 表示。在生产过程中,按时抽取子样,测量其特性值,将其统计量作为一个点画在控制图上,然后连接各点成一折线,即表示质量波动情况。

控制图可分为计量值控制图和计数值控制图两大类。计量值控制图的控制对象为计量值,即连续型的数据,如长度、重量、强度、时间等。计数值控制图的控制对象为计数值,即离散型的数据,如疵点数、不合格品件数、不合格品率等。

控制图中的控制界限是根据数理统计学原理,采取"三倍标准偏差法"计算确定的。即将中心线定在被控制对象的平均值(包括单值、平均值、极差、中位数等的平均值)上面,以中心线为基准向上向下各量三倍标准偏差即为控制上限和控制下限。因为控制图是以正态分布为理论依据,采用三倍标准偏差法可以在最经济的条件下实现过程控制,达到保证质量的目的。

3.控制图的观察分析

应用控制图的主要目的是分析判断生产过程是否处于稳定状态,预防不合格品的发生。

当控制图的点子满足以下两个条件时:一是点子没有跳出控制界限,二是点子随机排列且没有缺陷,就认为生产过程基本上处于控制状态,即生产正常。否则，就认为生产过程发生了异常变化，必须把引起这种变化的原因找出来，排除掉。这里所说的点子在控制界限内排列有缺陷，包括以下几种情况：

(1) 点子连续在中心线一侧出现 7 个以上。

(2) 连续 7 个以上点子上升或下降。

(3) 点子在中心线一侧多次出现，如连续 11 个点中至少有 10 个点在同一侧，或连续 14 个点中至少有 12 个点、连续 17 个点中至少有 14 个点、连续 20 个点中至少有 16 个点出现在同一侧。

(4) 点子接近控制界限，如连续 3 个点中至少有 2 个点在中心线上或下两倍标准偏差横线以外出现，或连续 7 个点中至少有 3 个点、连续 10 个点中至少有 4 个点在该横线外出现。

(5) 点子出现周期性波动。

（六）因果分析图法

因果分析图又称特性要因图、树枝图、鱼刺图。为了分析产生某种质量问题的原因，采用"头脑风暴法"等方法，集思广益，同时将有关意见反映在一张图面上，这种图就是因果分析图。基本格式如图 7-8 所示。

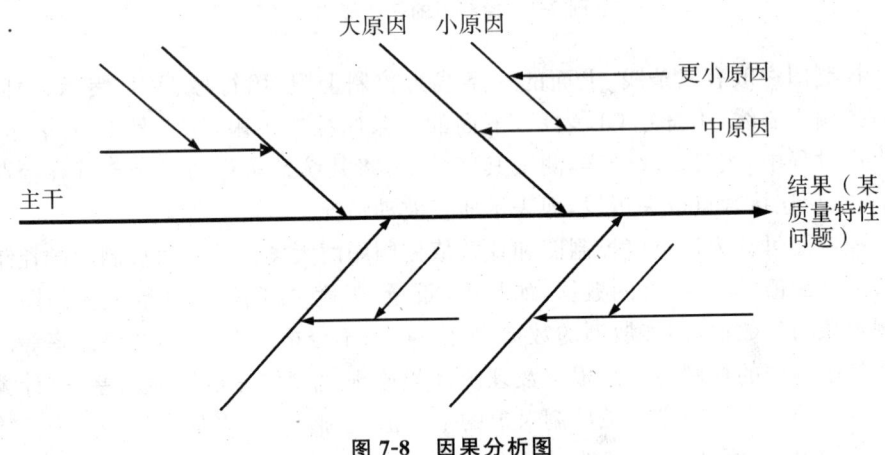

图 7-8　因果分析图

1. 因果分析图绘制原理

尽管影响项目质量的原因很多，且关系复杂，但归纳起来，存在两种互为依存的关系，即平行关系和因果关系。因果分析图能同时整理出这两种关系。利用因果分析图逐级分层，从大到小，从粗到细，寻根究底，直至确定能采取有效措施的原因为止。

2. 因果分析图的绘制步骤

现以混凝土强度不足的质量问题为例说明。

(1)决定特性。特性就是需要解决的质量问题,放在主干箭头的前面。本例的特性是混凝土强度不足。

(2)确定影响质量特性的大原因(大枝)。影响混凝土强度的大原因主要是人、材料、工艺、设备和环境等五个方面。

(3)进一步确定中、小原因(中、小、细枝)。围绕大原因进行层层分析,确定影响混凝土强度的中、小原因。

(4)补充遗漏的因素。发扬技术民主,反复讨论,补充遗漏的因素。

(5)制订对策。针对影响质量的因素,有的放矢地制订对策,并落实到解决问题的人和时间,通过对策计划表的形式加以表达,并限期改正。

本例所绘制出的因果分析图如图 7-9 所示。

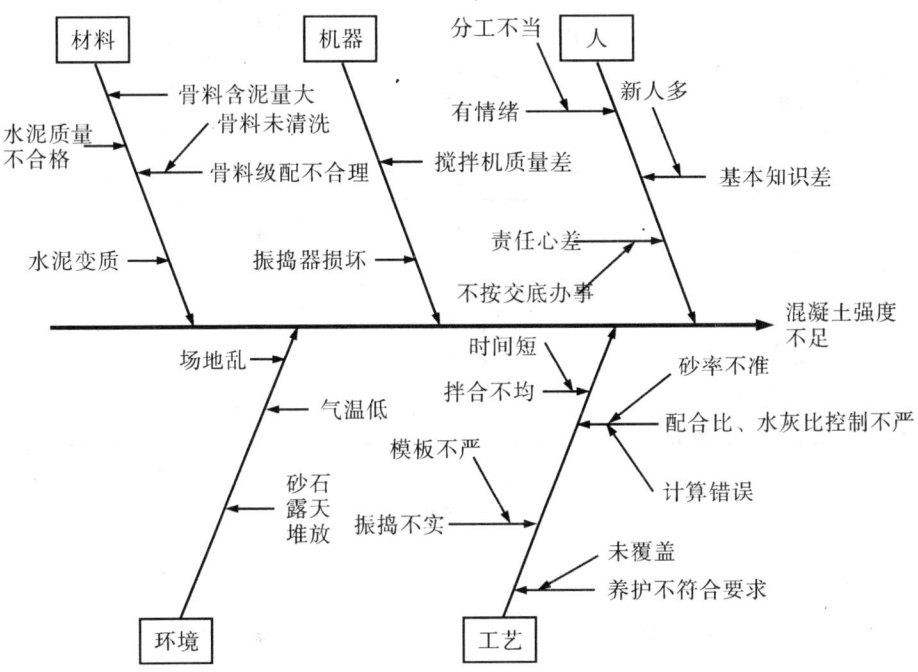

图 7-9 混凝土强度不足因果分析图

(七)相关图法

相关图又称散布图。这种图可用来分析研究两种数据之间是否存在相关关系。把两种数据列出之后,在坐标纸上确定点的位置,就得到了一张相关图,从点子的散布情况可判别两种数据之间是否有关系。在质量管理中借助相关图进行相关分析,可研究质量结果和原因之间的关系,进一步弄清影响质量特性的主要因素。

相关图的几种基本类型如图 7-10 所示。该图分别表示以下几种关系：

1. 正相关(X 增加，Y 也明显增加)，如图 7-10(a)所示；
2. 弱正相关(X 增加，Y 也略有增加)，如图 7-10(b)所示；
3. 不相关(X 与 Y 没有关系)，如图 7-10(c)所示；
4. 弱负相关(X 增加，Y 略有减少)，如图 7-10(d)所示；
5. 负相关(X 增加，Y 明显减少)，如图 7-10(e)所示；
6. 非线性相关(X 增加到某一范围时，Y 也增加，但超过反而减小)，如图 7-9(f)所示。

从图 7-10(a)和图 7-10(e)两种图形可以判断，X 是质量特性 Y 的重要影响因素，因此，控制好因素 X，就可以把结果 Y 较有效地控制起来。

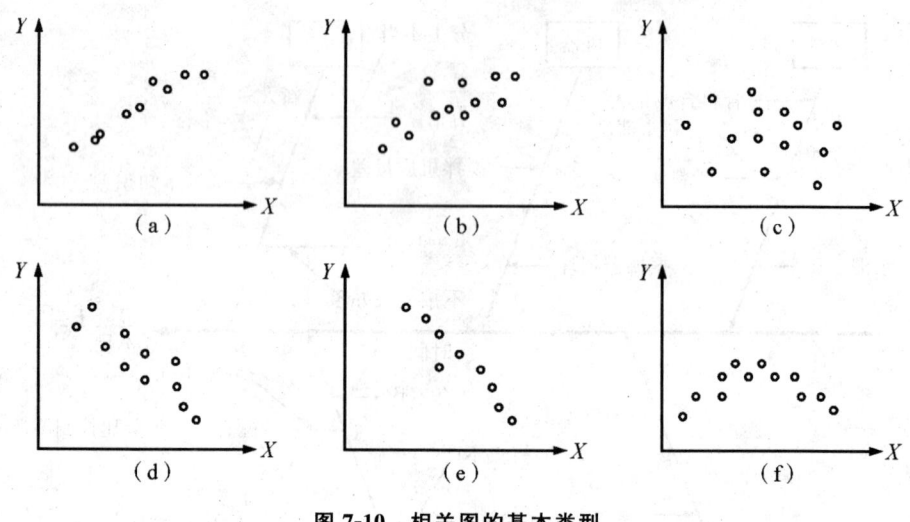

图 7-10　相关图的基本类型

六、项目质量控制的结果

项目质量控制的结果是项目质量控制和质量保证工作所形成的综合结果，是项目质量管理全部工作的综合结果。这种结果的主要内容包括：

(一)项目质量改进

项目质量改进是项目质量控制最主要的成果，即通过项目质量控制带来项目质量的提高，采取措施来提高项目的效率。

(二)验收决定

通过对项目质量进行检验，决定是否接受项目的质量。如果项目质量达到了规定的标准,就做出接受的决定;如果项目质量没有达到标准,则做出拒绝的决定。被拒绝的项目可能需要返工。

（三）返工

返工是指针对在项目质量控制中发现的质量不符合要求的工作采取措施,使它符合质量标准的活动。返工一般是由于质量计划不合理或质量保证不得力,也可能是由于某些意外情况而发生的。返工可能会拖延项目的进度,增加项目的成本,损害项目团队的形象。因此,项目团队应该采取有效的控制措施,避免返工。

（四）项目调整

项目调整是根据项目质量控制中存在的较为严重的质量问题以及项目干系人提出的质量变更要求,对项目的活动采取纠正措施进行调整。比如,一个项目的某项活动存在着严重的质量问题,对整个项目的影响较大,项目团队已经无法满足客户的质量要求,这时就需要与客户协商降低项目的质量标准。项目调整一般是按照整体变更的程序来进行的。

（五）质量检查表的完善

项目质量控制是以质量检查表为依据的,而完善后的质量检查表记录了项目质量控制的有关信息,为下一步的质量控制提供了基础。

第六节 项目质量管理体系

为了开展外部与内部的质量管理活动,项目相关方应该建立各自的质量管理体系并使之有效运行。这无论对保证项目质量还是提高项目质量甚至于提高企业在市场上的竞争能力,都具有非常重要的意义。

ISO 9000:2000 标准管理体系的定义是:建立方针和目标并实现这些目标的体系。质量管理体系是指在质量方面指挥和控制组织的管理体系。这一管理体系是由建立质量方针和目标并实现这些目标的相互关联或相互作用的一组要素所组成的。质量管理体系将影响质量的技术、管理、人员和资源等因素综合在一起,使之为一个共同的目的——在质量方针的指引下,为达到质量目标而互相配合、努力工作。质量管理体系包括硬件和软件两大部分。组织在进行质量管理时,首先根据达到质量目标的需要,准备必要的条件,如人员素质、试验、加工、检测设备的能力等资源,然后,通过设置组织机构,分析确定需要开发的各项质量活动(过程);分配、协调各项活动的职责和接口,通过程序的制订给出从事各项质量活动的工作方法,使各项质量活动能经济、有效、协调地进行,这样组成的有机整体就是组织的质量管理体系。

一般来说，项目的实施总是以组织（企业）为依托。所以，组织（企业）是否建立质量管理体系及建立的质量管理体系能否有效运行，将直接关系到项目质量的保证程度。

一、八项质量管理原则

八项质量管理原则是在总结质量管理实践经验的基础上用高度概括的语言所表达的最基本、最通用的一般规律，可以指导一个组织在长时期内通过关注顾客及其他相关方的需求和期望而达到改进总体业绩的目的，它可以成为组织文化的一个重要组成部分。

（一）以顾客为关注焦点

组织依存于顾客。因此，组织应理解顾客当前的和未来的需求，满足顾客要求并争取超越顾客的期望。

（二）领导作用

领导者建立组织统一的宗旨及方向。他们应当创造并保持员工能充分参与实现组织目标的内部环境。

（三）全员参与

各级人员是组织之本。只有他们的充分参与，才能使他们的才干为组织带来收益。

（四）过程方法

将活动和相关的资源作为过程进行管理，可以更高效地得到期望的结果。

（五）管理的系统方法

将相互关联的过程作为系统加以识别、理解和管理，有助于组织提高实现目标的有效性和和效率。

（六）持续改进

持续改进整体业绩是组织的一个永恒的目标。

（七）基于事实的决策方法

有效决策应建立在数据和信息分析的基础上。

（八）与供方互利的关系

组织与供方是相互依存的，互利的关系可增强双方创造价值的能力。

二、质量管理体系基础

GB/T 19000—2000 标准的第 2 章"质量管理体系基础"中列出了 12 条，包括两大部分内容:一部分是八项质量管理原则具体应用于质量管理体系的说明,另一部分是对其他问题的说明。对其他问题的说明主要包括以下几方面:

(一)质量管理体系要求与产品要求

质量管理体系要求与产品要求是不同的,两者具有不同的性质。GB/T 19000—2000 标准是对质量管理体系的要求。这种要求是通用的,适用于各种行业或经济部门,提供各种类别的产品,包括硬件、软件、服务和流程性材料的各种规模的组织。但是,每个组织为符合质量管理体系标准的要求而采取的措施却是不同的。因此,每个组织要根据自己的具体情况建立质量管理体系。

GB/T 19000—2000 标准并未对产品提出具体的要求。组织应按照标准的 7.2.1 "与产品有关的要求的确定"的要求确定对产品的要求。一般来说,对产品的要求在技术规范、产品标准、过程标准或规范、合同协议以及法律法规中规定。

对每一个组织来说,产品要求与质量管理体系要求缺一不可,不能互相取代,只能相辅相成。

(二)质量管理体系方法

质量管理体系方法是管理系统方法的原则在建立和实施质量管理体系中的具体应用。它包括系统分析、系统工程和系统管理。GB/T 19000—2000 标准列举了建立和实施质量管理体系的八个步骤:

1. 确定顾客和相关方的需求和期望;
2. 建立组织的质量方针和质量目标;
3. 确定实现质量目标必需的过程和职责;
4. 确定和提供实现质量目标必需的资源;
5. 规定测量每个过程的有效性和效率的方法;
6. 应用规定的方法确定每个过程的有效性和效率;
7. 确定防止不合格并消除产生原因的措施;
8. 建立和应用持续改进质量管理体系的过程。

(三)质量方针和质量目标

质量方针是指"由组织的最高管理者正式发布的该组织总的质量宗旨和方向"。质量目标则是指"在质量方面所追求的目的"。

质量方针和质量目标指出了组织在质量方面的方向和追求的目标,使组织的各项质量活动都能围绕该方针和目标进行,使全体员工都关注它的实施和实现。质量方针指出了组织满足顾客要求的意图和策略。而质量目标则是实现这些意图和策略的具体要求。两者都确定了要达到的预期结果,使组织利用其资源实现这些结果。这两者应保持一致,不能互相脱节和偏离。

（四）质量管理体系文件，文件是"信息及其承载媒体"

质量管理体系文件的用途是：满足顾客要求和质量改进；提供适宜的培训；重复性和可追溯性；提供客观证据；评价质量管理体系的有效性，持续改进适宜性。

质量管理体系中使用的文件类型主要有以下几种：

1. 质量手册。质量手册是"规定组织质量管理体系的文件"，它向组织内部和外部提供关于质量管理体系的一致信息。

2. 质量计划。质量计划是"对特定的项目、产品、过程或合同，规定由谁及何时应使用哪些程序和相关资源的文件"。

3. 规范。规范是"阐明要求的文件"。

4. 指南。指南是阐明推荐的方法或建议的文件。

5. 程序、作业指导书和图样。这些是提供如何一致地完成活动和过程的信息的文件。

6. 记录。记录是"阐明所取得的结果或提供所完成活动的证据的文件"。

在质量体系的建立过程中，文件的编制是非常重要的，但编制文件并不是建立质量管理体系的最终目的。质量体系标准所要求的是建立一个形成文件的质量管理体系，并不要求将质量管理体系中所有的过程和活动都形成文件。文件的多少及详略程度取决于活动的复杂性、过程接口的多少、人员的技能水平等因素。文件的目的是使质量管理体系的过程得到有效的运作和实施。

（五）质量管理体系评价

质量管理体系建立并实施后可能会发现不完善或不适应环境变化的情况，因此，需要对质量管理体系的适宜性、充分性和有效性进行系统的、定期的评价。

质量管理体系评价是通过质量管理体系过程评价、质量管理体系审核、质量管理体系评审和自我评定等环节实现的。

（六）统计技术的作用

为了提高质量管理的科学性和有效性，应采用统计技术。统计技术可以对质量变异进行测量、描述、分析、解释并建立数学模型。借助于统计技术，可以更好地理解变异的性质、程度和产生变异的原因，它有助于决策，以便管理者采取措施，解决已出现的问题。

三、质量体系的建立和运行

一个组织在进行质量体系认证前，可能已存在一个质量体系，但这种质量体系不一定符合标准，也不一定具有足够的保证能力。所以，建立质量体系并不意味着将现有体系一律废止,而是改造、更新和完善现有体系,使之符合标准要求。

(一)质量体系的建立

建立质量体系主要包括以下环节:

1. 统一认识及决策。组织的领导层应认真学习有关标准和文件,统一认识,在此基础上进行决策,建立质量体系。

2. 组织落实。成立领导小组或工作委员会,领导质量体系的建立和认证工作;同时组织一个既懂技术又懂管理,有较强分析能力和文字表达能力的技术人员组成的工作组,具体执行质量体系的建立和运行任务。

3. 培训。在组织内部广泛宣传建立质量体系的意义,使全体员工能充分理解这项工作的重要性,并对这项工作予以支持与配合。分别对中层人员及工作组人员、质量控制人员、全体员工进行分层次培训,以提高其素质。

4. 制订工作计划。建立质量体系是一项系统工程,应分步推进。为了使该工作能有条不紊地进行,应编制工作计划。该计划应明确规定各阶段或某项工作的时间进度和内容,并明确各有关部门和人员的协调和配合。

5. 制订质量方针和质量目标。组织应在第一责任人的主持下,由领导层负责制订质量方针和质量目标。

6. 明确过程。过程方法是质量管理原则之一。为了贯彻这一原则,应识别质量管理体系所需要的过程,包括管理活动、资源管理、产品实现和测量等有关过程,并明确这些过程的顺序和相互作用。

7. 质量体系设计。在对本组织现有质量体系进行全面分析研究的基础上,根据 GB/T 19000—2000 标准,对将要建立的质量体系进行统筹规划、系统分析、总体设计。

8. 编制质量体系文件。针对质量体系的具体情况,确定应编制的文件种类,并进行编制。

(二)质量体系的运行

建立质量体系的根本目的是使之有效运行,以达到保证质量和提高组织业绩的目的。

1. 运行准备。运行准备主要包括:正式颁布质量体系文件,进行各职能部门的职责分配,制订运行计划,进行全员培训,建立质量信息系统等。

2. 运行。各部门、全体员工完全按照质量体系的要求开展工作,并建立相应的控制机制。

导入案例七分析

1. 作为监理工程师，在怀疑混凝土强度未达到设计要求后，应要求承包商出示有关混凝土质量的检验与试验资料和其他证明材料。同时，为了准确判断混凝土的质量是否合格，应当在有承包方在场的情况下组织自身检验力量或聘请有权威性的第三方检测机构，或是承包商在监理方的监督下，对第二层主体结构的钢筋混凝土柱，用钻取混凝土芯的方法，钻取试件再分别进行抗压强度试验，取得混凝土强度的数据，进行分析鉴定。

2. 如果这批混凝土结构施工质量存在问题，可能的原因有以下几种：

（1）承包商的原因。承包商所提交的混凝土检验和试验结果不是按照混凝土检验和试验规程及规定在现场抽取试样进行试验的，而是在试验室内，按照设计提出的最优配合比进行配制和制取试件后进行试验的结果。监理单位做了现场见证取样，但未发现有质量问题。

（2）承包商和监理单位的原因。承包商所提交的混凝土检验和试验结果不是按照混凝土检验和试验规程及规定在现场抽取试样进行试验的，而是在试验室内，按照设计提出的最优配合比进行配制和制取试件后进行试验的结果。监理单位也未能按照建设部有关规定实行见证取样，认真、严格地对承包方的混凝土施工和检验工作进行监督、控制，使施工单位的施工质量得不到严格的、及时的控制和发现，以致出现严重的质量问题。

（3）业主的原因。虽然监理方与承包商都按规定对业主提供的材料进行了进货抽样检验，并根据检验结果确认其合格而接受，但业主提供的水泥质量有问题导致混凝土强度不足，而且在业主采购及向承包商提供这批水泥时，均未向监理方咨询或提供有关信息，协助监理方掌握材料质量和信息。

3. 对于第（1）种情况，应采取全部返工重做的处理决定，以保证主体结构的质量，承包方应承担为此所付出的全部费用。对于第（2）种情况，承包方不按合同标准规范与设计要求进行施工和质量检验与试验，应承担工程质量责任，承担返工处理的一切有关费用和工期损失责任。监理单位未能按照建设部有关规定实行见证取样，认真、严格地对承包方的混凝土施工和检验工作进行监督、控制，使施工单位的施工质量得不到严格的、及时的控制和发现，以致出现严重的质量问题，造成重大经济损失和工期拖延，属于严重失误，监理单位应承担不可推卸的间接责任，并应按合同的约定课以罚金。对于第（3）种情况，业主向承包商提供了质量不合格的水泥，导致出现严重的混凝土质量问题，业主应承担其质量责任，承担质量处理的一切费用并给承包商延长工期。监理单位及施工单位都按规定对水泥等材料质量和施工质量进行了抽样检验和试验，不承担质量责任。

本章小结

质量是指一组固有特性满足要求的程度。项目质量的主体是项目。

质量管理是指在质量方面指挥和控制组织的协调活动。它是一个系统过程,包括质量计划、质量保证和质量控制三方面的内容。

项目质量计划是围绕着项目所进行的制订质量目标、策划运行过程、确定相关资源等活动的过程。它依据项目特点、项目质量方针、项目范围陈述、产品描述、标准和规则制订。项目质量计划编制的结果形成项目质量计划、项目质量工作说明和质量检查表三类文档资料,这三类文档资料是质量控制的依据。

质量保证致力于提供质量要求会得到满足的信任。它的目的是确保项目一次性成功。

项目质量保证包括项目内部质量保证和外部质量保证。

项目质量保证的结果主要就是项目质量改进与提高的建议,它能提高项目活动的效率与效果。

项目质量控制贯穿于项目质量管理的全过程,包括事前控制、事中控制和事后控制。项目质量控制与项目质量保证既有联系又有区别。

影响项目质量的因素主要有人、材料、设备、方法和环境等五大方面。对这五方面因素的控制,是保证项目质量的关键。

常见的质量控制的工具和方法有统计分析表法、分层法、直方图法、排列图法、控制图法、因果分析图法和相关图法。

项目质量控制的结果可能是项目质量改进或验收决定或返工或项目调整,也可能是质量检查表的完善。

思考题

1. 名词解释:质量,项目质量,质量管理,项目质量管理,质量计划,质量保证,质量控制,质量管理体系。
2. 简述项目质量计划的依据与项目质量计划编制的结果。
3. 简述项目质量管理的运行过程。
4. 编制项目质量计划的工具和方法有哪些?
5. 简述项目质量保证的依据。
6. 项目质量保证主要包括哪些内容?
7. 常用项目质量保证的工具和方法有哪些?
8. 项目质量控制主要包括哪些内容?

9. 简述项目质量控制步骤。
10. 常用质量控制的工具和方法有哪些?
11. 如何进行直方图的观察与分析?
12. 简述控制图原理及控制图观察分析的方法。
13. 质量管理体系包含哪些内容?
14. 质量管理体系中使用的文件类型有哪些?
15. 质量管理体系如何建立和运行?
16. 某混凝土构件厂在一个时期不良产品较多,需要查一查原因。抽查了1 000块预制板,其中138块板存在不同的质量问题,有关数据见表7-4。试用排列图对造成质量问题的原因进行分析。

表7-4 混凝土预制板检查结果

序号	项目	块数
1	强度不足	78
2	表面蜂窝麻面	30
3	局部有露筋	15
4	端部有裂缝	10
5	折断	5

案例思考

资料:

深圳在建高速公路坍塌

2000年11月27日晚9时45分。深圳东部快速路在建的盐坝高速公路起点高架引桥30至50米长的桥面突然坍塌,共造成19人受伤,其中重伤5人。

经过一个月的调查,"11.27"盐坝高速路高架引桥倒塌事故原因现已查明,支架构造和设计存在缺陷、施工方法和工艺不当等综合因素,是导致盐坝塌桥的罪魁祸首。具体原因主要是:

1. 施工中立杆垂直高度误差偏大,部分扣件未能完全拧紧,同时水平杆件连接未采用搭接方式,削弱了支架整体的定性。

2. 坍塌的第七跨在支架设计中横向未设剪刀撑,纵向虽设置了剪刀撑,但数量不够,造成支架主体稳定性不足。

3. 支架设计中对不利荷载因素及荷载扩大状况认识不足,未采取相应的对策和措施,使支架整体稳定性存在安全隐患。

此外,施工单位、监理部门管理不力,安全质量意识淡,也是这次桥面坍塌事故的重要原因。

问题:

1. 在此案例中如何编制项目质量计划?
2. 项目管理过程中应采取怎样的质量保证措施,来消除和减少质量事故?
3. 结合本例讨论项目质量控制的内容和项目质量控制步骤。

知识转化训练

施工质量监控

训练目标:

分析施工质量问题,熟悉施工质量控制程序及处理方法。

材料:

某监理单位与业主签订了某钢筋混凝土结构商住楼工程项目施工阶段的监理合同,监理工程师例行在现场巡视检查、旁站实施监理工作。在监理过程中,发现以下一些问题。

1. 某层钢筋混凝土墙体,由于绑扎钢筋困难,无法施工,施工单位未通报监理工程师就把墙体钢筋门洞移动了位置。

2. 某层一钢筋混凝土柱,钢筋绑扎已检查、签证,模板经过预检验收,浇筑混凝土过程中发现模板涨模。

3. 某层钢筋混凝土墙体,钢筋绑扎后未经检查验收,即擅自合模封闭,正准备浇筑混凝土。

4. 某段供气地下管道工程,管道铺设完毕后,施工单位通知监理工程师进行检查,但在合同规定时间内,监理工程师未能到现场检查,也未通知施工单位延期检查。施工单位即行将管沟回填覆盖了将近一半。监理工程师发现后认为该隐蔽工程未经检查认可即行覆盖,质量无保证。

5. 施工单位把地下室内防水工程分包给一专业防水施工单位施工,该分包单位未经资质验证认可即进场施工,并已进行了 200 m^2 的防水工程。

6. 某层钢筋骨架正在进行焊接,监理工程师检查发现有 2 人未通过技术资质审查认可。

训练内容:

熟悉发现质量问题的处理程序和处理方法。

训练方法:

个人或团队形式均可。

能力评估:

通过训练,要求每位同学以书面(或现场作答)或团队讨论的形式回答以下问题并形成书面材料,由老师或团队成员按照"训练目标"要求评估每位同学的训练成绩。

1. 发现质量问题应按怎样的程序处理。
2. 以上各项问题应如何处理。

第八章 项目采购管理

学习目的

通过本章学习，了解项目采购的定义和种类，项目采购规划的依据，招标投标的一般程序；理解项目合同变更、转让、解除和终止及合同纠纷的处理；掌握项目采购规划的工具和方法及项目合同的订立与履行。

该招标程序是否妥当

某高校综合实训大楼，投资估算约4 000万元人民币，被列入某市重点建设项目，项目前期审批手续已完成，核准的招标方式为公开招标，设计单位完成的设计图纸内容和深度满足施工要求，招标人委托某招标代理公司代理招标。该招标代理公司着手编制招标方案并按时间先后拟定招标程序如下：

1. 签订委托协议；
2. 编制资格预审文件；
3. 邀请投标单位领取资格预审文件；
4. 编制招标文件；
5. 从招标人提供的专家名单中随机抽取评标专家；
6. 组织对资格预审申请人进行资格审查，并通知其资格审查结果；
7. 向通过资格预审的申请人发售招标文件，同时要求其提交投标报价30%的投标保证金；
8. 分两批组织购买招标文件的潜在投标人进行现场踏勘；
9. 接受投标文件，组织开标会议；

10. 组织评标委员会评标,出具评标报告;
11. 在定标前,与排名第一的中标候选人进行合同价格谈判;
12. 退还未中标人投标保证金;
13. 发出中标通知书;
14. 招标人与中标人签订合同。

问题与思考:
1. 指出上述招标程序的不妥之处,并逐一说明理由。
2. 本案中招标代理机构建议的合同形式是否妥当?请说明理由。

第一节　项目采购管理概述

一、采购与采购管理

(一)采购

项目采购管理中的采购,与一般概念上的商品采购的含义不同,它是指从项目系统外部获得项目所需的货物、土建工程和服务(以下统称产品)的完整的采办过程。其采购的不仅仅是货物,而且还包括雇用承包商来实施土木工程和聘用咨询专家来从事咨询服务,具体包括货物采购、土木工程采购和服务采购等。货物采购是指购买项目建设所需的投入物(如机械、设备、材料等等)及与之相关的服务。土建工程采购是通过招标或其他商定的方式选择工程承包单位及其相关的服务。咨询服务采购主要是指聘请咨询公司或咨询专家从事项目可行性研究、项目设计、项目招投标文件编制、工程监理等服务。货物采购和土木工程采购属于有形采购,服务采购属于无形采购。项目采购对象如图8-1所示。

$$项目采购\begin{cases}有形采购\begin{cases}物料采购\\工程采购\end{cases}\\无形采购——咨询服务采购\end{cases}$$

图8-1　项目采购对象

(二)采购管理

采购管理是指对企业采购过程进行的管理。采购管理和采购是两个不同的概念。采购管理是对整个企业采购活动的计划、组织、指挥、协调和控制活动,是管理活动。它是面向整个企业的，不但面向企业全体采购员，而且也面向企业组织其他人员（进行有采购的协调配合工作）。其使命就是保证整个企业的资源供应；其权力是可以调动整个企业的资源。

相对而言，采购只是指具体的采购业务活动，是作业活动，一般是由采购人员承担的工作，只涉及采购人员个人。其使命是完成采购主管布置的具体采购任务；其权力是只能调动采购主管分配的有限资源。

当然，采购本身也有具体的管理工作，它属于采购管理。采购管理本身，又可以直接管到具体的采购业务的每一个步骤、每一个环节、每一个采购员。可见，采购管理与采购又是有联系的。虽然个人采购、一般家庭采购当中也有管理工作，但那是非常简单的采购管理工作，人们习惯上不把它看成是一种管理工作。因此，在日常生活中也没有采购管理的概念。而一般的集团采购，如企业采购、政府采购、事业单位采购、军队采购等，由于采购量大、品种多、涉及面广，管理工作必不可少，所以都毫不例外地设有采购管理组织机构，而且企业越大，采购管理工作就越重要。

项目的采购管理，是指在整个项目过程中，从外部寻求和采购各种项目所需资源（商品和劳务）的管理过程，也有人译为"项目获得管理"（戚安邦）。项目采购管理的任务，就是确定怎样从项目组织以外采购产品或服务以最好地满足项目的需求。

二、采购管理过程

项目采购管理包括以下过程：

（一）规划采购

规划采购或称采购规划，就是记录项目采购决策、明确采购方法、识别潜在的卖方的过程。其主要作用是确定是否需要外部支持，如果需要，则还要决定采购什么、如何采购、采购多少，以及何时采购。

如果项目需要从执行组织外部取得所需的产品、服务和成果，则每次采购都要经历从规划采购到结束采购的各个过程。

规划采购管理还包括评估潜在卖方，当买方希望对采购决策施加一定影响或控制时，评估潜在卖方尤为重要。

评估与每项自制或外购决策有关的风险，审查拟使用的合同类型以便规避或减少风险，或者向卖方转移风险等也是规划采购管理需要考虑的。

（二）实施采购

实施采购就是获取卖方应答、选取卖方并授以合同的过程。其作用是，通过达成协议,使内部和外部干系人的期望协调一致。

在实施采购过程中,项目团队将会收到投标书或者建议书,并按照事先拟定的选择标准,选择一个或多个有资格履行工作且可接受的卖方。

对于大宗的采购,可以重复进行寻求卖方应答和评价应答的全过程。可根据初步建议书列出一份合格卖方的名单,再要求他们提交更具体、全面的文件,对文件进行更详细的评价。

（三）控制采购

控制采购是管理采购关系,监督合同执行情况,并根据需要实施变更和采取纠正措施的过程。本过程的主要作用是,确保买卖双方履行法律协议,满足采购需求。

在控制采购过程中,需要把适当的项目管理过程应用于合同关系(如授权卖方在适当的时候开始工作并给予指导、检查和核实卖方产品是否符合质量要求、实施项目整体变更和风险控制等),并将其整合进项目的整体管理中。如果项目有多个卖方,涉及多个产品、服务或成果,这些整合就经常需要在多个层次上进行。

在控制采购过程中,还需要进行财务管理,监督向卖方付款;需要根据合同审查和记录卖方当前的绩效或截至当前的绩效水平,以便在必要的时候采取纠正措施;在合同收尾前,经双方共同协商,可以根据协议中的变更控制条款,适时对协议进行修改(通常要有书面记录)。

（四）结束采购

结束采购是完结档次项目采购的过程。其主要作用是,把合同和相关文件归档以备将来参考。

结束采购过程还包括一些行政工作,例如,处理未决索赔、更新记录以反映最后的结果,以及把信息存档供未来使用等。需要针对项目或项目阶段中的每个合同,开展结束采购过程。在多阶段项目中,合同条款可能只适用于项目的某个特定阶段。这种情况下,结束采购过程就只能结束项目该阶段采购。采购结束后,未决争议可能需要进入诉讼程序。

合同提前终止是结束采购的一个特例。合同可由双方协商一致而提前告知,或因一方违约而提前终止,如果合同规定允许的话也可以为买方的便利而提前终止。

三、采购的种类

按照采购方式的不同,可以将采购分为招标采购和非招标采购。如图 8-2 所示。

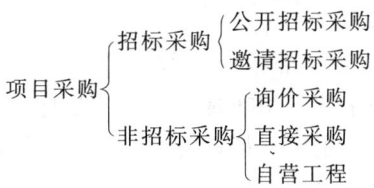

图 8-2 采购按采购方式的分类

（一）招标采购

招标采购是指通过登报、上网、张贴公告、发邀请函等形式招物资或劳务供应商，严格按规定按时投标报价，承揽供应所需采购的物资或劳务，以公开竞价方式选定供应商并签订供货合同的采购方式。通过招标，需要方能够获得更为合理的价格、条件更为优惠的供应。招标采购又可分为无限竞争性的公开招标和有限竞争性的邀请招标。对受客观条件限制和不易形成竞争的项目，还可以采取协商议标。

1. 公开竞争性招标

公开竞争性招标是由招标单位通过报刊、广播、电视等媒体工具发布招标广告，凡对该招标项目感兴趣又符合投标条件的法人，都可以在规定的时间内向招标单位提交意向书，由招标单价进行资格审查，核准后购买招标文件，进行投标。公开竞争招标的方式可以给一切合格的投标者以平等的竞争机会，能够吸引众多的投标者，故称之为无限竞争性招标。

2. 有限竞争性招标

有限竞争性招标又称为邀请招标，或选择招标。有限竞争性招标是由招标单位根据自己积累的资料，或权威的咨询机构提供的信息，选择一些合格的单位，发出邀请，应邀单位（必须有 3 家以上）在规定时间内向招标单位提交投标意向，购买招标文件进行投标。

这种方式的优点是应邀投标者在技术水平、经济实力、信誉等方面具有优势，基本上能保证招标目标顺利完成。其缺点是在邀请时如带有感情色彩，就会使一些更具竞争力的投标单位失去机会。但这种方式比公开招标节省了广告费用和招标的工作量。

招标采购具有以下优点：(1)帮助招标者以最低的价格取得符合要求的物料、工程和服务；(2)符合要求的投标者都有机会在公平竞争的情况下参加投标；(3)公开办理各种手续，可避免贪污贿赂行为。

招标采购的缺点包括：(1)手续较繁琐，耗费时间也较多，不够机动灵活；(2)投标者可能把手续费等附加费用转移到购买的投标项目的价格中去；(3)可能发生抢标、围标等现象。

（二）非招标采购

项目采购绝大多数是通过非招标采购进行的，非招标采购类似于日常工作的采购活动，在现实生活中的应用非常广泛。非招标采购一般适用于单价较低、有固定标准的产品的采购，主要包括询价采购、直接采购、自营工程等。

1. 询价采购

询价采购即比价方式，一般习惯称作"货比三家"。它适用于项目采购时即可直接取得的现货采购，或价值较小，属于标准规格的产品采购。

询价采购是根据几家供应商（至少 3 家）所提供的报价，然后将各个报价进行比较的一种采购方式，其目的是确保价格的竞争性，这种方式无需正式的招标文件，具体做法同一般的对外采购区别不大，只不过是要向几个供应商询价进行比较，最后确定采购的厂家。

2. 直接采购

直接采购是指在特定的采购环境下，不进行竞争而直接签订合同的采购方法，它主要运用于不能或不便进行竞争性招标、竞争性招标优势不存在的情况下。例如，有些货物或服务具有专卖性质，只能从一家制造商或承包商获得；在重新招标时没有一家承包商愿意投标等。

3. 自营工程

自营工程是指由于项目的特殊要求以及成本收益的限制，利用项目自身的人力、物力和财力自己制造或提供所需的产品或服务。

根据项目本身的要求、项目面临的宏观和微观环境的不同，项目采购可以选择的方式多种多样。不同的采购方式又分别运用于不同的项目采购规模、不同的资金来源渠道、不同的采购项目对象的性质和要求。因此，在项目实施过程中，我们就有必要进行适当的选择，以决定采用最适合某项目的采购方式。有时还可能出现在同一项目中同时使用多种不同的采购方式的情况。多种采购方式的合理组合使用，将有助于提高采购效率和质量。

我国《招标投标法》对必须招标采购的项目范围做出了明确规定，即在中华人民共和国境内进行下列工程建设项目，包括项目的勘察、设计、施工、监理以及与工程建设有关的重要设备、材料等的采购，必须采取招标的方式。必须进行招标的项目有：大型基础设施、公用事业等关系社会公共利益、公众安全的项目；全部或部分使用国有资金投资或者国家融资的项目；使用国际组织或国外政府贷款、援助资金的项目。《招标投标法》第 4 条规定：任何单位和个人不得将依法必须进行招标的项目，化整为零或者以其他方式规避招标。《招标投标法》第 49 条，对必须进行招标的项目而不招标的，或将必须进行招标的项目化整为零或者以其他任何方式规避招标应承担的法律责任均做了明确的规定。

采购工作是项目实施中的重要环节,任何项目的实施都离不开采购活动。有效的项目采购管理,不仅可以促进项目的顺利实施和按期完成,而且可以有效地降低项目的成本。采购管理的主要内容包括采购规划的编制、项目招投标和合同管理。

第二节 采购规划

采购规划是整个采购过程中的第一步,包括项目的采购方式、采购的预测成本、时间的安排、各种采购的相互衔接、采购如何与项目的其他方面(如进度计划和业绩报告)相协调等。项目采购规划确定了如何从项目组织的外部获取资源以便最好地满足项目需求。

项目采购规划主要回答了以下六个方面的问题:采购什么,即采购的对象及其品质,这是由资源需求计划和各种资源需求的描述决定的。何时采购,即采购的时点和时期,如果采购过早,会增加库存成本;如果采购过晚,则会由于库存不足而使项目停工待料,采购时点的决定可以采用经济订货点等方法。如何采购,即采购过程中采用的工作方式,是自制还是外购,采用招标采购还是非招标采购,选择何种合同类型等。采购多少,即采购的数量,可以通过经济订货量分析来确定采购数量。从何处采购,即选择适当的供应商作为项目的供应来源,这时要满足两个条件:一是经济性,即在供应来源中选择成本最小的;二是可获得性,供应商必须能够及时提供项目所采购的物料、工程或服务。以何种价格采购,即以适当的价格获得所需资源,项目团队要在资源质量和交货期限的限制条件下,寻找最低的合同价格。

一、采购规划的准备

项目采购是一项很复杂的工作。它不但应遵循一定的采购程序,更重要的是,项目组织及其采购代理人在实施采购前必须清楚地知道所需采购的货物或服务的各种类目、性能规格、质量要求、数量等,必须了解并熟悉国内、国际市场的价格和供求情况,所需货物或服务的供求来源,外汇市场情况,国际贸易支付办法,保险,损失赔偿惯例等有关国内、国际贸易知识和商务方面的情报和知识。上述几个方面,都必须在采购准备及实施采购过程中细致而妥善地做好。稍有不慎,就可能导致采购工作的拖延、采购预算超支、不能采购到满意的或适用的货物或服务,从而造成损失,影响项目的顺利完成。

当然,项目组织不大可能全面掌握所需货物及服务在国际及国内市场上的供求情况和各承包商/供应商的产品性能规格及其价格等信息。这一任务要求项目组织、业主、采购代理机构通力合作来承担。采购代理机构尤其应该重视市场调查和信息,必要时还需要聘用咨询专家来帮助制订采购规划,提供有关信息,直至参与采购的全过程。

二、采购规划的内容

项目采购计划是在考虑了买卖双方之间关系之后,从采购者(买者)的角度来进行的。项目采购规划过程就是识别项目的哪些需要可以从项目组织外部采购产品和设备来得到满足。采购规划应当考虑合同和分包合同(例如,买主经常希望对所有分包决策施加某种程度的影响或控制)。采购规划一般要对下列事项之一做出决策:

(一)通过一家总承包商采购所有或大部分所需要的货物和服务

例如,选择一家设计施工公司来完成一项基本建设设施,选择一家系统集成公司来研制某一电脑软件系统,成立一家合资企业承担一项工程项目。在这种情况下,从询价到合同终止的各个过程都要实施一次。

(二)向多家承包商采购很大部分需用的货物和服务

在这种情况下,从询价直至合同终止的各个采购过程都要在采购进行过程中的某个时候,为每一个采购活动实施一次。这种方法一般都要有订货和采购专家的支持才能进行。

(三)采购小部分需用的货物和服务

这时,从询价直到合同终止的各个采购过程,也要在采购进行过程中的某个时候,为每一采购活动实施一次。这个方法有没有订货和采购咨询专家的帮助都能进行。

(四)不采购货物和设备

这种方法常用于研究和科技开发项目(当实施组织不愿别人得到项目技术信息时)和许多小型的、机构内部的项目(当寻找和管理某种外部来源的费用可能超出潜在的节省时)。这时,从询价到合同终止的各个过程都不必实施。

三、采购规划的依据

(一)范围说明

范围说明书说明了项目目前的界限,提供了在采购规划过程中必须考虑的项目要求和策略的重要资料。随着项目的进展,范围说明书可能需要修改或细化,以反映这些界限的所有变化。范围说明应当包括对项目的描述、定义,以及详细说明需要采购的产品类目的参考图或图表及其他信息。具体包括以下内容:

1. 项目的合理性说明(设计说明书)。解释为什么要进行这一项目。项目存在的合理性风险是买方承担的。

2. 项目可支付成果(执行说明书)。这是一份主要的、属于归纳性的项目清单,其完整、令人满意的交付,标志着项目的完成。项目存在的执行风险由承包商承担。

3. 项目目标(功能说明书)。这是项目成功必须要达到的某些数量标准。项目目标至少必须包括费用、进度和质量标准。项目目标应当有属性、计量单位和数量值。未量化的目标未来会存在很大的风险。

(二)产品说明

目产品(项目最终成果)的说明,提供了有关在采购计划过程中需要考虑的所有技术问题或注意事项的重要材料。

(三)采购活动所需的资源

项目实施组织若没有正式的订货单位,则项目管理班子将自己提供资源和专业知识支持项目的各种采购活动。

(四)市场状况

采购计划过程必须考虑市场上有何种产品可以买到、从何处购买,以及采购的条款和条件是怎样的。

(五)其他计划结果

只要有其他计划结果可供使用(如项目成本初步估算、质量管理计划等等),则在采购计划过程中必须加以考虑。

(六)制约条件和基本假设

由于项目采购存在着诸多变化不定的环境因素,项目实施组织在实施采购过程中,面对变化不定的社会经济环境所做出的一些合理推断,就是基本假设。制约条件和基本假设的存在限制了项目组织的选择范围。

(七)物料清单

物料清单是指产品的具体明细表,是采购部门确定采购计划的最重要的依据,是生产部门安排生产的依据,是计划部门确定物料需求计划的依据。物料清单按所包括内容详细程度的不同分为单级物料清单、多级物料清单和综合物料清单。

（八）干系人登记册

干系人登记册提供了项目参与者及其在项目中的利益的相关信息。

四、采购规划的技术和工具

项目实施组织对需要采购的产品拥有一定的选择权,通常运用以下技术进行选择:

（一）自制或外购分析

利用平衡点分析法进行自制或外购选择决策分析。这是一种普遍采用的管理技术,可以用来确定某种具体的产品是否可由实施组织自己生产出来,而且成本又很节省。

例 8-1 某项目的实施需用甲产品,若自制,单位产品变动成本为 12 元,并需另外增加一台专用设备价值 4 000 元。若外购,购买量大于 3 000 件,购价为 13 元/件;购买量小于 3 000 件,购买价为 14 元/件。试问:该项目组织如何根据用量做出甲产品取得方式的决策?

解:在对此例进行分析时,有三条成本曲线,根据此题的特点,采用平衡点分析法较为便利。

设:x_1 表示用量小于 3 000 件时外购产品的平衡点;
$\quad x_2$ 表示用量大于 3 000 件时外购产品的平衡点;
$\quad x$ 表示产品用量。

则:用量小于 3 000 件时产品外购成本为 $y=14x$;
$\quad$用量大于 3 000 件时外购成本为 $y=13x$;
$\quad$产品自制成本为 $y=12x+4\ 000$。

根据上述成本函数可求:

平衡点 x_1:$12x_1+4\ 000=14x_1 \quad x_1=2\ 000$ 件
平衡点 x_2:$12x_2+4\ 000=13x_2 \quad x_2=4\ 000$ 件

将三条成本曲线及平衡点用图 8-3 表示。

由平衡点分析可知:
1. 当用量在 0~2 000 件时,外购为宜。
2. 当用量在 2 000~3 000 件时,自制为宜。
3. 当用量在 3 000~4 000 件时,外购为宜。
4. 当用量大于 4 000 件时,自制为宜。

自制或外购分析还必须反映项目实施组织的发展前景和项目目前需要的关系。例如,购买一项项目资产(一般为长期资产,如施工设备、个人电脑),从目前

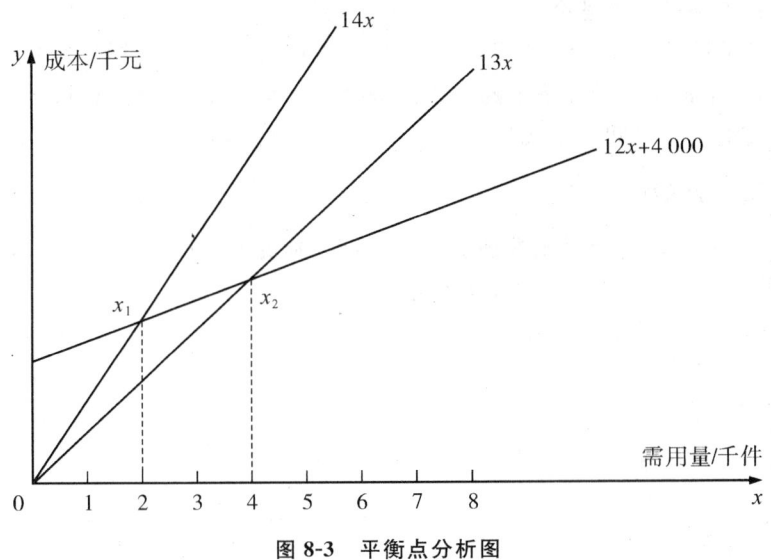

图 8-3 平衡点分析图

成本上看往往不合算。但是,如果项目组织以后还需要使用这项资产,则购买费中分期摊入到该项目损益中的部分可能就会小于每期的资产租赁费用,那么,这种情况下,项目组织应选择购买而不是去租赁设备资产。

(二)短期租赁或长期租赁分析

决定是短期还是长期租赁,通常取决于财务上的考虑。根据项目对某租赁品的预计使用时间,租金大小来分析短期与长期租赁的成本平衡点。

例 8-2　某项目经理部,因施工需要某台特殊设备,若短期租赁该设备,租金按天计算,每天 150 元;也可以长期租用,租金每天 90 元,但必须交纳固定手续费用 6 000 元。应如何选择?

设:在预计租期为 x 天时,长短期租赁费用相等。

则:$150x = 6\,000 + 90x$

$x = 100$

因此,若预计租用设备不超过 100 天,应选择短期租赁;若预计租用设备超过 100 天,应选择长期租赁更经济。

(三)采购专家的介入

采购专家就是具有专门知识或经过训练的单位和个人。咨询公司、行业团体、有发展前景的承包商以及项目实施组织内部的其他单位(专门从事采购的职能部门,例如合同部)可能都具备采购的专业知识。项目组织可以聘请采购专家作为顾问,甚至邀请他们直接参加采购过程。

(四)经济采购批量分析

按照采购管理的目的,需要通过合理的进货批量和进货时间,使存货的总成本最低,这个批量叫做经济采购量或经济批量。有了经济采购量,可以容易地找出最适宜的进货时间。公式如下:

$$Q=\sqrt{2KD/Kc}$$

式中:K 表示每次采购变动成本(差旅费、邮资等),D 表示产品年需用量,Q 表示每次进货批量,Kc 表示单位产品存储成本。

每年最佳采购次数公式:

$$N=\frac{D}{Q}=\sqrt{DKc/2K}$$

最佳订货周期公式:

$$t=\frac{1\text{年}}{N}=\frac{1}{\sqrt{\frac{DKc}{2K}}}$$

例 8-3 某项目每年耗用某种产品 3 600 千克,该产品单位成本 10 元,单位产品存储成本为 2 元,一次采购成本为 25 元。则:

$$Q=\sqrt{2KD/Kc}=\sqrt{\frac{2\times 3\ 600\times 25}{2}}=300\ \text{千克}$$

$$N=\frac{D}{Q}=\frac{3\ 600\ \text{千克}}{300\ \text{千克/次}}=12\ \text{次}$$

$$t=\frac{1\ \text{年}}{N}=\frac{12\ \text{个月}}{12}=1\ \text{个月}$$

即每次订购 300 千克最为经济。

(五)市场调研

市场调研包括考察行业情况和供应商能力。采购团队可以综合考虑从研讨会、在线评论和各种其他渠道得到信息来了解市场情况。采购团队可能也需要考虑有能力提供所需材料或服务的供应商的范围,权衡与之有关的风险,并优化具体的采购目标,以便利用成熟技术。

(六)会议

如果不借助于潜在投标人的信息交流会,仅靠调研,也许还不能获得制定采购决策所需要的明确信息。与潜在投标人合作,有利于供应商开发互惠的产品或方案,从而有利于产品或服务的卖方。

五、采购规划的结果

（一）采购管理计划

采购管理计划应当说明具体的采购过程将如何进行管理。它包括：

1. 应当使用何种类型的合同；
2. 是否需要有独立的估算作为评估标准，由谁负责，以及何时编制这些估算；
3. 项目实施组织是否有采购部门，项目管理组织在采购过程中自己能采取何种行动；
4. 是否需要使用标准的采购文件，从哪里找到这些标准文件。

根据项目的具体要求，采购管理计划可以是正式的，也可以是非正式的；可以非常详细，也可以很粗略。此计划是整体项目计划的补充部分。

5. 采购风险管理事项。
6. 管理多个供应商的具体措施。
7. 如何协调采购工作与项目的其他工作。

（二）工程说明

工程说明也称要求说明，它相当详细地说明了采购项目，以便潜在的承包商确定他们是否能够提供该采购项目的货物或服务。工程说明的详细程度可以视采购项目的性质、买主的要求或者预计的合同形式而异。

工程说明在采购过程中可能被修改和细化。例如，潜在的承包商可能建议使用比原来规定的效率更高的方法或成本更低的产品。每一个单独的采购项目都要求有单独的工程说明。但是，多种产品或服务可以组成一个采购项目，使用一个工程说明。

工程说明应尽可能清晰、完整、简洁，其中包括对所有要求的附属服务的说明（例如，承包商报告及对采购来的设备给予项目完成后的运行支持）。在某些应用领域，对于工程说明的内容和格式已有具体的规定。比如，各种形式的政府订货。

（三）采购文件

采购文件是用于征求潜在卖方的建议书。

采购文件包括采购活动记录、采购预算、招标文件、投标文件、评标标准、评估报告、定标文件、合同文本、验收证明、质疑答复、投诉处理决定及其他有关文件、资料。

采购活动记录至少应当包括下列内容：

1. 采购项目类别、名称；
2. 采购项目预算、资金构成和合同价格；
3. 采购方式，采用公开招标以外的采购方式的，应当载明原因；
4. 邀请和选择供应商的条件及原因；
5. 评标标准及确定中标人的原因；
6. 废标的原因；
7. 采用招标以外采购方式的相应记载。

不同的采购文件可能有多种不同的名称。如，信息邀请函、投标邀请书、建议邀请书、报价邀请书、投标通知、谈判邀请书及卖方初始应答邀请书等。

（四）供方选择标准

供方选择标准通常是采购文件的一部分。制定这些标准是为了对卖方建议书进行评级或打分。标准可以是客观或主观的。如果很容易从许多合格卖方获得采购品，则选择标准可以局限于购买价格。对于较复杂的产品、服务或成果，还需要确定和记录其他的标准，如对需求的理解、总成本、技术能力、风险、管理方法、技术方案、担保、财务实力、市场能力和兴趣、卖方以往的业绩、证明文件、知识产权、所有权等。

除了以上结果外，还需要对自制或外购作出决策，采购决策还可能引起变更请求和对相关文件（如需求文件、风险登记册）进行更新。

第三节 招投标

一、招标投标的含义与特征

（一）招标投标的含义

招标投标是由招标人和投标人经过要约、承诺、择优选定、最终形成协议和合同关系的、平等主体之间的一种交易方式，是"法人"之间达成有偿、具有约束力的法律行为。

招标投标是商品经济发展到一定阶段的产物，是一种最高竞争性的采购方式，能为采购者带来经济、有质量的工程、货物或服务。因此，在政府及公共领域推行招标投标制，有利于节约国有资金，提高采购质量。

（二）招标投标的基本特征

招标投标具有下述基本特征：

1. 平等性。招标投标的平等性，应从商品经济的本质属性来分析。商品经济的基本法则是等价交换。招标投标是独立法人之间的经济活动，按照平等、自愿、互利的原则和规范的程序进行，双方享有同等的权利和义务，受到法律的保护和监督。招标方应为所有投标者提供同等条件，让他们展开公平竞争。

2. 竞争性。招标投标的核心是竞争，按规定每一次招标必须有三家以上投标，这就形成了投标者之间的竞争。他们以各自的实力、信誉、服务、报价等优势，战胜其他的投标者。此外，在招标人与投标者之间也展开了竞争，招标人可以在投标者中间"择优选择"，有选择就有竞争。

3. 开放性。正规的招投标活动，必须在公开发行的报刊上刊登招标公告，打破行业、部门、地区、甚至国别的界限，打破所有制的封锁、干扰和垄断，在最大限度的范围内让所有符合条件的投标者前来投标，进行自由竞争。

招标投标活动应当遵循公开、公平、公正和诚实信用的原则。

二、招标投标的一般程序

招标投标活动一般分为四个阶段：

（一）招标准备阶段

此阶段基本分为八个步骤，即具有招标条件的单位填写招标申请书，报有关部门审批；获准后，组织招标班子和评标委员会；编制招标文件和标底；发布招标公告；审定投标单位；发放招标文件；组织招标会议；接受招标文件。

（二）投标准备阶段

根据招标公告或招标单位的邀请，投标单位选择符合本单位能力的项目，向招标单位提交投标意向，并提供资格证明文件和资料；资格预审通过后，组织投标班子，跟踪投标项目，购买招标文件；参加招标会议；编制投标文件，并在规定时间内报送给招标单位。

（三）开标评标阶段

按照招标公告规定的时间、地点，由招投标方派代表并有公证人在场的情况下，当众开标；招标方对投标者进行资料后审、询标、评标；投标方做好询标解答准备，接受询标质疑，等待评标决标。

（四）决标签约阶段

评标委员会提出评标意见，报送决定单位确定；依据决标内容向中标单位发出《中标通知书》；中标单位在接到通知书后，在规定的期限内与招标单位签订合同。

三、招标流程及说明

招标流程如图8-4所示。

（一）招标工作班子的组建

1. 有项目组织的代表或其委托的代理人参加。

2. 有与项目采购规模相适应的技术、预算、财务和项目管理人员。

3. 有对投标企业进行资格评审的能力。

（二）编制招标文件和标底

1. 招标文件的内容

招标文件是标明招标项目采购数量、规格、要求和招投标双方责权利关系的书面文件。

项目招标，首先要有一份内容明确、考虑细致周密、兼顾招标投标双方权益的招标文件。招标文件的作用，首先是向投标人提供招标信息，以指引承包人根据招标文件提供的资料，进行投标分析与决策；其次，招标文件又是承包商投标和项目组织评标的依据；第三，招标、投标完成后，是项目组织和承包商签订合同的主要组成部分。基于此，各国对招标文件的编制都比较重视。

招标文件的内容和篇幅大小，与项目的规模和类型有关，一般货物采购的招标文件要简单些，工程建设招标的内容要复杂些。招标文件，一般包括以下几个部分：

（1）招标邀请书，投标人须知。

（2）合同的通用条款、专用条款。

（3）项目组织对货物与服务方面的要求一览（表格式）、技术规格（规范）、图纸。

（4）投标书格式、资格审查需要的报表、采购项目清单、报价一览表、规格的响应表、投标保证金格式及其他补充资料表。

（5）双方签署的协议书格式、履约保证金格式、动员预付款保函格式等。

2. 编制标底

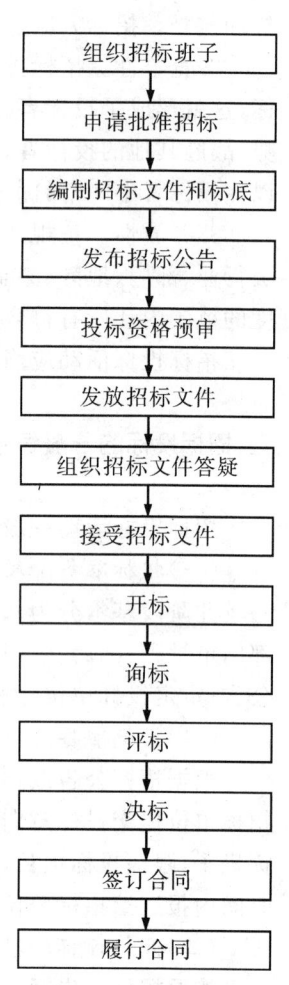

图8-4 招标流程

标底又称底价,是招标单位对招标项目所需费用自我测算的期望值,它是评定投标价的合理性、可行性的重要依据,也是衡量招投标活动经济效果的依据。标底应具有合理性、公正性、真实性和可行性。影响标底的因素很多,在编制时要充分考虑投资项目的规模大小、技术难易、市场条件、时间要求、价格差异、质量等级要求等因素,从全局出发,兼顾国家、项目组织和投标单位三者的利益。标底的构成包括三部分:项目采购成本、投标者合理利润、风险系数。标底直接关系到招标人的经济利益和投标者的中标率,应在合同签订前严加保密。如有泄密情况,应对责任者严肃处理,直到追究其法律责任。

(三)发布招标公告

招标文件编制好后,即可根据既定的招标方式,在主要报刊上刊登招标公告或发出投标邀请通知。

招标公告和投标邀请通知的主要内容包括:项目采购类目、项目资金来源、招标内容和数量、时间要求、发放招标文件的日期和地点、招标文件的价格、投标地点、投标截止日期(必须具体到年、月、日、时)和开标时间(一般与投标截止日只相差1小时至24小时)、招标单位的地址、电话、邮编、电报挂号。

(四)投标者资格预审

资格预审是对申请投标的单位进行事先的资质审查。对合格者方可发放招标文件,这样可以确保招投标活动按预期要求进行。投标者都是有实力、有信誉的法人,通过预审筛选一部分不合格者,也可减少开标、计标工作量。

资格预审的主要内容有:投标者的法人地位、资产财务状况、人员素质、各类技术力量及技术装备状况、企业信誉和业绩等。

(五)文件答疑

标前会议是采购者给所有投标者提供的一次质疑机会。投标人应消化招标文件中提到的各类问题,整理成书面文件,寄往招标单位指定地点要求答复,或在答疑会上要求澄清。采购者在回答问题的同时,展示项目设计的有关资料,供投标单位参考。答疑会上提出的问题和解答的概要情况,记录并作为招标文件的组成部分发给所有投标人。

(六)开标、询标与评标

开标是在招标公告事先确定的时间、地点,召集评标委员会全体成员、所有投标方代表和有关人士,在公证人员的监督下,将密封的投标文件当众启封,公开宣读投标单位名称、投标项目、报价等,并一一记录在案,由招标方法定代表签字认可。

投标文件启封后顺序按递送投标文件的先后次序,顺次逐个进行。开标程序很短,结束后即转入内部评审阶段,由招标工作班子和评标委员会对投标文件进行详细审阅、鉴别。首先进行初步审查,其内容包括:投标文件是否符合招标文件的要求;应该提交的技术资料、证明文件是否齐全;报价的计算是否正确;全部文件是否按规定签名盖章;有否提出招标人无法接受的附加条件;其他需要询问质疑的问题。

经过初步审查,对不符合招标文件的投标文件,按废标处理;对基本符合要求尚需投标者给予澄清的问题,招标工作班子应认真地整理出来,通知投标方进行书面回答,或当面会谈,进行询标质疑,相当于对投标文件进行答辩,国际上称作投标"澄清会议"。

在询标过程中,招标人的质疑、投标方的澄清,均应作书面记录,成为招标、投标文件的补充条款。

评标是件复杂而又重要的工作,评标委员会应该坚持公正态度,按预先确定的评标原则,一视同仁地对待每份合格的投标文件,从技术、交货时间、管理、服务、商务、法律等方面进行分析、评价。对每份投标文件都要写出书面分析资料和评价意见,拟写评价对比表和分析报告,选出 2 到 3 家预中标者的建议,供决标参考。

(七)决标、投标与签约

国际上公开招标通用的决标办法是,只要投标文件是符合要求的,就选择评标价最低者中标。然而,单以报价定标会导致许多风险和后患,影响项目的顺利实施,我国颁布的招投标工作条例中均规定要选出报价低而又合理的投标者中标。

评标委员会在听取招标工作班子口头汇报和分析初审时的评价对比表、分析报告的基础上,获取各种决标依据,评出一个技术合适、标价合理、服务优惠、质量和进度都有保证的最佳投标者为中标人。同时选定第二、第三位中标者作候补,以防第一中标人发生变故,依次顶替。

投标各须知中通常还有一条规定,即下列情况允许招标人拒绝全部投标:投标者少于三家,无竞争性;所有投标文件均未按招标文件要求编制;所有报价均大大偏离标底(一般±20%)。如果发现招标方出于私利,故意拒标,也应追究其经济责任。

评标必须在投标文件有效期内结束,一般规定从开标到确定中标单位间隔时间不超过 30 天,如因故不能在预期时间内完成,需征得各投标者的同意。

授标与签约。投标人向中标人发以书面"中标通知书"称授标。招标单位应在评标委员会确定中标单位后 2 日内发出中标通知书,并在发出通知书之日起 15 日内与中标单位签订合同。合同价等于中标价。中标人如逾期或拒签合同,招标人有权没收其投标保证金,以补偿自己的损失。同时,通知第二中标人前来签约。如因招标单位的责任未能如期签约的,招标单位应双倍退还保证金,并保留中标单位的中标权。

招标项目的合同文本中应包括招标文件、投标文件、双方签字的开标记录、询标记录、来往函电资料。合同经双方法定代表签字、单位盖章后生效。至此招标工作结束,进入履约实施阶段。

在招标谈判之后,招标人一般应进行工作总结。首先是关于整个工作的全面总结,其次是向那些未中标者公平解释其失败的原因,有些投标失败者甚至会提出关于投标的抗议书,因此招标者需要准备一份书面报告来回答他们的问题。

第四节 合同管理

一、合同的含义

合同是平等主体的自然人、法人、其他经济组织(包括中国的和外国的)之间建立、变更、终止民事法律关系的协议。在人们的社会生活中,合同是普遍存在的。在社会主义市场经济中,社会各类经济组织或商品生产经营者之间存在着各种经济往来关系。这些活动是最基本的市场经济活动,它们都需要通过合同来实现和连接,需要用合同来维护当事人的合法权益,维护社会的经济秩序。没有合同,整个社会的生产和生活就不可能有效和正常地进行。

项目合同是指项目业主或其代理人与项目承包人或供应人为完成一确定的项目所指向的目标或规定的内容,明确相互的权利义务关系而达成的协议。

二、项目合同的分类

项目合同的类型按不同的分类方法,其分类也不同。

(一)按签约各方的关系分类

1. 工程总承包合同。项目组织与承包商之间签订的合同,所包含的范围包括项目建设的全过程(包括土建、安装、水、电、空调等)。

2. 工程分包合同。它是承包商将中标工程的一部分内容包给分包商,为此而签订的总承包商与分承包商间的分包合同。允许分包的内容,一般在合同条件中有规定,如菲迪克合同条件就规定"承包商不得将全部工程分包出去……如(工程师)同意分包(指部分分包),也不得免除承包商在合同中承担的任何责任和义务"。

3. 货物购销合同。它是项目组织为从组织外部获得货物而与供应商签订的合同。

4. 转包合同。它是一种承包权的转让。承包商之间签订的转包合同，明确由另一承包商承担原承包商与项目组织签订的合同所规定的权利、义务和风险，而原承包商由转包合同中获取一定的报酬。

5. 劳务分包合同。通常称劳务分包合同为包工不包料合同或叫包清工合同。分包商在合同实施过程中，不承担材料涨价的风险。

6. 劳务合同。指承包商或分承包商雇佣劳务所签订的合同。提供劳务一方不承担任何风险，但也难获得较大的利润。

7. 联合承包合同。指两个或两个以上合作单位之间，以承包人的名义，为共同承担项目的全部工作而签订的合同。

(二) 按合同计价方式分类

1. 固定价或总价合同。这种类型的合同就是把各方面非常明确的产品的总价格固定下来。如果该产品不是各方面都很明确，则买主和卖主将会有风险。买主可能收不到希望的产品，或者卖主可能要支付额外的费用才能提交该产品。固定价合同还可以增加激励措施，以便达到或超过预定的项目目标。

2. 单价合同。付给承包商的报酬按单位服务计算（例如，专业服务每小时70美元或挖方每立方1.08美元），因此该合同的总价值是为完成该项目所需工作量的函数。

3. 成本加酬金合同。这种类型的合同就是向承包商支付（报销）项目的实际成本。成本一般分为直接费（项目直接开支的费用，例如项目人员的薪水）和间接费（由实施组织分摊到该项目上作为经营费用的费用，例如承包商行政人员的工资）。间接费用在计算时一般都取直接费的某个百分比提取。成本加酬金合同经常包括某些激励措施，以便达到或超过某些预定的项目目标。这种承包方式的基本特点是按项目实际发生成本加上商定的管理费和利润来确定项目总价金。

4. 计量估价合同。计量估价合同以承包商提供的劳务数量清单和单价表为计算价金的依据。

(三) 按承包范围分类

1. 交钥匙合同。这种合同有时又叫"统包"或"一揽子"合同，整个项目的设计和实施通常由一个承包商承担，签订一份合同。项目业主只对项目概括地叙述一般情况，提出一般要求，而把项目的可行性研究、勘测、设计、施工、设备采购和安装及竣工后一定时期内的试运行和维护等，全部承包给一个承包商。

2. 设计—采购—施工合同。与交钥匙合同类似,只是承包的范围不包括试生产及生产准备。

3. 设计—采购合同。承包商只负责工程项目设计和材料设备的采购,工程施工由甲方另行委托。该类合同承包商承包的工作范围较窄,业主管理工作量大,需负责设计、采购、施工的协调。

4. 单项合同。如设计合同和施工合同等。设计合同,承包商只承包工程项目设计和实施小的设计技术服务,而大部分工作由业主统一协调控制。施工合同,承包商只能按图施工,无权修改设计方案,承包范围单一。单项合同与项目设计、采购等环节有众多结合部,难以协调。这种设计、施工、分立式项目合同,需要业主有很强的管理能力,同时也增大了承包商项目管理工作的难度。

三、合同类型的选择

合同类型的选择主要依据以下因素:
1. 项目实际成本与项目日常的风险评价。
2. 双方要求合同类型的复杂程度(技术风险评价)。
3. 竞价范围。
4. 成本价格分析。
5. 项目紧急程度(顾客要求)。
6. 项目周期。
7. 承包商(买主)财务系统评价(是否有能力通过合同盈利)。
8. 合作合同(是否允许其他买主介入)。
9. 转包范围的限定。

四、合同的组成文件

(一)合同文件的六个基本部分

1. 总标单。即投标书(按项目组织招标规定的统一格式,写给招标委员会的投标总体认可)。

2. 协议书。双方签字的文件,表明承包商要按照合同、图纸、说明书进行工作并承担责任,业主按照合同要求付款。

3. 合同的一般条件和标准规范。合同的一般条件、标准规范,是所有产品都要遵守的,特殊规范是标准规范的补充。

4. 特殊条件。它是为货物或服务特殊需要所做的规定。

5. 采购项目类目。

6. 附录。它包括前述部分的补充、更改或修正。

(二)合同的主要条款

由于经济交易内容不同,合同的内容就会不同,但各种合同均有共同的基本的条款,缺少这些基本条款,合同的效力或履行就会存在问题。合同的基本条款有:

1. 合同当事人。指签订合同的各方,是合同的权利和义务的主体。当事人是平等主体的自然人、法人或其他经济组织。但对于具体种类的合同,当事人还"应当具有相应的民事权利能力和民事行为能力"。例如,签订建设工程承包合同的承包商,不仅需要工程承包企业的营业执照(民事权利能力),而且还有与该工程的专业类别、规模相应的资质许可证(民事行为能力)。

2. 合同标的。它是当事人双方的权利、义务共指的对象。它可能是实物(如生产资料、生活资料、动产、不动产等),也可能是行为(如工程承包、委托)、服务性工作(如劳务、加工)、智力成果(如专利、商标、专有技术)等。如工程承包合同,其标的是完成工程项目。标的是合同必须具备的条款。无标的或标的不明确,合同是不能成立的,也无法履行。合同标的是合同最本质的特征,通常合同是按照标的来分类的。

3. 标的的数量和质量。标的的数量和质量共同定义标的的具体特征。标的的数量一般以度量衡作为计算单位,以数字作为衡量标的的尺度;标的的质量是指质量标准、功能、技术要求、服务条件等。没有标的数量和质量的定义,合同是无法生效和履行的,发生纠纷也不易分清责任。

4. 合同价款或酬金。合同价款或酬金即取得标的(物品、劳务或服务)的一方向对方支付的代价,作为对方完成合同义务的补偿。合同中应写明价款数量、付款方式和结算程序。

5. 合同期限、履行地点和方式。合同期限是指履行合同的期限,即从合同生效到合同结束的时间。履行地点是指合同标的物所在地,如以承包工程为标的的合同,其履行地点是工程计划文件所规定的工程所在地。由于项目活动都是在一定的时间和空间上进行的,离开具体的时间和空间,项目活动是没有意义的,所以合同中应非常具体地规定合同期限和履行地点。

6. 违约责任。即合同一方或双方因过失不能履行或不能完全履行合同责任而侵犯了另一方权利时所应负的责任。违约责任是合同的关键条款之一。没有规定违约责任,则合同对双方难以形成法律约束力,难以确保圆满地履行,发生争执也难以解决。

7. 解决争执的方法。这些是一般项目合同必须具备的条款,不同类型项目的合同,按需要还可以增加许多其他内容。

五、项目合同的订立

合同的签订过程也就是合同的形成过程、合同的协商过程。合同订立应遵循以下原则,即不能违反法律原则,由合格的法人在协商基础上达成协议原则,公平合理、等价交换原则,诚信原则等。

订立合同的具体方式多种多样,有的是通过口头或者书面往来协商谈判,有的是采取拍卖、招标投标等方式。但不管采取什么具体方式,都必然经过两个步骤,即要约和承诺。合同法规定:"当事人订立合同,采取要约、承诺方式。"

（一）要约

要约在经济活动中又称为发盘、出盘、发价、出价、报价等。

要约是当事人一方向另一方提出订立合同的愿望。提出订立合同建议的当事人被称为"要约人",接受要约的一方被称为"受要约人"。要约的内容必须具体明确,表明只要接受要约人承诺,要约人即接受要约的法律约束力。要约人提出要约是一种法律行为。它在到达受要约人时生效。

在工程招标投标中,承包商的投标书是要约。

（二）承诺

承诺即接受要约,是受要约人同意要约的意思表示。承诺也是一种法律行为,承诺人要按照要约所指定的方式,无条件地完全同意要约（或新要约）的内容。"要约"一经"承诺",就被认为当事人双方已协商一致,达成协议,合同即告成立。

六、项目合同的履行与违约责任

（一）项目合同的履行

项目合同的履行是指合同生效后,当事人双方按照合同约定的标的、数量、质量、价款、履行期限、履行地点和履行方式等完成各自应承担的全部义务的行为。严格履行合同是双方当事人的义务,因此,合同当事人必须共同按计划履行合同,实现合同所要达到的各类预定的目标。

当合同中对有些内容没有约定或约定不明时,双方可以订立补充协议确定。如果不能达成补充协议,根据公平合理的原则,按照如下规定执行:若质量要求不明确,则按照国家标准、行业标准履行;若没有国家标准或行业标准,则按照通常标准或者符合合同目的的特定标准履行。若合同对价款或者报酬规定不明,则应按照订立合同时履行地的市场价格履行;若依法应当执行政府定价或政府指导价,则应按照规定履行。如果合同规定执行政府定价或政府指导价,在合同执行中政府调整价格,则按照交付时的价格计价;若逾期交付标的物,又遇价格上涨,则按照原价格执行;若遇价格下降,则按照新价格执行;对逾期提取标的物或逾期付款的,则作相反的处理。这体现了公平原则,对违约者不利。对履行地点不明确的情况,若合同规定给付货币的,则在接受货币一方所在地履行;若合同规定交付不动产的,则在不动产所在地履行;对其他标的情况,在履行义务一方所在地履行。若履行期限不明确,则债务人可以随时履行,债权人也可以随时要求履行,但应当给对方必要的准备时间。若履行方式不明确,则按照有利于实现合同目的的方式履行。若履行费用的责任不明确,则由履行义务一方负担。

(二)违约责任

违约责任是指合同当事人违反合同约定,不履行义务或者履行义务不符合约定所应承担的责任。违约责任制度是保证当事人履行合同义务的重要措施,有利于促进合同的全面履行。没有违约责任制度,"合同具有法律约束力"便成为空话。

当事人一方不履行合同义务或各履行合同义务不符合约定的,应当承担如下责任:

1. 继续履行合同。违约人应继续履行没尽到的合同义务。
2. 采取补救措施。如质量不符合约定的,可以要求修理款或者报酬等。
3. 支付违约金。合同法规定,当事人可以约定违约金条款。违约金同时具有补偿性和惩罚性。当事人可以约定一方向对方给付定金作为债权的担保。
4. 赔偿损失。违约方在继续履行义务、采取补救措施、支付违约金后,若对方仍有其他损失,则应当赔偿损失。损失的赔偿额应相当于因违约所造成的损失,包括合同履行后可以获得的利润。

因不可抗力导致不能履行合同责任,可以部分或全部免除合同责任;但如果当事人拖延履行合同责任后发生不可抗力,不能免除责任;法律规定和合同约定有免责条件,当发生这些条件时,可以不承担责任。

七、项目合同变更、转让、解除和终止

(一)项目合同变更和转让

1. 合同的变更通常是指由于一定的法律事实而改变合同的内容和标的的法律行为。当事人双方协商一致,就可以变更合同。合同变更应符合合同签订的原则和程序。

2. 债权人可以将合同的权利全部或部分地转让给第三人,但如下情况除外:

(1)根据合同的性质不得转让。
(2)按照当事人的约定不得转让。
(3)按照法律规定不得转让。

债权人转让权利应当通知债务人。未经通知,该转让对债务人不发生效力。

3.合同当事人一方经对方同意,可以将自己的权利和义务转让给第三人。

4.如果当事人一方发生合并或分立,则应由合并或分立后的当事人承担或分别承担履行合同的义务,并享有相应的权利。

(二)项目合同解除

合同的解除是指消灭既存的合同效力的法律行为。主要特征:一是合同当事人必须协商一致,二是合同当事人应承担恢复原状之义务,三是其法律后果是消灭原合同的效力。合同解除有两种情况:

1.协议解除。指当事人双方通过协议解除原合同规定的权利和义务关系。有时是在订立合同时在合同中约定了解除合同的条件,当解除合同的条件成立时,合同就被解除;有时在履行过程中,双方经协商一致同意解除合同。

2.法定解除。合同成立后,没有履行或者没有完全履行以前,当事人一方行使法定解除权而使合同终止。为了防止解除权的滥用,合同法规定了十分严格的条件和程序。有下列情形之一的当事人可以解除合同:

(1)因不可抗力因素致使合同无法履行,或不能实现合同目的。

(2)在履行期满之前,当事人一方明确表示或者以自己的行为表明不履行主要债务。

(3)当事人一方拖延履行主要债务,经催告后在合理期限内仍未履行。

(4)当事人一方迟延履行债务或者有其他违约行为致使不能实现合同目的,致使原签订的合同成为不必要。

(5)法律规定的其他情形。

从上述可见,只有在不履行主要债务,不能实现合同目的,也就是根本违约的情况下,才能依法解除合同。如果只是合同的部分目的不能实现,或者部分违约,如延迟或者部分质量不合格,一方是不能解除合同的,而应当按违约责任来处理,可以要求违约方实际履行、采取补救措施、赔偿损失。

合同解除的程序是,若当事人一方依照规定要求解除合同,应当通知对方,对方有异议的,可以请求人民法院或仲裁机构确认解除合同的效力。如果按法律、行政法规规定解除合同需要办理批准、登记等手续,则应当办理相关的批准、登记等手续。

合同的权利和义务终止,并不影响合同中结算和清理条款的效力。

(三)项目合同的终止

当事人双方依照项目合同的规定,履行其全部义务后,合同即行终止。合同签订以后,是不允许随意终止的。根据我国的现行法律和有关司法实践,合同的法律关系可因下列原因而终止:

1. 合同因履行而终止,合同的履行就意味着合同规定的义务已经完成,权利已经实现,因而合同的法律关系自行消灭。所以履行是实现合同、终止合同的法律关系的最基本的方法,也是合同终止的最通常原因。

2. 当事人双方混同为一人而终止。法律上对权利人和义务人合为一人的现象,称为混同。既然发生合同当事人合并为一人的情况,那么原有的合同已无履行的必要,因而自行终止。

3. 合同因不可抗力的原因而终止。合同不是由于当事人的过错,而是由于不可抗力的原因致使合同义务不能履行的,应当终止合同。

4. 合同因当事人协商同意而终止。当事人双方通过协议而解除或者免除义务人的义务,也是合同终止的方法之一。

5. 仲裁机构裁决或者法院判决终止合同。

八、项目合同纠纷的处理

合同纠纷通常具体表现在,当事人双方对合同规定的义务和权利理解不一致,最终导致对合同的履行或不履行的后果和责任的分担产生争议。合同纠纷的解决通常有如下几个途径:

(一)协商

这是一种最常见的、也是首先采用的解决方法。当事人双方在自愿、互谅的基础上,通过双方谈判达成解决争执的协议。这是解决合同争执的最好方法,具有简单易行、不伤和气的优点。

(二)调解

调解是在第三者(如上级主管部门、合同管理机关等)的参与下,以事实、合同条款和法律为根据,通过对当事人的说服,使合同双方自愿地、公平合理地达成解决协议。如果双方经调解后达成协议,由合同双方和调解人共同签订调解协议书。

(三)仲裁

仲裁是仲裁委员会对合同争执所进行的裁决。我国实行一裁终局制,裁决作出后合同当事人就同一争执若再申请仲裁或向人民法院起诉,则不再予以处理。

仲裁作出裁决后,由仲裁机构制作仲裁裁决书。对仲裁机构的仲裁裁决,当事人应当履行;当事人一方在规定的期限内不履行仲裁机构的仲裁裁决,另一方可以申请法院强制执行。

(四)诉讼

诉讼解决是指司法机关和案件当事人在其他诉讼参与人的配合下为解决案件,依法定诉讼程序所进行的全部活动。基于所要解决的案件的不同性质,可以分为民事诉讼、刑事诉讼和行政诉讼。而在项目合同中一般只包括广义上的民事诉讼(即民事诉讼和经济诉讼)。

项目合同当事人因合同纠纷而提起的诉讼一般由各级法院的经济审判庭受理并判决。根据某些合同的特殊情况,还必须由专业法院进行审理,如铁路运输法院、水上运输法院、森林法院以及海事法院等。

当事人在提起诉讼以前应该充分做好准备,收集有关对方违约的各类证据,进行必要的取证工作,整理双方往来的所有财务凭证、信函、电报等等;同时,向律师咨询或聘请律师处理案件。

当事人在采取诉讼前,应注意诉讼管辖地和诉讼时效问题。

导入案例八分析

1. 上述招标程序的不妥之处及其理由:

(1)邀请投标单位领取资格预审文件不妥

该项目核准的招标方式为公开招标,应在发改委指定的媒介发布招标公告,并公开发售资格预审文件。

(2)从招标人提供的专家名单中抽取评标专家不妥

依法必须进行招标的项目,评标专家应当来自国务院有关部门或省级人民政府有关部门提供的专家名册或者招标代理机构的专家库。

(3)发售招标文件时要求投标人提交投标保证金和要求投标保证金为投标价格的30%均不妥

投标保证金是投标文件的组成,不应强制要求投标人提前提交,投标保证金一般不得超过投标价格的2%,最高不超过80万元。

(4)分别组织投标人现场踏勘不妥

招标人不得分别或者单独组织任何一个投标人进行现场踏勘。

(5)确定中标人前与中标候选人进行合同价格谈判不妥

确定中标人前不得与投标人就投标价格等实质性内容进行谈判。

(6)12—13—14程序不对

按现行法规,正确的程序应当是 13—14—12

2.建议采用固定总价合同妥当

设计图纸齐备且深度满足要求,物价波动幅度小,符合固定总价合同的适用条件。

本章小结

采购是从系统外部获得货物、土建工程和服务(以下统称产品)的完整的采办过程。采购可以分为招标采购和非招标采购。招标采购又可分为无限竞争性的公开招标和有限竞争性的邀请招标。非招标采购又可以分为询价采购、直接采购、定向采购等。

采购工作是项目实施中的重要环节,任何项目的实施都离不开采购活动。采购管理的主要内容包括采购规划的编制、项目招投标和合同管理。

采购规划涉及考虑是否需要采购、如何采购、采购什么、采购多少、何时采购等问题。

范围说明、产品说明、采购活动所需的资源、市场状况、其他计划结果、制约条件和基本假设是制订采购规划必须考虑的因素。

采购规划的结果形成采购管理计划和工程说明。

招标投标是一种最高竞争性的采购方式,能为采购者带来经济、有质量的工程、货物或服务。

平等性、竞争性和开放性是招标投标的基本特征,公开、公平、公正和诚实信用是招标投标活动应当遵循的原则。

招标准备、投标准备、开标评标和决标签约阶段是招投表的四个基本阶段。

合同是保证整个社会的生产和生活有效和正常地进行的法律文件。

项目合同有多种类型,各类型的合同都应包括合同当事人、合同标的、标的的数量和质量、合同价款或酬金、合同期限、履行地点和方式、违约责任及解决争执的方法等主要条款。产生合同纠纷有协商、调解、仲裁和诉讼四种解决方式。

思考题

1. 名词解释:采购,招标投标,合同。
2. 简述项目采购方式的种类。
3. 简述采购规划的内容和依据。
4. 常用采购规划的技术和工具有哪些?

5. 简述招标投标的一般程序。
6. 简述项目合同的分类,合同类型的选择通常要考虑哪些因素?
7. 合同的组成文件有哪些?
8. 简述项目合同的订立。
9. 简述项目合同的履行与违约责任。
10. 某企业生产全年需要甲产品 8 000 件,每次订购费用 200 元,每件产品年储存成本为 200 元,试确定其经济订货量。

案例思考

资料:

洛杉矶大地震灾后重建

1994 年 1 月 17 日凌晨 4 时 31 分,一场 6.8 级地震袭击了洛杉矶市,地震造成了 60 人死亡、数千人受伤以及数百万美元的损失。人们最难忘记的景象是加州境内的一处高速公路桥在地震中从两侧断裂,致使数以百计的汽车纷纷从桥上掉了下来。

地震发生后,加州交通部立即开始了灾后重建工作。州政府首先启动和开发了一套快速重建高速公路的计划。鉴于高速公路的破坏给人们的生活、工作带来太多的不方便,该计划的焦点首先集中在如何调动建筑公司的积极性上,以便使被损坏的公路设施能尽快修复。为此,州政府签署了一道包含特别条款的文件,授权使用成本加特别酬金的合同来鼓励建筑公司。

于是,含有众多优惠条款的合同被用到灾后重建的项目中,特别引人注目的是对项目工期方面的奖励。这种合同规定,如果承包商提前结束工期,又能保证质量,那么,他们将获得 150 000 美元/天的奖励。有一家公司提前 33 天完成了任务,获得 500 万美元的奖励;而另外一个承包商由于大幅度地节省了时间,则挣来了接近 1 500 万美元的奖励。为了使这些合同得到有效执行,州政府将所有的控制手段都交给了承包商,由其承担工程的所有风险。

虽然新闻界对这些建筑公司获得的巨额奖励炒作得沸沸扬扬,但不管怎样,这种合同使所有被损坏的高速公路都在不到一年的时间内得到有效的修复。

问题:
1. 简述项目合同的类型,合同类型的选择通常要考虑哪些因素?
2. 本例中合同类型的选择合理吗? 为什么?
3. 若此项目采用公开招标方式,结合本例讨论招标投标的一般程序。
4. 签订合同时,合同的组成文件有哪些?

知识转化训练

项目合同条款

训练目标：

审阅、分析资料，熟悉工程合同条款和合同签订技巧。

材料：

鑫盛公司(甲方，独立法人单位)拟建造一栋职工住宅，采用招标方式由省第三建筑公司(乙方，独立法人单位)承建。甲乙双方签订的施工合同摘要如下：

一、协议书中的部分条款

1. 工程概况

工程名称：职工住宅楼

工程地点：滨江市7号路中段

工程内容：建筑面积为7 300 m^2 的九层框架结构住宅楼

2. 工程承包范围

滨江建筑设计院设计的施工图所包括的土建、装饰、水暖电工程。

3. 合同工期

开工日期：2012年3月12日

竣工日期：2013年4月16日

合同工期总日历天数：400天(扣除法定节假日12天)

4. 质量标准

工程质量标准：达到甲方规定的质量标准

5. 合同价值

合同总价：三佰陆拾陆万伍仟元人民币(￥3 665 000)

6. 乙方承诺的质量保修

在该项目设计规定的使用年限(50年)内，乙方承担全部保修责任。

7. 甲方承诺的合同价款支付期限与方式

(1)工程预付款：于开工之日支付合同总价的10%作为预付款。

(2)工程进度款：基础工程完成后，支付合同总价的10%；主体结构三层完成后，支付合同总价的20%；主体结构全部封顶后，支付合同总价的20%；工程基本竣工时，支付合同总价的30%。

(3)竣工结算：工程竣工验收后，进行竣工结算。结算时按全部工程造价的3%扣留工程保修金。

8. 合同生效

合同订立时间：2012年3月5日

合同订立地点：滨江市3号路鑫盛公司七楼会议室

本合同双方约定：经双方主管部门批准及公证后生效。

二、专用条款中有关合同价款的条款

合同价款与支付：本合同价款采用固定价格合同方式确定。

合同价款包括的风险范围：

1. 工程变更事件发生导致工程造价增减不超过合同总价的10%。
2. 政策性规定以外的材料价格涨落等因素造成工程成本变化。
3. 风险费用的计算方法：风险费用已包括在合同总价中。

三、补充协议条款

在上述施工合同协议条款签订后，甲乙双方接着又签订了补充施工合同协议条款，摘要如下：

补1：木门窗均用水曲柳板包门窗套。

补2：铝合金窗90系列改用42型系列某铝合金厂产品。

补3：挑阳台均采用42型系列某铝合金厂铝合金窗封闭。

训练内容：

1. 熟悉合同类型及其选择依据。
2. 熟悉合同的主要条款。
3. 熟悉合同实施过程中有关内容变化的处理方式。

训练方法：

个人或团队形式均可。

能力评估：

通过训练，要求每位同学以书面（或现场作答）或团队讨论的形式回答以下问题形并成书面材料，由老师或团队成员按照"训练目标"要求评估每位同学的训练成绩。

1. 该项目合同属于哪种计价方式合同类型？
2. 该合同签订的条款有哪些不妥之处？应如何修改？
3. 对合同中未规定的承包商义务，合同实施过程中又必须进行的工程内容，承包商应如何处理？

第九章
项目风险与变更管理

学习目的

通过本章学习,了解风险、项目风险和项目变更的内容和过程;理解项目风险和变更的产生的原因以及项目风险的类型和特点;理解项目变更管理的重要性,掌握项目常用的项目风险估计和风险控制技术、项目变更的基本原理。重点掌握如何进行风险管理的工作,如何进行风险识别,风险分析的方法,控制风险的途径和处理风险的措施以及项目变更的解决方法。

导入案例九

该项目存在哪些风险

材料:

拓思信息技术服务公司是一家小型信息系统开发、咨询服务企业,该公司承担了海湾小区设计和安装局域网的业务。林扬是该项目的项目经理,项目成员中还有两位 Java 开发员和一位实习生。林扬对项目进行了范围描述。

1. 项目目标:在一个月内为某小区设计和安装一种局域网,预算不超过 10 万元。

2. 可交付物:20 个工作站,奔Ⅳ处理器服务器,两套惠普激光打印机,Windows NT 服务器和工作站操作系统,对客户方面人员 10 小时的介绍性培训,对客户网络管理员 20 小时的培训,完全可操作的 LAN 系统。

3. 项目工期及里程碑事件:项目工期一个月,2013 年 7 月 15 日至 8 月 15 日

7 月 15 日　项目启动

7 月 16 日　硬件完成

7月19日　设定用户优先级和授权
7月24日　完成内部整体网络检验
7月25日　客户地点检验
8月15日　完成培训

4. 技术要求：工作站配置为：19英寸监视器、奔腾Ⅳ处理器、256MBRAM、4MBSVAG、32X CD-ROM、zip驱动器、以太网卡、4G硬盘。

PCI64以太网LAN界面卡以及以太网联接系统必须支持Windows NT平台，兼容Y2K。

问题与思考：

请运用头脑风暴法思考与项目相关的可能风险。

第一节　项目风险管理概述

风险管理起源于第一次世界大战中战败的德国，20世纪30年代在美国兴起，50年代以来发展成为一门独立的学科。由于任何项目都存在着不能达到预期效果的风险，为了使项目能够成功地、顺利地完成，对项目进行风险管理就显得十分必要。

一、风险与项目风险

（一）风险

1. 风险的含义

由于风险存在于自然科学、政治、军事以及经济生活诸多方面，因此，人们至今还未能给风险一个统一的定义。现代汉语字典把风险定义为"可能发生的危险"，韦伯字典中将风险定义为"遭到伤害或损失的可能性"。美国Cooper D. F和Chapman C. B在《大项目风险分析》一书中给出了较权威的定义："风险是由于从事某项特定活动过程中存在的不确定性而产生的经济或财务的损失，自然破坏或损伤的可能性。"在美国防部（DOD）文件中，风险则定义为可能危及计划或工程项目的潜在问题，用问题发生的可能性及其后果（经度量或评估）的综合影响来度量。所以，"风险"归纳起来主要有两种意见，主观说认为，风险是损失的不确定性；客观说认为，风险是给定情况下一定时期可能发生的各种结果间的差异，它的两个基本特征是不确定性和损失。

一般风险管理的理论认为，风险是指由于当事者不能预见或控制某事物的一些影响因素,使得事物的最终结果与当事者的期望产生较大的背离,从而使当事者蒙受损失的可能性。风险的主要原因是信息的不完备性,即当事者对事物有关影响因素与未来发展变化情况缺乏足够的、准确的信息。

因此我们这样定义风险:风险是指在某一特定环境下,在某一特定时间段内,某种损失发生的可能性。风险由风险因素、风险事故和风险损失等要素组成。

对于风险,要同时考虑如下两个方面:

(1)受害程度或损失大小。有无风险在很大程度上决定于可能造成多大的损失。

(2)造成某种损失或损害的难易程度。损害发生的难易性一般是用某种损害发生的概率大小来描述的。

考虑到上述两个方面的问题,可以用下面象征性的式子来表示风险:

$$Risk = Uncertainty \times Damage$$
（风险）（不可靠性）　（损害）

2. 风险的基本特征

(1)客观性:无处不在,无时不在。

(2)潜在性:风险往往不显露外表面,风险是对事物发展未来状况的看法。时间是形成风险的基本因素之一。

(3)相对性:风险和不确定性在很大程度上都受到经济主体对相关信息掌握的影响。信息是影响风险的重要因素之一。

(4)损失性:风险使得事物发展的未来状况必然包含不利状况的成分,如损失或低于期望的回报。损失也是风险的基本因素之一。

(5)随机性:风险产生的根源在于事物发展未来状况所具有的不确定性。不确定性也是形成风险的基本因素之一。

(6)可测性:某一具体投资项目产生损失的可能性是符合一定统计规律的,可通过概率来表示这种可能性的大小;损失最大值是可以事先测定的。

(二)项目风险

1. 项目风险的定义

一般认为,项目风险是指由于项目所处环境和条件本身的不确定性,和项目业主/客户、项目组织或项目其他相关利益者主观上不能准确预见或控制的影响因素,使项目的最终结果与当事者的期望产生背离,从而给当事者带来损失的可能性。形成项目风险的根本原因是人们对于项目未来发展与变化的认识和应对等方面出现了问题。

根据风险理论,项目风险定义为:在项目整个寿命周期内发生的、对项目目标(工期、成本和质量)的实现和运营可能产生干扰的不确定性影响,或可能导致项目受到损失或损害的事件。

项目开发是一项可能损失的活动,不管开发过程如何进行,都有可能超出预算或时间延迟。项目开发的方式不一定能保证开发工作一定成功,都要冒一定的风险,因而需要进行项目风险分析。在进行项目风险分析时,重要的是要量化不确定的程度和每个风险相当的损失程度,为了实现这一点,就必须要考虑以下问题:由于项目是一种一次性、独特性和不确定性较高的工作,所以存在着很大的风险性,因此必须积极地开展项目风险管理。

2. 项目风险的特点

(1)项目风险具有客观性和普遍性。风险不以人的意志为转移并超越人们的主观意识,而且在项目的全寿命周期内风险是无处不在、无时不有的。

(2)项目中任一具体风险的发生都有其偶然性,而大量风险的发生有其必然性。任一具体风险的发生都是诸多风险因素和其他因素共同作用的结果,是一种随机现象,是偶然的、杂乱无章的。但对大量风险事故资料进行观察和统计分析,就可以发现,大量风险呈现出明显的运动规律,可以用概率统计方法及其他现代风险分析方法来计算其发生的概率和损失程度。

(3)项目风险具有可变性。在项目的整个寿命周期中,随着项目的进行,有些风险会得到控制,有些风险会发生并得到处理,同时在项目的每一阶段都可能产生新的风险,尤其是在大型项目中,由于风险因素众多,风险的可变性更加明显。

(4)项目风险具有多样性和多层次性。大型项目周期长、规模大、涉及范围广、风险因素数量多且种类繁杂,致使大型项目在全寿命周期内面临的风险多种多样;而且大量风险因素之间的内在关系错综复杂,各风险因素之间与外界因素交叉影响又使风险显示出多层次性。

3. 项目风险的分类

一般而言,可从不同的角度、不同的标准对项目风险进行如下划分:

(1)根据项目投资者对风险的认识不同,可以分为主观风险和客观风险。主观风险是投资者个人心理对风险的判断和估价;客观风险独立于人的主观意识之外,是用科学的方法或客观尺度来衡量的。

(2)根据风险的后果不同,可以分为纯粹风险和投机风险。纯粹风险是指只有损失的可能性或没有损失的可能性,可能造成的社会损失。投机风险按照损失性质分为三种:①没有损失;②损失;③获利。

(3)按风险发生的范围不同,可以分为个体风险和总体风险。个体风险存在于个人、家庭或企业;总体风险存在于政府或跨国公司。

(4)根据风险后果的承担者不同,可以分为由业主、政府、承包商、投(融)资方、勘察设计单位、工程师(监理)单位、咨询评估机构、分包方及供应商、担保方和保险公司等分别承担的风险。

(5)依据风险来源的不同,可以分为以下几类:政治风险、社会风险、经济风险、自然风险、技术风险、管理风险。如图9-1所示。

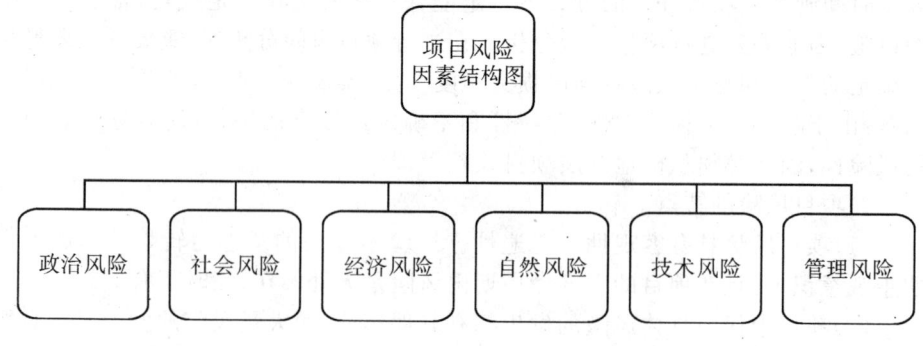

图9-1 项目风险因素结构图

①政治因素风险。主要是指项目所处的宏观环境的局势稳定性,项目建设和运营所受到的法律法规的约束和政策性调控影响,以及有关项目的审核批准过程中存在的各种不确定性问题。如图9-2所示。

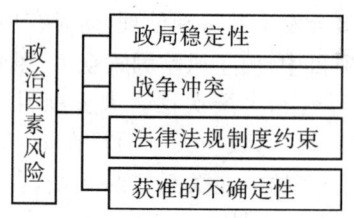

图9-2 政治因素风险

②社会因素风险。主要是指项目所在地区的技术经济发展水平,以及对项目的支持配合力度、协作化程度。同时,还有地区的社会治安状况。如图9-3所示。

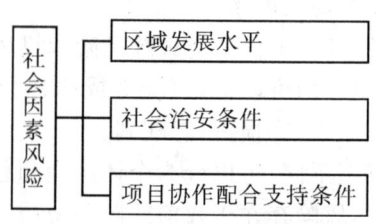

图9-3 社会因素风险

③经济因素风险。经济因素在项目的全寿命周期内长期存在,影响频率高,交叉作用多见,原因较为复杂。主要有合同风险(如合同的结构设计、合同履约与变更问题、争议与索赔、合同的条款确定等)、建设成本风险(包括项目建设成本的融资问题、财务问题、利率与汇率波动、通货膨胀和物价波动问题等)、项目的竣工风险(指项目的进度计划和竣工时间的不确定性)、税收政策的风险(指项目在建设期和运营期内税负和税率、税种变化的不确定性)。如图9-4所示。

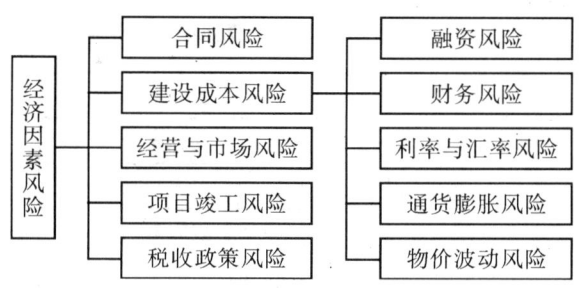

图9-4 经济因素风险

④自然因素风险。自然界气候的变化、灾害的发生和项目厂址选择经常遇到的不良地质条件等不确定性因素,是每个项目都无法避免的。如图9-5所示。

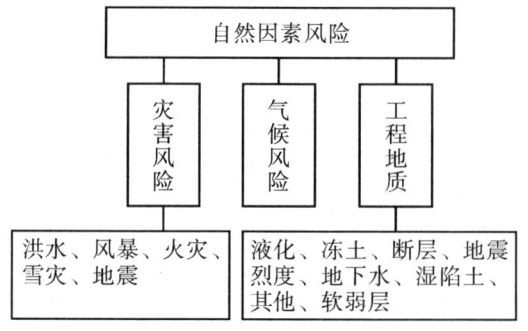

图9-5 自然因素风险

⑤技术因素风险。技术风险大多属于人为的风险。受知识水平所限,人们在进行预测、决策、评估和各种技术方案的选择制订时必然产生相应的不确定性。如图9-6所示。

⑥管理因素风险。项目由于管理原因而产生的安全、质量、责任事故影响恶劣,且损失巨大,其中多数是因管理组织方式的建立、管理制度的制订出现问题或是因疏于对人员的管理教育而产生的道德行为风险和职业责任风险。如图9-7所示。

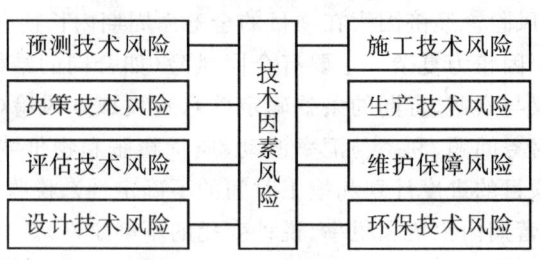

图 9-6 技术因素风险

管理因素风险	组织方式因素
	管理制度因素
	安全事故因素
	质量事故因素
	道德行为因素
	管理措施因素
	职业责任因素

图 9-7 管理因素风险

二、项目风险管理过程

项目风险管理包括规划风险管理、识别风险、分析风险（包括定性风险分析和定量风险分析）、规划风险应对和监控风险等环节。项目风险管理的目标在于提高项目中积极事件的概率和影响，降低项目中消极事件的概率和影响。

（一）规划风险管理

定义如何实施项目风险管理活动的过程，明确如何对待风险。本过程的主要作用是，确保风险管理的程度、类型和可见度与风险及项目对组织的重要性相匹配。通过制订和实施项目风险管理计划以促进与所有干系人的沟通，从而获得他们的同意和支持，确保风险管理过程在整个项目生命周期中的有效实施。

（二）识别风险

判断哪些风险会影响项目并记录其特征的过程，其主要作用是将已有的风险进行文档化，并为项目团队预测未来事件积累知识和技能。

（三）分析风险

首先，实施定性风险分析，评估并综合分析风险的发生概率和影响，对风险进行优先排序，从而为后续分析或行动提供基础。其主要作用是，使项目经理能够降低项目的不确定性级别,并重点关注高优先级的风险。其次,实施定量风险分析,就已识别风险对项目整体目标的影响进行定量分析,揭开风险的真相。其作用是,产生量化风险信息,以支持决策制定,降低项目的不确定性。

(四)规划风险应对

针对项目目标,制订提高机会、降低威胁的方案和措施的过程。主要作用是,根据风险优先级来制定应对措施,并把风险应对所需的资源和活动加进项目管理的预算、进度计划和项目管理计划中。

(五)监控风险

在整个项目中,实施风险应对计划、跟踪已识别风险、监测残余风险、识别新风险和评估风险过程有效性。主要作用是,在整个项目生命周期中提高应对风险的效率,不断优化分析应对,让风险在可控范围之内。

三、规划风险管理

规划风险管理对保证项目成功来说非常重要,其重要性主要表现在为风险管理活动安排充足的资源和时间,并为评估风险奠定一个共同认可的基础。

(一)规划风险管理的依据

1. 项目范围说明书

项目范围说明书可以说是规划风险管理的基础,它能让项目干系人清楚地了解与项目及其可交付成果有关的各种可能性,并建立一个框架,以便人们了解最终可能需要多大程度的风险管理。

2. 项目成本管理计划和进度管理计划

项目成本管理计划和进度管理计划中规定了在遇到风险时,项目团队应该如何核定、报告成本信息和进度,以及采取何种应急措施应对成本或进度的变更。

3. 沟通管理计划

沟通管理计划中包含了项目中的各种互动关系,它可以明确由谁在何时何地来共享关于各种风险及其应对措施的信息。

4. 事业环境因素

组织对风险的态度和承受力直接影响规划风险管理过程,它们代表组织愿意和能够承受的风险的程度。

5. 组织过程资产

通常情况下组织过程资产都对规划风险管理过程产生正面的影响,它们包括风险描述的方法流程、标准格式模板、经验教训等。

（二）规划风险管理的工具和技术

1. 专家判断

为了编制全面的风险管理计划，应该征求哪些具备特定培训或专业知识的小组和个人的意见，如高层管理者、项目干系人、曾在相同领域项目上工作过的项目经理、特定业务或项目领域的知名专家、行业团体和顾问及专业行业协会等。

2. 分析技术

分析技术用来理解和定义项目的总体风险管理环境。风险管理环境是基于项目总体情况的干系人风险态度和项目战略风险敞口的组合。例如，可以通过对干系人风险资料分析，确定干系人的风险偏好和承受力的等级与性质。其他技术，如战略风险计分表，用来基于项目总体情况概要地评估项目的风险敞口。基于这些评估，项目团队可以调配合适资源并关注风险管理活动。

3. 会议

项目团队可能通过举行规划会议的方式来制订风险管理计划。参会人员可能包括项目经理、项目发起人、选定的项目团队成员、选定的项目干系人、风险规划或执行负责人，以及其他必要的人员。

（三）规划风险管理的成果

规划进度管理的结果形成风险管理计划。风险管理计划是项目管理计划的组成部分，描述将如何安排和实施风险管理活动。

项目风险管理计划就是制定风险识别、风险分析、风险减缓策略，确定风险管理的职责，为项目的风险管理提供完整的行动纲领。

项目风险管理计划包括以下内容：

1. 方法

确定可能采用的风险管理方法、工具和数据信息来源。针对项目的不同阶段、不同局部、不同的评估情况，可以灵活采用不同的方法策略。

2. 岗位职责

确定风险管理活动中每一类别行动的具体领导者、支持者及行动小组成员，明确各自的岗位职责。

3. 时间

明确在整个项目的生命周期中实施风险管理的周期或频率，包括对于风险管理过程各个运行阶段、过程进行评价，控制和修正的时间点或周期。

4. 预算

确定用于项目风险管理的预算，并将其纳入成本基准，制订应急储备和管理储备的使用方案。

5. 评分与说明

明确定义风险分析的评分标准并加以准确的说明,有利于保证执行过程的连续性和决策的及时性。

6. 承受度

明确对于何种风险将由谁以何种方式采取何种应对行动。作为计划有效性的衡量基准,可以避免项目相关各方对计划理解的歧义。

7. 报告格式

明确风险管理各流程中应报告和沟通的内容、范围、渠道和方式,使项目团队内部、与上级主管和投资方之间,以及与协作方之间的信息沟通顺畅、及时、准确。

8. 跟踪

为了有效地对当前项目进行管理、监察、审计,以及积累经验、吸取教训,应该将风险及对其采取的管理行为的方方面面都记录下来,归档留存。记录应该遵照统一规定的文档格式和要求。

四、项目风险的识别

(一)项目风险识别的含义

项目风险识别是项目风险管理的基础和重要组成部分,是项目管理者在收集资料、调查研究后,运用各种方法,系统而全面地识别出影响建设工程项目实现的潜在的及存在的风险,并加以适当的判断、归类及鉴定风险性质的过程,是工程项目管理者识别风险来源、确定风险发生条件、描述风险特征并评价风险影响的过程。

项目风险识别的目的包括:识别出可能对项目实施有影响的风险因素、性质以及风险产生的条件,并据此衡量风险的大小;记录具体风险的各方面特征,并提供最适当的风险管理对策;识别风险可能引起的后果。风险识别包括识别内在风险及外在风险。内在风险是指项目工作组能加以控制和影响的风险,如人事任免和成本估计等。外在风险是指超出项目工作组控制力和影响力之外的风险,如市场转向或政府行为等。严格来说,风险仅仅指遭受创伤和损失的可能性;但对项目而言,风险识别还牵涉机会选择(积极成本)和不利因素威胁(消极结果)。

风险管理的基础和前提是进行风险识别。风险的识别就是对存在于项目中的各种风险根源或是不确定性因素按其产生的背景原因、表现特点和预期后果进行定义、识别,对所有的风险因素进行科学的分类,以便采取不同的分析方法进行评估,并依此制订出对应的风险管理计划方案和措施,付诸实施。

风险识别包含两方面内容：识别哪些风险可能影响项目进展，记录具体风险的各方面特征。风险识别不是一次性行为，而应有规律地贯穿整个项目中。

项目风险识别应凭借对"因"和"果"（将会发生什么、导致什么）的认定来实现，或通过对"果"和"因"（什么样的结果需要予以避免或促使其发生，以及怎样发生）的认定来完成。

（二）项目风险识别的依据

1. 成果说明

成果说明是进行项目风险识别的主要依据，因为项目风险识别的最终目的是确定项目是否能够在规定的时间、规定的预算内，按照要求的质量，最终产生项目的可交付成果。所以，项目风险识别就要根据成果说明来确定可能影响项目目标实现的各种风险。

2. 历史资料

以前类似项目实际发生风险的历史资料，为识别现有项目的风险提供了非常重要的依据和参考。一般来说，项目的历史资料来源于历史项目的各种原始记录、公用数据库、项目团队成员的经验等。

如在项目的进展中，项目风险的来源遍及项目管理的所有知识领域，如表9-1所示。

表 9-1　项目风险的来源分布

知识领域	可能出现的风险
范围管理	目标不明确、范围不清、工作不全面、范围控制不恰当。
进度管理	错误估算时间、浮动时间的管理失误、进度安排不合理。
成本管理	成本估算错误、资源短缺、成本预算不合理。
质量管理	设计、材料和工艺不符合标准，质量控制不当。
采购管理	没有实施的条件或合同条款、物料的单价变高。
风险管理	忽略了风险、风险评估错误、风险管理不完善。
沟通和冲突管理	沟通计划编制不合理、缺乏与重要干系人的协商、冲突管理不完善
人力资源管理	项目组织责任不明确、没有高层管理者支持。
整体管理	整体计划不合理，进度、成本、质量的协调不当。

3. 项目计划的信息

项目计划信息包括项目目标、任务、范围、进度、质量、造价、资源等；计划中的各种假设条件和约束条件；项目不同参与者的相关利益以及对项目目标的期望值等。在项目风险识别过程中，要针对各项项目计划中包含的风险进行识别。

如:项目进度计划的信息是分析项目质量的重要依据,如果项目的进度过快,就可能保证不了项目的质量。

4. 项目风险的种类

项目风险的种类为风险识别提供了一个总括的框架。项目风险按风险的性质、来源及形态等分类,主要包括以下几种风险:项目技术风险、项目质量风险、项目组织风险、项目财务风险。

5. 制约因素和假设条件

当项目的制约因素发生变化或假设条件不成立时,就很可能成为项目新的风险源。

6. 风险管理计划

风险管理计划包括规划和设计如何进行项目风险管理活动过程,界定项目组织及成员风险管理的行动方案,决定适当的风险管理方法。

(三)项目风险识别的方法

1. 头脑风暴法

头脑风暴法是最常用的风险识别方法。该种方法借助于专家的经验,从而获得一份该项目的风险清单,以备在将来的风险评估过程中进一步加以分析。头脑风暴法的优点是:善于发挥相关专家和分析人员的创造性思维,从而对风险源进行全面的识别,并根据一定的标准对风险进行分类。

2. 德尔菲法

德尔菲法是以匿名的方式邀请相关专家就项目风险这一主题达成一致的意见。该方法的特点是:将专家最初达成的意见再反馈给专家,以便进行进一步的讨论,从而在主要的项目风险上达成一致的意见。由此可见,该方法的优点是:有助于减少数据方面的偏见,并避免由于个人因素对项目风险识别的结果产生不良的影响。

3. 风险检查表

风险检查表是从以往类似项目和其他信息途径收集到的风险经验的列表,通过查找此表可以简便快捷地识别风险。其缺点是永远不可能编制一个详尽的风险检查表,而且管理者可能被检查表所局限,不能识别出该表未列出的风险,因此其应用范围有一定的局限性。这种方法一般在项目初期使用,以便提早减少危险因素的存在。

4. 流程图

流程图提供了项目的工作流程以及各活动之间的相互关系。通过对项目的流程进行分析,可以发现项目风险发生在哪项活动中以及项目风险对各项活动可能造成的影响。

流程图法首先要建立一个项目的总流程图与各分流程图,以此来分析项目实施的全部活动。流程图可以用网络图来表示,也可以用工作分解结构图来表示。图9-8显示了某项目的简单流程,它存在以下的潜在风险损失:

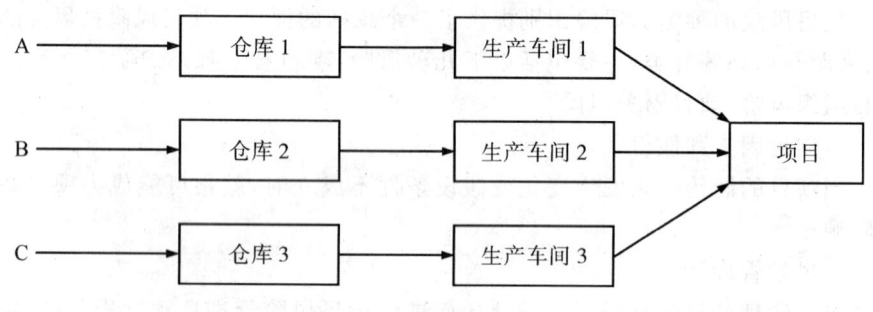

图 9-8　某项目流程图

(1)财产损失。如供应商在送货途中的运输损失、存储中的货物损耗造成的损失,以及在产品与产成品的自然和人为损坏。

(2)责任损失。如由于残次品损害客户利益而导致的赔偿责任,由于产品不符合要求招致的罚款责任,由于施工不合格导致返工所带来的损失。

(3)人员损失。如由于采购人员的流失致使企业遭受的损失。

5. 系统分解法

系统分解法是一种将复杂的项目风险分解成比较容易识别的风险子系统,从而识别各个子系统风险的方法。比如在投资建造一个食品厂的项目中,可以根据项目风险的特征,将项目风险分解为市场风险、经营风险、环境污染风险、技术风险以及资源供应风险等;然后再将这些风险进一步分解,如市场风险可以分解为竞争风险、价格风险和替代风险等。

6. 情景分析法

情景分析法就是通过对项目未来某种状况的详细描述和分析,找出各种引发风险的关键因素及其影响程度。情景分析法的程序如下:

(1)描述项目的状态;

(2)确定项目某种因素的变动对项目的影响;

(3)预测哪些风险会发生;

(4)确定上述风险发生的后果。

7. 初始清单法

建立建设工程的初始风险清单有两种途径:常规途径是采用保险公司或风险管理学会(或协会)公布的潜在损失一览表,即任何企业或工程都可能发生的所有损失一览表。

通过适当的风险分解方式来识别风险是建立建设工程初始风险清单的有效途径。对于大型、复杂的建设工程，首先将其按单项工程、单位工程分解，再对各单项工程、单位工程分别从时间维、目标维和因素维进行分解，可以较容易地识别出建设工程主要的、常见的风险。从初始风险清单的作用来看，因素维仅分解到各种不同的风险因素是不够的，还应进一步将各风险因素分解到风险事件。

参照同类建设项目风险的经验数据（若无现成的资料，则要多方收集）或针对具体建设工程的特点进行风险调查。

8. 经验数据法

经验数据法也称为统计资料法，即根据已建各类建设工程与风险有关的统计资料来识别拟建建设工程的风险。由于这些不同的风险管理主体的角度不同，数据或资料来源不同，其各自的初始风险清单一般多少有些差异。但是，建设项目风险本身是客观事实，有客观的规律性，当经验数据或统计资料足够多时，这种差异性就会大大减小。这种基于经验数据或统计资料的初始风险清单可以满足对建设项目风险识别的需要。

9. 风险调查法

风险调查应当从分析具体项目的特点入手，一方面对通过其他方法已识别出的风险（如初始风险清单所列出的风险）进行鉴别和确认，另一方面，通过风险调查，有可能发现此前尚未识别出的重要的项目风险。通常，风险调查可以从组织、技术、自然及环境、经济、合同等方面分析项目的特点以及相应的潜在风险。风险调查并不是一次性的。由于风险管理是一个系统的、完整的循环过程，因而风险调查也应该在项目实施全过程中不断地进行，这样才能了解不断变化的条件对项目风险状态的影响。当然，随着工程实施的进展，不确定性因素越来越少，风险调查的内容亦将相应减少，风险调查的重点有可能不同。

对于建设项目的风险识别来说，仅仅采用一种风险识别方法是远远不够的，一般都应综合采用两种或多种风险识别方法，才能取得较为满意的结果。而且，不论采用何种风险识别方法组合，都必须包含风险调查法。

（四）项目风险识别的结果

项目风险识别的结果就是风险识别的目的所在。一般来讲，风险识别的结果包括：

1. 已识别的项目风险

已识别的项目风险是项目风险识别最重要的结果，它通过定性的项目风险清单来表示，该清单对项目风险的描述应该尽量简单、容易理解。

2. 潜在的项目风险

潜在的项目风险是没有迹象表明会发生，但是人们可以主观判断预见的风险,如:特殊技术人才的流失。当然,潜在的项目风险可能会发展成为项目的真正风险,因此也要给予一定的重视。项目团队应该根据风险来源进行适当的分类,并以表格或文字进行清楚的描述,编制出潜在风险一览表,为风险管理的后续工作打好基础。

3. 对项目管理其他方面的改进

在项目风险识别的过程中,可能发现项目管理其他方面存在的问题,需要进行改进和完善。

五、项目风险的估计

(一)项目风险估计的含义

项目风险评估是在风险识别的基础上,运用概率和数理统计的方法对项目风险发生的概率、项目风险的影响范围、项目风险后果的严重程度和项目风险的发生时间进行估计和评价。

从项目的风险管理周期来看,风险识别是风险管理的基础,通过风险辨识将项目中可能存在的风险定性识别出来,但是仅仅知道风险载体可能存在的风险是不够的,还要掌握风险发生的可能性、风险一旦发生可能造成损害的程度等,这些问题需要风险估计来解决,因而风险估计是项目风险管理量化和深化的过程,也是项目风险管理不可缺的环节。

(二)项目风险估计的原则

项目风险估计必须遵循一定的原则:一是系统性原则,本着进行系统性原则进行风险估计,主要从已识别出的风险的整体考虑,保证既能全面地估计风险,又能有重点地估计风险;二是谨慎性原则,风险估计的结论将影响对风险采取的相应措施的选择,因而风险估计很重要,应慎重估计,不要不合理地低估风险;三是相对性原则,多数风险估计方法得出的结论是相对的,即一种风险的大小是相对本风险系统内的其他风险因素对风险目标的影响程度而言的;四是定性估计与定量估计相结合原则,风险估计结果既可以用绝对数或相对数等确定量表示,也可以用大、较大等模糊量表示。不同的风险估计方法将得到不同形式的风险估计结果,综合使用多种风险估计方法有助于从不同侧面反映风险状态。

(三)风险估计的理论基础

1. 大数定律

大数定律是概率论中的一条重要定律,它阐述了大量随机现象的平均结果呈现出稳定性的规律。只要被观察的风险单位足够多,就可以估测损失发生的概率和损失的严重程度,被观察的单位越多,估测值与实际值就越接近。

比如一家承包商承建一项高层商用住宅工程,就这个项目而言,建筑工人在施工中发生高空坠落的风险有多大是不确定的,工程施工中发生部分结构坍塌的风险事故的可能性也是不确定的,但是从以往众多的类似工程项目的风险事故统计经验来看,可以计算出平均的事故频率、每次事故平均损失额以及总损失额等,那么该承包商可以以这个平均值为参照,估计其目前承建项目的损失额和事故频率等。因此,大数定律提供了统计众多风险事件出险的一般规律的理论基础。

2. 类推原理

辩证法阐释了世界存在着普遍联系的原理。很多事件的存在和发展伴随着其他事件的存在和发展,因而它们之间存在着相似关系。类推原理说明了一些相关因素的变化对某一特定因素的影响,这为回归分析法提供了理论基础。在项目风险估计中,往往缺乏风险损失的统计资料,有时因为客观条件的限制,很难获取这些资料,这时根据类推原理,借鉴整体或局部类似工程的风险损失统计资料,可以估计目标风险载体的风险状况。

3. 概率推断原理

项目风险事件的发生是随机的,损失程度也是不确定的。概率论和数理统计理论提供了随机变量的各种分布率。在估计项目风险损失和发生概率时,可以先判断随机变量的取值特点和其他特性,据此判断随机变量符合何种概率分布,确定参数,从而估计风险事件的统计分布律。

4. 惯性原理

事物的发展除了受外界作用的影响之外,还与其初始状态有关,而初始状态是过去发展的结果,过去的行为不仅影响事物的现在,也影响它的将来,因而事物的发展带有一定的延续性,也就是惯性。利用事物发展具有惯性的特征去估测风险,通常要求系统具有相对的稳定性,能够保持其基本的发展趋势。因此在利用以往的风险资料估测未来的风险状态时,一方面要抓住惯性发展的主要趋势,另一方面还要预测可能出现的偏离。这样既能借鉴历史资料,又可以把握风险因素发展过程中可能出现的偏差程度,提高了风险估计的可靠性。

(四)项目风险估计的主要内容

1. 项目风险估计体系

从项目总体的风险估计要求和风险源分布特点来分析,建筑安装项目风险估计主要包括如下方面:工程状况、施工方案、施工组织计划、工程三方的资质、工程安装设备情况、施工机具设备情况、施工现场的防灾救灾设施、施工过程的安全防护。

2.项目风险估计的具体内容

项目风险估计体系说明了项目风险估计的主要任务。在项目风险管理中，若要进行风险决策，必须从定性和定量两个方面弄清楚项目风险的属性。对于每一具体的项目风险来说，需要估计四个方面：

(1)每一项目风险因素最终转化为致损事故的概率和损失分布。在项目风险发展过程中，并不是所有风险因素都能最终发展成导致损失的风险事故，因而判断其发生的概率，就可以对风险的影响程度和严重性做出判断，据此进行风险处理决策。在估计项目风险分布规律时，需要采用专家调查法、现场观察法、模糊综合评判法等适当的方法，现场观测或试验模拟项目风险，估计目标风险的概率分布。

(2)单一项目风险的损失程度。如果某一风险因素导致事故损失的可能性很大，可能的损失却很小，对于这样的风险没必要采取复杂的处置措施。只有综合考虑了风险发生概率和损失程度后，才能根据风险损失期望来制订风险处置策略。在估计了目标风险的概率分布，了解其发生的可能性之后，还要估计单一项目风险可能造成的损失程度。项目风险损失可以依据项目风险载体的状况、风险的波及范围和可能造成的损坏程度来估计。

(3)若干关联的项目风险导致同一风险单位损失的概率和损失程度。项目风险管理者在制订项目风险计划时，一般关心在特定的风险管理子系统中承担的风险损失期望值，因此有必要从某一风险单位整体的角度，分析多种项目风险可能造成的损失总和以及发生风险事故的概率。

(4)所有风险单位的损失期望值和标准差。为了掌握风险管理系统总体的风险状况，还应估计总的风险管理系统中所有风险单位的损失期望值和标准差，也就是将所有风险单位的风险因素叠加后的损失期望值，并且估计这个损失期望值与各种可能的损失值之间的偏差程度，这里用标准来衡量这个偏差程度。

3.项目风险定级

项目风险估计得出的粗略的风险估计结果就是将风险定级。根据风险事故可能造成的损失程度将其分成不同的级别：

一级：风险事故后果可以忽略，可以不采取控制措施。

二级：风险事故后果较轻微，不至于破坏某个分项工程，可均衡风险损失与风险处置成本，采取适当的处置措施。

三级：风险事故后果很严重，可能破坏某个分项工程并有人员伤亡，应立即采取措施。

四级：这是危险等级最高的风险，风险事故后果是灾难性的，应立即排除。

通过风险估计,预测风险损失结果,根据总体项目风险系统的状况和业主或承包商的风险承受能力,将项目风险粗略地分成上述四个等级,这样就比较容易把握风险的处置原则,以此为基础制订项目风险处置方案。

(五)风险估计的方法

运用各种风险估计方法,进行风险估计的步骤有所区别,通常的风险估计将经历如下步骤：

第一,确定风险估计的目的、要求,收集资料。资料是风险估计的基础,风险估计资料包括通过现场调查分析取得的第一手资料和从工程文件、其他项目资料中取得的第二手资料。第二,选择风险估计方法。风险估计方法很多,不同的风险估计方法得出的结论形式有所区别,因而应根据风险标的、风险状态特点以及后续的风险处置的需要,选择适合的风险估计方法。第三,现场定性分析。通过观察、询问和问卷调查等方法收集信息,形成对项目风险状况总体的定性判断。第四,定量分析。确定风险估计变量及风险估计变量公式,风险估计应以估计变量的公式进行评估,确定各个变量的表达形式,比如是用相对量、绝对量还是模糊判断的分数表示。第五,综合评估。第六,修正并得出结论。风险估计过程涉及主观判断,因而得出的结论有可能与风险的客观情况有偏差,对风险结论进行检验和修正使得风险估计结果更客观。

风险估计,常采用两种方法估计每种风险。一种是估计风险发生的可能性或概率,另一种是估计风险发生时所产生的后果。一般来讲,风险管理者要与项目计划人员、技术人员及其他管理人员一起执行四种风险活动：(1)建立一个标准(尺度),以反映风险发生的可能性。(2)描述风险的后果。(3)估计风险对项目和产品的影响。(4)确定风险的精确度,以免产生误解。

此外,要对每个风险的表现、范围、时间做出尽量准确的判断,对不同类型的风险采取不同的分析办法。

1. 确定型风险估计

(1)盈亏平衡分析。盈亏平衡分析(Break-even Analysis)通常又称量本利分析或损益平衡分析。它是根据软件项目在正常生产年份的产品产量或销售量、成本费用、产品销售单价和销售税金等数据,计算和分析产量、成本和盈利这三者之间的关系,从中找出它们的规律,并确定项目成本和收益相等时的盈亏平衡点的一种分析方法。在盈亏平衡点上,软件项目既无盈利,也无亏损。通过盈亏平衡分析,可以看出软件项目对市场需求变化的适应能力。

(2)敏感性分析。敏感性分析(Sensitivity Analysis)的目的,是考察与软件项目有关的一个或多个主要因素发生变化时对该项目投资价值指标的影响程度。通过敏感性分析,使我们可以了解和掌握在软件项目经济分析中由于某些参数估算的错误或是使用的数据不太可靠而可能造成的对投资价值指标的影响程度，它有助于我们确定在项目投资决策过程中需要重点调查研究和分析测算的因素。

（3）概率分析。它是运用概率论及数理统计方法，预测和研究各种不确定因素对软件项目投资价值指标影响的一种定量分析。通过概率分析，可以对项目的风险情况做出比较准确的判断。主要包括解析法和模拟法[蒙特卡罗（Monte Carlo）技术]两种。

2. 不确定型风险估计

不确定型风险估计主要有小中取大原则、大中取小原则、遗憾原则、最大数学期望原则、最大可能原则。

3. 随机型风险估计

随机型风险估计主要有最大可能原则、最大数学期望原则、最大效用数学期望原则、贝叶斯后验概率法等。

第二节　项目风险评价与控制

一、风险评价概述

（一）风险评价的含义

风险估计只是对项目各阶段单个风险分别进行估计或量化，并没有考虑各单个风险综合起来的总体效果，也没有考虑这些风险是否能被项目主体所接受。这两方面的工作正是风险评价所要解决的问题。风险评价关注的是项目所有阶段的整体风险，各风险因素之间的相互影响、相互作用以及对项目的总体影响和项目主体对风险的可承受性等。所谓项目整体风险就是在对各单个风险进行量化估计的基础上运用科学、合理的方法进行综合运算以求得项目的综合风险。它是在对项目风险进行规划、识别和估计的基础上，通过建立风险的系统模型，从而找到该项目的关键风险，确定项目的整体风险水平，为如何处置这些风险提供科学依据，以保障项目的顺利进行。

（二）风险评价的目的

1. 对项目各风险进行比较和评价，确定其重要性顺序。这一点实质上是为风险管理做准备，因为风险管理阶段需要知道各个风险的先后顺序。

2. 清晰各风险之间的关系。表面上看，不相干的多个风险事件常常是由一个共同的风险源所造成的。例如,遇上未曾预料到的技术难题,则会造成费用超支、进度拖延、产品质量不合要求等多种后果。风险评价就是要从项目整体出发,弄清各风险事件之间确切的因果关系,这样才有利于系统地制订风险管理计划。

3. 考虑各种不同风险之间相互转化的条件,研究如何才能化威胁为机会以及机会在什么条件下会转化为威胁的问题。

4. 进一步量化已识别风险的发生概率和后果,减少风险发生的概率和后果估计的不确定性。必要时根据项目形势的变化,重新分析风险发生的概率和可能的后果。

(三)风险评价的步骤

在项目管理的实践中,风险评价可分三步:

1. 确定风险评价基准。风险评价基准是项目主体对每一种风险后果确定的可接受水平,分为单个评价基准和整体评价基准。风险的可接受水平可以是绝对的,也可以是相对的。

2. 确定项目整体风险水平。项目整体风险水平是综合了所有的个别风险后得到的综合风险程度。

3. 将单个风险和整体风险分别与项目单个评价基准和整体评价基准进行比较,看项目风险是否在可接受范围之内,进而确定所评估项目是否可取。

在实际的风险评估中,风险估计和风险评价往往是同时进行的,没有清晰的界限。风险评估方法既是用来进行风险估计的,也是用来进行风险评价的。

二、项目风险评价方法

项目风险评价的方法一般分为定性和定量的两大类。

(一)定性风险评价方法

最简单的定性风险评价方法是在项目的所有风险中找出后果最严重者,判断这最严重的后果是否低于项目评价基准。对上述方法加以改善,可以得到另一个方法,该法利用风险识别时加工过的信息和资料,把那些引起大多数问题、必须特别注意的风险找出来,列在一个表中,然后对照风险评价标准,把未达到评价标准的从表中删除。在上面两种方法的基础上进一步完善,产生了主观评分法和层次分析法,这是两种最通用的定性风险评价方法。

1. 主观评分法

主观评分法首先将项目主要的单个风险都列出来,并为侮一个风险赋予一个权值,例如从 0 到 10 之间的一个数。0 代表没有风险,10 代表风险最大。然后把各个风险的权值都加起来,再同风险评价标准进行比较。主观评分法容易使用,其用途大小取决于填入表中数值的准确性。

例 9-1 某建设工程项目要经过 5 个工序,表 9-2 列出了已识别出该项目的前 5 个风险,试进行该项目的风险评价。

解: 利用专家的经验、知识对该项目风险进行评分,结果参见表 9-2。

对项目风险进行评价如下:

(1) 将该项目每一工序各个风险的权重从左至右加起来,其和值放在表的最右边一列。

(2) 将表中各类别的风险评分再从上到下加起来,其和值放在表中各列对应的最下一列。

(3) 将表中各工序的风险评分再从左至右累加,其和值放在最下一行的最右一列。

(4) 计算最大风险的权重值。用表的行数乘以列数,再乘以表中的最大风险权重,即得到最大风险权重值。表中的最大风险权重为 9,因此最大风险权重值 $=5\times5\times9=225$。

(5) 计算项目整体风险水平。项目全部风险权重和除以最大风险权重值就是该项目整体风险水平。该项目的全部风险权重值和 $=114$,则该项目整体风险水平 $=114\div225=0.5067$。

(6) 该项目整体评价基准为 0.6。

(7) 将项目整体风险水平同项目整体评价基准相比较。由计算结果可知,该项目的整体风险水平为 0.5067,小于项目整体风险评价标准,则该项目整体风险水平可以接受,项目可以继续实施。各个工序的风险水平或单个风险水平也可进行类似的比较。

表 9-2 主观评分法

	费用风险	工期风险	组织风险	质量风险	技术风险	各工序风险权值和
可行性研究	5	6	3	8	7	29
设计	4	5	7	2	8	26
试验	6	3	2	3	8	22
执行	9	7	5	2	2	25
试运行	2	2	3	1	4	12
合计	26	23	20	16	29	114

2. 层次分析法

层次分析法可以将无法量化的风险按照大小排出顺序,把它们彼此区别开来。层次分析法通常有两个步骤,先确定评价的目标,再明确方案评价的准则,然后把目标评价准则连同方案一起构造一个层次结构模型。在这个模型中,目标方案和评价准则处于不同的层次,彼此之间有无关系用线段表示,评价准则可以分为多个层次。层次结构模型做出之后,评价者根据自己的知识、经验和判断,从一个准则层开始向下,逐步确定一层各因素相对于上一层各因素的重要性权数,然后经过计算,排出各方案的风险大小顺序。

(二)定量风险评价方法

定量风险评价方法主要有决策树法、外推法、解析法、蒙特卡罗模拟法等。

1. 风险报酬法

风险报酬法又称调整标准贴现率法,这种方法除了考虑资金的时间价值外,还认为资金具有风险价值,即投资者在投资中冒风险的报酬。风险越大,风险报酬越大;风险越小,风险报酬越小。风险报酬的大小随投资项目的类型不同而变化。投资项目可根据对风险的主观估计判断进行粗略划分,如可以划分成无风险、低风险、中等风险、高风险四类。

在进行风险评价时,除了采用标准的贴现率外,还必须考虑风险的报酬问题,即考虑将各方案分为若干等级,不同的风险方案规定一个与之对应的风险贴现率。此时采用的标准贴现率应该是无风险贴现率和调整风险贴现率之和,以此为基准评价方案的可取性。此时项目的净现值(NPV)表示为:

$$NPV = \sum_{t=1}^{n} \frac{A}{(1+I)^t}$$

式中:t 为项目工期,A 为第 t 年度项目的净现金流量,I 为考虑了资金风险价值的贴现率,即:其中 i 为无风险的标准贴现率,I 为风险补偿的调整贴现率。按此方法计算,如果 $NPV > 0$,则此方案可取。计算内部收益率 IRR 也以此作为评价取舍的标准,即由下式可解出内部收益率 IRR 的值,若 $IRR \geq i_c$,则投资方案可取;否则风险偏大,不可取。

$$\sum_{t=1}^{n} (CI-CO)_t (1+IRR)^{-t} = 0$$

2. 决策树法

决策树法用树表示项目所有可供选择的行动方案、行动方案之间的关系、行动方案的后果以及这些后果的数学期望,进而对项目的风险进行评价,做出该项目是应该就此止步还是应继续进行的决策。

在决策树中,树根表示构想项目的初步决策,称为决策点。从树根向右画出若干树枝,每条树枝都代表一个行动方案,称为方案枝,方案枝右端称状态结点。从每个状态结点向右又伸出两个或更多的小树枝,代表该方案的两种或更多的后果,每条小树枝上都注明该种后果出现的概率,称为概率枝。小树枝右端是树叶,树叶处注明该种后果的大小。后果若是正的,表示收益;后果若是负的,则表示损失。

例 9-2 某企业为扩大某产品的生产,拟建设新厂,据市场预测,产品销路好的概率为 0.7,销路差的概率为 0.3,有三种方案可供企业选择:

方案 1:新建大厂,需投资 300 万元。据初步估计,销路好时,每年可获利 100 万元;销路差时,每年亏损 20 万元。服务期为 10 年。

方案 2:新建小厂,需投资 40 万无。销路好时,每年可获利 40 万元;销路差时,每年仍可获利 30 万元。服务期为 10 年。

方案 3:选建小厂,3 年后销路好时再扩建,需追加投资 200 万元,服务期为 7 年,估计每年获利 95 万元。

试选择方案。

解:决策树图如图 9-9 所示。

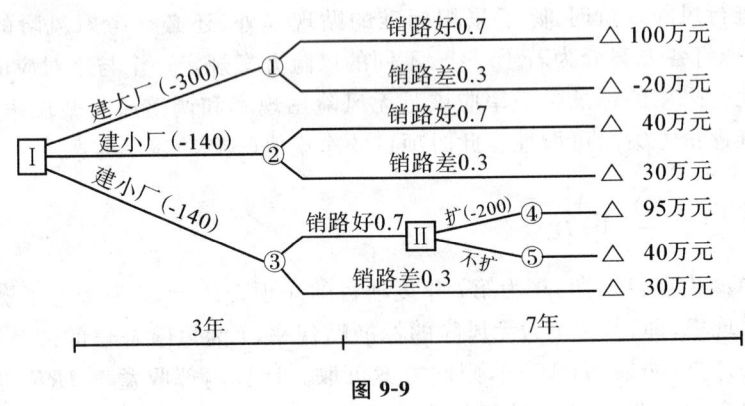

图 9-9

计算三个方案的期望投资收益值:

$E_1 = [0.7 \times 100 + 0.3 \times (-20)] \times 10 - 300 = 340$ 万元

$E_2 = (0.7 \times 40 + 0.3 \times 30) \times 10 - 140 = 230$ 万元

$E_3 = (0.7 \times 40 \times 3 + 0.7 \times 95 \times 7 - 200 + 0.3 \times 30 \times 10) - 140 = 439.5$(万元)

比较 E_1、E_2、E_3,选择方案 3 最好。

3. 外推法

外推法是进行项目风险评估和分析的一种十分有效的方法,它分为前推、后推和旁推三种类型。

前推是根据历史的经验和数据推断出未来事件发生的概率及其后果。如果历史数据具有明显的周期性,可据此直接对风险做出周期性的评估和分析;如果历史记录中看不出明显的周期性,可用曲线或分布函数来拟合这些数据,进行外推,使用此法时必须注意历史数据的不完整和主观性。后推是在手头没有历史数据可供使用时所采用的一种方法,由于工程项目的一次性和不可重复性,所以在项目风险评估时常用后推法。后推是把未知的事件及后果与已知事件与后果联系起来,把未来风险事件归结到有数据可查的造成这一风险事件的初始事件上,从而对风险做出评估和分析。旁推法是利用类似项目的数据进行外推,在充分考虑新环境各种变化的基础上,用某一项目的历史记录对新的类似项目可能遇到的风险进行评估和分析。这三种外推法已广泛运用于项目风险评估和分析中。

4. 解析方法

采用解析的方法对投资项目进行风险分析时,其特点是利用德尔菲法,将风险分析与反映工程项目特征的投入、产出流结合起来,在综合考虑主要风险因素影响的情况下,对随机投入、产出流的概率分布进行估计,并对各个投入、产出流之间的各种关系进行探讨。在风险评价阶段吸收了动态经济评价方法的合理性,将风险分析与动态投入、产出相结合,用项目预期投入、产出及净现值的平均离散程度来度量风险,进而得到表示风险程度的净效益的概率分析。

5. 蒙特卡罗模拟法

蒙特卡罗模拟法又称统计试验法或随机模拟法。该法通过统计试验工程项目各风险的变量、随机模拟各风险变量间的动态关系,以决定工程项目的不确定问题。蒙特卡罗法的模拟步骤如下:

(1) 确定输入变量及其概率分布(对于未来时间通常用主观概率估计);

(2) 通过模拟试验,独立地随机抽取各输入变量的值,并使所抽取的随机数值符合既定的概率分布;

(3) 建立数学模型,按照研究目的编制程序计算各输出变量;

(4) 确定模拟次数以满足预定的精度要求,以逐渐积累的较大样本来模拟输出函数的概率分布。

蒙特卡罗法借助人们对未来事件的主观概率估计及计算机模拟,解决用数学分析方法求解的动态系统复杂问题,已成为工程项目(特别是大型工程项目)风险分析的主要工具之一。项目风险估计与评价的方法还有很多,如风险当量法、等风险图法、灰色理论系统、模糊分析法、效用理论、计划评审技术(PERT)和图形评审技术(GERT)等。总的来说,这些理论和方法各有所长,进行项目风险分析时必须根据项目实际情况进行选择。

三、项目风险应对计划

(一)项目风险应对的含义

经过项目风险识别和度量确定出的项目风险一般会有两种情况:其一是项目整体风险超出了项目组织或项目业主/客户能够接受的水平,其二是项目整体风险在项目组织或项目业主/客户可接受的水平之内。这两种不同的情况,各自有一系列的项目风险应对措施。对于第一种情况,在项目整体风险超出项目组织或项目业主/客户能够接受的水平时,项目组织或项目业主/客户至少有两种基本的应对措施可以选择:其一是当项目整体风险超出可接受水平很高时,由于无论如何努力也无法完全避免风险所带来的损失,所以应该立即停止项目或取消项目;其二是当项目整体风险超出可接受水平不多时,由于通过主观努力和采取措施能够避免或减少项目风险损失,所以应该制订各种各样的项目风险应对措施,并通过项目风险控制,落实这些措施,从而避免或减少项目风险所带来的损失。对于第二种情况来说,虽然项目的风险在可接受的水平内,也应该采取措施把项目风险造成的损失控制在最小的范围内。项目风险应对就是针对风险评估的结果,为降低风险所造成的损失而制订风险应对措施的过程,从而提高项目目标实现的可能性。

项目风险应对的主要工作如表 9-3 所示。

表 9-3 项目风险应对的主要工作

依据	工具和方法	结果
量化的项目风险清单	回避风险	项目风险管理计划
项目团队抗风险的能力	转移风险	应急计划
可供选择的风险应对措施	减轻风险	应急储备
	接受风险	

(二)项目风险应对的依据

1. 量化的项目风险清单

量化的项目风险清单是风险评估的主要结果,也是风险应对的重要依据。项目风险清单说明了项目风险的性质及其大小、影响程度等。根据不同性质的风险,应制订相应的应对措施,比如对项目进度风险和成本风险就要采取不同的措施。根据项目风险的大小及其影响后果的大小,也要采取不同的措施,比如对影响程度高、发生概率大的风险,要采取紧急的风险应对措施;对影响程度低、发生概率小的风险,要延缓对风险采取应对措施。

2. 项目团队抗风险的能力

项目团队抗风险的能力决定了其面对风险所采取的措施。如对于相同的风险,那些资金实力雄厚、承受风险能力强的项目团队与资金实力弱、抗风险能力差的项目团队所采取的措施就会有所不同。

3. 可供选择的风险应对措施

项目团队针对项目风险所采取的措施受到措施选择范围的限制。如通过市场研究和行业分析来减少市场风险,运用投资组合理论来降低项目的投资风险,通过控制投资规模来降低经营风险,通过制订应急计划来预防风险。

(三) 项目风险应对的工具和方法

根据风险评估的结果,可以使用不同的方法来应对项目风险。一般来讲,项目风险应对的方法如图 9-10 所示。

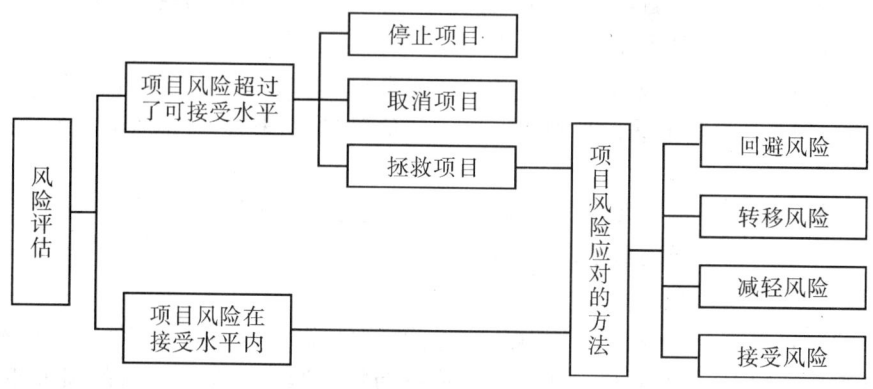

图 9-10　项目风险应对方法

1. 回避风险

这是从根本上放弃使用有风险的项目资源、项目技术、项目设计方案等,从而避开项目风险的风险应对措施。当某项活动的风险导致的损失比较大时,可以采取放弃或改变该活动的方式,以回避与该活动相关联的风险。可见,回避风险是一种最彻底的风险应对技术。相比之下,回避风险可以在风险发生之前,完全消除该风险可能带来的各种损失,而不是仅仅降低损失。例如,对于存在不成熟的技术坚决不在项目实施中采用就是一种项目风险规避的措施。在回避风险时,要注意以下几个方面:

(1) 当风险发生的概率比较高,后果比较严重并且对风险的认识比较充分时,采用回避风险的方法会获得良好的效果。

(2) 不是所有的风险都能采取回避方法,如自然灾害、自然死亡等,是不能回避的。

(3)回避一种风险有可能会产生一种新的风险,比如采用优质原材料代替劣质材料会避免质量风险,但是同时有可能产生成本风险。

(4)当采用其他风险应对方法的效果不理想时,就只能采用回避的方法。

2. 转移风险

转移风险也称为分担风险,其目的是在不降低风险发生概率和后果的情况下,借用一定的方式,将一部分风险损失转移给项目的第三方。转移风险的主要方式包括:保险、担保、出售、发包、开脱责任合同等。采用转移风险要注意的事项有:

(1)项目风险发生的概率较小但导致的损失较大,而且项目团队很难应付这种风险时,采用转移风险的方法会获得较好的效果。例如,通过合同或购买保险等方法将项目风险转移给分包商或保险商的办法就属于风险转移措施。

(2)在转移风险的过程中,必须让分担风险者,即项目的第三方,获得与其所承担的风险相匹配的利益。

(3)与项目团队一起分担风险的第三方必须有能力管理其所承担的风险。

(4)项目团队转移风险要付出一定的代价,从长期来看,转移风险并不理想。

3. 减轻风险

减轻风险的目的是要降低风险发生的可能性(如使用成熟的技术以降低项目产品不能如期完成的概率),或者减小风险造成的损失(如设立意外开支准备金),或者二者兼而有之。

减轻风险是一种很重要的战略,它可能需要较高的成本或不需要什么成本,但在大多数情况下,减轻风险所需要的成本与没有减轻风险所导致的损失相比来说是划算的。

在减轻风险的过程中,可以根据不同的风险采取不同的策略:

(1)对于已知风险,项目团队可以在很大程度上加以控制,使风险减小。比如:可以通过压缩关键活动的时间来减轻项目进度滞后的风险。

(2)对于可预测风险,可以采取迂回策略,将每个风险都减少到项目干系人可以接受的水平。

(3)对于不可预测风险,要尽量使之转化为可预测风险或已知风险,然后加以控制和处理。

减轻项目技术风险、成本风险和进度风险的方法如表 9-4 所示。

表 9-4　减轻项目风险的策略

技术风险	成本风险	进度风险
强调团队支持	经常进行项目监督	经常进行项目监督
改善问题处理和沟通	使用 WBS、PERT 或 CPM	使用 WBS、PERT 或 CPM
经常进行项目监督	理解项目目标	选择最具经验的项目经理
咨询项目管理专家	团队支持	

4. 接受风险

接受风险也称为自留风险，是指项目团队自己承担风险导致的所有后果。接受风险有主动和被动之分。主动接受是指当风险实际发生时，启动相应的风险应急计划；被动接受是指风险实际发生时，不采取任何措施，只是接受一个风险损失最小的方案。采用接受风险应该注意以下问题：

(1) 对那些发生概率小且后果不是很严重的风险，采取接受风险的方式是可行的。

(2) 当采用其他的风险应对方法产生的费用大于不采用风险应对所造成的损失时，就应该采用风险接受的方法。

(四) 项目风险应对的结果

1. 项目风险管理计划

风险管理计划应该记录整个项目风险管理的过程和程序。项目风险管理计划除了记录风险识别和风险量化过程的结果之外，还应该包括：谁应该对不同的风险管理负责，项目风险应对措施的实施，最初的风险识别和风险量化结果怎样维护，储备怎样分配和如何安排等。

根据项目需求的不同，项目风险管理计划可以是正式的，也可以是非正式的；可以是很详细的，也可以是大致的框架。

2. 应急计划

应急计划(Contingency Planning)是指当一个风险事件发生时，项目团队将要采取的预先制订好的措施。好的应急计划把风险看作是由某种"触发器"引起的。也就是说，两者存在着因果关系。应急计划包括：风险的描述，完成计划的假设，风险出现的可能性，风险的影响及适当的反应。

3. 应急储备

应急储备(Contingency Reserves)是指在项目计划中为了应付项目进度风险、项目成本风险和项目质量风险而持有的准备补给物(资金或物料)，它可以用来转移项目的风险。比如，当项目采用了劣质的原材料导致项目的质量不过关时，可以动用项目的应急储备来购买为达到项目质量要求而需要的原材料。

此外还有许多项目风险的应对措施,但是在项目风险管理中,上述项目风险应对措施是最常使用的几种项目风险应对措施。

四、风险控制

(一)风险控制依据

1. 风险管理计划

风险管理计划是风险控制的指南。

2. 风险登记册

风险登记册中记录了已识别了的风险、风险责任人、商定的风险应对措施、具体的实施行动、风险预兆和预警信号、参与风险和次生风险,以及时间和成本应急储备等。

3. 附加风险识别

当项目进程受到评价和总结时,事先未被识别的潜在风险事件或风险的起源将会浮出水面。

4. 工作绩效数据

可交付成果的状态、进度进展情况、已经发生的风险和成本等。

(二)风险控制的工具和方法

1. 项目风险应对审计

风险审计员检查和文字记录规避、转移或缓解风险等风险应对措施的有效性,以及风险承担人的有效性。为了控制风险,风险审计在项目整个生命周期内都要进行。

2. 定期项目风险审核

项目风险审核应有规律地定期进行。项目风险应是所有项目会议的会议议程中的一项。在项目生命周期内,风险值和优先次序可能会发生变化。任何变化可能都需要进行额外的定性和定量分析。

3. 挣值分析

挣值用于监督整个项目相对于其基准计划的绩效。挣值分析的结果可以显示到项目完成时,成本和时间上潜在的偏差。当一个项目显著偏离于基准计划时,应进行更新的风险识别和分析。对挣值分析的描述请参见第六章第四节。

4. 技术绩效测量

技术绩效测量将项目实际执行中技术工作方面取得的进展,与项目计划中相应的进度计划进行比较。比较中反映的偏差,例如在某一里程碑未按计划证明其功能,可能暗示实现的项目范围存在着某种风险。

5. 附加风险应对计划。如果出现了一种风险,而风险应对计划中又没有预计到这种风险,或者该风险对目标的影响比预期的要大,那么原计划的应对措施可能就不是很适当了。为了控制风险,有必要编制附加风险的应对计划。

6. 储备分析

在项目实施过程中,可能发生一些对预算或进度应急储备有积极或消极影响的风险。储备分析是指在项目的任何试点比较善于应急储备与善于风险量,从而确定剩余储备是否仍然合理。

(三)风险控制结果

1. 权变措施计划

权变措施是为了应对那些出现的、先前又未曾识别或接受的风险而采取的未经计划的应对行为。权变措施必须适当地记录归档,并且融入项目计划和风险应对计划中去。

2. 纠正措施

纠正措施包括执行应急计划或权变措施。

3. 项目变更申请

如果频繁执行应急计划或权变措施,则需要对项目计划进行变更以应对项目风险,其结果是提出变更申请。变更申请是由综合变更控制进行管理的。

4. 风险应对计划更新

风险可能发生,也可能不发生。确实发生的风险必须归档和评估。进行风险控制可能减少已识别风险的影响和概率。风险次序排列必须进行再评估,以使新的和重要的风险能得到适当的控制。而未发生的风险也应进行记录归档,并将其在项目风险计划中关闭。

5. 风险数据库

这是一个对在风险管理过程中收集和使用的数据进行收集、维护和分析的知识库。使用这一数据库,可以帮助整个组织中的风险管理人员随着时间的推移而不断形成一个风险教训库的基础。

6. 风险识别检查表更新

根据工作中取得的经验,对检查进行更新,这种更新的检查表将会对未来项目的管理提供帮助。

第三节 项目变更管理

在项目的生命周期中,存在各种因素不断干扰项目的进行,项目总是处在不断变化的环境中,项目不可避免地会发生变化。对于项目管理者来说,关键的问题是能够有效地预测可能发生的变化,以便采取预防措施,以实现项目的目标。但是当项目的内外部环境变化无法保证项目按照计划实施时,就需要进行项目变更。

一、项目变更

(一)项目变更的含义

项目变更是指项目组织为适应项目运行过程中与项目相关的各种因素的变化,保证项目目标实现而对项目计划进行相应的部分变更或全部变更。当项目的某些基准发生变化时,项目的质量、成本和计划也随之发生变化。为了保证项目目标的实现,就必须对项目发生的各种变化采取必要的应变措施,这种行为就是项目变更。变更发生在项目的范围、进度、质量、费用、人力资源、沟通、合同等很多方面,并会影响到其他方面。项目的变化要求项目变更,这种变更会发生在项目实施过程中的任一阶段。根据项目生命周期理论,通常项目变更越早,损失就会越小;变更越迟,变更的难度就越大,损失也可能越大。

(二)项目变更的种类

1. 根据项目变更引起的原因划分

在项目进行的过程中,项目变更可能由顾客引起,也可能由项目团队引起,还可能是由不可预见事件的发生而引起的。

(1)项目利益相关者引起的变更。主要利益相关者关系人的业务需求发生变化或决策改变引起的变更,主要有:①政府引起的变更。如政策改变。②投资者引起的变更。如投资者的资金和意愿变更。③顾客引起的变更。如顾客产生新的需求。由顾客引起的变更代表着对最初项目范围的变更,将对项目的进度、费用产生影响,不过,影响程度却取决于做出变更的时间。④项目团队引起的变更。项目团队发现的必须予以解决的错误,确定需要予以修正或者补充。如在项目实施过程中,出现项目设计、施工方案不合理,则由项目团队提出项目变更建议。

(2)计划不完善引起的变更。在项目计划过程中,忽略了某些环节而引起的变更。例如,在建造房屋时,客户或承约商未将安装下水道列入工程范围,则应进行范围变更。

(3)不可预见事件引起的变更。由于经济的、社会的、竞争者行为等业务环境的变更和地质条件、自然条件发生变化,使得原来的设计方案、施工计划无法实施,需要进行设计、进度变更。

2. 根据项目变更的内容划分

(1)技术性变更。目前,设计方面产生变更的原因主要是设计深度不够,包括设计图之间的匹配、设计计算精度、综合布置优化、各专业相互集成和材料设备选型等多方面因素造成的设计深度不够,在项目实施过程中,通过逐一发现并变更改进完成。该类变更我们统一归类为"技术性变更"。

(2)工艺性变更。由于项目实施技术的发展,投标时采用的工艺、技术、材料等可采用新型节约对应工艺代替,于是就产生变更。该类变更我们统一归类为"工艺性变更"。

(3)功能性变更。在项目实施过程中,因业主对部分使用功能做出调整,致使设计中对项目等做出调整,产生变更并影响造价、工期等,该类变更我们统一归类为"功能性变更"。

(4)综合性变更。在实际控制管理过程中,往往因某一方面原因引起变更,同时附带其他类型的变更产生。在区分变更类型时,需确认引起变更的主要原因,界定各种类型的权重,确定变更类型,其中无明显区分的,则应归纳为"综合性变更"。

(三)项目变更对项目的影响

项目变更对项目进程或结果将产生影响,这些影响一般会影响到项目的各个方面。

1. 项目变更主要对项目的进度、费用和质量带来影响;
2. 项目变更会带来项目资源消耗量或消耗结构的变化;
3. 项目变更会引起项目团队成员、结构以及任务的变化。

二、项目变更控制系统

(一)项目变更控制的含义

项目变更控制是指建立一套正规的程序,对项目的变更进行有效的监控和管理,从而更好地实现项目的目标。变更控制系统就是一套事先确定的修改项目文件或改变项目活动时应遵循的程序,其中包括必要的表格或其他书面文件、责任追踪和变更审批制度、人员和权限。为此,应成立一个变更控制委员会。变更控制系统应当明确规定变更控制委员会的责任和权力,并由所有项目关系人认可。项目经理和项目团队必须对变更进行控制。

变更控制系统应当有处理自动变更的机制。自动变更,又称现场变更,是不经事先审查即可批准的变更。多数的自动变更是由意外的紧急情况造成的。变更控制系统可细分为整体、范围、进度、费用和合同变更控制系统。

(二)项目变更控制的原则

为了对项目的变更进行有效的控制,成功地完成项目的目标,项目变更应遵循以下原则:

1. 把项目变更融入项目的计划中去;
2. 选择影响最小的方案;
3. 所有的变更在准备变更申请和评估之前,必须与项目经理进行商讨;
4. 及时地发布项目的变更信息。

(三)项目变更控制的种类

1. 项目整体变更控制。整体变更控制就是协调贯穿整个项目过程的变更。例如,可交付成果的技术要求说明的改变,若影响到项目范围,进而影响到费用、进度、质量、风险或其他方面,则该变更就是整体变更,应当通过范围变更控制系统处理。项目整体变更控制框架包括:

(1)项目整体变更的输入:项目计划、项目执行报告、变更申请;

(2)项目整体变更控制的工具和技术:项目整体变更控制系统、配置管理、绩效测量、补充计划编制、项目管理信息系统;

(3)项目整体变更控制的输出:项目计划更新、纠正措施、经验教训。

2. 项目辅助变更控制。项目辅助变更控制包括:范围变更控制、进度变更控制、费用变更控制、质量变更控制、风险变更控制。

(四)变更控制的程序

1. 明确项目变更的目标。
2. 对提出的所有变更要求进行审查。
3. 分析项目变更对项目绩效所造成的影响。
4. 明确产出物相同的各替代方案的变化。
5. 接受或否定变更要求;对项目变更的原因进行说明,对所选择的变更方案给予解释。
6. 与所有相关团体就变更进行交流。
7. 确保变更合理实施。

(五)项目变更控制的结果

项目变更管理与控制的结果有两个:一是促进了项目工作绩效的提高,二是生成了一系列项目变更控制文件。这些文件包括:更新调整后的项目的工期、项目成本、项目质量、项目资源和项目范围文件,以及各种项目变更行动方案和计划文件。

1. 项目变更控制文件。项目变更控制文件是在项目的全面修订和更新中所生成的各种文件总称。项目通常是由项目业主/客户与项目组织双方认可的,所以项目的变更同样需要双方认可,并要有正式文件予以记录。项目变更通常还要求对项目成本、工期、质量以及其他一些项目目标进行全面的调整和更新。项目变更还需要在项目计划中得到及时反映,而且相关的项目技术文件也需要进行相应的更新。另外,应该将项目变更的信息及时告知项目的相关利益者。所有这些更新后的文件都属于项目变更控制文件的范畴。

2. 项目变更控制中的行动。项目变更控制中的行动包括:根据批准后的项目变更要求而采取的行动,根据项目实际情况的变化所采取的纠偏行动。这两种行动都属于项目变更控制的范畴,因为它们的结果都是使实际的项目与计划规定的项目保持一致,或者是与更新后的项目相一致。

3. 从项目变更中学到的经验与教训。不管是何种原因,项目的变更都属于项目计划管理中的问题。所以在项目变更控制中,人们可以发现问题,学到经验与教训。这些经验与教训均应该并需要形成文件,以使这部分信息成为项目历史数据的一部分。这既可用作本项目后续工作的指导,也可用于项目组织今后开展的其他项目。这相当于项目的一种跟踪评估和后评估的工作,一般在项目或项目阶段结束以后都需要召开经验终结或项目后评估会议。这种项目经验总结或评估会议应在项目团队内部以及与项目业主/客户之间分别召开,其目的都是评估项目绩效,确认项目收益是否已经达到,以及总结本项目的经验和教训。

三、项目变更控制的依据

(一)有关方面的变更请求

项目变更的要求可以是由项目业主/客户提出的,也可以是由项目组织提出的。不管是谁提出的项目变更要求,都是项目变更控制所需的重要依据。

变更请求可以是口头或书面、直接或间接的,可以来自项目外部或内部,也可以是法律要求的或可由项目班子加以选择的。变更要求的可能后果是延缓进度或加快进度。除了紧急情况外,口头变更必须形成书面文件之后才能受理。

绝大多数项目变更要求是由于以下原因引起的:

1. 某个外部事件。例如,政府有关法规的变更。

2. 在定义项目时的某个错误或疏漏。例如,在设计一个电信系统时疏忽了一个必备的特殊构件。

3. 增加项目价值的变更。例如,在一个环保项目中发现通过采用某种新技术可以降低项目成本,但在最初定义项目范围时新技术尚未出现,所以需要变更项目范围。

(二)项目计划

项目的各种专项计划、项目的集成计划等都是项目变更控制的基线,所以它们都是项目变更控制所需的主要依据。确保项目计划的有效执行是一个极其复杂的问题,也是整个项目实施过程中最为困难的部分,展开来就成为一个大的课题。但是无数成功经验表明,无论如何,只要牢牢抓住以下两个最基本的方面就能够保证项目变更的有效执行:

1. 必须严格按照项目实施和管理方法进行运作,做好项目的跟踪和控制。

2. 必须保证任何项目变更只是对原计划的适当调整、补充和完善。只有这样,才能保证项目变更的有效性、可持续性以及可操作性。

总之,凡事预则立,不预则废。一个切实可行的项目实施计划可以作为项目实施进度控制的依据,也可作为开展各项辅助工作的参考。只有将项目实施计划和项目计划的有效实施辩证地结合,才能够保证项目变更的顺利进行。

(三)项目的进展报告

项目进展报告提供了项目实施实际情况的数据和资料,揭示了项目实施中的问题和可能出现的变更问题,所以也是项目变更总体控制所需的主要依据。项目进展报告应反映已经发生的项目范围变化,而且应说明导致项目变化的原因。当项目发生设计变更和现场签证时,必须要有完整和严格的审批流程。这些审批事项不仅是控制项目成本的重要手段,而且是项目的责任和奖惩的重要依据。

四、项目变更控制的基本要求

(一)项目变更要形成文件或协议

在项目早期,项目承约人和客户之间、项目经理和项目团队之间应就有关变更方式、过程等问题进行协商,并形成文件或协议。

(二)谨慎对待变更请求

对任何一方提出的变更请求,其他各方面都应谨慎对待。例如承约方对客户提出的变更,在未对这种变更可能会对项目工期、费用产生何种影响做出判断以前,就不能随便同意变更。而是应估计变更对项目进度和费用的影响程度,并在变更实施前得到客户同意。客户同意了对项目进度和费用的修改意见以后,所有额外的任务、修改后的工期估计、原材料和人力资源费用等均应列入计划。

(三)制订变更计划

无论是由客户、承约商、项目经理、项目团队成员或是由不可遇见事件的发生所引起的变更,都必须对项目计划涉及的范围、预算和进度等进行修改。一旦这些变更被各方同意,就应形成一个新的基准计划。

(四)变更的实施

变更计划确定后,应明确界定项目变更的目标,优选变更方案,做好变更记录,及时发布变更信息,采取有效措施加以实施,以确保项目变更达到既定效果。其步骤是:

1. 明确界定项目变更的目标。项目变更的目的是为了适用项目变化的要求,实现项目预期的目标。这就要求明确项目变更的目标,并围绕该目标进行变更,做到有的放矢。

2. 优选变更方案。变更方案的不同影响着项目目标的实现,一个好的变更方案将有利于项目目标的实现,而一个不好的变更方案则会对项目产生不良的影响。这就存在变更方案优选问题。

3. 做好变更记录。项目变更的控制是一个动态的过程,它始于项目的变化,而终于项目变更的完成。在这一过程中,拥有充分的信息,掌握第一手资料是做出合理变更的前提条件,这就需要记录整个变更过程。而记录本身就是项目变更控制的主要内容。

4. 及时发布变更信息。项目变更最终要通过项目团队成员实现,所以,项目变更方案一旦确定以后,应及时将变更的信息和方案公布于众,使项目团队成员能够掌握和领会变更方案,以调整自己的工作方案,朝新的方向去努力。同样,变更方案实施以后,也应通报实施效果。

导入案例九分析

该项目存在的可能风险是项目费用风险、项目时间风险和项目质量风险。

本章小结

风险是指在某一特定环境下,在某一特定时间段内,某种损失发生的可能性。风险由风险因素、风险事故和风险损失等要素组成。

风险具有客观性、潜在性、相对性、损失性、随机性和可测性等基本特征。

项目风险是指由于项目所处环境和条件本身的不确定性,和项目业主/客户、项目组织或项目其他相关利益者主观上不能准确预见或控制的影响因素,使项目的最终结果与当事者的期望产生背离,从而给当事者带来损失的可能性。形成项目风险的根本原因是人们对于项目未来发展与变化的认识和应对等方面出现了问题。

项目风险具有以下特点:(1)风险存在的客观性和普遍性;(2)任一具体风险

发生的偶然性和大量风险发生的必然性；(3)风险的可变性；(4)风险的多样性和多层次性。

根据风险来源划分项目风险，可以分为政治风险、社会风险、经济风险、自然风险、技术风险和管理风险。

风险管理的基础和前提是进行风险识别。风险的识别就是对存在于项目中的各种风险根源或是不确定性因素按其产生的背景原因、表现特点和预期后果进行定义、识别，对所有的风险因素进行科学的分类，以便采取不同的分析方法进行评估，并依此制订出对应的风险管理计划方案和措施，付诸实施。

风险识别包含两方面内容：识别哪些风险可能影响项目进展，记录具体风险的各方面特征。风险识别不是一次性行为，而应有规律地贯穿于整个项目中。

项目风险识别的依据包括：成果说明，历史资料，项目计划的信息，项目风险的种类，制约因素，假设条件和风险管理计划。

项目风险识别的方法主要有：头脑风暴法，德尔菲法，风险检查表，流程图，系统分解法，情景分析法，初始清单法，经验数据法和风险调查法等。

项目风险评估是在风险识别的基础上，运用概率和数理统计的方法对项目风险发生的概率、项目风险的影响范围、项目风险后果的严重程度和项目风险的发生时间进行估计和评价。

项目风险估计必须遵循系统性原则、谨慎性原则、相对性原则、定性估计与定量估计相结合原则。

项目风险估计的主要内容包括：项目风险估计体系和项目风险估计的具体内容。

风险事故按其可能造成的损失程度，分成一级、二级、三级、四级四个级别。

风险评价关注的是项目所有阶段的整体风险，各风险因素之间的相互影响、相互作用以及对项目的总体影响和项目主体对风险的可承受性等。

所谓项目整体风险就是在对各单个风险进行量化估计的基础上运用科学、合理的方法进行综合运算以求得项目的综合风险。它是在对项目风险进行规划、识别和估计的基础上，通过建立风险的系统模型，从而找到该项目的关键风险，确定项目的整体风险水平，为如何处置这些风险提供科学依据，以保障项目的顺利进行。

风险评价可分三步：确定风险评价基准；确定项目整体风险水平；将单个风险和整体风险分别与项目单个评价基准和整体评价基准进行比较，看项目风险是否在可接受范围之内。

项目风险评价的方法一般分为定性和定量两大类。

经过项目风险识别和度量确定出的项目风险一般会有两种情况：其一是项

目整体风险超出了项目组织或项目业主/客户能够接受的水平,其二是项目整体风险在项目组织或项目业主/客户可接受的水平之内。对于这两种不同的情况,各自可以有一系列的项目风险应对措施。根据风险评估的结果,可以使用不同的方法来应对项目风险。一般来讲可以有以下方法供选择:回避风险,转移风险,减轻风险或接受风险。

项目变更是指项目组织为适应项目运行过程中与项目相关的各种因素的变化,保证项目目标的实现而对项目计划进行相应的部分变更或全部变更。当项目的某些基准发生变化时,项目的质量、成本和计划随之发生变化,为了保证项目目标的实现,就必须对项目发生的各种变化采取必要的应变措施,这种行为就是项目变更。变更发生在项目的范围、进度、质量、费用、人力资源、沟通、合同等很多方面,并将影响到其他方面。项目的变化要求项目变更,这种变更会发生在项目实施过程中的任一阶段。根据项目生命周期理论,通常项目变更越早,损失就会越小;变更越迟,变更的难度就越大,损失也可能越大。

项目变更控制是指建立一套正规的程序对项目的变更进行有效的监控和管理,从而更好地实现项目的目标。变更控制系统应当有处理自动变更的机制。变更控制系统可细分为整体、范围、进度、费用和合同变更控制系统。

思考题

1. 你是如何理解项目风险和项目风险管理的?
2. 你认为项目风险管理与一般企业运营中的风险管理有什么区别?为什么会有这些区别?
3. 项目风险管理有哪些主要作用?如何才能够更好地发挥这些作用?
4. 项目风险管理有哪些主要的工作内容?有哪些特殊的做法?
5. 项目风险识别和项目风险度量之间有什么关联?项目风险应对措施制订与项目风险控制有什么关联?如何管理和处理好这些关联?
6. 你认为项目风险管理还应该开展哪些方面的工作?如何才能进一步搞好项目风险管理?
7. 什么是项目变更控制系统?项目变更控制系统的构成和作用是什么?

案例思考

案例1

资料:

Clearnet 公司是国外一家知名的 IP 电话设备厂商。它在国内拥有许多电信运营商客户。Clearnet 主要通过分销的方式发展中国的业务,由国内的合作伙伴和电信公司签约并提供具有增值内容的集成服务。

2000年,国内一家省级电信公司(H公司)打算上某项目,经过发布RFP(需求建议书)以及谈判和评估,最终选定Clearent公司为其提供IP电话设备。立达公司作为Clearent公司的代理商,成为该项目的系统集成商。立达公司是第一次参与此类工程。H公司和立达公司签订了总金额近1 000万元的合同。李先生是该项目的项目经理。

该项目的施工周期是三个月。由Clearnet负责提供主要设备,立达公司负责全面的项目管理和系统集成工作,包括提供一些主机的附属设备和支持设备,并且负责项目的整个运作和管理。Clearnet向立达公司付款的方式是外商通常采用的方式:一次性付账。这就意味着Clearnet不承担任何风险,而立达公司虽然有很大的利润,但是也承担了全部的风险。合同是固定总价的分期付款合同,按照电信业界惯例,10%的尾款要等到系统通过最终验收一年后才能支付。

3个月后,整套系统安装完成。但自系统试运行之日起,不断有问题暴露出来。H公司要求立达公司负责解决,可其中很多问题涉及Clearent的设备问题。因而,立达公司要求Clearent公司予以配合,Clearent也一直积极参与此项目的工作。

然而,李先生发现,立达对H公司的承诺和技术建议书远远超过了系统的实际技术指标,这与Clearent与立达的代理合同有不少出入。立达公司也承认,为了竞争的需要,做了一些额外的承诺。这是国内公司的常见做法,有的公司甚至干脆将尾款不考虑成利润,而收尾款也成了一种专职的公关工作。这种做法实质上增加了项目的额外成本,同时对整个商业行为构成潜在的诚信危机。

对于H公司来说,它认为,按照RFP的要求,立达公司实施的项目没有达到合同的要求。因此直至2002年,H公司还拖欠立达公司10%的验收款和10%的尾款。立达公司多次召开项目会议,要求Clearent公司给予支持。但由于开发周期的原因,Clearent公司无法马上达到新的技术指标并满足新的功能。于是,项目持续延期。为完成此项目,立达公司只好不断将Clearenet公司的最新升级系统(软件升级)提供给H公司,甚至派人常驻在H公司(外地)。

又经过了3个月,H公司终于通过了最初验收。在立达公司同意承担系统升级工作直到完全满足RFP的基础上,H公司支付了10%的验收款。然而,2002年底,Clearent公司由于内部原因暂时中断了在中国的业务,其产品的支持力度大幅下降,结果致使该项目的收尾工作至今无法完成。

据了解,立达公司在此项目上原本可以有250万元左右的毛利,可是考虑到增加的项目成本(差旅费、沟通费用、公关费用和贴现率)和尾款,实际上的毛利不到70万元。如果再考虑机会成本,实际利润可能是负值。

导致项目失败,尤其是项目预期的经济指标没有完成,这是非常遗憾的事情。项目失败或没有达到预期的经济指标的因素有很多,其中风险管理是一个极为重要的因素。

问题:

1. 分析项目失败的原因。
2. 谈谈避免风险的方法。

案例 2

资料:

王先生刚出任项目经理,并承接了一个中型软件项目。上任时公司高层再三叮咛他一定要尊重客户,充分满足客户需求。项目开始比较顺利,但进入到后期,客户频繁的需求变更带来很多额外的工作。王先生动员大家加班,保持了项目的正常进度,客户相当满意。

但需求变更却越来越多。为了节省时间,客户的业务人员不再向王先生申请变更,而是直接找程序员商量。程序员疲于应付,往往直接改程序而不做任何记录,很多相关文档也忘记修改。很快王先生就发现:需求、设计和代码无法保持一致,甚至没有人能说清楚现在系统"到底改成什么样了"。版本管理也出现了混乱,很多人违反配置管理规定,直接在测试环境中修改和编译程序。但在进度压力下,他也只能佯装不知此事。但因频繁出现"改好的错误又重新出现"的问题,客户已经明确表示"失去了耐心"。

而这还只是噩梦的开始。一个程序员未经许可擅自修改了核心模块,造成系统运行异常缓慢,大量应用程序超时退出。虽然最终花费了整整 3 天的时间解决了这个问题,但客户却投诉了,表示"无法容忍这种低下的项目管理水平"。更糟糕的是,因为担心系统中还隐含着其他类似的错误,客户高层对项目的质量也疑虑重重。

随后发生的事情让王先生更加为难:客户的两个负责人对界面风格的看法不一致,并为此发生了激烈争执。王先生知道如果发表意见,可能会得罪其中一方,于是保持了沉默。最终客户决定调整所有界面,王先生只好立刻动员大家抓紧时间修改。可后来当听说因修改界面而造成了项目一周的延误后,客户方原来发生争执的两人这次却非常一致,同时气愤地质问王先生:"为什么你不早点告诉我们要延期!早知这样才不会让你改呢!"王先生委屈极了,疑惑自己到底错在哪里了。

问题:

1. 王先生主要犯了几个错误?

2.从上面的案例中可以看到有几次变更失控的现象,分析其原因。
3.有什么措施可以避免造成这样的后果?

知识转化训练

变更控制

训练目标:
通过训练,加深对项目变更管理的理解。

材料:
华厦信息技术有限公司(简称公司)是厦门市的一家大型股份制软件企业,公司研发人员近200人,主要从事电子政务应用系统和金融信息系统等方向的研发。

目前公司正在进行某政府机关的办公自动化系统研发,系统主要由公文管理、档案管理、公共信息、会议管理、领导办公、电子邮件、个人办公、业务管理、事务预警系统管理等子系统组成。

公司于3个月前按进度计划开发完成,目前系统处于试运营阶段,运行情况良好。但是项目一直没有结项,项目执行中出现以下问题:

1.客户不断提出一些撤销或增加工资内容的变更需求。
2.客户的工作效率低、节奏慢,很小的内部分歧也需要开会讨论。在项目实施过程中,严重单方面拖延实施进度,使项目不能按计划结项,造成项目延期。
3.客户同公司关系特别密切,不能完全按照合同进展,对合同规定的阶段验收不予回应,这些问题需要公司老总出面才能协调,项目经理控制协调明显乏力。

项目经理李成工程师原为该项目的系统分析师,主要负责系统技术架构和系统分析设计,开发后期由于原项目经理王欢工程师离职,被任命为新项目经理。

训练内容:
1.了解项目变更原因。
2.熟悉项目变更控制的基本要求。
3.掌握项目变更控制技巧。

训练方法:
个人或团队形式均可。

能力评估
通过训练,要求每位同学以书面(或现场作答)的形式回答以下问题,由老师或团队成员按照"训练目标"要求评估每位同学的训练成绩:
1.分析本项目变更的原因。
2.谈谈如何有效控制用户需求变更。
3.谈谈你准备怎样处理用户提出的需求变更。

第十章
项目的沟通管理与冲突管理

◎ 学习目的 ◎

本章主要介绍项目沟通管理与冲突管理的基本理论知识。通过本章学习，能够了解项目信息管理的种类、项目信息的收集、项目管理信息系统的建立；熟悉项目生命周期中各阶段的冲突源；理解项目集成管理的概念、项目计划以及集成变更控制；掌握项目沟通管理的含义、特征以及项目冲突管理的解决模式。

有效沟通

材料：

近年来，滨江市的经济发展速度放缓，直接影响了华厦信息技术公司的业务开展。上周五下午，公司召开部门主管会议，通报了公司财务遇到的困难及可能要进行裁员的决定，要求各部门主管负责将公司的决议向本部门的每位员工通报，赵杰是公司软件部的经理，业务能力很强，为人忠厚，不善言辞，对公司的决定历来都是不折不扣地执行，而且工作都完成得很好，但是，这次却让他很为难，他不知道该怎样把这个坏消息告诉部门的成员，他觉得难以开口，后来，他给每位员工寄了一封信，向他们通报了主管会议的精神。

周一的早上，当赵杰来到公司时，看到他部门的人正三三两两聚在一起激烈地讨论着，当他们看到赵杰走进来，立即停止了交谈。这种突然的沉默和冰冷的注视，使赵杰明白自己正是谈论的主题，而且看来他们所说的不像是赞赏之辞。

赵杰来到自己的办公室，他的助手老李紧随其后走了进来。老李在公司工作多年，和赵杰关系一直不错。老李直言不讳地说道："赵经理，上周你发出的那些信对大家的打击太大了，它使每个人都心烦意乱。"

赵杰说："我只是执行公司的决议啊，难道有错吗？"

老李很失望地说："你是主管，应该要为你的下属着想才对，你应该找每个人谈话，告诉他们目前的困难，谨慎地透露这个坏消息，并允许他们提出疑问，那样的话，可以在很大程度上减少打击。而你却以寄信的方式告诉他们，并且寄到他们的家里，天哪！赵经理，周五他们收到信后，整个周末都处于极度焦虑之中。他们打电话告诉自己的朋友和同事，现在传言四起，说我们处于一种近于骚乱的局势中，我从没见过员工的士气如此低沉。"对此，赵杰感到很震惊，同时他也陷入了沉思。

问题与思考：

1. 赵杰的做法有问题吗？请说明理由。
2. 谈谈从这个案例中你能得到什么启示。

第一节　项目沟通管理

著名组织管理学家巴纳德认为，"沟通是把一个组织中的成员联系在一起，以实现共同目标的手段"。没有沟通，就没有管理。沟通是实现计划、组织、领导、控制四种基本管理职能的主要方式、方法、手段和途径。

管理的过程，也就是沟通的过程。项目执行单位通过沟通了解客户的需求，整合各种资源，创造出好的产品、服务或成果来满足客户，从而为组织和社会创造价值和财富。

一、项目信息管理

沟通实际上就是人与人之间思想和信息的交换，是将信息由一个人传达给另一个人，并逐渐广泛传播的过程。信息则是项目执行过程沟通的最基本前提条件，是进行项目管理的基础，对于项目的有效实施起到非常关键的作用。在日常工作中，人们发现，项目不成功的原因，更多的是由信息管理不规范造成的。

（一）项目信息种类

项目信息是指报告、数据、计划、安排、技术文件、会议等与项目实施有直接或间接关系的各种信息。项目信息在整个项目实施过程中起着非常重要的作用，收集的项目信息是否正确、准确，项目信息能否及时传播给项目利害关系者，都决定了项目的成败。因此，一个项目要能顺利进行下去，就需要对项目信息进行系统科学的管理。那么,项目信息有哪些呢? 可以看到,项目信息是在项目组织内部和该组织与外部环境之间进行不断的流动,从而构成了"信息流"。按不同的流向,项目信息分为以下几种:

1. 自上而下的项目信息。自上而下的项目信息是指从项目经理开始流向项目管理的工作部门及人员、乃至班组工人的信息;或在分级管理时,每一个中间层次的机构向其下级逐级流动的信息,即信息源在上,接受信息者是直接下属。这些信息包括管理目标、命令、工作条例、办法、规定和业务指导意见等。

2. 自下而上的项目信息。自下而上的项目信息是指由下级向上级(一般是逐级向上)传递的信息,这些项目信息的信息源在下,而信息接受者在上。它们包括项目实施和管理中有关目标的完成量、进度、成本、质量、安全、消耗、效率情况,以及工作人员的工作情况,还有一些值得引起上级注意的情况、意见和上级因决策指挥需要下级提供的资料等。

3. 横向流动的项目信息。横向流动的项目信息是指项目管理班子中同一层的工作部门或工作人员之间相互提供的信息。这种信息一般是因分工不同而各自产生的,但为了共同的目标又需要相互协作时而互通有无或相互补充,以及在特殊情况下,为了节省信息流动时间而需要横向提供的信息。作为项目经理,其主要职能之一就是应当采取有效的措施防止产生横向信息流通的障碍,发挥横向信息应有的作用,尤其是在直线制组织结构中要特别注意这一点。

4. 以顾问室或经理办公室等综合部门为集散中心的项目信息。顾问室或经理办公室等综合部门为项目经理决策提供大量的辅助资料,同时又可以作为有关项目利害关系者信息的提供者。它们既是汇总信息、分析信息、传播信息的部门,又是帮助工作部门进行规划、任务检查,对有关的专业技术与问题进行咨询的部门。因此,各工作部门不仅要向上级汇报,而且应当将有关信息传递给顾问室,便于顾问室为决策做好充分准备。

5. 项目管理班子与环境之间进行流动的项目信息。项目管理班子与自己的企业领导、客户、合作单位、供货单位、银行、咨询单位、政府监督机构、国家有关管理部门和业务部门,都根据各自不同的需要进行信息交流,一方面为了满足自身项目管理的需要,另一方面又要满足与项目外部环境协作的要求,或按国家规定的要求相互提供信息。因此,项目经理对这种信息应给予充分的重视,因为它们直接或间接涉及单位信誉、项目竞争、守法和经济效益等多方面的重大原则问题。

对于上述类型的项目信息,项目管理者需要进行收集、判断、分类、计算、归档等繁琐、复杂、耗时耗力的一系列过程。而传统的手工处理信息的方式已远不能适应当今复杂的大型工程项目,计算机及信息技术的介入使项目的信息管理变得更规范、简单、方便且省时省力。尤其是电子沟通技术的出现,给项目中的信息沟通带来了巨大变革。

(二)项目信息管理的含义

项目信息管理是对项目信息的收集、整理、处理、储存、传递与应用等一系列工作的总称,也就是把项目信息作为管理对象进行管理。项目信息管理的目的是根据项目信息的特点,有计划地组织信息沟通,以保证决策者能及时、准确获得所需的信息。

1. 项目信息收集

要利用信息,首先就应开辟各种信息来源,并采取适当有效的方法来收集信息。进行收集工作,首先应明确信息收集的目的以及组织业务活动的性质,在此基础上有针对性地选择和开辟正确的信息渠道。

(1)信息的来源

一般而言,管理信息的来源可分为组织内部经营方面所产生的信息以及外部环境方面的信息。以企业为例,主要如下:

企业内部的信息源包括:

①来自各职能部门的统计报表和工作总结。

②生产作业现场所提供的计划、指标和定额完成情况的原始记录以及各类凭证和统计资料。

③来自技术科研部门关于技术改造、设备维修、科研和产品技术开发进展情况等各方面的信息。

企业外部的信息源包括:

①各种新闻媒体所公开发表的某些信息,主要包括报纸、杂志、电视等。

②政府部门所发布的经济信息以及各类政策、法令。

③各类科研机构和大专院校所掌握的最新科技成果和经济管理方面的信息。

④企业的代理商、顾客方面的建议和意见等。

⑤企业竞争对手情况调查所获得的信息。

⑥行业协会以及各类咨询机构所拥有的信息。

⑦其他。

(2)信息收集的内容和范围

企业的信息管理部门应当在全面、系统地收集企业内外信息的基础上,根据企业的业务活动性质及管理目标的要求,围绕企业经营与管理重点,集中力量收集某方面的信息。一般而言,企业应收集以下各方面的信息:

①政治方面的信息。主要包括经营所在国政治环境的稳定程度、政治体制、

对外政策、军事实力及动态,所处的国际环境,各执政党及在野党的情况,政府在一定时期内所奉行的政治路线、方针、政策,以及所确定的战略计划等。

②宏观经济方面的情况。主要包括经营所在国经济发展水平、规模、增长速度,产业结构的状况及变动趋势,居民的整体消费水平和平均水平,消费结构状况及变动,该国的财政收支情况,国际收支情况,金融状况等。

③科学技术方面的信息。主要包括科研机构及科研力量、技术发展水平、最新出现的科学技术成果。

④商品信息。主要包括商品的市场供求状况及变动、价格的现状及趋势。

⑤供应商、竞争者及消费者方面的信息。

⑥法律方面的信息。由于不同的国家,其政治体制和经济体制不同,以及社会文化生活习惯不同,因而各国之间存在着不同的法律环境。企业的经营必须符合所在国的法律。了解这方面的情况,将能使企业的经营更加顺利。

⑦社会文化、风俗习惯等。包括民族特点、民风民俗、社会风气、宗教信仰、价值观念、道德准则、教育水平、文体卫生等。

⑧企业内部各层次、各部门提供的信息。

(3)信息收集的方法

信息的来源渠道和信息收集的内容确定以后,就应当采取适当的方法来收集信息。一般而言,主要方法有两大类。第一类是直接到信息产生现场去调查研究;第二类是收集、整理已有的信息情报资料,间接获取信息。

①现场调查研究

a. 询问法。其方式有当面询问、会议调查、发函问卷调查、电话调查。

b. 观察法。观察法又包括销售现场观察、使用现场观察、供应厂家现场观察。

c. 试验法。试验法是指在本企业的全新产品或改进后的新产品正式投放市场以前,先进行小规模的试销活动,看顾客的动向。试验的内容和目的主要包括:顾客对新产品在价格、质量、品种、规格、花色、款式、包装等方面的满意程度和接受程度。

②收集现成的管理信息

a. 收集公开发行的报纸、杂志和书籍中的信息。从这些报纸、杂志中,可以推测或了解国家有关经济政策、法令的调整和变化,另外,还可以了解一下国家或国际的宏观经济形势。

b. 收集本行业出版发行的报纸、杂志和科技书籍中的信息。这些信息资料行业性、技术性都比较强,从中可以了解本行业政策及本行业新产品和新技术发展动态,以及本行业内生产厂家方面的情况。

c. 内部信息的收集和积累。即收集企业生产技术活动中的原始记录和对有关记录进行过一定汇总和加工的分析报告等。

2. 项目信息收集

将收集到的信息及时地传递到信息需求者手中是项目信息管理的一项重要内容,这就要求建立一套合理的信息传递制度,并使其标准化。

(1)专人负责信息的传递。项目实施过程中各工程部门、各科、各组之间都有许多日常资料需要传递,常见的方式是由专人负责。对于需要颁发的文件,信息人员先按照规定的份数复印,然后确定以下几个问题:是哪一种文件、制订的时间、是否修改过、将发给谁等,再按文件分配单进行分发。

(2)通过通信方式传递信息。即通过信函、电话、电报、传真等方式进行项目信息的传递。

(3)会议方式进行信息传递。会议方式是项目信息传递的重要方式,包括关键会议、例会、告别会议。项目执行期间要召开各种各样的工作会议,如项目开工会议、项目进展报告会议、项目总结会议、项目协调会议等。

3. 项目信息的加工和处理

所谓信息的加工处理是指将组织收集到的原始信息,根据管理的不同需要及要求,运用一定的设备、技术、手段和方法对其进行分析处理,以获得可供利用的或可存储的真实可靠的信息资料。

对初始的原始信息的加工主要包括判断、分类整理、分析和计算、编辑归档等几方面工作。

(1)判断。由于原始信息当中通常存在一些虚假信息或水分,因此信息管理工作者在进行信息加工的过程中,必须首先对其真伪性进行判定,以剔除那些明显不真实、不可靠的信息。这部分工作及其有效性,主要取决于信息工作者的经验及对业务的熟悉程度。

(2)分类整理。企业从各方面收集到的信息是分散的、杂乱无章的,因而要对其进行分类整理。这主要是把初始信息按一定的标准,如时间、地点、使用目的、所反映的业务性质等,将其分门别类,排列成序。这方面的工作方法,已有成熟的编码技术。

(3)对数据资料进行分析和计算。分析和计算,是指利用一定的方法,主要是数理统计和运筹学的方法将数据信息进行加工,从中得到符合需要的数据。

(4)编辑和归档保存。信息进行加工处理后,必须贮存起来,以供随时调用。因而,对处理加工的信息结果,应编辑成文件的就编辑成文件,应装订成册的就装订成册,并以一定的形式归档保存。目前,归档保存的形式有两种:一种是文档的方式,另一种是计算机的方式。采用计算机来归档保存信息资料,优点是简单、方便、存贮量大、费用省,日益被企业信息管理部门所采用。

信息资料经过加工和处理后,管理者便可直接利用,为管理决策和管理控制等服务。

(三)项目管理信息系统的建立

1. 建立项目信息管理系统的目的

建立项目信息管理系统能及时、准确地提供项目管理过程中所需要的信息,完整地保存历史信息以预测未来,为项目经理提供决策的依据,也能适应现代化管理对信息量急剧增长的需要,还能发挥电子计算机的巨大管理作用,以实现数据共享、综合应用。

2. 建立项目信息管理系统的必要条件

首先,要有一定的科学管理基础,即应建立科学的项目管理组织体系。要有完善的规章制度,能够采用科学有效的管理方法;要有完善的经济核算基础,可以提供准确完整的原始数据,使搜索工作程序化,报表文件统一化。而完整的、经编号的数据资料,可以方便地输入电子计算机,从而建立有效的信息管理系统,并为有效地应用创造条件。

其次,要有创新精神和足够的信心。这是因为,建立项目管理信息系统,涉及许多复杂问题,会遇到许多困难,要投入大量的人力和时间,还要改变许多不合理的习惯。如果没有创新精神和坚定的信心,往往会半途而废。所以,项目经理要对这项工作给以高度重视,加强领导,并给予物质、资金、人力和时间等方面必要的支持,疏通各种关系,协调各个环节,扎扎实实地做下去,直至完成这项系统工程;在使用中加强领导,对管理信息系统中存在的问题加以解决,不断完善和提高。

再次,必须创造使用电子计算机的条件,既要配备机器,也要配备硬、软件人员,以便使项目管理信息系统能够在电子计算机上运行。没有电子计算机是不可能建立和应用现代的项目管理信息系统的,也不可能实现信息管理工作的科学化和高效化。

3. 项目管理信息系统的设计开发

设计开发项目管理信息系统的工作应包括以下三个方面:

(1)系统分析。通过系统分析,确定项目管理信息系统的目标和内容。因此,首先要调查建立项目管理信息系统的可行性,即对系统的现状进行调查。要清楚有哪些部门,每个部门有哪些信息需求,产生哪些文件和资料数据,并在此基础上列出目录,研究建立项目管理信息系统所需要的资金、资源、技术条件和时间,确定如何分期、分批、分阶段实现该系统。其次,调查建立系统的信息量和信息流,确定各部门需要保存的文件、输出和传递的数据格式;分析用户的要求,确定纳入管理信息系统的数据,哪些内容可以由电子计算机处理,哪些可以由人工计算,绘制信息系统的数据流程图。再次,确定电子计算机的技术要求,提出对电子计算机硬件和软件的要求,然后进行方案选优,同时还要注意为未来数据量的扩展留有余地。

(2)系统设计。利用系统分析的结果进行系统设计,建立系统流程图,提出程序的详细技术资料,为程序设计做准备。系统设计分两阶段进行:先进行概要设计,内容包括:输入及输出文件格式的设计、代码设计、信息分类、子系统模块和文件设计,确定流程图,提出方案的优缺点,判断方案是否可行,并提出方案所需要的物质条件;然后进行详细设计,将前一阶段成果具体化,包括输入、输出格式的详细设计,流程图的详细设计,程序说明书的编写等。

(3)系统实施。系统实施的内容包括程序设计与调试、维护、项目管理以及系统评价。

①程序设计。先根据系统设计明确程序设计的要求,如用何种语言、文件组织、数据处理等;然后确定计算机操作程序,绘制程序框图,再编写程序,检查并写出操作说明书。

②程序调试和系统调试。程序调试是对单个程序进行语法和逻辑检查,是为了消除程序和文件的错误。系统调试分两步进行。首先对各模块进行调试,确保其正确性;再进行总调试,即将主程序和功能模块联结起来调试,这是为了检查系统是否存在逻辑错误和缺陷。

③系统评价。为了检查系统运行结果是否达到系统设计提出的预定目的,需要进行系统管理效果评价,包括工作效率、管理和业务质量、工作辖度、信息完整性相正确性等方面的评价;还要对系统的经济性进行评价,包括系统的一次性投资额、经营费用、机器使用成本和生产费用的节约额等。

④系统维护。为了使程序和数据能够适应环境和业务的变化,需要对系统进行维护,包括改写程序、更新数据、增减代码、设备维修等。

⑤项目管理。把项目管理信息系统作为一个"项目"进行管理,要组织操作管理人员,拟订工作计划,并在实施时进行控制和检查。

二、项目沟通管理

沟通是人与人之间传递和沟通信息的过程。在项目组织内,沟通是正式的、非正式的领导与被领导之间的自上而下或自下而上的沟通信息的过程。在项目管理中,沟通管理是进行项目各方面管理的纽带,是在人、思想和信息之间建立的联系,它对于项目取得成功是必不可少的,而且是非常重要的。

无论何种规模及类型的项目都有其特定的周期。项目周期的每一个阶段都是重要的,甚至是关键性的。特别是大型土建工程和复杂的成套设备、生产线安装工程更是如此。显而易见,为做好每个阶段的工作,以达到预期标准和效果,就必须在项目部门内部、部门与部门之间,以及项目与外界之间建立沟通渠道,快速、准确地传递和沟通信息,以便项目内各部门达到协调一致;使项目成员明确各自的工作职责,并且了解他们的工作对实现整个组织目标所作出的贡献;通过大量的信息沟通,找出项目管理的问题,制订政策并控制评价结果。因此,缺乏良好的沟通,就不可能做好人力资源的管理工作,更不可能较好地实现项目目标。

(一)项目沟通管理的定义及特征

项目沟通管理是为确保项目信息及时且恰当地规划、收集、生成、发布、存储、检索、管理、控制、监督和最终处置所需的各个过程。主要包括规划沟通管理、管理沟通和控制沟通三个环节。规划沟通管理就是根据干系人的信息需要和要求及组织的可用资产情况制定合适的项目沟通方式和计划的过程;管理沟通是根据沟通管理计划,收集、生成、分发、存储、检索和最终处置项目信息的过程;控制沟通就是在整个项目生命周期中对沟通进行监督和控制以确保满足项目干系人对信息的需求的过程。

项目沟通管理具有以下特征:

(1)复杂。每一个项目的建立都与大量的公司、企业、居民、政府机构等密切相关。另外,大部分项目都是由特意为其建立的项目班子实施的,具有临时性。因此,项目沟通管理必须协调各部门以及部门与部门之间的关系,以确保项目的顺利实施。

(2)系统。项目是开放的复杂系统。项目的确立或全部或局部地涉及社会政治、经济、文化等诸多方面,对生态环境、能源将产生或大或小的影响,这就决定了项目沟通管理应从整体利益出发,运用系统的思想和分析方法,全过程、全方位地进行有效的管理。

(二)沟通规划

项目沟通管理在人、思想和信息之间建立了联系,这些联系对于取得成功是必不可少的。参与项目的每一个人都必须准备用项目"语言"沟通,并且要明白,他们个人所参与的沟通将会如何影响到项目的整体。项目沟通管理所涉及的知识领域是保证项目信息及时、正确地提取、收集、传播、存储以及最终处置所必需的。

沟通规划就是确定利害关系者的信息交流和沟通的要求。简单地说,也就是谁需要何种信息,何时需要以及应如何将其交到他们手中。虽然所有的项目都需要交流项目信息,但信息的需求和分发方法不大相同。识别利害关系者的信息需求,并确定满足这些需求的合适手段,是获得项目成功的重要保证。

1. 沟通规划的依据

(1)沟通要求。沟通要求是项目参加者信息要求的总和。它主要是通过综合所要求的信息内容、形式和类型,以及分析该信息的价值来确定的。项目资源只运用于那些有利于项目成功的信息上。确定项目沟通要求的信息一般包括:

①项目组织和利害关系者的责任关系。
②该项目需用的技术领域、部门和专业。
③由具体个人参与的该项目的后勤保证。
④外部信息联系,比如与新闻界的联系。

(2)沟通技术。在项目各部分之间来回传递信息所用的技术和方法很多。包括根据沟通的方向,分为单向沟通和双向沟通,横向沟通和纵向沟通;根据沟通的工具,分为书面沟通和口头沟通等等。选用何种沟通技术以达到迅速、有效、快捷地传递信息,主要取决于下列因素:

①对信息要求的紧迫程度。例如,项目的成功是否依赖于不断更新的信息,在想要时马上就能要到手,或者是只要有定期发布的书面报告就够了。
②技术的取得性。例如,项目已有的系统是否满足要求,或者项目的需求是否有理由要求扩大或缩小已有的系统。
③预期的项目环境。例如,所建立的通信系统是否适合项目参加者的经验和专业特长,或者是否进行广泛的培训和学习。

(3)制约因素和假设。制约因素和假设是限制项目管理班子选择的因素。项目沟通管理者应对其他知识领域各过程的结果进行评价,以发现它们可能影响项目通信的途径,并采取相应的措施。

2. 沟通规划的结果

(1)分析确定项目的利害关系者。项目利害关系者就是积极参与该项目或其利益受到该项目影响的个人和组织。项目管理班子必须弄清楚项目利害关系者,确定他们的需要和期望是什么,然后对这些期望进行管理和施加影响,确保项目获得成功。

一般地说,项目利害关系者包括顾客和发起人,内部的和外部的业主和出资者,供应商和承包商,管理班子成员及其家庭,政府机构和新闻界,公民和整个社会等。

项目管理班子分析各种利害关系者的类型及信息要求,主要考虑下列因素:

①考虑适合某种项目需求的方法和技术。

第十章 项目的沟通管理与冲突管理

②为项目成功提供所有必需的信息。

③不要让资源浪费在不必要的信息或不适用的技术上。

(2)制订沟通管理计划。沟通管理计划是规定项目未来沟通管理的文件。它一般在项目初期制订,其主要内容如下:

①详细说明信息收集渠道的结构,即采用何种方法,从何处收集各种各样的信息。

②详细说明信息分发渠道的结构,即信息(报告、数据、指示、进度报告、技术文件等)将流向何人,以及以何种方法传送各种形式的信息(报告、会议、通知)。这种结构必须同项目组织结构图中说明的责任和报告关系相一致。

③说明待分发信息的形式,包括格式、内容、详细程度和采用的符号规定和定义。

④订出信息发生的日程表。在表中列出每种形式的通信将要发生的时间;确定提供信息更新的依据或修改程序,以及确定在依进度安排的通信发生之前查找现时信息的各种方法。

⑤制订随着项目的进展而对沟通计划更新和细化的方法。

沟通计划可以是正式的、非正式的,也可以是非常详细的或仅仅是粗线条的。具体如何计算应视项目的需要而定。

(三)信息分发

信息分发就是把所需要的信息及时地分发给项目利害关系者。其中不但包括实施沟通管理计划,而且还包括对事先未打招呼而临时索取请求的回复。

1. 信息分发的依据

(1)项目计划的工作结果。作为项目计划执行的一部分,项目班子应收集工作成果的资料。例如,哪些可交付成果已经完成、哪些还没有,质量标准达到了什么程度,已花费或投入了多少费用等等,并纳入进度报告过程。

(2)沟通管理计划。根据项目早期所制订的沟通管理计划实施,并在实际操作中不断修改和完善,以适应项目的发展过程。

(3)项目计划。项目计划是在项目投标过程中,经过详细分析、论证并经过批准的正式文件,对此,项目班子应及时分阶段地把计划信息分发出去。

2. 信息分发工具和技术

(1)沟通技能。沟通技能是用来交换信息的。发出信息者负责信息的清楚、准确,以便信息到达接收者时正确无误,项目管理班子是主要的信息发布者。而信息的接受者绝大多数是项目的各种利害关系者,其责任是保证信息被完整、正确地理解。在项目管理中,其沟通过程如图10-1所示。

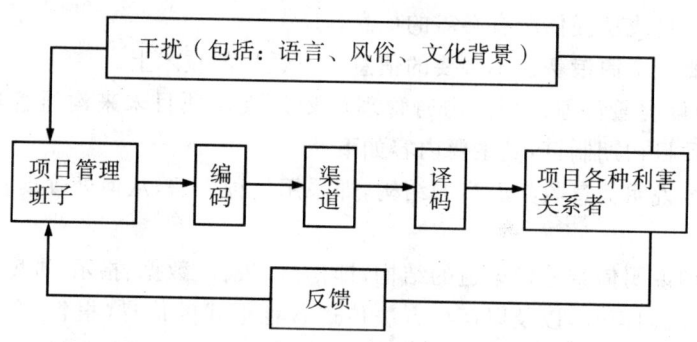

图 10-1　项目管理中的沟通过程示意图

项目沟通方式有如下几种：
①书面的(书面报告、呈报材料等)和口头的(指示、通知等)。
②内部的(在项目范围内)和外部的(对顾客、新闻界、公众等)。
③正式的(如报告、情况介绍会、讨论等)和非正式的(如备忘录、专门的谈话等)。

(2)建立项目管理信息系统。项目管理信息系统是用于收集、综合、散发及其他过程结果的工具和技术的总和。它的优点是能快速查处和处理纷繁复杂的事件。另外，系统信息可由项目管理班子成员通过各种方法共同使用。项目管理信息系统主要包括检索和分发两个子系统，前者由手工档案系统、电脑文本数据库、项目管理软件以及可以查询的诸如工程图纸等技术文件系统组成；后者主要包括项目会议、纸张复印文件、可公开查找的电脑数据库网络、传真、电子信件以及可视电话会议。

(3)信息分发结果。建立项目记录，在项目进行期间交流的信息应当尽可能地以各种方式收集起来，并要保管得井井有条，为以后的索赔、仲裁等提供有力的证据。特别是对来往单据的管理更应重视，防止发生丢失、短缺以及不能按时清理、提货和发运等现象的发生。

第二节　项目冲突管理

在所有的项目中都存在着冲突，项目冲突是项目组织的必然产物。在许多项目里，项目经理通常从启动阶段开始，便为解决项目的冲突而忙碌着。冲突并不可怕，有时冲突也是必要的，关键在于对冲突的认识、利用以及对冲突的解决。

一、项目冲突的概念

(一)冲突的定义

从心理学的角度讲,冲突是指发生于两个或两个以上的当事人之间,因对目标理解的相互矛盾以及对方对自己实现目标的妨碍而导致的一种激烈争斗。冲突的定义揭示了以下重要关系:

1. 冲突是发生于两个或两个以上的当事人之间的,如果只有一个人,不存在对立方,就无所谓冲突,而不相干的人之间也不可能发生冲突。

2. 冲突只有在所有的当事人都意识到了争议存在时才会发生。

3. 所有的冲突都存在着赢和输的潜在结局。参与冲突的各方为了达到各自的目标,总会千方百计地阻碍对方实现目标。

4. 总是以当事人各方相互依存的关系来满足各方的需求。即冲突与合作是可以并存的。例如,企业与员工在一些问题上经常存在着冲突,但当事人双方还可以始终保持着相互间的合作以达到各自的目的,即企业需要员工生产产品或提供优质服务以获取利润,员工则依靠企业为他们提供工作和收入,并实现自身的价值。

(二)冲突的基本观念

传统的观念是害怕冲突,力争避免冲突,消灭冲突,在妥协中维持组织的平静,在消极、退让中保持"团结一致";在沉闷、怯弱中盲目服从领导的"一言堂"。

现代的观念认为冲突是不可避免的,只要有人群的地方,就可能存在着冲突。现代管理学认为,一潭死水式的消极的平静对于组织来说并非好事;相反,有些冲突的存在更有利于组织的健康发展,有利于鼓舞人们的进取心,开辟解决问题的新途径,还能帮助克服消极和自满情绪,从而给组织带来高绩效。

当然,冲突的有利一面并不意味着冲突得越厉害越好。对于那些引发组织成员间敌对分歧、互不信任的冲突,涣散人心、引发内耗、降低组织凝聚力的冲突,必须坚决予以制止、反对。

冲突本身并不可怕,关键在于将冲突保持在适当的水平,既不能让它过高、过多,干扰了正常的工作秩序,也不能使其过少,使组织缺乏必要的生机与活力。

二、项目冲突的来源

在项目环境中,冲突是不可避免的。在大多数情况下,冲突总是因人而起。如果采取正确的方式,这些冲突通常在不影响项目计划之前就能被化解。认识冲突的起因和来源有助于更好地解决冲突。

(一) 冲突的来源

萨姆汉(Thamhain)和威尔蒙(Wilemon)曾经有过一次项目冲突管理的研究调查,总结了项目中最主要的七种冲突来源:

1. 进度计划冲突。项目团队中,由于在项目组织中所处的位置不同,项目经理和团队在从对项目目标的理解到项目的实际产出中都会产生分歧,围绕项目有关任务的时间确定、程序安排和进度计划会产生不一致。进度计划冲突有时还与技术问题和人力资源问题有关。

2. 项目优先权冲突。优先权问题带来的冲突主要表现在两个方面:其一是工作活动的优先顺序,其二是资源分配的先后顺序。优先顺序的确定常常意味着项目重要的程度和项目组织对其关注的程度,这常常会引起冲突。

3. 人力资源冲突。项目团队有很多是来自其他职能部门或者支持部门,这些人需服从本部门的调度,也很可能为多个项目服务;而且实际中,项目经理也可能无法获得项目真正需要的人力资源。于是,在资源的调配和分配上会出现冲突。

4. 技术问题冲突。项目执行中,技术人员可能较多关注于技术细节、技术完美和规范指标,很多时候倾向于采用新技术、进行技术创新;而项目经理则可能从项目全局考虑,关注进度、成本、客户需求等全局因素,从整体上把握项目目标,对于不确定、不成熟的创新不敢轻易采用,于是冲突就可能发生。

5. 管理程序的冲突。管理好一个人员众多、事务庞杂的项目并不是一件容易的事,项目经理也不可能在所有管理细节上让所有成员都满意。关于项目的组织机构、成员责任和权力的划分、项目信息的沟通方式、规章制度的制订、工作程序的实施、工作绩效的评价等,都不可避免地会存在着冲突。

6. 个性冲突。这种冲突是工作生活中普遍存在的。每个成员都有自己的价值取向、性格特征、生活理念,并不是每个项目成员都能彼此适应或相容的。在实际中,很多冲突类型往往都伴随着个性冲突的因素,或者因个性冲突而表现为其他冲突(如因心理上的不相容而表现为轻易否决别人的意见),或者由其他冲突转化为个性冲突(如由最初的工作讨论发展为心理上隔阂、互相敌视)。

7. 费用的冲突。在实现项目的进程中,由于项目参与人各有不同的利益出发点,经常会由于某项工作需要多少成本而产生冲突。这种冲突多发生在客户和项目团队之间、管理决策层和执行队员之间。例如,对于某项目既定任务,财务部门或上级主管认为投入50万元可以完成,项目团队技术人员从技术完善角度出发认为需60万元,客户(业主)方则打算投入40万且要求获得优良、完美的产品或服务。项目经理必须在这诸多利益中斡旋,谨慎进行项目成本控制,而冲突也在所难免。

第十章 项目的沟通管理与冲突管理

以上这七种冲突源,在项目实施过程中的影响力大小是不同的,国外学者对项目进程中的冲突强度进行了排序,如图10-2所示,可以作为项目管理者的参考。

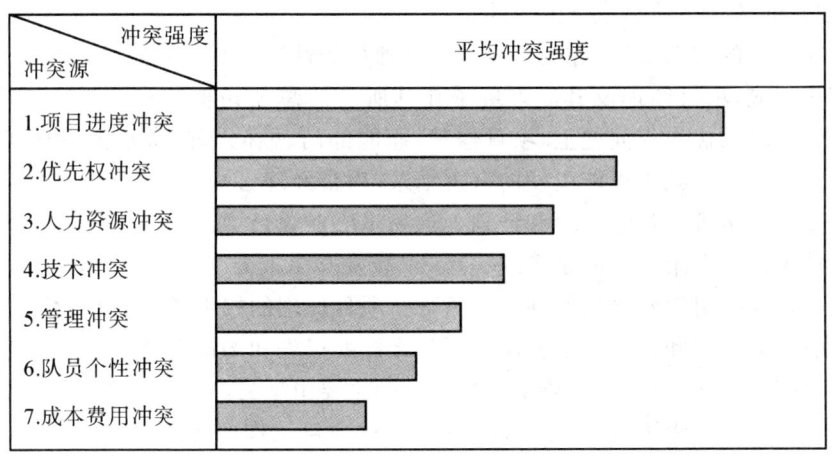

图10-2 项目进程中平均冲突强度

(二)项目生命周期中的冲突

从项目的生命周期角度来考察冲突,把握每阶段可能出现的冲突源、冲突的性质、冲突的强度,有利于寻找更好的解决冲突的模式。

国外学者台汉和魏尔曼收集了有关项目生命周期每一阶段冲突的频率与冲突的重要程度的统计数据,其研究成果如图10-3所示。

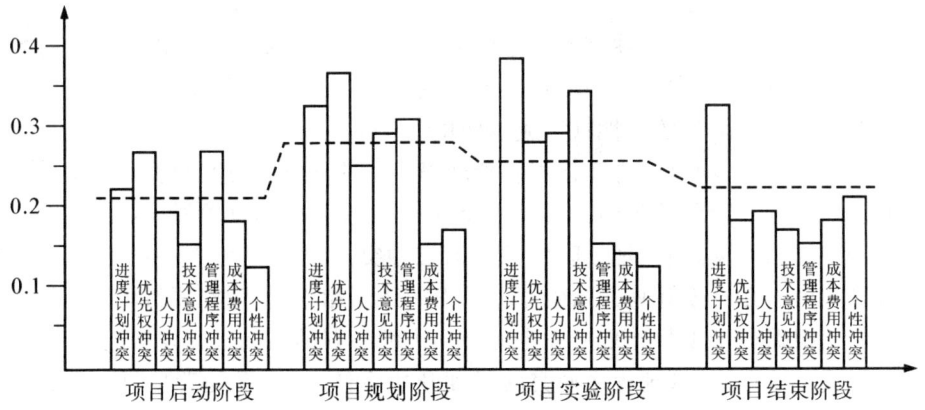

图10-3 项目生命周期中冲突的相对分布

1. 项目启动阶段

启动阶段是项目生命周期中的第一阶段，在这一阶段中冲突源的排序如下：(1)项目优先权；(2)管理程序；(3)项目进度计划；(4)人力资源；(5)成本费用；(6)技术问题；(7)项目成员的个性。

在项目的启动阶段，冲突呈现出一些独特的性质。在这一阶段，项目组织还未真正形成，项目经理及其经理班子在其所属的总公司框架中开始启动项目。在工作活动的优先权问题上，项目经理、职能部门、顾问部门常常会孕育和产生冲突。要消除和减少可能引发的有害结果，项目经理必须对优先权引发的冲突、所带来的冲击进行仔细评价和计划。这一步应在项目生命周期内尽可能早地完成。冲突源排在第二位的是管理程序，它涉及几个非常关键的管理问题，例如：如何设计项目组织？项目经理向谁负责？项目经理的权力是什么？项目经理能否控制人力资源和物资资源？应使用什么样的报告和沟通渠道？由谁来建立项目的进度计划和质量、性能要求？这些问题主要由项目经理来负责，冲突常在这个过程中发生。为了避免因这些问题而导致项目工作的延误，尽早地建立清晰的程序是非常重要的。

项目的进度计划在另外的领域中也很典型，在那里已建立起来的项目团队可能不得不通过调整他们自己的运行以适应新型的项目组织。大多数项目经理证实，即使在理想的条件下，这种调整也极可能引发冲突，这就意味着有关职能部门的现有运作方式和内部权力的重新定位。这些职能部门可能被完全地分配给了其他项目，从而针对职能部门人员和其他资源的谈判可能成为项目启动阶段重要的冲突源。因此，在项目启动时，针对这些问题的有效计划与磋商就显得非常重要。

2. 项目规划阶段

在这个阶段中，主要冲突源的排序如下（注意它与第一阶段以及三、四阶段的区别）：(1)项目优先权；(2)项目进度计划；(3)管理程序；(4)技术问题；(5)人力资源；(6)项目队员的个性；(7)成本费用。

项目优先权、项目的进度计划和管理程序上的冲突仍然是重要的冲突，其中一些表现为上一阶段的延伸。通过比较可发现，在项目启动阶段，强度排在第三位的进度计划冲突，到了规划阶段成了第二冲突。许多进度计划冲突发生在第一阶段是由于在进度计划开始建立上的不一致。相比之下，在项目规划阶段，冲突可能是根据整个项目计划所确定的目标进度计划的强制性而发展起来的。

在这一阶段中，管理程序冲突的强度开始降低，这表明随着项目的推进、各项规章制度的建立，可能出现的管理问题，无论在数量上还是频率上都会减少。但是，这并不代表项目最初阶段可能发生的管理冲突在以后阶段就可避免，相反，任何管理上的松懈都有可能使项目陷入混乱和冲突状态。

在项目规划阶段,技术冲突也变得显著起来,从前一阶段的第六位上升到这一阶段的第四位。这种冲突往往是由于项目的职能部门或项目协作方不能满足技术要求或要求增加它所负责的技术投入而导致的。这种行为会消极地影响项目经理的成本和进度目标。

个性冲突往往难以解决。即使看来很小的个性冲突,也可能给整个项目带来比非人员问题冲突(这种冲突倒可以在例行的基础上解决)更具分裂性和更有害的后果。许多项目经理还指出,成本冲突在项目规划阶段趋低主要有两个原因:其一是成本目标建立的冲突并没有给大多数项目经理造成强烈的冲突;其二是一些项目在规划阶段还未足够成熟,不至于引发项目经理与项目有关执行人员之间关于成本的冲突。

3. 项目实施阶段

在这一阶段中,主要的冲突源排序如下:(1)项目进度计划;(2)技术问题;(3)人力资源;(4)项目优先权;(5)管理程序;(6)成本费用;(7)团队队员的个性。

由于项目已处于执行期,主要冲突源的排序与其他阶段相比已发生了明显的变化。在复杂的项目过程中,可能需要其他团队或分包商来协助项目的执行,各个支持方、合作方的协调配合决定着项目能否按计划如期推进。当不同的合作方介入项目时,由于项目工作任务(或子项目)内存的逻辑关系,某一方工作的滞延便会引起整个项目的连锁反应。

进度计划冲突往往是在项目的早期发展起来的,它们常与进度计划的建立有关。在项目实施阶段,项目经理的职责常常表现为对进度计划的"管理与调整",计划的调整会导致更加强烈的冲突。

技术冲突也是实施阶段的一种最重要的冲突源。有两个主要原因可以解释这个阶段中技术冲突的高强度:其一是实施阶段以项目各子系统的第一次集成为特征,比如结构管理。由于集成过程的复杂性,因而常在子系统集成欠缺或一个子系统技术落后时产生冲突,这将轮流影响其他的部件和子系统。其二是部件可以按原型设计但并不确保所有的技术问题都被消除。在实施阶段中,还可能在可靠性与质量控制标准、各种设计问题和测试程序上发生冲突。所有这些问题都会严重冲击项目,并给项目经理带来强烈的冲突。

人力资源在这一阶段排为第三位。对人力的需要在实施阶段达到了最高水平。如果有关的参与方还向其他项目提供人员,人力供应能力的严格限制和项目需求的一再扩大必定产生矛盾。

优先权冲突作为主要冲突源的强度在这一阶段中继续下降。项目优先权是一种极易在项目早期出现的冲突形式。管理程序、费用和个性冲突排在各冲突源的最后。

4. 项目结束阶段

这一阶段是项目生命周期的最后阶段，此时，冲突源发生了一定的变化，其排序为：(1)项目进度计划；(2)项目成员的个性；(3)人力资源；(4)项目优先权；(5)成本费用；(6)技术问题；(7)管理程序。

在这一阶段，项目进度计划再次成为最主要的冲突因素。许多在实施阶段发生的进度计划错位很容易传递到项目的结束阶段。从量的积累到项目质的变化，这些错位的积累在这一阶段将会严重影响整个项目，甚至会导致项目目标的最终失败。

项目队员的个性冲突排在第二位并不奇怪，这时主要有两个原因：其一是项目团队队员对未来的工作安排的关注与紧张是不容忽视的；其二是由于项目参加者在满足紧迫的进度计划、预算、性能要求与目标上承受的压力，人际关系可能在这个阶段受到相当大的损伤。

排在冲突源第三位的是人力资源冲突。在这一阶段中，人力资源冲突的强度趋于上升，这是因为公司中新项目的启动常常会与进入结束阶段的项目进行人才争夺。相反，项目经理也可能经历这样的冲突，即公司的职能部门应该吸收剩余队员回去，但回去的队员却影响项目团队的预算和项目组织的可变性。

结束阶段的优先权冲突经常直接或间接地与公司内其他项目的启动有关。较典型的是，新组成的项目工作任务可能需要得到急切的关注和承诺，但关注和承诺不得不被压在很紧的进度计划内。与此同时，队员可能因为当前的项目进度变动与事前承诺之间的冲突，或者因为突然而来的新工作安排而过早地离开目前的项目。在任何一种情况下，由于在进度计划、人力和个性上组合起来的压力，都使得优先权冲突退到最后。

从图10-4可以看出，费用、个性和管理程序基本排在冲突源的最后。众多的项目实践表明，虽然在这个阶段的费用控制很棘手，但强烈的冲突通常不会发生。费用冲突大多数是在前几阶段的基础上逐渐发展起来的，在这一阶段并非是项目问题的焦点。

技术和管理程序问题排在最后。道理很显然，当项目到达这个阶段时，大多数技术问题已经解决，管理程序问题也基本如此。

三、项目冲突的解决模式

项目存在于一个冲突的环境中，冲突是项目的存在方式。项目的发展进程如同人的成长过程一样，当一个人经历了许多困难和挫折之后，便逐渐变得更加成熟、坚毅。如果冲突能处理得当，它能极大地促进项目的工作。冲突能将问题及早暴露出来并引起团队成员的注意；冲突迫使项目团队寻求新的方法，培养队员的积极性和创造性，从而实现项目创新；它还能引发队员的讨论，形成一种民主氛围，从而促进项目团队的建设。正是在这样一个冲突的环境中，项目才得以不断发展和创新。

尽管引发冲突的因素各式各样，尽管不同的冲突源在项目的整个生命周期中呈现出不同的性质，但面对众多的冲突，一般认为有以下五种基本的解决模式：

1. 回避或撤出。回避或撤出的方法就是让卷入冲突的项目成员从这一状态中撤离出来，从而避免发生实质的或潜在的争端。有时，这种方法并不是一种积极的解决途径。例如，项目中某个队员对另一个队员提出的技术方案有异议，如果他采取回避或撤出的态度，把自己更好的方案掩藏起来，这会对项目工作产生重大的不利后果。

2. 竞争或逼迫。这种方法的实质就是"非赢即输"。它认为在冲突中获胜要比"勉强"维持人际关系更为重要。这是一种积极的冲突解决方式。比如在上例中，如果该团队队员据理力争，项目必定会以更好的技术方式实施。当然，有时也会出现这种解决方式的另一种极端情形，即用权力进行强制处理。例如，项目经理与某位队员就关于购买哪家供货商的原材料发生冲突，如果项目经理不顾原材料的质量和价格，强行命令要购买甲公司的，这时就会引起队员的怨恨，恶化工作的氛围。

3. 缓和或调停。"求同存异"是这种方法的实质。这种方法的通常做法是忽视差异，在冲突中找出一致的方面。这种方法认为，团队队员之间的友好关系比解决问题更为重要，通过寻求不同的意见来解决问题会伤害队员之间的感情，从而降低团队的凝聚力。尽管这一方式能缓和冲突，避免某些矛盾，但它不利于问题的彻底解决。

4. 妥协。协商并寻求争论双方在一定程度上都满意的方法是这一方式的实质。这一冲突解决的主要特征是"妥协"，并寻求一个调和的折中方案。有时，当两个方案势均力敌、难分优劣时，妥协也许是较为恰当的解决方式，但是，这种方法并非永远可行。例如，项目团队的某位队员认为完成管道铺设的成本费用大概需要5万元，而另一个却说至少需要10万元，经过妥协，双方都接受了7万元的预算，但这并非是最准确的预算。

5. 正视。直接面对冲突是克服分歧、解决冲突的有效途径。通过这种方法，团队成员直接正视问题、正视冲突，要求得到一种明确的结局。这种方法既正视问题的结局，也重视团队成员之间的关系。每位队员都必须以积极的态度对待冲突，并愿意就面临的问题、面临的冲突广泛地交换意见。暴露冲突和分歧，才能寻求最好的、最全面的解决方案。这是一个积极的冲突解决途径，这需要一个良好的项目环境。在这种方式下,团队队员之间的关系是开放的、真诚的、友善的。

以诚待人、形成民主的讨论氛围是这种方式的关键。分歧和冲突能激发团队队员的讨论,在解决冲突时,决不能夹杂个人的感情色彩。应花更多的时间去理解把握其他成员的观点和方案,善于处理而不是压制自己的情绪和想法。

通过对众多项目经理解决冲突方式的考察,项目管理专家们总结出了如图10-4 所示的冲突解决方式的使用情况。

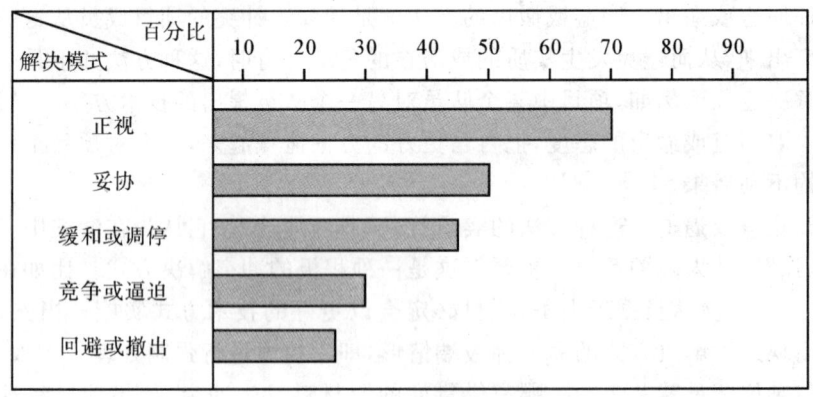

图 10-4 项目冲突的解决模式

从图 10-4 中可以看出,正视是项目经理最常用的冲突解决方式,有 70% 的经理喜欢这种冲突解决模式。排在第二位的是以权衡和互让为特征的妥协模式,然后是缓和(调停)模式,最后是竞争(或逼迫)和回避(或撤出)模式。

项目经理在对冲突解决模式的态度方面,除了经常使用前两种(正视和妥协)模式之外,他们也经常把其他几种方式应用于解决与团队队员、主管上司、职能部门的冲突。相对而言,正视较多地应用于解决与上级的冲突中,妥协则常常应用于解决与职能部门的冲突中。就项目经理解决冲突和纠纷的方法而言,资料表明,正视模式是最常用的。在以前的研究中,项目专家博克提出正视是解决冲突最有效的办法。

虽然正视在大多数情况下被认为是理想的方法,但是根据纠纷局面的特定内容,其他模式也可以同样有效。例如,撤出可以在得到新信息之前暂时用来平息团队之间不友好的行为。但如果不能找到根本的解决办法,而把撤出作为一种基本的长期策略的话,最终可能使某个冲突逐渐升级。

在其他情况下,只要妥协和缓和不严重影响整体项目目标,项目经理也可以把它们当作有效的策略。此外,竞争是一种非赢即输的模式。即使项目经理在特定问题上取胜,与被强制一方的未来关系也可能受到损害。尽管如此,一些项目管理者认为,在某些情形下,竞争或逼迫的模式是唯一的解决方法。从一定程度上来说,正视可能包括了所有处理冲突的模式。正视的实质就是在特定的冲突中寻求最恰当的解决方式。例如,在解决某个冲突中,项目经理或管理者可以采用撤出、妥协、竞争和调停等模式,以期该冲突最终得到有效的解决。而正视的目的,就是寻求恰当的解决方法,从而得到有关方面都能接受的最佳方案。

总之,冲突管理和解决是项目管理中的重要内容。在项目的冲突环境中,项目经理不仅要清楚冲突的可能来源,更要把握冲突的强度、性质,从而预见它们在项目生命周期中,何时最有可能发生。研究项目的冲突,无疑会增强项目管理者趋利避害的本领。

四、项目中的冲突管理

(一)深入分析可能的项目冲突源,减少有害冲突的发生

对于前述项目生命周期中的冲突分布,项目经理必须十分了解,并能在事前通过计划对可能发生的冲突予以考虑或安排处理方案。如果项目经理懂得在项目生命周期中每种冲突源的重要程度和性质,他可能就有更有效减少冲突的策略。表 10-1 根据项目生命周期各阶段最易出现的一些最重要的冲突源,总结出了一些减少其有害影响的建议。

表 10-1 项目生命周期、主要冲突源及策略建议

项目阶段	冲突源	策略建议
项目启动阶段	优先权	清楚定义的项目计划、联合决策以及有关部门协商
	程序	建立在项目执行中队员都要遵守的详细管理作业程序,建立理解说明或证明
	进度	在项目开始之前建立进度计划,预测其他部门优先权和对项目可能带来的影响
项目规划阶段	优先权	通过碰头会向支持领域提供对既定的项目计划和需求的有效反馈
	进度	在与职能部门的合作中完成工作任务包的进度
	程序	制订关键管理问题的预备计划
项目实施阶段	进度	在项目进程中连续地监督与有关部门沟通的结果,预见问题并考虑替代方案,确认需要密切监督的问题
	技术	尽早解决项目的技术问题,向技术人员通报进度计划和预算的约束,重视早期的技术测试,尽早对项目的技术方案达成共识
	人力	尽早预测和协调对人力资源的需求,向职能和顾问部门提出人力需求的优先权

续表

项目阶段	冲突源	策略建议
项目结束阶段	进度	在项目生命周期中密切监督进度,考虑向可能出现进度差错的关键项目重新调配队员,及时解决可能影响项目进度的技术问题
	人性和人力	在项目接近完成时做好人员重新分配计划,与项目班子和协作方保持和谐的工作关系,努力缓和紧张的工作气氛

(二)以正确的观念对待冲突

如前所述,冲突既是不可避免的,也是必不可少的。必须将其保持在适当的水平,既不能让它过高、过多,干扰了正常的工作秩序,也不能使其过少,使组织缺乏必要的生机与活力。

当项目团队陷入团队陷阱,产生无敌遐想、自我高估、思考惰性,或片面追求团结、统一时,项目经理必须善于引导、刺激,甚至制造矛盾,让团队成员在现实中能保持进取心,保持清醒的头脑,为项目积极出谋划策。

当冲突发生后,项目经理要善于根据冲突的程度,采用前述的不同的冲突解决模式的组合,防止冲突的激化。一般而言,只要冲突限于工作范围内,不带有强烈的个人爱憎、喜恶、中伤、攻击等倾向,就都是可以接受的。如果冲突由最初的工作转移到私人之间,或带入私人生活中,这时项目经理就必须介入。

(三)加强沟通,培养团队精神,形成有益的项目文化氛围

如上所述,工作范围内的冲突都可以接受,但实际上项目经理往往很难把握该何时介入冲突调解之中,因为人的外在行为有时并不一定能反映其内心世界。例如,一个小组成员在与其组长发生冲突后,最终可能会表现出服从,但内心可能是完全的反对与不支持,甚至在以后的工作中表现为消极应付。

从根源上说,在日常工作、生活中创造出一种和谐、愉悦的项目文化氛围,培养出正确的工作态度与冲突理念,能帮助我们有效地利用冲突的有利面,抑制冲突的不利面,实现冲突的有效管理。以下几点建议有助于形成健康的项目文化氛围:

1.项目目标理念的强化。在冲突双方形成对立、陷入僵局的情况下,关键在于转换思路,从对方言谈中寻求共同点,进一步建立共同语言。只要双方能形成共识,哪怕只是在一个小问题上,也是打破僵局的开始。在项目冲突中,最根本的共识就是对项目目标的响应。在项目工作中,双方积极从共同的项目目标着手,在此基础上彼此的冲突就不至于过度激化。项目经理在日常的项目环境中,应善于安排、布设醒目的标志,让项目目标、子目标深入到团队成员的心中,使其自觉地将自己的各项工作、各种思想统一于共同的项目目标。

2. 丰富工作方式、生活方式,加强沟通联系,创造和谐氛围。项目的管理既要强调工作的纪律性、制度性,也要保持一定的自由度,让大家在轻松愉悦中工作,在充实有序的工作中享受生活。在日常工作之余,项目经理可组织各种形式的游戏、活动,通过项目成员的参与,让大家彼此在交往中加强沟通联系,在交往中加深彼此的理解与信任,从而以积极的心态投入到工作中,以健康的心态面对冲突。

3. 培养团队精神。项目是由团队完成的,团队间有分工,更应强调协作。拥有强大凝聚力的团队,在工作中不是互相指责、推诿,而是互相帮助、支持。在这样一种精神的支配下,成员间的沟通自然也就更有效,冲突激化的可能性也较小。

培养团队精神涉及很多方面,很大程度上在于项目经理在日常管理中的贯彻宣扬,例如通过张贴标语、发放纪念品等可加深对团队成员的感官刺激;通过项目目标宣传、项目前景分析沟通,可提高团队的责任感和荣誉感;通过开展游戏、组织活动,可增强团队的参与性;通过项目成员的管理参与、决策建议,可增强团队的协作性等。

(四)冷静面对冲突

项目冲突发生时,项目经理要做的第一件事就是保持冷静。切不可轻易卷入冲突,更不能感情冲动,甚至失去理智,随意压制冲突,这样做的结果只能导致冲突的进一步恶化。

冷静并不意味着沉默,冷静是为了让头脑在高度清醒下做出有效的决策。只有保持冷静的头脑,才能对冲突进行细致的调查、分析,抓住冲突的要害,从而提出有效的对策或采取有效的解决方式。

(五)原则性与灵活性相结合

如前所述,统计表明,大多数项目经理都认为正视是最有效的解决冲突办法,而事实上也确实如此,它不会为未来的工作生活留下太多的"后遗症"。

尽管如此,现实中正视冲突并不易于操作,它需要项目经理掌握较多的沟通技巧、策略。在正视冲突时,项目经理必须善于将原则性与灵活性相结合,也就是在不违背项目目标、项目计划任务的大原则下,照顾冲突双方的观点、要求,在一些枝节问题上予以让步、调和,讲求一些变通与灵活,这会大大有助于冲突的解决。

第三节 项目集成管理

在项目全过程中项目的各项活动、各个要素和干系人的各项要求与期望等之间存在着关联性,相互影响和制约,因此,必须对项目进行集成管理,以便通过项目集成管理对项目的实施与管理活动和目标进行全面的协调与控制。

一、项目集成管理的概念

项目集成管理也成为项目整合管理,指为识别、定义、组合、统一与协调项目管理过程组的各过程及项目管理活动而进行的各种过程和活动。它是一项全局性和综合性的工作。项目集成管理必须依赖项目管理其他知识领域的活动(见图10-5),其主要任务包括选择资源分配方案、平衡相互竞争的目标和方案以及管理项目管理知识领域之间的依赖关系。

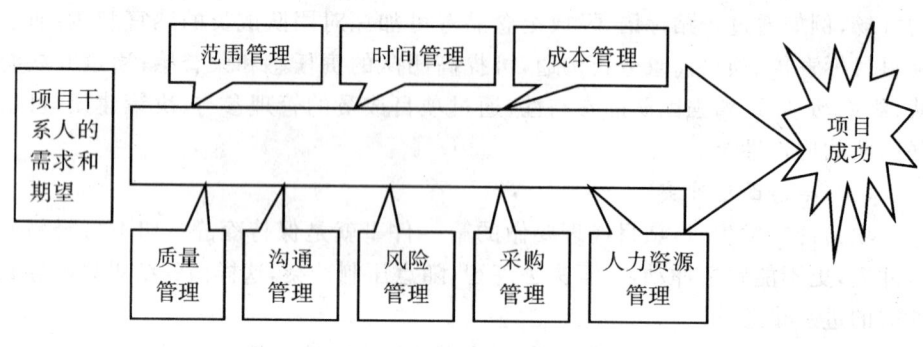

图10-5 项目集成管理与其他知识领域的关系

二、项目集成管理的作用

"集成"或"整合"兼具统一、合并、连接和一体化的性质,对完成项目、成功管理干系人期望和满足项目要求,都至关重要。

1. 项目集成管理是一项全局性的管理工作,它从全局出发协调和控制项目各个方面和各个局部的管理工作。项目管理中存在许多方面和许多局部的工作,这些工作分别由不同的部门和不同的项目管理人员来完成,因此需要协调和统一。而项目集成管理就是包括在项目生命周期过程中协调其他所有的项目管理知识领域所涉及的管理和工作过程,其目的在于确保项目所有的组成要素协调一致,以成功地完成项目。

2. 项目集成管理是一项综合性的管理工作,它综合了项目各个方面和各个要素。项目管理其他知识领域都是针对项目某一特定方面的目标而开展的管理工作,例如项目范围管理是针对项目范围而进行的管理与控制,项目时间管理是针对项目的进度和工期而进行的管理与控制,而项目集成管理设计为了满足或超过项目干系人的需要和期望而对竞争性的目标进行权衡,它主要包括三个管理过程,即项目计划的制订、项目计划的实施和集成变更控制。这三个过程不仅彼此间相互作用,还与其他知识领域的管理过程相互作用。

3. 项目集成管理是一项内外结合的管理工作。项目集成管理包括界面管理,它除了要协调项目内部的各个方面外,还要协调项目外部的许多方面。

4. 集成管理也存在于其他项目管理知识领域。如:项目的范围与产品的范围管理要集成,项目工作与组织的日常工作需要集成,来自于不同技术专家的意见需要集成等。

5. 项目集成管理主要是项目经理的责任。在项目管理过程中,项目团队成员完成各自的管理工作,而项目经理要综合全局,把项目的各项工作集成为一个整体。作为集成者,项目经理应该对竞争性的目标进行权衡和决策。

三、项目集成管理过程

项目集成管理包括了 6 个过程:

1. 制定项目章程

制定一份正式批准项目或阶段的文件,并记录能反映干系人需要和期望的初步要求。

制定项目章程的目的是,明确定义项目开始和项目边界,确立项目的正式地位,以及高级管理成直述他们对项目的支持。

2. 制定项目管理计划

对定义、编制、整合和协调所有子计划所必需的行动进行记录。

项目管理计划是项目所有工作依据,它确定了项目的执行、监控和收尾方式,其内容因项目的复杂程度和所在领域不同而异。

3. 指导与管理项目执行

为实现项目目标而执行项目管理计划中所确定的工作。

指导与管理项目执行就是对项目工作提供全面的管理。主要是指导实施已计划好的项目活动,并管理项目内的各种技术接口和组织接口,保证项目的运行方向正确并保持合理的节奏。

指导与管理项目执行还需实施已批准的变更,包括为保证项目按管理计划进行而采取预防措施、纠正措施和缺陷补救。

4. 监控项目工作。跟踪、审查和调整项目进展,以实现项目管理计划中确定的绩效目标。

本过程的主要作用是,让干系人了解项目的当前状态、已采取的步骤,以及对预算、进度和范围的预测。

5. 实施整体变更控制。审查所有变更请求,批准变更,管理对可交付成果、组织过程资产、项目文件和项目管理计划的变更。

本过程的主要作用是,从集成的角度考虑记录在案的项目变更,从而降低因未考虑变更对整个项目目标或计划的影响而产生的项目风险。

6. 结束项目或阶段。完结所有项目管理过程组的所有活动,以正式结束项目或阶段。

本过程的主要作用是,总结经验教训,正式结束项目工作,为开展心工作而释放组织资源。

集成管理的作用是保证各种项目要素协调运作,对冲突目标进行权衡折衷,最大限度满足项目相关人员的利益要求和期望。

四、制定项目章程

(一) 制定项目章程的依据

1. 项目工作说明书

项目工作说明书是对项目所需交付的产品或服务的叙述性说明。对于内部项目:项目启动者或发起人根据业务需要及对产品或服务的需求,来提供工作说明书。对于外部项目:工作说明书则由客户提供,可以是招标文件的一部分,或合同的一部分。项目工作说明书中涉及的业务需要、产品范围描述(说明应是项目创造的产品或服务要求与特征的文件)及组织战略计划是制定项目章程的主要依据。

2. 商业论证

商业论证或类似文件能从商业角度提供必要的信息,决定项目是否值得投资。可基于以下一个或多个原因而编制商业论证:

市场需求;组织需要;客户要求;技术进步;法律要求;生态影响;社会需要等。

3. 合同

如果项目是为外部客户而做的,则合同是本过程的输入之一。

4. 事业环境因素

可能影响制定项目章程过程的事业环境因素主要包括:政府或行业标准;组织的基础设施;市场条件。

5. 组织过程资产

可能影响制定项目章程过程的组织过程资产主要包括:组织的标准过程、政策,以及组织所采用的标准化的过程定义;模板(如项目章程模板);历史信息与经验教训知识库。

(二)制定项目章程的工具和技术

1. 专家判断

专家判断常用于评估制定项目章程的输入(依据)。在本过程中,可以借助专家判断和专业知识来处理各种技术和管理问题。专家判断可来自具有专业知识或专业培训经历的任何小组或个人,并可通过许多渠道获取,包括:组织内的其他部门的顾问;干系人;专业与技术协会;行业协会;主题专家及项目管理办公室等。

2. 引导技术

引导技术规范应用于项目各管理过程,可用于项目管理章程制定的引导技术主要有头脑风暴、冲突处理、问题解决和会议管理等。

(三)项目章程

项目章程记录业务需要、对客户需求的理解,以及需要交付的新产品、服务或成果,其主要内容如下:

1. 项目目的或批准项目的原因;
2. 可测量的项目目标和相关的成功标准;
3. 项目的总体要求;
4. 概括性的项目描述;
5. 项目的主要风险;
6. 总体里程碑进度计划;
7. 总体预算;
8. 项目审批要求;
9. 委派的项目经理及其职责和职权;
10. 发起人或其他批准项目章程的人员的姓名和职权。

五、制定项目计划

项目计划,也被称为项目集成计划,它是用全局的观点,将项目的各种专项计划(即项目其他计划编制过程的结果)进行综合与集成,建立一个连贯、一致的文档。项目计划是一份经过批准的正式文件,它是一个总结性的管理文件,用来协调其他的计划,其中给出了项目开展的理由、项目的目标和如何达成这些目标等内容。

项目计划对项目来说至关重要。要想进行跨知识领域、跨组织的集成管理,必须具备一个好的项目计划。拙劣的项目计划是导致项目失败的重要原因;没有详细的项目计划,无论项目的规模大小,一开始就注定要失败。

(一)制定项目计划的依据

1.项目章程。

2.其他规划过程的输出。范围、时间、费用、质量、沟通、冲突、采购、风险及干系人管理等环节的管理子计划。

3.事业环境因素

可能影响制定项目管理计划过程的事业环境因素包括:政府或行业标准,市场或专业领域的刮泥知识等;项目管理信息系统(如自动化工具,包括进度计划软件、配置管理系统、信息收集与发布系统,或进入其他在线自动化系统的网络界面等);组织结构与文化;基础设施(如现有设施和固定资产)及人事管理值得等。

4.组织过程资产

可能影响制定项目管理计划过程的组织过程资产主要包括:标准化的指南、工作指示、建议书评价准则和绩效测量准则;项目管理计划模板;变更控制程序,包括修改公司标准、政策、计划和程序(或任何项目文件)所需遵循的步骤,以及如何批准和确认变更;以往项目的项目档案;历史信息与经验教训知识库;配置管理知识库,包括公司标准、政策、程序和项目文件的各种版本与基准。

(二)制定项目计划的工具与技术

1.专家判断

在制定项目管理计划时,专家判断可用于:

根据项目需要而"剪裁"项目管理过程;

编制应包括在项目管理计划中的技术与管理细节;

确定项目所需的资源与技能水平;定义项目的配置管理级别;

确定哪些项目文件需要经过正式的变更控制过程。

2.引导技术

引导技术规范应用于项目各管理过程,可用于项目计划制定的引导技术主要有头脑风暴、冲突处理、问题解决和会议管理等。

(三)项目管理计划

制定项目计划的结果形成项目管理计划。项目管理计划合并与整合了其他各规划过程所输出的所有子管理计划和基准。项目管理计划还包括一下内容:

项目所选用的生命周期以及各阶段将采用的过程;

项目管理团队进行"剪裁"的结果:项目管理团队所选择的项目管理过程、每个所选过程的执行程度、对这些过程所需的工具和技术的描述(包括过程间的依

赖关系和相互影响,以及这些过程的主要输入和输出);

关于如何执行工作以实现项目目标的描述;

一份变更管理计划,用来明确如何对变更进行监控;

一份配置管理计划,用来明确如何开展配置管理;

如何维护绩效测量基准的严肃性;

干系人的沟通需求和适用的沟通技术;

为处理未决事宜和制定决策所需开展的管理层重点审查,以便审查相关内容、涉及程度和时机把握。

项目计划具有如下目的和用途:

1. 管理项目执行和指导项目实施。这是项目计划的最主要用途。
2. 建立项目目标,识别关键活动。
3. 明确项目需求,确定项目范围。
4. 对项目团队成员任务和职责进行分配。
5. 描述项目的约束条件和假设前提。
6. 将选定的方案编制成文档。
7. 便于项目干系人进行沟通。
8. 为项目质量、进度和费用提供测量和控制基准。

六、指导与管理项目执行

(一)指导与管理项目执行

1. 项目管理计划
2. 批准的变更请求
3. 事业环境因素

包括组织、公司或客户的文化与结构;基础设施(如现有的设施和固定资产);人事管理制度(如人员雇用与解聘指南、员工绩效评价与培训记录)干系人风险承受力;项目管理信息系统(如自动化工具,包括进度计划软件、配置管理系统、信息收集与发布系统或进入其他在线自动化系统的网络界面)。

4. 组织过程资产

包括标准化的指南和工作指示;组织对沟通的规定,如许可的沟通媒介、记录保存政策以及安全要求;问题与缺陷管理程序,包括对问题与缺陷的控制、识别与处理,以及对相关行动的跟踪;过程测量数据库,用来收集与提供过程和产品的测量数据;以往项目的项目档案(如范围、成本与进度基准,绩效测量基准,项目日历,项目进度计划,项目进度网络图,风险登记册,风险应对计划和风险影响评价);问题与缺陷管理数据库,包括历史问题与缺陷的状态、控制情况、解决方案,以及相关行动的结果。

(二)指导与管理项目执行的工具和技术

1. 专家判断

用于评估"指导与管理项目管理计划执行"所需的依据(输入)。在本过程中,可以使用专家判断和专业知识来处理各种技术和管理问题。专家判断由项目经理和项目管理团队依据其专业知识或培训经历做出,也可从其他许多渠道获得包括:组织内的其他部门;顾问;干系人(客户或发起人等);专业与技术协会。

2. 项目管理信息系统

作为事业环境因素的一部分,项目管理信息系统也为指导与管理项目执行提供自动化工具。

3. 会议

召开交换信息、评估方案、做决策等会议也是指导和管理项目执行常用的工具和技术。

(二)指导与管理项目执行的结果

1. 可交付成果

2. 工作绩效信息。可交付成果的状态;进度进展情况;已发生的成本等。

3. 变更请求

关于修改任何文档、可交付成果或基准的正式提议。主要宝:

纠正措施。为使项目工作的未来期望绩效与项目管理计划保持一致,而对项目执行工作下达的书面指令。

预防措施。通过实施某项活动,来降低项目风险消极后果的发生概率的书面指令。

缺陷补救。识别项目组成部分的某一缺陷之后所形成的正式文件,用于就如何修补该缺陷或彻底替换该部分提出建议。

更新。对正规受控的文件或计划等的变更,以反映修改或增加的意见或内容。

4. 项目管理计划更新

可能需要更新的内容包括范围、时间、费用、质量、沟通、冲突、采购、风险及干系人管理等环节的管理子计划中相关的内容。

5. 项目文件更新

包括需求文件、项目日志、风险登记册和干系人登记册等更新。

七、监控项目工作

（一）监控项目工作的依据

1. 项目管理计划
2. 绩效报告

项目当前状态；报告期内完成的重要工作；已列入计划的活动；预测；问题。

3. 事业环境因素

政府或行业标准（如监管机构条例、产品标准、质量标准和工艺标准）；公司的工作授权系统；干系人风险承受力；项目管理信息系统。

4. 组织过程资产

包括组织对沟通的规定；财务控制程序（如定期报告、会计编码、费用与支付审查，以及标准合同条款）；问题与缺陷管理程序；变更控制程序（包括针对范围、进度、费用和质量变更等控制程序）；风险控制程序（含风险的类别、概率的定义和风险的后果，以及概率影响矩阵）；过程测量数据库（用来提供过程和产品的测量数据）及经验教训数据库等。

（二）监控项目工作的工具和技术

1. 专家判断

项目管理团队借助专家判断，来解读由各监控过程提供的信息。项目经理与项目管理团队一起制定所需措施，确保项目绩效达到预期要求。

2. 分析技术

监控项目常用的分析技术有回归分析、分组方法、因果分析、根本原因分析、故障树分析、储备分析、趋势分析、挣值分析、差异分析等技术，主要用于预测项目执行的潜在结果。

3. 项目管理信息系统

作为事业环境因素的一部分，项目管理信息系统为监控项目执行提供自动化工具。如进度、资源和费用工具，以及绩效指标、数据库、项目记录和财务数据等。

4. 会议

召开正式或非正式会议，面对面或虚拟的会议也是监控项目执行常用的工具和技术。

（三）监控项目工作的结果

1. 变更请求

通过对实际情况与计划要求的比较，可能需要提出扩大、调整或缩小项目范围或产品范围的变更请求。变更可能会影响项目管理计划、项目文件或可交付产品。变更主要包括：纠正措施、预防措施和缺陷补救等建议和请示。

2．更新项目管理计划。包括范围管理计划、需求管理计划、进度管理计划、成本管理计划和质量管理计划更新及范围基准、进度基准和成本绩效基准更新。

3．更新项目文件。包括进度和成本预测、工作绩效报告和问题日志更新。

八、集成变更控制

在项目的实施过程中，项目的范围、资源分配、进度、成本、质量等诸多方面都可能发生变更，同时还可能发生风险事件，为了统一协调和管理项目各个方面的变更要求，必须开展项目集成变更控制。

有人认为，项目经理的工作非常简单，就是处理变更。事实上，项目经理在处理变更时要考虑所有引起变更的因素，并在这些变更发生之前对引起变更的因素施工影响，以保证这些变更征得各方同意。例如一个项目经理在组织团队成员进行项目计划编制时，发现项目的范围不完整，他就应该在计划编制完成之前对项目范围不完整这一因素施加影响。

项目集成变更控制对于项目管理来说非常重要，因为在项目整个生命周期中，任何变更都可能影响到其他领域，比如一个任务的延迟可能会导致成本增加或者无法按时交货，集成变更控制关注和协调整个项目中的变更，协调各个要素之间的变更。

项目集成变更控制与项目的范围变更控制、进度变更控制、成本变更控制、质量控制以及风险监控等管理过程密切相关，它是更高一层的全局性和综合性的项目变更控制。项目集成变更控制要求做到以下方面：

1．保持原有的项目绩效度量基准的完整性。所有批准的变更都应该体现在项目计划之中，只有项目的范围变更会影响项目绩效度量基准。项目绩效度量基准都是经过验证和批准的，它是项目测量和控制的基准。

2．保证项目产品范围的变更应体现在项目的范围之中。项目产品范围的变更通常会引起项目范围和项目任务的变化，为了保证变更后的项目产品实现，必须完成相应的项目范围和项目任务。

3．协调项目各个方面的变更。项目在某一方面发生变更，通常会影响到其他领域，因此，当项目发生变更时，应根据项目的变更请求，全面协调项目各个方面的管理。

（一）集成变更控制的依据

1．项目管理计划

2. 工作绩效信息

3. 变更请求

4. 事业环境因素

5. 组织过程资产。包括变更控制程序(修改公司标准、政策、计划和其他项目文件所需遵循的步骤,以及如何批准、确认和实施变更);批准与签发变更的程序;过程测量数据库(用来收集与提供过程和产品的测量数据);项目档案(如范围、成本、进度基准,绩效测量基准,项目日历,项目进度网络图,风险登记册,风险应对计划和风险影响评价);配置管理知识库(公司标准、政策、程序和项目文件的各种版本以及基准)。

(二)集成变更控制的工具和技术

1. 专家判断

除了项目管理团队自己的专家判断外,也可以邀请干系人贡献专业知识和加入变更控制委员。来源包括:顾问;干系人(客户或发起人);专业与技术协会;行业协会;主题专家;项目管理办公室。

2. 变更控制会

根据需要可组建变更控制委员会,由其组织召开变更控制会,负责接收与审查变更请求,并批准或否决这些变更请求。

(三)集成变更控制的结果

1. 批准变更请求状态

2. 更新项目管理计划。项目管理计划中可能需要更新的内容包括各个子管理计划;有待正式变更控制过程审查的基准。

对基准的变更,只能针对今后的情况,而不能变更以往的绩效。这有助于保护基准和历史绩效数据的严肃性。

3. 更新项目文件。作为实施整体变更控制过程的结果,可能需要更新的项目文件包括变更请求日志,以及受正式变更控制过程影响的其他文件。

九、结束项目

(一)结束项目的依据

1. 项目管理计划

2. 验收的可交付成果。已在核实范围过程中通过验收的那些可交付成果。

3. 组织过程资产。可能影响结束项目或阶段过程的组织过程资产主要包括:

对结束项目或阶段的指南或要求(如项目审计、项目评价和移交准则);

历史信息与经验教训知识库（如项目记录与文件、完整的项目收尾信息与文件、关于以往项目选择决策与绩效的信息，以及关于风险管理工作的信息）。

（二）结束项目的工具和技术

1. 专家判断

专家判断用于开展行政收尾活动。依靠专家来确保项目或阶段收尾符合适用标准。

2. 分析技术

结束项目常用的分析技术有回归分析和趋势分析技术。

3. 会议

召开正式或非正式会议，面对面或虚拟的会议也是结束项目常用的工具和技术。

（三）结束项目的结果

1. 最终产品、服务或成果移交

2. 更新组织过程资产。项目档案（项目活动过程中产生的各种文件，各项子计划、工作日志、风险登记册、干系人登记册等）、项目或阶段收尾文件及历史信息等。

导入案例十分析

1. 赵杰的做法的确存在问题。他犯了两个错误。首先，他所寄出的信件显然未能成功地向员工们传达他的意图；其次，选择信件作为媒体来传递信息是不合适的。有时以书面的形式进行沟通很有效，而有时口头交流效果更好。公司财务遇到困难、可能要裁员是一个坏消息，这一消息会使员工产生恐慌和不安定的感觉。在这种情况下，赵杰需要一种能保证最大清晰度，并能使他迅速处理潜在危机的方法来传递信息。这时最好的做法是口头传达，这样可以及时了解到员工的反应，以便使大家达到正确的认识。以信件的方式寄到员工家中的做法，无疑是个极大的错误。

2. 从此案例可以看到，沟通在具体的管理工作中至关重要。而选择正确的沟通方式，对于沟通的效果会有很大的影响。在不同情况下，需要选择不同的沟通方式，以达到最佳的沟通效果。

本章小结

项目信息是指报告、数据、计划、安排、技术文件、会议等与项目实施有直接或间接关系的各种信息。信息种类分为自上而下、自下而上、横向流动的项目信息,以顾问室或经理办公室等综合部门为集散中心的项目信息,项目管理班子与环境之间进行流动的项目信息等几种。

项目沟通管理,就是为了确保项目信息的合理收集、传输,以及最终处理所需实施的一系列过程。沟通管理具有复杂性和系统性的特征。沟通规划就是确定利害关系者的信息交流和沟通的要求。信息分发就是把所需要的信息及时地分发给项目利害关系者。

项目集成管理是项目管理中的一项全局性和综合性的工作。项目计划,也被称为项目集成计划,它是用全局的观点,将项目的各种专项计划(即项目其他计划编制过程的结果)进行综合与集成,建立一个连贯、一致的文档。项目集成变更控制对于项目管理来说非常重要,因为在项目整个生命周期中,任何变更都可能影响到其他领域,项目集成变更控制要求做到保持原有的项目绩效度量基准的完整性,保证项目产品范围的变更应体现在项目的范围之中以及协调项目各个方面的变更。

项目集成管理包括制定项目章程、制定项目管理计划、指导与管理项目执行、监控项目工作、实施整体变更控制和结束项目六个过程。每个过程有各自的工作依据、工具与技术和管理成果。

冲突是指发生于两个或两个以上的当事人之间,因对目标理解的相互矛盾以及对方对自己实现目标的妨碍而导致的一种激烈争斗。

萨姆汉和威尔蒙总结了项目中最主要的七种冲突来源:进度计划冲突、项目优先权冲突、人力资源冲突、技术问题冲突、管理程序冲突、个性冲突、费用冲突。

从项目的生命周期角度来考察冲突,把握每阶段可能出现的冲突源、冲突的性质、冲突的强度,有利于寻找更好的解决冲突的模式。启动阶段是项目生命周期中的第一阶段,项目优先权、管理程序、项目进度计划位于冲突源的前三位;项目规划阶段,项目优先权、项目进度计划、管理程序是主要冲突源;项目实施阶段,项目进度计划、技术问题、人力资源是主要冲突源;项目结束阶段,项目进度计划、项目成员的个性、人力资源是主要冲突源。

面对众多的冲突,一般认为有以下五种基本的解决模式:回避或撤出、竞争或逼迫、缓和或调停、妥协、正视。

在进行冲突管理时,我们要注意做到深入分析可能的项目冲突源,减少有害冲突的发生,以正确的观念对待冲突,加强沟通,培养团队精神,形成有益的项目文化氛围,冷静面对冲突,原则性与灵活性相结合。

思考题

1. 什么是项目信息管理？
2. 什么是项目沟通管理？它具有哪些特征？
3. 萨姆汉和威尔蒙经过调查研究，认为项目冲突源有哪些？你还能列举出其他可能引发冲突的例子吗？
4. 项目生命周期中各阶段的冲突排序是什么样的？应注意什么？
5. 常用的冲突解决有哪些模式？请举例说明这些冲突解决模式在实际中的应用。

案例思考

资料：

凯茜·布福德(Cathy Buford)是一个项目团队的设计领导，该团队为一个有迫切需求的客户设计一项庞大而技术复杂的项目。乔·杰克逊(Joe Jackson)是一个分派到她的设计团队里的工程师。

一天，乔走进凯茜的办公室，大约是上午九点半，她正埋头工作。"嗨，凯茜，"乔说，"今晚去观看联赛比赛吗？你知道，我今年志愿参加。""噢，乔，我实在太忙了。"接着，乔就在凯茜的办公室里坐下来，说道："我听说你儿子是个非常出色的球员。"凯茜将一些文件移动了一下，试图集中精力工作。她答道："啊？我猜是这样的。我工作太忙了。"乔说："是的，我也一样。我必须抛开工作，休息一会儿。"凯茜说："既然你在这儿，我想你可以比较一下，数据输入是用条形码呢，还是用可视识别技术？可能是……"乔打断她的话，说："外边乌云密集，我希望今晚的比赛不会被雨浇散了。"凯茜接着说："这些技术的一些好处是……"

她接着说了几分钟。又问："那么，你怎样认为？"乔回答道："噢，不，它们不适用。相信我。除了客户是一个水平较低的家伙外，这还将增加项目的成本。"凯茜坚持道："但是，如果我们能向客户展示它能使他省钱并能减少输入错误，他可能会支付实施这些技术所需的额外成本。"乔惊叫起来："省钱！怎样省钱？通过解雇工人吗？我们这个国家已经大幅度裁员了。而且政府和政治家们对此没任何反应。你选举谁都没关系，他们都是一路色。""顺便说一下，我仍需要你对进展报告的资料，"凯茜提醒他，"明天我要把它寄给客户。你知道，我大约需要8到10页。我们需要一份很厚的报告向客户说明我们有多忙。""什么？没人告诉我。"乔说。"几个星期以前，我给项目团队发了一份电子邮件，告诉大家在下个星期五以前我需要每个人的数据资料。而且，你可能要用到这些你为明天下午的项目情况评审会议准备的材料。"凯茜说。"我明天必须讲演吗？这对我来说还是个新闻。"乔告诉她。"这在上周分发的日程表上有。"凯茜说。"我没有时间与篮球队的所有成员保持联系,"乔自言自语道,"好吧,我不得不看一眼这些东西了。我用我6个月以前用过的幻灯片,没有人知道它们的区别。那些会议只是一种浪费时间的方式,没有人关心它们,人人都认为这只不过是每周浪费2个小时。""不管怎样,你能把你对进展报告的资料在今天下班以前以电子邮件的方式发给我吗?"凯茜问。"为了这场比赛,我不得不早一点离开。""什么比赛?""难道你没有听到我说的话吗? 联赛。""或许你现在该开始做这件事情了。"凯茜建议道。"我必须先去告诉吉姆有关今晚的这场比赛,"乔说,"然后我再详细写几段。难道你不能在明天我讲述时做记录吗?那将给你提供你做报告所需的一切。""不能等到那时,报告必须明天发出,我今晚要在很晚才能把它搞出来。""那么,你不去观看这项比赛了?""一定把你的输入数据通过电子邮件发给我。""我不是被雇来当打字员的,"乔声明道。"我手写更快一些,你可以让别人打印。而且你可能想对它进行编辑,上次给客户的报告,你与我提供的资料数据完全不同。看起来是你又重写了一遍。"凯茜重新埋头于办公桌并打算继续工作。

问题:

1. 交流中的问题有哪些?
2. 凯茜应该怎么做?
3. 你认为乔要做什么?
4. 凯茜和乔怎样处理这种情况会更好? 为了防止出现凯茜和乔之间的交流问题,应该怎么做?

知识转化训练

冲突管理

训练目标:

分析产生冲突的原因,熟悉冲突的解决方法。

材料:

信联网络公司是一家专门从事通信产品生产和电脑网络服务的合资企业。公司自2001年9月成立以来发展迅速,销售额每年增长35%以上。但与此同时,公司内部存在着不少冲突,影响着公司绩效的继续提高。因为是合资企业,尽管外方管理人员带来了许多先进的管理方法,但是其管理模式未必完全适合中国员工。例如,加班加点对外方人员而言,不仅司空见惯,而且没有报酬,在他们看来,加班是因为自己没有在规定的时间内完成工作任务造成的,自然要自己承担责任了。信联公司经常让中国员工长时间加班,这引起了大家的不满,一些员工还因此离开了信联公司。

由于信联公司的组织结构是直线职能制,部门之间的协调非常困难。例如,销售部经常抱怨研发部开发的产品偏离顾客的需求,生产部的效率太低,使自己错过了销售时机;生产部则抱怨研发部开发的产品不符合生产标准,销售部门的订单无法达到成本要求。

研发部胡经理虽然技术水平首屈一指,但是心胸狭窄,总怕他人超越自己。因此,常常压制其他工程师,这使得工程部人心涣散,士气低落。

训练内容:
分析冲突的原因,熟悉冲突的解决方法。

训练方法:
个人或团队形式均可。

能力评估:
通过训练,要求每位同学以书面(或现场作答)或团队讨论以下问题形成书面材料,由老师或团队成员按照"训练目标"要求评估每位同学的训练成绩。
1. 信联公司的冲突有哪些?原因是什么?
2. 如何解决信联公司存在的冲突?

第十一章
项目收尾管理

学习目的

本章是项目管理过程的最后一个工作环节,是项目生命周期的最后一个管理阶段。通过本章的学习,了解项目收尾工作的定义,项目终止的原因,项目总结报告的内容,项目验收的标准、依据和程序,项目审计的程序,项目后评价的作用、内容和过程;理解项目终止的四种方式,项目验收的定义,项目审计的定义和职能;理解项目后评价的定义和特点,项目后评价与可行性研究的联系和区别;掌握项目后评价的方法;熟悉评价报告的内容。

导入案例十一

项目收尾管理

材料:

拓思信息公司从众多竞争对手当中脱颖而出,成为湖滨小区一卡通管理软件的开发单位。林伟担任该项目经理,通过项目组的通力合作,项目组按期完成了合同规定的工作任务。林经理组织项目组对项目进行初步检验后向委托单位华厦公司提出验收申请,华厦公司组织验收委员会成员审验项目组提交的验收材料后到现场进行初步验收,并提出了一些整改意见,要求项目组一周内整改完善后再组织正式验收,林经理组织项目组对验收委员会提出的问题进行认真地整改,并于一周后再次提出验收申请。但是,华厦公司不但没有组织验收委员会成员过来验收,反而又提出一些新的问题,而且有些问题在实施过程中客户曾经提出过,并且已经解决了。林经理隐约觉得客户有意在拖延验收,感到很困惑,不知怎么办好。

问题与思考:
1. 分析客户拖延验收可能的原因。
2. 帮助林经理想想遇到此类事件该怎么办。

第一节 项目收尾管理概述

一、项目收尾工作的含义

项目收尾工作过程(Project Closing Process)是项目管理过程的最后阶段,当项目的阶段目标或最终目标已经实现,或者项目的目标不可能、也不需要实现时,项目就进入了收尾工作过程。只有通过项目收尾这个工作过程,项目才有可能正式投入使用,才可能生产出预定的产品或服务,项目干系人也才有可能终止他们为完成项目所承担的责任和义务,并从项目中获益。但是,由于项目收尾是一项不但繁琐零碎,而且费力费时的工作,很容易被人们忽略,因此,我们必须关注项目的收尾管理工作。一旦客户批准了项目团队提交的最终可交付成果,就可以开始项目收尾工作。项目收尾工作的内容主要有:项目验收、项目审计和项目后评价。

二、项目终止的原因

当项目出现下列情况时,就应该考虑适时终止该项目:
(1)项目目标已经成功地实现;
(2)项目目标已经不可能实现;
(3)项目组织发生重大变化,迫使项目无法继续开展;
(4)项目被迫无限期地延长;
(5)项目目标与组织的目标已经不一致;
(6)项目不再具有实际应用价值,不需要继续进行下去。

三、项目终止的方式

根据项目终止时的性质,项目终止可分为如下四种方式:

（一）绝对式终止（Termination by Extinction）

绝对式终止也称为恐龙式终止。这种终止方式的特点是：项目一旦终止，与项目有关的所有实质性活动都将停止，但是大量的管理活动仍在进行。

绝对式终止适用于下列情况：

1. 项目目标已经成功地实现。如新产品已交付使用。
2. 项目实施不成功，或者项目被替代。如新产品达不到预定的功能。
3. 项目的外部环境发生变化，迫使项目终止。如两国关系发生破裂，导致两国合作项目终止。

（二）内含式终止（Termination by Addition）

内含式终止也称为附加式终止，它是指项目终止时项目团队被发展成为公司或组织的一个组成部分，即"附加"给公司或组织。

采取这种终止方式的项目一般都是公司内部的项目，而且都是一些成功的项目。如一家制药公司成立的一个新药开发项目团队，当新药研制成功时，该项目团队被发展成为公司的一个子公司。

以内含式终止的项目，其项目团队成员、财产、设备可以直接转移到新成立的部门或子公司；其组织管理方式可以过渡为该部门或子公司的公司式运作方式；项目经理通常变为该部门或子公司的总经理。

（三）整合式终止（Termination by Integration）

整合式终止也称集成式终止，是指当项目终止时，项目的结果被转化为公司或客户运营系统的一个有机组成部分，与公司或客户现有的系统完全融合在一起。

整合式终止方式多为成功的项目所采用。采用这种方式的项目可以是公司内部的项目，也可以是客户的项目。如果项目是公司内部的项目，则其终止方式与内含式终止方式相同；当项目为客户项目时，该项目的交付成果将与客户的运营系统融为一个整体。

以整合式终止的项目，其项目团队成员、财产、设备被分配到公司现有的组织机构中，项目产品成为公司运营体系中的系列产品之一。

（四）自然式终止（Termination by Starvation）

自然式终止也称自灭式终止。自然式终止是一个逐渐终止的过程，一般通过缩减预算来逐渐终止项目。采取这种方式终止的项目，多属于不成功的或不能继续实施的项目。项目在实质上已经终止，但项目作为合法的实体仍然存在，待时机成熟时，项目仍可继续进行。如由于东南亚金融危机，使得马来西亚很多正在建设的项目由于资金原因被迫停止，待经济复苏时，其中一些项目又重新开始。

四、项目总结报告

项目总结报告是项目管理过程中的最后一个重要文件。项目团队要找出项目和项目管理的成功、失败之处及其原因,研究项目使用过的方法和技术有哪些值得推广。同时,写出项目总结报告,并召开总结会,总结经验教训。

项目总结报告中一般包括下面内容:

(一)项目绩效

将项目的完成情况与计划要实现的目标进行比较,来评价项目的实施结果,并提出项目管理的一系列建议。

(二)管理绩效

记录项目管理过程中出现的问题及解决的方式,并总结管理经验。

(三)项目组织结构

在项目总结报告中,应对项目组织结构的优缺点进行评价,并指出其对项目进展的促进或制约作用。

(四)项目团队

对项目团队成员的表现、成员之间的沟通及相互合作精神进行评价。

(五)项目管理技术的运用

项目总结报告要对项目中运用的项目管理技术,如预算技术、计划技术、资源分配技术和控制技术等,进行检查和总结。如果这些管理技术运用得不够恰当,不能有效地推动项目的进展,也应在此提出改进建议。

项目总结报告的最后递交,即标志着项目的最终结束。

第二节 项目验收

一、项目验收的含义

项目验收,也称范围核实或移交,它是核查项目计划规定范围内的各项工作或活动是否已经全部完成,可交付成果是否令人满意,并将核查结果记录在验收文件中的一系列活动。

项目收尾时,项目团队要把已经完成的项目产品移交给客户方或项目团队的上级部门。对客户方要移交外部交付产品(例如设备、图样、设计文件、数据、程序等),对项目团队的上级部门则移交内部交付产品(包括会议纪要、检查表、各类记录等)。实际工作中,内部交付物的移交总是项目收尾中最困难的工作,常常被忽视,其实这些记录、检查表等文件都是项目的宝贵财富,它们可以为今后的其他项目提供参考。

如果项目是由于无法继续实施而提前结束的,同样应查明哪些工作已经完成,完成到什么程度,并将核查结果记录在案,形成文件归档。参加交接的项目团队成员和接收方人员应在有关文件上签字,表示对已完成项目工作的认可和验收。

项目验收时,要关注如下三个方面:一要明确项目的起点和终点,二要明确项目的最后成果,三要明确各子项目成果的标志。

二、项目验收的标准和依据

(一)项目验收的标准

项目验收的标准是指判断项目产品是否合乎项目目标的根据。所以,只有制订科学、权威的标准,才能对项目进行有效的验收。项目验收的标准一般包括:项目合同书、国际惯例、国际标准、行业标准、国家和企业的相关政策与法规。对于不同性质的项目,选用的验收标准也不尽相同。

(二)项目验收的依据

1. 工作成果。工作成果是项目实施的结果,项目收尾时提交的工作成果要符合项目目标。工作成果验收合格,项目才能终止。因此,项目验收的重点是对项目的工作成果进行审查。

2. 成果说明。项目团队还要向客户提供说明项目成果的文件,如技术要求说明书、技术文件、图纸等,以供验收审查。项目成果文件随着项目类型的不同也有所不同。

三、项目验收程序

项目验收的工作程序如图11-1所示。

(一)做好项目的收尾工作

当项目快要结束时,大部分的工作都已经完成,但是还有一些零星、琐碎的收尾工作需要处理。收尾工作如果处理不好,就可能会影响到项目今后的正常运营。因此,项目经理要带领项目团队成员保质保量地完成项目的收尾工作,做到善始善终。

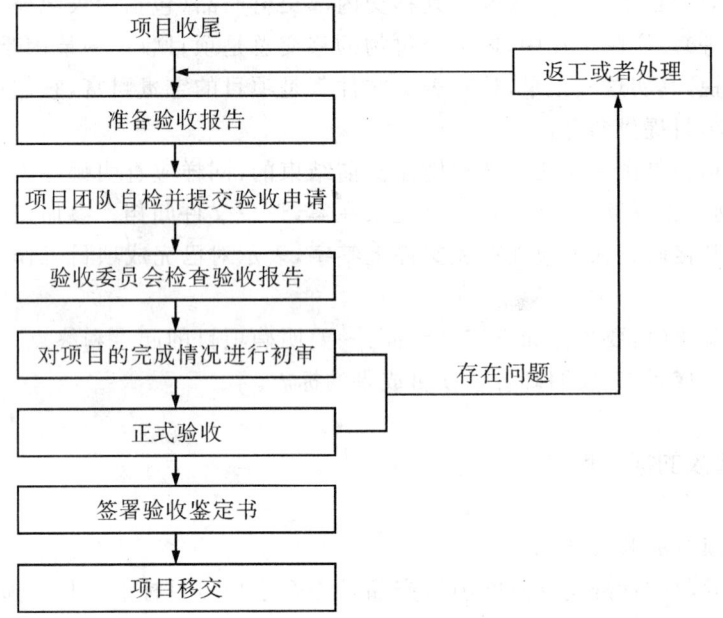

图 11-1　项目验收程序图

（二）准备验收报告

项目文件是项目验收的重要依据，在项目的实施过程中，项目团队要不断地收集各种项目文件，如项目计划、项目成果说明、设计图纸、测试材料等。当准备项目验收时，要将这些项目文件进行汇总、整理并归档，归并、分类、编排所有的验收材料，编纂一套完整的验收资料报告，从而为项目顺利通过验收提供保障。

（三）项目团队进行自检并提交验收申请

项目管理人员先要会同生产、技术、质量等部门的有关人员对项目产品进行检查，从而找出项目存在的问题和漏洞，并及时采取补救措施。项目自检合格后，项目团队就可以向客户提出验收申请，并附送相关的验收材料，以备客户组织人员进行验收。

（四）验收委员会检查验收报告及其相应资料

项目客户会同项目监理人员、政府有关人员和其他相关人员组成验收工作组，按照项目的要求，对项目验收材料逐项进行检查。如果验收材料不齐全或不合格，就要通知项目团队在规定的期限内予以补交或修改。

（五）对项目的完成情况进行初审

项目验收委员会根据项目团队提交的验收申请，可组织人员对项目产品进行初步检查。如果发现项目存在问题，要通知项目团队及时进行处理。

（六）正式验收

项目验收委员会在验收材料和初审合格的基础上，就可以组织人员公开、公正地对项目产品进行全面的正式验收。如果正式验收不合格，则要通知项目团队返工再进行验收。如果正式验收中发现项目存在较为严重的问题，而双方又难以达成一致意见，可诉诸法律解决。

（七）签订验收鉴定书

项目验收后，如果项目产品符合验收标准和相关的法律、法规，项目团队要和客户签订验收鉴定书，表示双方当事人已经认可并验收了该项目产品。

（八）项目移交

项目移交是在签订完项目验收鉴定书后，项目团队将项目产品和相关的技术档案资料的所有权移交给客户。项目移交要做好以下的工作：

1. 做好项目的收尾工作，准备好要移交的项目产品和文件资料。
2. 由项目团队负责进行项目产品的试运营。
3. 办理好项目产品的移交手续。
4. 处理好项目运营后的技术服务和人员培训工作。

四、项目验收的主要范围与内容

1. 项目概念阶段应验收移交归档的资料，包括但不限于：
（1）项目机会研究报告及相关附件；
（2）项目初步可行性研究报告及相关附件；
（3）项目详细可行性研究报告及相关附件；
（4）项目方案及论证报告；
（5）项目评估与决策报告。
2. 项目规划阶段应验收移交归档的资料，包括但不限于：
（1）项目背景概况；
（2）项目目标文件；
（3）项目范围规划说明书；
（4）项目范围管理计划；
（5）项目工作分解结构图；
（6）项目计划资料（完整的项目进度计划、质量计划、费用计划和资源计划）。
3. 项目实施阶段应验收移交归档的资料，包括但不限于：
（1）全部项目采购合同的招标书和投标书（含未中标的标书）；
（2）全部合格供应商资料；

(3)全部合同文件；
(4)全部合同变更文件、现场签证和设计变更等；
(5)项目质量记录、会议记录、备忘录、各类通知等；
(6)项目进展报告；
(7)进度、质量、费用、安全、范围等变更控制申请及签证；
(8)现场环境报告；
(9)质量事故、安全事故调查资料和处理报告；
(10)各种第三方试验、检验证明、报告等。

4.项目结束阶段应验收移交归档的资料，包括但不限于：
(1)项目竣工图；
(2)项目竣工报告；
(3)项目质量验收报告；
(4)项目后评价资料。

五、项目验收的交接或清算

(一)项目移交的概念

项目交接是指全部合同收尾以后，在政府项目监管部门或社会第三方中介组织协助下，项目业主与全部项目参与方之间进行项目所有权移交的过程。

(二)项目交接的范围与依据

对于不同行业、不同类型的项目，国家或相应的行业主管部门出台有项目交接的规程或规范。

1.对于个人作为项目业主(如外商投资的项目)的项目交接，由项目承约商与项目业主按合同进行移交。项目交接的范围除全部项目实体成果外，还包括完整的项目资料档案、项目合格证书、项目产权证书等。

2.对于企(事)业单位作为项目业主的项目交接，由企业的法人代表代表项目业主进行项目交接工作。

3.对于国家作为项目业主的项目交接，分两个步骤和过程进行：第一步，由项目承约商向项目业主进行项目验收和交接；第二步，由项目业主国家进行的验收与移交。

(三)项目交接的结果

当项目的实体移交、资料移交和项目款项结清后，项目移交方和接收方将在项目移交报告上签字，形成项目移交报告。

（四）项目交接后的回访与保修

项目验收、交接后，按采购合同的条款要求和国家有关规定，在预约的期限，由项目经理部组织原项目人员主动对交付使用的竣工项目进行回访，听取项目业主对项目质量、功能的意见和建议。一方面，对于项目运行中出现的质量问题，在项目质量回访报告中进行登记，及时采取措施加以解决；另一方面，对于项目实施过程中采用的新思想、新工艺、新材料、新技术、新设备等，经运行证明其性能和效果达到预期目标的，要予以总结、确认，为进一步完善、推广积累数据、创造条件。

回访和维修过程中的所有记录应该作为技术档案进行归档。

对于无法协商解决的项目质量及其他问题，提交国家有关仲裁部门进行仲裁。

（五）项目清算

项目清算是项目结束的另一种结果和方式。由于各种各样的原因，项目在得到最终可交付物之前终止了，就需要进行项目清算。项目交接是正常的项目结束过程，项目清算是非正常的项目终止过程。项目清算的主体，即项目清算的召集人是项目业主。项目清算主要以合同为依据。

项目清算的依据与条件，包括但不限于：

1. 项目概念阶段决策失误。
2. 项目规划阶段设计中出现技术方向性错误。
3. 项目实施过程中出现重大质量事故，项目继续运作的经济或社会价值基础已经不复存在。
4. 项目虽然顺利进行了了交接，但在试运行过程中，发现项目的技术性能指标或经济效益指标无法达到概念设计的目标，项目的经济或社会价值无法实现。
5. 项目因为资金问题无法近期到位并且无法确定可能到位的具体期限，出现"烂尾工程"，就需要进行项目清算。项目清算的程序是：对于中途清算的项目，项目业主应该依据合同中的有关条款，成立由各参与方联合参加的项目清算工程小组，依合同条件进行责任确认、损失估算、索赔方案拟订等事宜的协商，协商成功以后形成项目清算报告，各合同供方及需方联合签证生效；协商不成则按合同的约定提起仲裁或直接向项目所在地的人民法院提起诉讼。

六、项目验收的费用决算

决算是以实物量和货币为单位，综合反映项目实际投入和投资效益，核定交付使用财产和固定资产价值的文件。

费用决算是指项目从筹建开始到项目结束交付使用为止的全部费用的确定。要编好项目决算，首先要编好结算，结算是决算的主要资料来源。

（一）费用决算的依据

项目费用决算的依据主要是合同、合同的变更。

（二）费用决算的内容

项目费用决算的内容包括项目生命周期各个阶段支付的全部费用。

（三）费用决算的结果

项目费用决算的结果形成项目决算书，经项目各参与方共同签字后作为项目验收的核心文件。决算书由两部分组成：文字说明和决算报表。

1. 文字说明。文字说明部分主要包括：工程概况，设计概算，实施计划和执行情况，各项技术经济指标的完成情况，项目的成本和投资效益分析，项目实施过程中的主要经验、存在的问题以及解决意见等。

2. 决算报表。决算报表分大中型项目和小型项目两种。大中型项目的决算报表包括：竣工项目概况表、财务决算表、交付使用财产总表、交付使用财产明细表；小型项目决算报表按上述内容并简化为小型项目决算总表和交付使用财产明细表。

第三节 项目审计

一、项目审计的含义

项目审计是对项目管理工作的全面检查，包括项目的文件记录、管理的方法和程序、财产情况、预算和费用支出情况以及项目工作的完成情况。

项目审计既可以对拟建、在建或竣工的项目进行审计，也可以对项目的整体进行审计，还可以对项目的部分进行审计。如项目前期的审计包括项目可行性研究审计、项目计划审计、项目组织审计、招标审计、投标审计、项目合同审计；实施过程中的审计包括项目组织审计、报表和报告审计、设备材料审计、建设项目收入审计、施工管理审计、合同管理审计；项目结束的审计包括竣工验收审计、竣工决算审计、项目建设经济效益审计、项目人员业绩评价。

二、项目审计的任务

（一）经济监督

经济监督就是把项目的实施情况与其目标、计划和规章制度、各种标准以及法律令等进行对比,把那些不合法规的经济活动找出来,并决定是否应予以禁止。

（二）经济评价

经济评价是指通过审计和检查,评定项目计划是否科学、可行,项目实施制度是否落后于计划,质量是否能达到客户要求,资源利用、控制系统是否有效,机构运行是否合理等。

（三）经济鉴定

经济鉴定是指通过审查项目实施和管理的实际情况,确定相关资料是否符合实际,并做出书面的证明。

（四）提出建议

提出建议是指通过审计结果进行分析,找出改进项目组织、提高工作效率、改善管理方法的途径,帮助项目管理者在合乎法规的前提下更合理地利用现有资源,以便顺利实现项目的目标。

三、项目审计的程序

（一）项目审计准备

1. 明确审计目的,确定审计范围；
2. 建立审计工作组织；
3. 了解项目概况,熟悉项目有关资料；
4. 制订项目的审计计划。

（二）实施项目审计

1. 针对确定的审计范围实施审查,从中发现常规性的错误和弊端；
2. 对可疑的环节或特殊领域进行详细审核或检查；
3. 协同项目管理人员纠正错误和弊端。

（三）报告审计结果并对项目各方面提出改进建议

审计的结果形成审计报告。审计报告是在征求项目管理人员意见的基础上,对所获得的资料进行综合归纳、分析研究,进而对审计事项做出客观、公正和准确的评价。

（四）项目审计终结

审计终结过程中要将审计的全部文档,包括审计记录以及各种原始材料整理归档,建立审计档案,以备日后查考和研究,提出今后审计的改进方法。

四、项目审计的范围和内容

项目审计的范围包括项目整个生命周期中的所有活动。按内容分，有项目质量审计、费用审计、合同审计等；按项目周期不同分，有项目前期审计、项目实施期审计、项目结束审计。

（一）项目前期审计

项目前期审计是指在项目实施之前的审计，它是项目审计最重要的组成部分。内容包括可行性研究审计、项目计划审计、项目组织审计、招标审计、投标审计、项目合同审计。

1. 可行性研究审计。指对项目可行性研究的组织、过程和研究结果进行审计和调查，确定研究结果的正确性，避免或减少决策失误。

2. 项目计划审计。审计项目计划是否科学，由以下几方面构成：

（1）项目总计划的审计；

（2）进度计划的审计；

（3）成本估算和成本计划审计；

（4）质量计划审计；

（5）其他项目分计划的审计。

3. 项目组织审计。主要审计组织形式、项目经理和项目人员。项目组织形式审计主要是根据项目的规模和性质审核所选择的组织形式能否适应项目管理的需求；项目经理审计主要是审查项目经理的素质能否满足项目需求，其知识构成和实际经验是否符合条件，其权利和责任是否均衡；项目人员审计是审查项目人员的选拔是否符合程序和规定，主要项目人员的业务水平是否满足要求，项目组织各部门的人员在知识上是否存在互补性，整个项目组织中是否存在多余的人员。

4. 招标审计。指根据国家的政策、法令和有关规定及定额，依据先进、合理的原则对项目招标全过程的审核。主要由以下几方面构成：

（1）审查招标方式、合同类型及标底是否正确可行；

（2）审查投标单位是否具有资格；

（3）审查投标单位的简历；

（4）审查投标单位的技术力量；

（5）审查投标单位的管理状况；

（6）审查投标单位的财务状况。

5. 投标审计。指由投标单位所做的审计。主要内容包括：

(1)审查投标工作组对竞争对手的分析资料是否准确可靠;

(2)审核投标工作组制订的项目方案是否可行,是否有竞争力;

(3)审核成本估算;

(4)审核项目的风险。

6.项目合同审计。指对项目合同的合法性、规范性所做的审计。主要包括有:

(1)审查合同是否合法;

(2)审查合同双方是否具有履行合同的能力;

(3)审查合同内容与审定的中标要求内容是否相符;

(4)审查合同条款是否全面;

(5)审查甲乙双方的权利和义务是否均衡合理。

(二)项目实施期审计

项目实施期审计是在项目开始实施以后,审计部门根据国家的方针政策法规及企业目标和规章制度,对项目的管理状况、财务状况进行的审查,包括项目组织审计、报表、报告审计、设备材料审计、项目收入审计、实施过程管理审计、合同审计等。

1.项目组织审计。指审查有没有良好的组织机构和合理的运行机制。包括:

(1)调查和评审项目组织机构;

(2)审查项目组织与其他职能部门的关系。

2.报表、报告审计。指对项目组织提供的报表、报告等资料的可靠性、全面性和规范性的审查。包括:

(1)进度报告审计;

(2)成本报告审计;

(3)质量报告审计;

(4)财务报表审计。

3.设备材料审计。指对设备材料在采购、运输、保管和使用等环节的审计。

4.项目收入审计。指对项目实施过程中发生的一些零星收入的审查。

5.实施过程管理审计。主要是对进度、成本、质量三方面的审计。

6.合同审计。包括以下几方面:

(1)审查项目管理组织是否具备合格的合同管理人员;

(2)合同变更审计;

(3)合同终止审计;

(4)合同结算审计。

（三）项目结束审计

项目结束审计是对项目试运行和验收工作的审查，包括项目验收审计、项目决算审计、项目管理过程审计、项目管理人员评价。

1. 项目验收审计。主要审查项目验收是否符合规范，对特殊环节的验收是否按规定做了检验和计算，验收的手续和资料是否齐全。

2. 项目决算审计。主要审查以下几个方面：

(1)审查项目预算的执行情况；

(2)审查项目的全部资金来源和资金运用是否正常；

(3)审查交付使用财产总表和明细表是否正确。

3. 项目管理过程审计。主要是指对项目管理过程的审核，包括项目工期审计、项目成本审计、项目质量审计和投资决策审计。

4. 项目管理人员评价。指对项目参与人员所做出的全面真实的评价，包括对项目经理的评价以及对其他项目管理人员的评价。

五、费用审计

费用审计可贯穿在项目的全过程中，包括项目前期的审计、实施过程中的审计、项目结束的审计。

（一）项目前期的费用审计

项目前期的费用审计主要是指对成本估算和成本计划的审查，内容有审查成本估算采用了什么方法；成本计划采用了什么方法，用粗线条还是细线条，能否满足控制成本的要求；不可预见费用的数量是否合理等。

审计的依据：成本估计、成本预算。

审计的结果：形成审计报告。

（二）项目实施过程中的费用审计

1. 成本报告的审计。包括审核成本报告的内容是否全面，报告格式是否规范；核查报告与实际发生成本的吻合情况；结合进度报告和质量报告判断成本报告的真实性。

审计的依据：成本报告、进度报告、质量报告等。

审计的结果：形成审计报告。

2. 实施成本的审计。主要工作包括审查成本的超出和实际支出偏低的情况，查明发生成本与计划成本的偏差幅度及其原因；审查发生的成本是否合理，有无因管理不善造成成本上升和乱摊成本的问题；审查成本控制方法、程序是否有效，是否有严密的规章制度；审查有无擅自改变项目范围；若存在成本失控问题,应查明原因,提出整改建议。

审计的依据:成本报告、进度报告、质量报告。

审查的结果:形成审计报告。

(三)项目结束时的费用审计

主要进行项目成本审计。做法是:对照项目预算审核实际成本的发生情况,看是超支还是节约。如果超支,要查明是因成本控制不利,还是因擅自扩大项目范围或乱摊成本所致;如果节约,则要查明是否缩小了项目范围或降低了实施标准。

审计的依据:成本报告、进度报告、质量报告。

审查的结果:形成审计报告。

第四节 项目后评价

一、项目后评价的含义

项目后评价是在项目完成并运营一段时间后对项目的准备、立项决策、设计施工、生产运营、经济效益和社会效益等进行的全面而系统的分析和评价,从而判别项目预期目标的实现程度的一种评价方法。项目后评价的目的主要是从已完成的项目中总结正反两方面的经验教训,提出建议,改进工作,不断提高投资项目的决策水平和投资效果。

二、项目后评价的特点

项目后评价有如下几个特点:

(一)现实性

项目后评价是以实际情况为基础,所依据的数据资料是现实发生的真实数据或根据实际情况重新预测的数据。它与项目前期的可行性研究不同,可行性研究是预测性的评价。

(二)全面性

项目后评价的范围很广,要对项目的准备、立项决策、设计施工、生产运营等方面进行全面、系统的分析。

(三)反馈性

项目可行性研究用于投资项目的决策,而后评价的目的在于为有关部门反馈信息，为今后的项目管理提供借鉴经验，不断提高未来投资的决策水平。

(四) 客观性

项目后评价必须保证公正性，这是一条很重要的原则。评价时应该实事求是，在发现问题、分析原因和做出结论时避免出现避重就轻的情况发生，始终保持客观、负责的态度，公正地做出评价。

三、项目后评价与可行性研究的比较

(一) 相同点

1. 性质相同，都是对项目生命周期全过程进行技术、经济论证。
2. 目的相同，都是为了提高项目的效益，实现经济、社会和环境效益的统一。

(二) 不同点

1. 评价的主体不同。项目后评价由单独设立的后评价机构或上级决策机构进行，以确保后评价的公正性和客观性；可行性研究主要是由投资主体（企业、部门或银行）或投资计划部门组织实施。

2. 在项目管理过程中所处的阶段不同。后评价是在项目竣工投产后，对项目全过程的建设和运营情况及产生的效益进行评价；可行性研究则属于项目前期工作，为投资决策提供依据。

3. 评价的依据不同。项目后评价是项目实施后或实施中的评价，所依据的数据是实际记录的数据和实际发生的情况，以及根据已经发生的数据与情况预测的未来的数据；可行性研究全部运用预测的数据，因此项目后评价比可行性研究具有较高的现实性和可靠性。

4. 评价的内容不同。项目后评价主要是针对可行性研究的内容进行再评价，而且对项目决策、项目实施效率进行评价，以及对项目全过程的建设和运行情况及产生的效益进行评价；可行性研究的内容主要是项目建设条件、工程设计方案、项目的实施计划及经济社会效益的评价和预测，从而决定是否立项实施。

5. 在决策中的作用不同。项目后评价是对项目选择决策的各种信息的反馈，对项目实施结果进行鉴定，鉴定结论间接作用于未来项目的选择决策，从而提高未来项目决策的科学化水平；可行性研究直接作用于项目选择决策，其结论作为项目取舍的依据。

四、项目后评价的作用

项目后评价的作用主要包括如下五个方面：

（一）总结项目管理的经验教训，提高项目管理水平

项目管理涉及许多部门，只有这些部门密切合作，项目才能顺利完成。如何协调各部门之间的关系，采取什么样的具体协作形式都尚在不断摸索中。项目后评价通过对已建成项目实际情况的分析研究，总结经验，从而提高项目管理水平。

（二）提高项目决策科学化水平

通过建立完善的项目后评价制度和科学的方法体系，一方面可以促使评价人员努力做好可行性研究工作，提高项目预测的准确性，另一方面可以通过后评价的反馈信息，及时纠正项目决策中存在的问题。

（三）为国家投资计划、投资政策的制订提供依据

通过项目后评价能够发现宏观投资管理中的不足，从而使国家可以及时修正某些不适合经济发展的技术经济政策，修订某些已过时的指标参数，合理确定投资规模和投资流向，协调各产业、部门之间及其内部的各种比例关系。

（四）为银行部门及时调整信贷政策提供依据

通过项目后评价，及时发现项目建设资金使用过程中存在的问题，分析贷款项目成功或失败的原因，从而为银行部门调整信贷政策提供依据。

（五）可以对企业经营管理进行诊断，促使项目运营状态的正常化

项目后评价通过比较实际情况和预测情况的偏差，探索偏差产生的原因，提出切实可行的措施，从而促使项目运营状态的正常化，提高项目的经济效益和社会效益。

五、项目后评价的内容

项目后评价包括立项决策评价、设计施工评价、生产营运评价、效益评价、影响评价以及项目目标持续性评价等方面的内容。在实际工作中，根据项目的特点、规模和工作需要可以有所增减和侧重。

（一）项目立项决策后评价

主要评价内容包括决策依据、投资方向、建设方案、技术水平、协作条件、土地使用，以及决策程序等。按照规定的决策程序，评价决策过程的效率和决策科学化与项目审批管理水平。

（二）项目设计后评价

主要包括：设计单位和工程监理单位的资格审查情况；签订设计合同的情况；设计的水平、效率和质量如何；设计方案的设计依据、标准、定额是否符合国家规定，是否满足建设和施工的需要，最终确定的设计方案在工程实践中的修改

和变更情况；总体设计规划、总图质量水平，主要设计指标的先进程度和达标要求，总概算控制情况；工艺、技术、设备的国产化程度；设计单位的图纸和预算质量；设计单位的服务质量。

（三）项目实施后评价

项目实施包括项目开工到项目竣工验收试运行这一阶段工作的全过程。项目实施后评价包括实施准备工作后评价和实施管理工作后评价。不同项目实施后评价的内容区别很大，下面以工程项目为例。

1.实施准备工作后评价。主要包括工程是否正式列入年度建设设计；资金是否已经到位，主要材料、设备的来源是否已经落实；初步设计和概算是否已经批准，是否有能够满足标价计算要求的设计文件；施工组织方式是否科学合理，施工单位人员素质和技术装备情况是否达到规定要求，施工物资的供应、验收和使用情况。

2.实施管理工作后评价。主要评价施工过程中工期目标、质量目标、成本目标的完成情况和特点。

（四）项目生产营运后评价

项目生产营运后评价是将项目实际经营状况、投资效果与预测情况或其他同类项目的经营状况相比较，分析和研究偏离程度及其原因，系统地总结项目投资经验教训，为进一步提高项目营运实际经济效益提出建议。具体包括：

1.生产运行准备工作后评价；

2.生产管理系统后评价；

3.项目使用功能后评价。

（五）项目效益后评价

项目效益后评价是项目后评价理论的重要组成部分。它以项目投产后实际取得的效益（经济、社会、环境等）及其隐含在其中的技术影响为基础，重新测算项目的各项经济数据，得到相关的投资效果指标，然后将它们与项目前评价时预测的有关经济效果值（如净现值 NPV、内部收益率 IRR、投资回收期等）社会环境影响（如环境质量值 IEQ 等）进行对比，评价和分析其偏差情况以及原因，吸取经验教训，从而为提高项目的投资管理水平和投资决策服务。具体包括财务效益后评价、国民经济效益后评价、环境效益和社会效益后评价。

（六）项目目标持续性评价

项目目标持续性评价主要包括两个方面：

1.外部条件对项目目标持续性的影响，包括社会经济发展、管理体制、公路网状况、配套设施建设、政策法规等外部条件。

2.内部条件对项目目标持续性的影响，包括运行机制、内部管理、服务情况、公路收费、运营状况等内部条件。

六、项目后评价的步骤

项目后评价一般分为四个阶段:项目自评价阶段,行业或地方初审阶段,正式后评价阶段,成果反馈阶段。正式后评价阶段的主要步骤如下:

(1)收集与项目效益有关的文件和资料。

(2)调查了解项目当初的建设目的、建设背景和投资环境。

(3)整理已实际发生的各项基础财务数据资料。

(4)编制经济财务报表,将基础数据分门别类地填入相关报表中,对后评价时点以后的栏目数据,需经过重新测算后填入报表。测算依据要可靠,预测数据取值要经得起推敲。

(5)直接利用基本财务、经济报表,计算整个项目的各项后评价效益指标和有关参数。

(6)用后评价效益指标与决策效益指标或基准指标进行对比分析,找出偏差产生的原因,考核项目预期效益目标和投资决策的正确程度,提出提高项目效益的具体措施。

(7)编制项目效益后评价报告,提出包括问题和建议在内的综合评价结论,并附效益前后分析对比表。

七、项目后评价的形式和方法

(一)项目后评价的形式

项目后评价的形式包括现场考评和非现场考评。

1.现场考评是指后评价工作组到现场采取勘察、问询、复核等方式,对后评价项目的有关情况进行核实,并对所掌握的相关信息资料进行分类、整理、归纳、分析和评价。

2.非现场考评是指后评价工作组根据项目单位提交的项目后评价书面报告和其他相关资料进行综合分析,提出评价意见。

(二)项目后评价方法

后评价采用定性和定量相结合的方法,国际上通用的主要方法有:有无对比法、层次分析法、因果关系法、逻辑框架法(LFA)、综合评价法等。

八、项目效益后评价指标体系

（一）财务后评价指标

1. 静态指标。包括：后评价投资利润率、后评价投资利税率、后评价投资回收期、后评价贷款偿还期。

2. 动态指标。包括：后评价财务内部收益率、后评价财务净现值、后评价财务净现值率、后评价财务外汇净现值、后评价财务换汇成本、后评价财务节汇成本、后评价动态投资回收期。

（二）国民经济后评价指标

1. 静态指标。包括：后评价投资净效益率。

2. 动态指标。包括：后评价经济内部收益率、后评价经济净现值、后评价经济净现值率、后评价进经济外汇净现值、后评价经济换汇或节汇成本。

以上指标的计算方法与前期论证报告中相应指标的计算方法相同，区别在于后评价采用的数值是项目投产后实际发生数或以实际数为基础的重新测算数。

（三）变化率指标

后评价时必须对论证报告预测的经济效果和市场预测深度进行评价，为便于定量分析项目效益指标前后偏差程度的大小，设置了相应的变化率指标，通过综合计算项目评价效益指标与决策预期指标的变化率大小，考核论证报告研究工作的深度。

九、项目后评价报告

项目后评价报告是评价结果的汇总，是反馈经验教训的重要文件。后评价报告必须反映真实情况，报告的文字要准确、简练，尽可能不用过分生疏的专业化词汇；报告内容的结论、建议要和问题分析相对应，并把评价结果与将来规划以及政策的制订、修改相联系。

项目后评价报告主要包括：摘要、项目概况、评价内容、主要变化和问题、原因分析、经验教训、结论和建议、基础数据和评价方法说明等。

导入案例十一分析

客户拖延验收可能的原因有：

(1) 合同中没有清晰约定好验收的条件、标准、程序或方法,导致双方理解的误差,从而影响项目验收;

(2) 项目实施过程中,缺乏和客户充分的沟通,和用户"互动"不够,没能让用户充分了解项目的进展情况和成果,用户信心不足,心里没底,不敢验收;

(3) 项目建设成果没有达到合同要求、没有满足用户期望;

(4) 项目组对验收工作准备得不充分,没有真正按合同双方约定的验收条件准备验收材料,或者验收条件中约定的产出物缺失或存在明显质量问题,从而影响项目验收;

(5) 客户对项目组不放心,担心项目验收后,后期服务会跟不上。

遇到此类事件应采取补救措施,加强沟通妥善解决问题。

(1) 就项目验收条件、验收标准、验收步骤和方法和客户达成共识;

(2) 就项目已经完成的程度让用户确认,请客户签字确认;

(3) 向客户提出明确的服务承诺,消除客户的后顾之忧。

另外,在以后的项目运作中应注意以下问题:

(1) 项目合同中要明确项目的验收条件、验收标准、验收步骤、验收流程和后期服务承诺等内容;

(2) 加强项目执行过程中的控制,加强变更和沟通管理;

(3) 项目经理还应该注重跟客户相处的技巧,努力营造良好的合作氛围。

本章小结

项目收尾工作过程是项目管理过程的最后阶段,当项目的阶段目标或最终目标已经实现,或者项目的目标不可能、也不需要实现时,项目就进入了收尾工作过程。项目收尾工作的内容主要有:项目验收、项目审计和项目后评价。

根据项目终止时的性质,项目终止可分为如下四种方式:绝对式终止、内含式终止、整合式终止和自然式终止。

项目总结报告是项目管理过程中的最后一个重要文件。一般包括:项目绩效、管理绩效、项目组织结构、项目团队和项目管理技术的运用等内容。

项目验收是核查项目计划规定范围内的各项工作或活动是否已经全部完成,可交付成果是否令人满意,并将核查结果记录在验收文件中的一系列活动。

项目验收时,要关注三个方面问题:一要明确项目的起点和终点,二要明确项目的最后成果,三要明确各子项目成果的标志。

项目验收的标准一般包括:项目合同书、国际惯例、国际标准、行业标准、国家和企业的相关政策法规。工作成果和成果说明是项目验收的依据。项目验收程序包括:做好项目的收尾工作、准备验收报告、项目团队进行自检并提交验收申请、验收委员会检查验收报告及其相应资料、对项目的完成情况进行初审、正式验收、签订验收鉴定书和项目移交。

项目交接是指全部合同收尾以后,在政府项目监管部门或社会第三方中介组织协助下,项目业主与全部项目参与方之间进行项目所有权移交的过程。

对于不同行业、不同类型的项目,国家或相应的行业主管部门出台有项目交接的规程或规范。

决算是以实物量和货币为单位,综合反映项目实际投入和投资效益,核定交付使用财产和固定资产价值的文件。

费用决算是指项目从筹建开始到项目结束交付使用为止全部费用的确定。要编好项目决算,首先要编好结算,结算是决算的主要资料来源。

项目审计是对项目管理工作的全面检查,包括项目的文件记录、管理的方法和程序、财产情况、预算和费用支出情况以及项目工作的完成情况。

项目审计的任务是进行经济监督、经济评价、经济鉴定并提出建议。

费用审计可贯穿在项目的全过程中,包括项目前期的审计、实施过程中的审计、项目结束的审计。审查的结果形成审计报告。

项目后评价是在项目完成并运营一段时间后对项目的准备、立项决策、设计施工、生产运营、经济效益和社会效益等进行的全面而系统的分析和评价,从而判别项目预期目标实现程度的一种评价方法。项目后评价的目的主要是从已完成的项目中总结正反两方面的经验教训,提出建议,改进工作,不断提高投资项目决策水平和投资效果。

项目后评价具有现实性、全面性、反馈性和客观性等特点。

项目后评价与可行性研究的性质和目的相同。但是,评价的主体不同,项目管理过程中所处的阶段不同,评价的依据不同,评价的内容不同,在决策中的作用也不同。

项目后评价包括立项决策评价、设计施工评价、生产营运评价、效益评价、影响评价以及项目目标持续性评价等方面的内容。

项目后评价的形式包括现场考评和非现场考评。

后评价采用定性和定量相结合的方法,国际上通用的主要方法有:有无对比法、层次分析法、因果关系法、逻辑框架法(LFA)、综合评价法等。

项目后评价报告是评价结果的汇总,是反馈经验教训的重要文件。主要包括:摘要、项目概况、评价内容、主要变化和问题、原因分析、经验教训、结论和建议、基础数据和评价方法说明等内容。

思考题

1. 项目收尾工作包括哪些内容?
2. 列出项目终止的四种方式,并比较其特点。
3. 如何编写项目总结报告?
4. 项目审计主要的工作内容有哪些?
5. 项目审计的任务是什么?
6. 项目验收包括哪些步骤?
7. 项目后评价有什么特点?
8. 项目后评价和可行性研究的联系和区别有哪些?
9. 项目后评价包括哪些内容?

案例思考

资料:

A公司是一个制造手机产品的厂商,该公司用长达两年的时间,研制一种新型手机技术,该项目目前已经接近完成。如果将该技术应用于手机产品的话,其功能将领先于其他品牌的手机,但价格却与同类手机不相上下。该公司经理认为目前已经是终止该项目的时候了。他考虑了3个方案:绝对式终止、内含式终止、整合式终止,但总是确定不了采用哪种方式最好。

问题:

如果你是该公司经理,你认为应采用哪种项目终止方式呢?为什么?

知识转化训练

项目验收为什么这么难

训练目标:

通过训练,加深对项目收尾管理的理解。

材料:

林伟担任过诸多项目的经理,经常遇到项目完成合同要求的各项工作,项目组初步检验确认没什么问题,客户也表示认可,但就是拖着不予签字的情况,很是困惑。

训练内容:

1. 以一个具体的项目为例,如小区一卡通软件开发,列出项目验收依据与标准。
2. 熟悉项目验收的工作程序。
3. 了解项目验收的主要范围和主要内容。

4. 熟悉项目验收清单的内容。

训练方法：

个人或团队形式均可。

能力评估：

通过训练，要求每位同学以一个具体的项目为例，用书面（或现场作答）的形式回答以下问题，并由老师或团队成员按照"训练目标"要求评估每位同学的训练成绩。

1. 说明该项目的验收依据与标准。
2. 说明项目合同应列明的项目验收条件、标准和程序。
3. 撰写该项目的验收申请报告。
4. 分析客户在项目完成后拖着不予签字的原因。
5. 谈谈如何与客户搞好关系，促进项目顺利进行并及时获取验收签字。

第十二章 项目干系人管理

> 学习目的

通过本章学习,了解项目干系人的含义及其构成,能够识别项目干系人、规划项目干系人管理、管理和控制项目干系人参与项目。

> 导入案例十二

项目干系人管理

材料:

王健是华厦信息技术公司软件开发部的项目经理,4个月前被公司派往某高校现场组织开发校园一卡通管理信息系统,并担任项目经理。王健已经领导开发过好几个单位的一卡通管理信息系统,并已形成较为成熟的一卡通管理软件产品,所以他认为此次只要根据用户需求作少量的新功能开发即可大功告成。

王健满怀信心地带着他的项目团队进驻某高校,用2个月的时间就将系统开发完毕,项目验收时,分管后勤和财务的李副校长认为,一个这么复杂的一卡通管理系统在短短的2个月时间里就完成了,担心系统存在问题,他拒绝在验收书上签字,要求后管处长和业务人员认真审核学校各部门在一卡通管理上的业务需求,并严格测试相关系统的功能。李副校长提出两个新要求,一是,学院还有一个分院,他要求增加分院管理模块,二是,他要求项目团队对各部门一卡通业务人员进行培训,以推动系统使用。

后管处长和相关人员经过认真审核和测试,发现系统开发基本准确,但实施起来比较困难,因为业务流程变更较大。王健答应了李副校长的要求,努力完成李副校长提出的两个新要求。但是在实施中他又遇到了一些新的问题,如增分院管理模块需要分院配置一台服务器，但因为分院没有采购服务器的计划，也就没有相应的财务预算，因此迟迟未能购置到位；另外，一些部门对使用一卡通系统有抵触情绪，拒绝派人参加培训。

又过了2个月，王健还是看不到项目的终结之日，他一筹莫展。

问题与思考：

1. 描述项目干系人中需要重点关注的角色。
2. 说明如何进行项目干系人分析。
3. 分析项目中存在的主要问题。
4. 面对项目的艰难处境，如果你是王健，你将怎样推动项目？

第一节 项目干系人管理概述

一、项目干系人的含义

项目干系人（stakeholders）又称为项目相关利益者，是指积极参与项目，或其利益会因为项目执行或完成情况而受到积极的或消极的影响的个人或组织。项目干系人对项目的目的和结果施加影响。

项目管理团队必须识别项目干系人，确定他们的需求和期望，尽最大可能地管理与需求相关的影响，以获得项目的成功。

项目不同的干系人对项目有不同的期望和需求，他们关注的目标和重点常常相去甚远。例如，业主也许十分在意时间进度，设计师往往更注重技术一流，政府部门可能关心税收，附近社区的公众则希望尽量减少不利的环境影响等。弄清楚哪些是项目干系人，他们各自的需求和期望是什么，这一点对项目管理者来说非常重要。只有这样，才能对干系人的需求和期望进行管理并施加影响，调动其积极因素，化解其消极影响，以确保项目获得成功。

二、项目干系人的构成

项目干系人包括项目团队所有成员，以及组织内部和外部利益受该项目影响（受益或受损）的个人和组织，还可能包括项目的其他相关利益主体。

（一）项目的业主或发起人

项目的业主是项目的投资人和所有者，同时也是项目的最终决策者，它拥有对项目的工期、成本、质量和集成管理等方面的最高决策权利。项目的发起人是指以现金或者其他形式为项目提供财务资源的个人或者组织,它是项目的出资者,但它不一定是项目的最终所有者(如开发商开发的房地产项目的最终拥有者是房屋的购买人)。项目的业主或发起人可能是项目的直接用户甚至是项目的实施者,但是,这三者可能是各自独立的组织,也可能是同一组织。如房地产开发项目,发起人是开发商,业主是购房者,实施者则是项目承包商,而企业技术研发项目的业主、用户和实施者则可能都是企业自身。

(二)客户或用户

客户或用户是使用项目成果的组织或个人。客户可能会有若干层次,例如,一种新医药产品的客户包括开处方的医生、吃药的病人和付钱的保险公司。在一些应用领域,客户或用户的意思是一样的。而在其他领域,客户是指采购产品的实体,用户是指真正使用项目产品的人。项目的客户或用户有时非常单一,有时可能比较广泛,比如,一个管理软件项目的客户和用户可能就是一个企业,而一个体育赛事的客户和用户包括现场观众、电视转播观众和广告商等。

(三)项目经理

项目经理是负责管理项目的人,他既是项目的领导者、组织者、管理者和项目管理决策制定者,也是项目重大决策的执行者。项目经理需要组织和领导好自己的团队,做好项目的计划、组织、指挥、协调和控制等一系列项目管理工作。但是,在项目的工期、成本和质量等方面的重大决策上,项目经理需要听命于项目的业主或客户。项目经理对一个项目的成败至关重要。

(四)项目实施组织

项目实施组织是指承担实施责任并由其项目团队完成项目实施的企业或其他组织。一个项目可能有很多个实施组织,如举办运动会、文艺演出等活动;也可能只有一个实施组织,如开发一个管理软件或建设一栋大楼等。项目实施组织可能是项目业主委托的业务组织,如软件开发公司、建筑承包商,也可能是项目业主内部的单位或机构,如软件开发公司的研发机构研发自用的软件项目。

(五)项目团队

项目团队是具体从事项目全部或某个具体工作的组织或群体。一个项目可能有为完成不同的项目任务的多个项目团队,也可能只有一个完整的项目团队,如一个工程项目,可能有设计团队、施工团队、监理团队等多个团队,而一个研发项目,可能由组织的内部相关成员组织一个团队就可以完成。

(六)组织内的团体

组织内的团体是受项目团队活动影响的内部干系人。如,市场营销、人力资源、法律、财务、运营、制造、技术和客户服务等业务部门,都可能受到影响。它们为项目执行提供业务环境,项目活动又对它们产生影响。因此,在为实现项目目标而共同努力的过程中,项目团队和业务部门之间通常有大量的合作。其目的是项目成果能够移交使用,业务部门可以对项目需求提出意见,并参与项目可交付成果的验收。

（七）其他项目干系人

除了上述主要的项目干系人外,项目还会有供应商、贷款人、政府的有关部门、社区公众、项目用户、新闻媒体、市场中潜在的竞争对手和合作伙伴等。这些不同干系人的需要、期望、要求和行为都会对项目的成败产生影响,都需要在项目管理中给以足够的重视。

在项目的整个寿命期中,识别干系人是一个持续的过程。识别干系人,了解他们对项目的影响力,力求平衡他们的要求、需求和期望,对项目成功至关重要。图 12-1 为项目主要干系人关系图。

图 12-1　项目主要干系人关系图

三、项目干系人管理

项目干系人管理是指对项目干系人的要求、需要和期望的识别,并通过沟通上的管理来平衡他们的要求、需要和期望,解决项目干系人关注的问题的过程。做好项目干系人管理有助于项目赢得更多人的支持,从而确保项目取得成功。

不同的项目干系人在项目中的责任和职权各不相同,并且可随着项目生命周期的进展而变化。他们参与项目的程度可能差别很大,有的可能只参与项目某个环节的活动,有的可能参与项目活动的全过程,有的可能只提供某方面的支持,有的可能提供包括资源、政策和项目活动需要的其他方面的全方位的支持,有的主动参与项目活动,有的被动干扰项目的进行。

每个项目都有干系人,他们受项目积极或消极的影响,或者对项目施加积极或消极的影响。有些干系人影响项目的能力有效,而有些干系人可能对项目及其期望结果有重大的影响。项目经理正确识别并合理管理干系人的能力,能决定项目的成败。通常,由项目经理负责项目干系人管理。

四、项目干系人管理过程

项目干系人管理包括开展下面各项工作:

(一)识别干系人

识别干系人就是判断能够影响项目决策、活动或结果的个人、群体或组织,以及被项目决策、活动或结果所影响的个人、群体或组织,并分析他们的相关信息的过程。这些信息包括项目的利益、参与度、相互依赖、影响力及对项目成功的潜在影响。

(二)规划干系人管理

规划干系人管理指基于对干系人需要、利益及对项目潜在影响分析,制定合适的管理策略,以有效调动干系人参与整个项目生命周期的过程。

(三)管理干系人参与

管理干系人参与就是在项目的整个生命周期中,与干系人进行沟通与协作,以满足其需要和期望,解决项目实施过程中出现的问题,并促使项目干系人合理参与项目活动的过程。

(四)控制干系人参与

控制干系人参与指全面监督项目干系人之间的关系,调整管理策略和计划,以调动干系人的参与过程。

上述过程不仅彼此相互作用,而且与其他知识领域中过程相互作用。

第二节 识别项目干系人

识别干系人就是识别所有受项目影响的人员或组织,并记录其利益、参与情况和对项目成功的影响过程。

识别干系人的作用在于帮助项目经理建立对干系人或干系人群体的适度关注。

一、项目干系人识别依据

(一)项目章程

项目章程通常需要描述项目发起人、客户或者用户、项目团队成员、项目参与小组或部门、项目经理及受项目影响或影响项目的其他个人或组织的基本情况。因此,解读项目章程可以从中了解到参与项目和受影响的内外部各方的信息。

(二)采购文件

如果项目是某个采购活动的结果,或基于某个已签订的合同,那么合同各方都是关键的项目干系人,对合同履行有影响或受到合同履行影响的其他相关方也应视为项目干系人,如供应商、项目成果的使用者等。

(三)事业环境因素

能够影响识别干系人过程的事业环境因素包括(但不限于)公司文化和结构、政府或行业标准(如法规、产品标准)、全球、区域或当地的实践或习惯。

(四)组织过程资产

能够影响识别干系人过程的组织过程资产因素包括(但不限于)干系人登记模板、经验教训、以往项目干系人登记册等。

二、项目干系人识别工具与技术

干系人分析,就是系统地收集和分析各种定量与定性信息,以便确定在项目中应该考虑哪些人的利益。通过干系人分析,识别出干系人的利益、期望和影响,并把它们与项目的目联系起来。干系人分析有助于了解干系人之间的关系(包括干系人与项目之间的关系、干系人相互之间的关系),以便利用这些关系建立联盟和合作伙伴,从而提高项目成功的可能性。

通常在项目或阶段的早期就对干系人进行识别和分析,并应定期审查和更新早期所做的初步分析。项目经理在项目或阶段的不同时期,应该对干系人之间的关系施加不同的影响。

(一)干系人分析步骤

干系人分析通常应遵循的步骤包括:

1. 识别全部潜在项目干系人及其信息,包括角色、部门、利益、知识、期望和影响力等。关键关系人通常比较容易识别,通常可以对已识别的干系人进行访谈,来识别其他干系人,扩充干系人名单,直至列出全部潜在干系人名单。

2. 分析每个干系人可能的影响或支持,并进行分类,以便制定管理策略。在干系人很多的情况下,还需要对干系人进行排序,以便有效分配精力,了解和管理干系人的需要和期望。

3. 评估关键干系人对不同情况可能作出的反应或应对,以便策划如何对他们施加影响,提高他们的支持,降低他们的潜在负面影响。

(二)干系人分析模型

有多种分类模型可以用以项目干系人分析:

1. 权利/利益方格。根据干系人的职权(权利)大小及项目结果的关注(利益)程度进行分类。对"双高"干系人,即权力和利益都高的干系人要重点管理,对权利高利益低的干系人应尽量做到令其满足,对利益高而权利低的干系人应随时告知,对"双低"的干系人应加强监督。

2. 权利/影响方格。根据干系人的职权(权利)大小及主动参与(影响)项目的程度进行分类。

3. 影响/作用方格。根据干系人主动参与(影响)项目的程度及改变项目计划或执行的能力(作用)进行分类。

4. 凸显模型。根据干系人的权利(实际自己意愿的能力)、紧急程度(需要立即关注)和合法性(有权参与),对干系人进行分类。

三、干系人识别结果

干系人识别结果应进行干系人登记册,这是识别干系人过程的主要输出,包括基本信息、评估信息和干系人分类。

(一)基本信息

包括干系人的姓名、职位、地点、项目角色、联系方式等。

(二)评估信息

说明项目干系人的主要需求、期望,对项目的潜在影响,与项目周期的哪个阶段最密切相关。

(三)干系人分类

按不同的标准对项目干系人进行分类,如内部干系人和外部干系人,项目支持(推动)者、中立者和反对(阻碍)者,重要的干系人和一般的干系人等。

应定期查看并更新干系人登记册,了解在整个项目生命周期中干系人的变化情况,关注新的干系人,努力提高干系人的支持,降低干系人的负面影响。

第三节 规划干系人管理

规划干系人管理的主要作用是,为与项目干系人的互动提供清晰可操作的计划,以支持项目利益。它是在分析项目将如何影响干系人的基础上,规划干系人管理过程,以帮助项目经理制定不同的方法,来有效地调动干系人参与项目,管理干系人的期望和利益,从而最终实现项目目标。干系人管理是在项目团队和干系人之间建立并维护良好关系,管理的关键在于沟通,但内容比改善沟通更多,其管理形式类似对团队的管理,但比管理团队更广。

一、制定干系人管理计划的依据

规划干系人管理的结果将形成干系人管理计划,它是关于如何实现对干系人进行有效管理的详细计划。制订干系人管理计划的主要依据包括以下几方面:

(一)项目管理计划

项目管理计划是定义、准备、协调所有子项目管理工作要求的综合性文件,是所有项目工作的依据。项目管理计划文件中用于制订项目干系人管理计划的信息包括(但不限于):

1. 项目所选用的生命周期及各阶段拟采用的过程。
2. 对如何执行项目以实现项目目标的描述。
3. 对如何定义人力资源需求,如何定义和安排项目角色与职责、报告关系和人员配备管理等的描述。
4. 变更挂历计划,主要关注关于如何监控项目变更的规定。
5. 关于干系人之间的沟通需要和沟通技术的规定。

(二)干系人登记册

干系人登记册中的信息有助于对项目干系人的参与方式进行规划。

(三)事业环境分析

对干系人进行管理应该与项目环境相适应,因此,项目相关的所有事业环境因素都是项目干系人管理计划的制订依据,其中,组织文化、组织结构和政治氛围特别重要,了解这些因素有助于制订最具适应性的干系人管理方案。

(四)组织过程资产

所有组织过程资产都是干系人管理计划的制订依据,其中,经验教训数据库和历史信息特别重要,因为能够从中了解以往的干系人管理计划及其有效性,这些信息对规划当前项目的干系人管理活动有很大的帮助。

二、规划干系人管理工具与技术

(一)专家判断

基于项目目标,项目经理应使用专家判断法来确定每位干系人在项目每个阶段的参与程度。项目干系人有不同的类型,有的是项目的领导者,有的是支持(推动)者,有的是中立者,有的是反对(阻碍、抵制)者;有重要的干系人,也有一般的干系人;有职位高的干系人,也有职位一般的干系人。项目干系人管理应在项目的不同阶段把重点放在对重要的支持者和重要的反对者的管理上。例如,在项目的初期,可能需要处于高级职位的干系人的高度参与,来为项目的成功扫清障碍。障碍一旦扫除,这些高级别干系人也许就可以从领导项目转为支持项目,而其他干系人可能变得越来越重要。

为了制订合适的项目干系人管理计划,应向受过专门的培训、具有专业知识或深入了解组织内部关系的小组或个人寻求专家判断和专业意见,例如,征求高级管理人员、项目团队成员、组织中相关部门或个人、已识别的项目干系人、在相同领域的项目上工作过的项目经理、行管行业或项目领域的主题专家、行业团体和顾问、专业和技术协会以及立法机构和费支付组织的意见。

通常可以通过单独咨询(一对一会谈、访谈等)或小组对话(焦点小组、调查等),获取专家的判断意见。

(二)会议

举行相关专家及项目团队会议,商讨确定所有干系人的参与程度,并将讨论结论作为制订干系人管理计划的依据。

(三)分析技术

在项目的整个生命周期中,干系人的参与对项目的成功至关重要,因此,应该比较所有干系人当前的参与程度与为项目的成功所需要参与的程度。

1. 干系人参与程度分类

通常,干系人对项目的参与程度可以分为以下几类:
(1)不知晓。对项目及其潜在影响不知晓。
(2)抵制(障碍)。知晓项目和潜在影响,抵制实施或变更。
(3)中立。知晓项目,既不支持,也不反对。
(4)支持(推动)。知晓项目和潜在的影响,支持(推动)项目实施或变更。
(5)领导。知晓项目和所在影响,积极致力于保证项目获得成功。

2. 规划干系人参与分析技术

规划干系人参与项目,一般采用编制干系人参与评估矩阵(如表 12-1)分析技术。

表 12-1 干系人参与评估矩阵

项目	不知晓	抵制	中立	支持	领导
干系人 1	A			A	
干系人 2			A	A	
干系人 3				BA	
—					

通过在干系人评估矩阵中标示干系人当前参与程度及所需参与程度,识别出两者之间的差距,借助专家判断制订行动和沟通方案,消除差距,解决相关问题,评估矩阵中,A 代表当前的参与程度,B 代表所需的参与程度。如表 12-1 中,干系人 3 已经处于所需的参与程度,干系人 1、干系人 2 则需要做进一步的沟通,采取进一步的行动,促使他们达到所需要的参与程度。

三、干系人管理计划

规划干系人管理的结果形成干系人管理计划,干系人管理计划是项目管理计划的重要组成部分,他是为有效调动干系人参与项目而制定的管理策略文件。根据项目的需要,干系人管理计划可以是正式的或非正式的,可以是非常详细的也可以是高度概括的。除了干系人登记册中的资料,干系人管理计划通常还应包括以下信息:

1. 关键干系人所需参与程度及当前的参与程度。
2. 干系人变更的范围和影响。
3. 干系人之间的相互关系和潜在的交叉。
4. 项目现阶段的干系人沟通需求。
5. 需要分发给干系人的信息,涉及语言、格式、内容和详细程度。
6. 分发相关信息的理由,以及可能对干系人参与所产生的影响。
7. 向相关的干系人分发所需信息的时限和频率。
8. 随着项目的进展,更新和优化干系人管理计划的方法。

项目经理应该明白干系人管理计划的敏感性,并采取恰当的预防措施。例如,有关那些抵制项目干系人的信息,可能具有潜在的破坏作用,因此,对于这类信息的发布必须特别谨慎。更新干系人管理计划时应审查所依据的假设条件的有效性，以确保该计划的准确性和相关性。

另外，对干系人管理做了规划后，有些项目文件可能也需要做相应的更新，如项目进度计划和干系人登记册等。

随着项目的进展，干系人及其参与项目的程度可能发生变化，因此，规划干系人管理是一个反复的过程，应由项目经理定期开展。

第四节 管理干系人参与

管理干系人参与就是在项目的整个寿命期中，与干系人进行沟通和协作，以满足其需要与期望，解决项目实施过程中出现的实际问题，并促进干系人合理参与项目活动的过程。管理干系人参与的主要作用是，帮助项目经理提升来自干系人的支持，并把干系人的抵制降到最低，从而显著提高项目成功的机会。

一、管理干系人参与的依据

管理干系人参与的依据主要有：

（一）干系人管理计划

干系人管理计划描述了用于干系人沟通的技术和方法，为调动干系人最有效地参与项目提供了指导。

（二）沟通管理计划

沟通管理计划为管理干系人提供指导和信息。所用到的信息包括（但不仅限于）：

1. 干系人沟通需求。

2. 需要沟通的信息，包括谁需要何种信息、何时需要以及相应如何将其交到他们手中，以及沟通的语言、格式、内容和详细程度。

3. 发布信息的原因。

4. 将要接受信息的个人或群体。

5. 升级流程。

（三）变更日志

变更日志用于记录项目实施期间发生的变更。项目管理团队应该与适当的干系人就这些变更及其对项目实施进度、成本、质量和风险等的影响进行沟通。

（四）组织过程资产

能够影响干系人参与过程的组织过程资产包括（但不限于）：

1. 组织对沟通的要求。

2. 问题管理程序。

3. 变更控制程序。
4. 以往类似项目的历史信息。

二、管理干系人参与的主要内容

管理干系人参与主要包括以下活动：
1. 调动干系人适时参与项目，以获取或确认他们对项目成功的持续承诺。
2. 通过协商和沟通，管理干系人的期望，确保实现项目目标。
3. 处理尚未成为问题的干系人关注点。预测干系人在未来可能提出的问题，需要尽早识别和讨论这些关注点，以正确评估相关的项目风险，并采取相应的规避措施。
4. 澄清和解决已识别出的问题。

通过管理干系人参与，确保干系人清晰地理解项目目的、目标、受益和风险，提高项目成功的概率。这不仅能使干系人成为项目的积极支持者，而且还能使干系人协助指导项目活动和项目决策。通过预测干系人对项目的反应，可以实现采取行动来赢得支持者或降低负面影响。

干系人对项目的影响能力通常在项目启动阶段最大，而后随着项目的进展逐渐降低。项目经理负责调动各干系人参与项目，并对他们进行管理，必要时可以寻求项目发起人的帮助，主动管理干系人参与管理可以降低项目不能实现其目的和目标的风险。

三、管理干系人参与的技术和方法

（一）采用合适的沟通方法
管理干系人参与关键在于沟通，项目经理应基于干系人的沟通需求，决定在项目中如何使用、何时使用及使用哪种沟通方法，通常应选择使用在沟通管理计划中确定的针对每个干系人的沟通方法。

面对面会议是与项目干系人讨论、解决问题的最有效方法。如果不需要进行面对面会议或进行面对面会议不可行时，比如国际项目，则可通过电话、电子邮件或其他电子工具进行信息交流和沟通。

（二）科学使用人际关系技能
建立信任、解决冲突、积极倾听和克服变更阻力等人际关系技能是项目经理用来管理干系人的期望的常用方法。

（三）合理使用管理技能

项目经理还可以使用合适的管理技能来协调各干系人的需求和期望，以实现项目的目标。主要有：

1. 引导干系人对项目目标达成共识。
2. 对干系人施加影响，使其支持项目。
3. 通过与干系人谈判达成共识，以满足项目要求。
4. 调整组织行为，以接受项目成果。

三、管理干系人参与的结果（成果）

项目干系人管理的成果为：

（一）问题记录单

管理干系人参与过程中，通常使用问题记录单（如表12-2）或行动方案记录单记录并监控问题的解决情况。通过编制问题记录单对问题进行澄清和陈述，有助于问题得以解决。为避免因为问题未得到解决，导致冲突和项目延迟，需要针对每项问题分派负责人加以处理，并规定解决问题的目标日期，以保持各项目干系人之间（包括团队成员）的良好工作关系。

表12-2　项目问题记录单

记录人		提交日期	
问题类型	□系统 □硬件 □需求 □建议 □其他		
问题描述			
问题处理与解决方案			
项目经理		责任人	
问题状态	□未解决 □延迟解决 □已解决		

随着项目干系人要求的识别和解决，问题记录单内将就已经提交和解决的问题进行记录。

如：某软件开发项目

问题描述：委托方提出项目团队成员技能和数量不足，影响项目进展

问题处理与解决方案：增派具备项目所需技能的技术人员

问题状态：已解决

又如：

问题描述：甲方双方对项目范围存在争议，委托方要求变更项目内容

问题处理与解决方案：通过沟通达成共识，签订后续合同，终结关于变更是在现行项目范围之内或之外的争论

问题状态：已解决

（二）变更请求

管理干系人参与过程中，可能会有相关干系人对产品或项目提出变更请求，变更请求可能包括针对项目本身的纠正或预防措施，以及针对于相关干系人的互动的纠正或预防措施。纠正或预防措施包括使项目的未来预期绩效与项目管理计划一致而采取的行动。

（三）项目管理计划更新

管理干系人参与过程中，可能需要对项目管理计划进行更新。当识别出新的干系人需求，或者需要对干系人需求进行修改时，就需要更新该计划。例如，有些沟通可能不再必要，或者可能识别出新的沟通需求，或者出现新需要沟通的问题，或者出现新的干系人等等。

（五）项目文件更新

需要更新的文件主要是干系人登记册。当干系人的信息发生变化，或者出现新的干系人，或者原有的干系人不在参与项目，或者原有的干系人不在受项目影响等等情况出现时，需要对干系人登记册进行更新。

（六）组织过程资产更新

可能需要更新的组织过程资产包括（但不限于）：

1.给干系人的通知。包括向干系人提供有关已解决的问题、已批准的变更和项目总体状态等方面的信息。

2.项目报告。采用正式和非正式的项目报告来描述项目状态。项目报告包括经验教训总结、问题日志、项目收尾报告和项目工期、成本、质量等方面的报告。

3.项目演示资料。项目团队正式或非正式地向干系人提供的信息。

4.项目记录。包括往来函件、备忘录、会议纪要及描述项目情况的其他文件。

5.干系人的犯规意见。

6.经验教训文档。

第五节　控制干系人参与

控制干系人参与是全面监督项目干系人之间关系，调整策略和计划，以调动干系人参与过程。控制干系人参与的主要作用是，随着项目进展和环境变化，维持并提升干系人参与活动的效果和效率。

一、控制干系人参与的依据

（一）项目管理计划

项目管理计划中可用以控制干系人参与的子信息包括（但不仅限于）：

1. 项目所选用的周期及其各阶段拟采用的过程。
2. 对如何执行项目以实现目标的描述。
3. 对如何满足人力资源需求，如何定义和安排项目角色与职责、报告关系和人员配备管理等的描述。
4. 变更管理计划中关于如何监控变更的规定。
5. 干系人之间的沟通需要和沟通技术。

（二）问题记录单

见表12-2。问题记录单应随老问题的解决和新问题的出现而更新。

（三）工作绩效数据

工作绩效数据是在执行项目的过程中，从每个在执行的活动中收集到的原始观察结果和测量值，包括关于项目活动和可交付成果的各种测量值，例如工作完成程度（百分比）、技术绩效测量值、项目阶段工作开始和结束时间、变更请求的数量、原因和处理情况、成本完成情况等等。

（四）项目文件

来自项目整个生命周期的各项文件资料。这些文件包括（但不限于）：

1. 项目进度计划。
2. 干系人登记册。
3. 问题记录单。
4. 变更记录。
5. 项目沟通文件。

二、控制干系人参与工具与技术

（一）信息管理系统

信息管理系统为项目经理获取、储存和向干系人发布有关项目成本、进展和绩效等方面的信息提供了标准工具。它也可以帮助项目经理整合来自多个系统的报告，便于项目经理向项目干系人分发报告。例如，可以用报表、电子表格和演示资料的形式分发报告，也可以借助图表把项目绩效信息可视化。

（二）专家判断

为确保全面识别和列出新的干系人，应对当前干系人进行重新评估，应该向受过专门培训或具有专业知识的小组或个人寻求帮助，听取专业意见。详见本章第三节中关于专家判断的阐述。

（三）会议

可以通过召开项目状态评审会议交流和分析有关干系人参与的信息，以便采取合适的控制措施。

三、控制干系人参与的结果

（一）工作绩效信息

工作绩效信息是从各个控制过程收集，并结合相关背景和跨领域关系进行整合分析而得到的绩效数据。工作绩效信息主要包括可交付成果的状态、变更请求的落实情况及预测的完成工作的相关估算数值。数据本身不用以决策，因为其意思可能被误解，但是，绩效数据转化为绩效信息后，则可以作为决策的可靠基础，因为它考虑了相关关系和所处的背景。

工作绩效信息通过沟通过程进行传递。

（二）变更请求

变更请求主要包括推荐的纠正措施和推荐的预防措施。推荐的纠正措施包括使项目工作绩效重新与项目管理计划保持一致而提出的变更，推荐的预防措施应能降低在未来产生不良项目绩效的可能性。

（三）项目管理计划更新

随着干系人参与项目工作，要评估干系人管理策略的整体有效性。如果发现需要改变方法或策略，那么就应该更新项目管理计划的相应部分，以反映这些变更。项目管理计划中可能需要更新的内容包括（但不仅限于）：

1. 变更管理计划。
2. 沟通管理计划。
3. 成本管理计划。
4. 人力资源管理计划。
5. 采购管理计划。
6. 质量管理计划。
7. 需求管理计划。
8. 风险管理计划。
9. 管理计划。

10. 进度管理计划。

11. 范围管理计划。

12. 干系人管理计划。

（四）项目文件更新

可能需要更新的项目文件包括（但不仅限于）：

1. 干系人登记册。

2. 问题记录单。

（五）组织过程资产更新

可能需要更新的组织过程资产包括（但不仅限于）：

1. 给干系人的通知。

2. 项目报告。

3. 项目演示资料。

4. 项目记录。

5. 干系人反馈意见。

6. 经验教训文档。

详见本章第四节管理干系人参与中"组织过程资产更新"相关阐述。

导入案例十二分析

问题1：

项目干系人中需要重点关注客户、用户、项目投资人、项目经理、高层管理人员、反对项目的人和施加影响者等。

问题2：

首先要识别项目干系人，然后再分析项目干系人的重要程度，接着进行项目干系人的支持度分析，最后针对不同的项目干系人，特别是重要的项目干系人，给出管理项目干系人关系的建议，并予以实施。

问题3：

(1) 没有仔细分析项目的干系人，导致项目干系人关系管理失败。

(2) 项目缺乏高校相关部门的支持。

(3) 项目计划沟通不够。

(4) 作为项目的承建方承担的责任过重。

问题4：

如果我是王健，我将采取如下的措施：

(1) 与公司负责该项目营销的人员作一次细致的沟通，全面识别并分析项目干系人。

(2)申请并取得公司领导的支持,通过公司领导与李副校长沟通,取得他的支持,再由李副校长去推动项目的实施。

(3)与委托高校进行谈判,表示鉴于项目实施的复杂性,建议将项目系统的开发与实施分为两个子项目,当开发子项目验收后支付部分费用;后续实施子项目由学校主导,王健的团队全力配合,主要是完成系统完善和使用培训工作。

本章小结

一个项目通常都涉及多个利益主体,即项目干系人,识别项目干系人并管理好他们的需求和期望是项目组织管理工作的重要内容,也是项目从组织上获得成功的保证。

项目干系人包括项目团队所有成员,以及组织内部和外部利益受该项目影响(受益或受损)的个人和组织,还可能包括项目的其他相关利益主体。包括项目的业主或发起人、客户或用户、项目经理、项目实施组织、项目团队、组织内的团体及其他的干系人等。

项目干系人管理是项目管理的重要内容,包括识别干系人、规划干系人管理、管理干系人参与和控制干系人参与等环节,干系人管理贯穿于项目的整个生命周期。

思考题:
1. 了解项目干系人及其构成情况。
2. 干系人管理包括哪些过程?
3. 识别干系人的依据有哪些?干系人的分析步骤有哪些?
4. 如何规划干系人管理?
5. 管理干系人参与和控制干系人参与的工具和技术有哪些?

知识转化训练

项目干系人分析

训练目标:
训练管理项目干系人的能力。

材料:
某高校(简称甲方,下同)为提高办公效率,实现无纸化办公,加快公文处理,决定公开招标采购办公自动化系统。该项目将由该校党政办公室指定的工作人员负责设计办公自动化系统业务需求，并结合各处室及所属二级单位的需求综合得到总体业务需求，由信息中心负责技术相关工作，如技术方案、项目实施协调等工作，要求信息中心指派一名项目负责人，项目经费预算、招投标及系统建设过程中的硬件支持由后勤管理处负责。党政办公室、后勤管理处的行政级别为处级，各有一名分管的副校长；信息中心的行政级别为副处级，上也有一名分管的副校长。

假设你是该项目中标方的项目经理。

训练内容：

1. 识别：仔细阅读资料，识别出该项目甲方项目干系人。
2. 排序：分析甲方干系人，按由弱到强的顺序对甲方干系人的重要程度进行排序。
3. 判断：判断甲方干系人对项目的支持程度，编制干系人参与评估矩阵。
4. 思考：甲方干系人管理。

训练方法：

个人或团队形式均可。

能力评估：

通过训练，要求每位同学以书面（或现场作答）的形式回答以下问题，由老师或团队成员按照"训练目标"要求评估每位同学的训练成绩：

1. 说明你识别出的甲方项目干系人。
2. 分析甲方各干系人对项目的重要性。
3. 展示你绘制的干系人评估矩阵。
4. 说说你将如何管理甲方项目干系人，以确保项目目标的顺利实现。

参考文献

[1] 白思俊主编:《现代项目管理》,机械工业出版社 2005 年版。
[2] 孙裕君、尤勤、刘玉国编著:《现代项目管理学》,科学出版社 2005 年版。
[3] 许成绩主编:《现代项目管理教程》,中国宇航出版社 2003 年版。
[4] 骆王旬等编著:《项目管理教程》,机械工业出版社 2003 年版。
[5] 刘国靖编著:《现代项目管理教程》,中国人民大学出版社 2004 年版。
[6] 戚安邦主编:《项目管理学》,科学出版社 2007 年版。
[7] 刘伊生主编:《建筑企业管理》,北方交通大学出版社 2003 年版。
[8] [美]曼特尔(Mantel, S. J.)等著:《项目管理实践》,电子工业出版社 2002 年版。
[9] 周小桥著:《突出重围——项目管理实践》,北京清华大学出版社 2003 年版。
[10] 程元军编著:《项目质量管理》,机械工业出版社 2007 年版。
[11] 王祖和等编著:《现代工程项目管理》,电子工业出版社 2007 年版。
[12] 哈罗德·科兹纳(Harold Kerzner):《项目管理——计划、进度和控制的系统方法》,电子工业出版社 2006 年出版。
[13] Dennis Lock 主编,李金海等译:《项目管理》,南开大学出版社 2005 年版。
[14] Harold Kerzner 著,杨爱华等译:《项目管理——计划、进度和控制的系统方法》,电子工业出版社 2006 年版。
[15] Richard Clough 等著,张平华等译:《建筑项目管理》,机械工业出版社 2004 年版。
[16] Alan Webb 著,戚安邦等译:《项目经理指南——项目挣值管理的应用》,南开大学出版社 2005 年版。
[17] 张阿芬、张启振编著:《投资项目评估》,厦门大学出版社 2012 年版。
[18] 邱菀华等著:《项目管理学——工程管理理论、方法与实践》,科学出版社 2001 年版。

[19] 杜嘉伟、郑煜、梁兴国:《哈佛模式——项目管理》,人民日报出版社 2001 年版。

[20] 中国项目管理研究委员会:《中国项目管理知识体系与国际项目管理专业资质认证标准》,机械工业出版社 2001 年版。

[21] 王卓甫著:《工程项目风险管理——理论、方法与应用》,中国水利水电出版社 2003 年版。

[22] 沈健明:《项目风险管理》,机械工业出版社 2005 年版。

[23] 卢有杰、卢家仪:《项目风险管理》,清华大学出版社 1998 年版。

[24] 吴之明、卢有杰编著:《项目管理引论》,清华大学出版社 2000 年版。

[25] 成虎编著:《工程项目管理》,中国建筑工业出版社 1997 年版。

[26] 厄林·S.安德森、克里斯托夫·V.格鲁德等著(挪威),何来喜、赵京云译:《直接目标项目管理》,中国经济出版社 1999 年版。

[27] 项目管理协会著,许江林等译:《项目管理知识体系指南》(第 5 版),电子工业出版社 2013 年版。

[28] 编委会著译:《石油化工工程管理与实务》,中国建筑工业出版社 2004 年版。

[29] 程敏主编:《项目管理》,北京大学出版社 2013 年版。

[30] 李文等编著:《企业项目化管理实践》,机械工业出版社 2012 年版。

图书在版编目(CIP)数据

项目管理学/张阿芬主编 . —2 版 . —厦门:厦门大学出版社,2014.5
(21 世纪经济管理类教材)
ISBN 978-7-5615-2927-0

Ⅰ.①项…　Ⅱ.①张…　Ⅲ.①项目管理-高等学校-教材　Ⅳ.①F224.5

中国版本图书馆 CIP 数据核字(2013)第 247264 号

厦门大学出版社出版发行

(地址:厦门市软件园二期望海路 39 号　邮编:361008)

http://www.xmupress.com

xmup @ xmupress.com

沙县方圆印刷有限公司印刷

2014 年 5 月第 2 版　2014 年 5 月第 1 次印刷

开本:787×960　1/16　印张:28.5

字数:530 千字　印数:4 000～7 000 册

定价:42.00 元

如有印装质量问题请与承印厂调换